Y Sêr yn eu Graddau

Y MEDDWL A'R DYCHYMYG CYMREIG

Golygydd Cyffredinol
John Rowlands

Mae teitl y gyfres hon o astudiaethau beirniadol ar lenyddiaeth yn fwriadol eang ac annelwig, oherwydd gobeithir cynnwys ynddi ymdriniaethau amrywiol iawn â lluosogedd o bynciau a themâu. Bu tuedd hyd yn hyn i ysgolheigion a beirniaid ysgrifennu hanes llenyddiaeth, ac fe fydd sefydliadau megis y Ganolfan Uwchefrydiau Cymreig a Cheltaidd a'r Academi Gymreig yn sicrhau bod y gweithgareddau sylfaenol hynny yn parhau. Ond daeth yn bryd hefyd inni drafod a dehongli'r themâu sy'n ymwau trwy'n llenydd-iaeth, ac edrych yn fanylach ar y meddwl a'r dychymyg Cymreig ar waith. Wrth gwrs fe wnaed rhywfaint o hynny'n barod gan feirniaid mor wahanol â Saunders Lewis, Bobi Jones a Hywel Teifi Edwards, ond mae yna agweddau lu ar ein dychymyg llenyddol sydd naill ai heb eu cyffwrdd neu'n aeddfed i gael eu trafod o'r newydd.

Y casgliad hwn o ymdriniaethau â gwaith nofelwyr chwarter canrif olaf yr ugeinfed ganrif yw'r seithfed gyfrol yn y gyfres, yn dilyn *DiFfinio Dwy Lenyddiaeth Cymru* (gol. M. Wynn Thomas, 1995), *Tir Neb* (Gerwyn Wiliams, 1996) a ddyfarnwyd yn Llyfr y Flwyddyn gan Gyngor Celfyddydau Cymru, *Cerddi Alltudiaeth* (Paul Birt, 1997), *Yr Arwrgerdd Gymraeg* (E. G. Millward, 1998), *Pur fel y Dur* (Jane Aaron, 1998) a enillodd Wobr Goffa Ellis Griffith a *Sefyll yn y Bwlch* (Grahame Davies, 1999). Yn y gyfrol bresennol y mae 11 o feirniaid yn trafod gwaith nofelwyr mor wahanol i'w gilydd â Wiliam Owen Roberts ac Alun Jones, Angharad Tomos a Mihangel Morgan. Dyma, o bosib, y cyfnod mwyaf cyffrous yn hanes y nofel Gymraeg, pan welwyd sêr ôl-fodernaidd yn fflachio yn y ffurfafen lenyddol, ac eto nid sôn am ysgol o nofelwyr newydd yr ydym, oherwydd ceir yn eu mysg lenorion sy'n gwrthod labelau ffasiynol o unrhyw fath.

Bydd cyfrolau pellach yn y gyfres hon yn archwilio pynciau amrywiol megis hanesyddiaeth yng nghyfnod y Tuduriaid, yr awdur a'r darllenydd ar ddiwedd yr ugeinfed ganrif, merched yn llenyddiaeth yr Oesoedd Canol, y dychymyg hoyw mewn llen-yddiaeth Gymraeg a'r ddelwedd o Gymru yn y nofel ddiweddar.

Y MEDDWL A'R DYCHYMYG CYMREIG

Y Sêr yn eu Graddau

Golwg ar Ffurfafen y Nofel Gymraeg Ddiweddar

Golygwyd gan

John Rowlands

GWASG PRIFYSGOL CYMRU
CAERDYDD
2000

ISBN 0-7083-1590-9

Mae cofnod catalogio'r gyfrol hon ar gael gan y Llyfrgell Brydeinig.

Cyhoeddir gyda chymorth ariannol Cyngor Celfyddydau Cymru

Llun y clawr: Brendan Burns, *Landing North*, olew, 1998, 21 x 17cm.
Trwy ganiatâd yr arlunydd.

Cysodwyd ac argraffwyd yng Nghymru gan Wasg Dinefwr, Llandybïe.

Cynnwys

Cyfranwyr

JANE AARON: Athro Saesneg ym Mhrifysgol Morgannwg, ac awdures doreithiog yn y Saesneg a'r Gymraeg. Ei chyfrol ddiweddaraf yw *Pur Fel y Dur: Y Gymraes yn Llên Menywod y Bedwaredd Ganrif ar Bymtheg* a enillodd Wobr Goffa Ellis Griffith yn 1999.

T. ROBIN CHAPMAN: Yn enedigol o Gaerlŷr, daeth i Brifysgol Cymru, Bangor i astudio Cymraeg, ac y mae'n awr yn ddarlithydd er anrhydedd yn ei hen adran. Enillodd wobr Llyfr y Flwyddyn Cyngor Celfyddydau Cymru am ei gyfrol *W. J. Gruffydd* yn y gyfres 'Dawn Dweud', ac ef yw awdur yr astudiaeth o Ambrose Bebb yn yr un gyfres.

KATE CROCKETT: Wedi cyfnod yn gweithio ar y cylchgrawn *Golwg*, y mae'n awr yn swyddog gyda Chymdeithas yr Iaith Gymraeg yn Aberystwyth. Y mae'n ymchwilio i'r elfen rywiol mewn ffuglen Gymraeg ddiweddar.

GWENLLÏAN DAFYDD: Enillodd ei Doethuriaeth yn Aberystwyth am astudiaeth o'r nofel Gymraeg ôl-fodernaidd, ac y mae'n awr yn olygydd gyda Gwasg Honno.

LOWRI DAVIES: Myfyrwraig ymchwil sy'n cymharu'r cysyniad o hunaniaeth yng ngweithiau Emyr Humphreys ac Islwyn Ffowc Elis. Enillodd Fedal Lenyddiaeth Eisteddfod Genedlaethol yr Urdd yn 1998.

JERRY HUNTER: Americanwr a fu'n fyfyriwr ymchwil yn Adran y Gymraeg ym Mhrifysgol Cymru, Aberystwyth, ac sydd bellach yn ddarlithydd yn Adran y Gymraeg Prifysgol Cymru, Caerdydd.

ENID JONES: Cafodd radd allanol yn y Gymraeg yn Aberystwyth, ac enillodd ei Doethuriaeth yno am draethawd ar y cysyniad o'r genedl mewn ffuglen Gymraeg ddiweddar.

FFION JONES: Graddiodd mewn Saesneg yng Nghaergrawnt, ac yna aeth i Fangor i wneud MA mewn Cerddoriaeth, cyn mynd ati i ymchwilio i'r Anterliwt ar gyfer ei Doethuriaeth. Y mae'n awr yn gweithio fel cyfieithydd yn y Cynulliad Cenedlaethol.

ANGHARAD PRICE: Graddiodd mewn Almaeneg yn Rhydychen, ac enillodd ei Doethuriaeth yno am draethawd ar waith Robin Llywelyn. Bu'n ddarlithydd yn Adran y Gymraeg yn Abertawe, ac y mae'n awr yn gymrawd ymchwil yn Adran y Gymraeg yng Nghaerdydd. Enillydd Gwobr Goffa Saunders Lewis ac awdur y nofel *Tania'r Tacsi*.

JOHN ROWLANDS: Athro yn Adran y Gymraeg ym Mhrifysgol Cymru, Aberystwyth, ac awdur saith nofel a nifer o gyfrolau o feirniadaeth, gan gynnwys *Ysgrifau ar y Nofel* a oedd ar restr fer Llyfr y Flwyddyn Cyngor Celfyddydau Cymru.

SIONED PUW ROWLANDS: Graddiodd yn Rhydychen, a mynd ymlaen i ymchwilio i agweddau ar yr ysgrif mewn Tsiec, Ffrangeg a Chymraeg. Y mae'n gyfrifol am brosiect hyrwyddo Llenyddiaeth Cymru Dramor. Enillydd Medal Lenyddiaeth yr Urdd a Gwobr Goffa Saunders Lewis.

Rhagair

Rai blynyddoedd yn ôl honnais yn dalog nad oes y fath beth â nofel Gymraeg, dim ond nofelau yn Gymraeg, ac ar y pryd nid ymddangosai hynny'n beth rhy wirion i'w ddweud. Ond yn ystod chwarter canrif olaf yr ugeinfed ganrif newidiwyd y sefyllfa'n chwyldroadol, a hynny mewn cyfnod a ymddangosai'n fwy gelyniaethus i lyfrau, yn sgil dyfodiad S4C a'r rhyngrwyd. Yn baradocsaidd iawn, roedd fel petai'r nofel Gymraeg yn dechrau cerdded â chamau breision cyn dysgu cropian, a ffuglen ôl-fodernaidd yn meddiannu'r maes cyn i'r nofel fodern gael ei thraed dani. Yr oedd ffurf a fu mor draddodiadol yn dechrau lledu'i hadenydd a hedfan i diriogaeth realaeth hudol. Gwelwyd nad seren wib oedd *Seren Wen ar Gefndir Gwyn* Robin Llywelyn, ac nad seren unig chwaith, oherwydd ymddangosai'r ffurfafen nofelyddol yn glwstwr o sêr disglair yn y 1980au a'r 1990au.

Yr oedd y nofel Gymraeg o'r diwedd yn dechrau dod yn driw i'w henw, ac nid yn unig yn ffurf newydd, ond hefyd yn ffurf a gâi ei hadnewyddu'n gyflym iawn. Serch hynny, nid arbrofwyr ac arloeswyr oedd yr holl nofelwyr newydd. Yr hyn sy'n ein taro am nofelau chwarter olaf yr ugeinfed ganrif yw mor amrywiol ydynt. Nid oes neb mwy annhebyg nag Alun Jones ac Aled Islwyn, neu Angharad Tomos a Wiliam Owen Roberts, neu Robin Llywelyn a Mihangel Morgan, neu Robat Gruffudd a Gareth Miles. Mae yna fwrlwm arbrofol, oes, ond mae yna hefyd lynu wrth wreiddiau a thraddodiad, ac weithiau mae'r arbrofi'n hynod wreiddiedig yn y traddodiadol. Yr hyn sy'n gyffrous yw'r Babel o leisiau gwahanol a glywir – rhai'n gyfareddol o soniarus, eraill yn ingol ddwys, a'r lleill yn llawn cellwair, ac ambell un yn crio chwerthin.

Bu rhai awduron yn gyndyn i gyfaddef fod nofel yn gwneud mwy na difyrru'r amser. Disgrifir Alun Jones yn y gyfrol hon, er enghraifft, fel 'y gŵr â'i fryd ar stori', ond anodd peidio â dwyn ar gof sylw E. M. Forster yn ei *Aspects of the Novel* (1927): 'Yes – oh dear yes – the novel tells a story.' Yn yr ochenaid yna, awgrymir mai'r peth mwyaf sylfaenol am nofel, ac eto'r peth lleiaf sylweddol, yw ei bod yn adrodd stori. Ac fe ddylai awduron Cymraeg wybod yn well na neb fod i storïau 'ryw ystyr hud'. Gan goleddu'r gred honno yr aed ati i gywain yr astudiaethau beirniadol hyn o nofelwyr Cymraeg diweddar. Fel mae'n digwydd, bu adfywiad yn hanes beirniadaeth Gymraeg hefyd yn ystod chwarter olaf yr ugeinfed ganrif, ac adlewyrchir cryn dipyn o'r bywiogrwydd syniadol newydd yn yr ymdriniaethau hyn.

Ymdrinnir yn y gyfrol â gwaith 11 nofelydd Cymraeg diweddar, gan adlewyrchu'r amrywiaeth sydd mewn ffuglen Gymraeg erbyn hyn, o ran pwnc, arddull, crefft a thôn. Wrth gwrs, cyhoeddwyd nofelau gwych iawn gan awduron na chânt eu trafod yn y gyfrol hon, ond osgowyd ymdrin â nofelwyr a oedd wedi ennill eu plwyf cyn diwedd y 1970au, megis Bobi Jones, R. Gerallt Jones a Marion Eames. Sylweddolir hefyd na roddir sylw i rai nofelau unigol o bwys sy'n perthyn i'r cyfnod hwn, megis *Mae Themomemphus yn Hen* Dafydd Rowlands (1977), *Bodio* Hefin Wyn (1977), *Bob yn y Ddinas* Siôn Eirian (1979), *Yn y Gwaed* Geraint Vaughan Jones (1990), *Brân ar y Crud* Martin Davis (1995), ac eraill, ond profi y mae hynny mor ffrwythlon yw'r cynnyrch, ac nad oedd modd gwneud cyfiawnder ag ef mewn un gyfrol.

Dim ond cwta flwyddyn sydd yna er pan gyhoeddwyd cyfrol hynod ddefnyddiol Gerwyn Wiliams, *Rhyddid y Nofel* (1999), sy'n cynnwys erthyglau ar y nofel (ac ar nofelau) o'r cyfnod cynnar hyd heddiw gan gynnwys sawl un y cyfeirir atynt yn y gyfrol hon, a disgrifiodd y golygydd y gyfrol honno fel 'carreg i lenwi bwlch'. Ystyriaf hi hefyd yn garreg sylfaen, a braf yn awr yw cael adeiladu arni gyda'r casgliad hwn o drafodaethau newydd sbon ar nofelwyr y 1980au a'r 1990au.

Cyn gollwng y gyfrol hon o'm dwylo, dyletswydd bleserus ar fy rhan yw diolch i Susan Jenkins, cyfarwyddwraig Gwasg Prifysgol Cymru, am ei hanogaeth a'i chefnogaeth gyson, ac yn arbennig i Llion Pryderi Roberts am ei amynedd a'i fanylder wrth lywio'r gyfrol trwy'r wasg, yn ogystal â'i frwdfrydedd di-ben-draw drosti.

John Rowlands

1

'Busnas sgwennwr 'di sgwennu': Alun Jones, y Gŵr â'i Fryd ar Stori

LOWRI DAVIES

Yn 1979 heidiodd y Cymry yn eu miloedd i daro'u croes ym mlwch negyddol eu papur pleidlais. Dyma ddechrau'r diwedd i nifer, ond dim ond megis codwm ar glawdd cyntaf y ras i eraill a oedd yn mynnu codi eto a charlamu drachefn. A diolch am hynny. Oblegid daeth y ras i ben ugain mlynedd yn ddiweddarach, wrth i Gynulliad Cenedlaethol gael ei sefydlu a breuddwydion gael eu gwireddu. Neu gymal cyntaf y ras sy'n parhau i gael ei rhedeg, yn ôl ein gwleidyddion a'n sylwebyddion mwyaf craff, sy'n mynnu'n gyfiawn ddigon mai proses yn hytrach na digwyddiad yw datganoli. Fe ddywedodd Gwyn Alf Williams yntau rywbeth digon tebyg am gyflwr ein cenedl – mai creu ac ail-greu ein hunaniaeth yr ydym fel Cymry'n barhaus, ac mai dyma sy'n bennaf cyfrifol am ein goroesiad fel cenedl a phoblach. Dichon fod hynny'n wir ym myd llenyddiaeth Cymru ar hyd y canrifoedd yn ogystal, ac yn arbennig felly yng nghyd-destun y nofel Gymraeg ddiweddar. Ar ôl rhygnu byw am flynyddoedd, gwelwyd adfywiad a datblygiadau pendant yn hanes y nofel Gymraeg yn ystod chwarter olaf yr ugeinfed ganrif, a gyrhaeddodd benllanw o fath, fel ein gwleidyddiaeth, yn ystod y 1990au. Ac nid yw'n afresymol, mi gredaf, i ddynodi 1979 fel carreg filltir lenyddol, yn ogystal â gwleidyddol. Oblegid dyma'r flwyddyn y cyhoeddwyd nofel gyntaf yr awdur newydd o Lŷn, a fu'n ddechrau ac yn sbardun, i bob pwrpas, i gyfnod cyffrous iawn a chenhedlaeth newydd sbon o nofelwyr Cymraeg.

Mae dros ugain mlynedd er i *Ac Yna Clywodd Sŵn y Môr* ennill Gwobr Goffa Daniel Owen i'r anhysbys Alun Jones yn Eisteddfod Genedlaethol Caerdydd yn 1978. A honno'n nofel dditectif ddiflewyn-ar-dafod a roes gic amserol, a digon angenrheidiol ym mhen ôl y byd nofelyddol Cymraeg. Ond gyda'r ganmoliaeth, daeth disgwyliadau. Prin bum mlynedd ynghynt, roedd John Rowlands, un o feirniaid y gystadleuaeth honno, wedi dechrau anobeithio ynghylch dyfodol y *genre* yng Nghymru, gan honni

> y buasai'n decach dweud mai erthylu yn hytrach na threngi a wna hi, oherwydd prin y mae'r nofel Gymraeg wedi'i geni hyd yn hyn . . . Nid nofel Gymraeg sydd gennym, ond nofelau mewn Cymraeg.[1]

Dim rhyfedd yn y byd felly iddo yntau, a'i gyd-feirniad Islwyn Ffowc Elis, groesawu'r awdur o Lŷn â'i nofel antur gyffrous, fel chwa o awyr iach lenyddol.

Nid fod tir nofelyddol Cymru'n hollol hesb, wrth gwrs. Cafwyd ambell gawod i ddyfrio'r sychder ac ymddangosodd cnwd o nofelau newydd gan awduron sefydledig – nofelau megis *Triptych* (1977) R. Gerallt Jones, *Mae Theomemphus yn Hen* (1977) Dafydd Rowlands, *Miriam* (1977) Jane Edwards, *Tician Tician* (1978) John Rowlands, a *Treffin* (1979) Gareth Miles. Un o'r goreuon yn nhŷ gwair y cyfnod, ac yn sicr ymysg y mwyaf gwreiddiol oedd nofel herfeiddiol Siôn Eirian, *Bob yn y Ddinas* a gyhoeddwyd yn 1979. Fel y sylwodd Steve Eaves mewn rhyw gipolwg ar nofelau'r 1970au: 'Siôn Eirian yw'r unig nofelydd Cymraeg i faeddu ei ddwylo trwy ymbalfalu yng ngwaelod budr ac anghynnes casgen y Gymdeithas Gymreig gyfoes.'[2] Plentyn ei gyfnod oedd yntau, yn dilyn yr un drefn â'r ffasiwn lenyddol ag a welwyd trwy gydol y 1960au, gan ymdrybaeddu'n hunandosturiol ddigon ar brydiau trwy gyfrwng ei gymeriadau, ym mri yr argyfwng gwacter ystyr. A da hynny i raddau. Fel sawl ffasiwn lenyddol arall yn y gorffennol, cyrraedd Cymru ar ôl cŵn Caer a wnaeth yr argyfwng gwacter ystyr hefyd. Ond bid a fo am hynny, heb bresenoldeb meddylfryd o'r fath ni fuasai nofelau treiddgar Aled Islwyn, er enghraifft, â'i ddiddordeb didwyll yn seicoleg yr unigolyn, fyth wedi gweld golau dydd. A buasai hanes y nofel Gymraeg dipyn yn dlotach o'r herwydd.

Ond dau greadur tra gwahanol yw Aled Islwyn ac Alun Jones.

Mae sôn am unrhyw argyfwng gwacter ystyr wrth Alun Jones fel rhegi yng ngŵydd gweinidog – agwedd sydd wedi ennill iddo dorf o edmygwyr ar un llaw, a llid sawl beirniad ar y llall. Ar un ystyr, mae'n hen ferlyn y pyllau glo gynt, yn ddall i ddim ond ei lwybr cyfarwydd, ac yn ei ffrwyno'i hunan rhag arbrofi a chrwydro'n ormodol. Ond yn eironig ddigon, mewn cae o geffylau gwyllt yn strancio a thorri dros y tresi, dyma'r merlyn a fentrodd fod yn wahanol. Dyma'r un a drodd ei drwyn ar y cyfan. Ac nid yw'n rhy swil i ddweud yn blwmp ac yn blaen pam mae'r holl beth wedi ei gorddi gymaint.

> Bron yr unig beth a welais i hyd yma mewn nofelau di-stori, heblaw am chwarae â geiriau a chreu ymadroddion neis, yw'r argyfwng gwacter ystyr 'newydd' diflas a diddiwedd yma, ac os bu angen claddu rhywbeth erioed, mae angen claddu hwnnw . . . Nid rhefru yn erbyn llenyddiaeth ydw i; nid llenyddiaeth yw rhaffu gwirioneddau. Siawns nad oes rhaid i bob nofelydd ragori ym mhob cymal o bob brawddeg ar Plato, Elias, Iesu, Freud a mwy ar un trawiad.[3]

Mewn brawddeg:

> Mae llif-yr-ymwybod a llifeiriant-yr-isymwybod a rhyferthwy'r un o dan hwnnw'n fy nhroi yn slwj.[4]

Digon teg. Nid oes raid i'r rhelyw ohonom gytuno â'i ddadansoddiad, i sylweddoli na fu i unrhyw lenyddiaeth fawr ffynnu a datblygu, wrth i'w hawduron oll fonopoleiddio un dull arbennig o ysgrifennu. Roedd nifer helaeth o'n nofelwyr Cymraeg eisoes yn seicolegu a threiddio i ddyfnderoedd tywyll y meddwl dynol erbyn diwedd y 1970au, cyn i'r holl beth fynd yn stêl a threngi, a hynny heb i un dyn bach arall ddilyn y dorf a diflannu. Wedi'r cwbl, 'realaeth ddethol yn unig', a honno 'wedi ei theilwra yn ôl chwaeth dosbarth canol y mwyafrif o'r nofelwyr a'u darllenwyr', a gafwyd rhwng cloriau nofelau'r cyfnod ar y cyfan. A chwedl Steve Eaves heb owns o eironi, 'does neb yn rhechan mewn nofelau Cymraeg, na chrafu ei din; does gan neb draed drewllyd na "boiler suit"'.[5]

Yn anffodus, ni chafwyd na rhech o fri na budreddi yn nofelau Alun Jones, ac ni fu'n ddigon rhyddfrydol i ganiatáu i'w gymeriadau grafu eu tinau chwaith. Nid fod hynny ynddo'i hunan yn rhinwedd, wrth gwrs. Ond bu'n rhaid inni aros tan nofel Wiliam

Owen Roberts, *Y Pla* (1987), i gael enghraifft o awdur yn mynd i'r afael o ddifrif ag elfennau mwyaf bas ac anghynnes bywyd. A hyd yn oed wedyn, cymeriadau canoloesol a oedd yn gwneud pethau felly, yn hytrach na'r ddynes drws nesa' yng nghanol y 1980au.

Rhoi pwyslais ar stori a wnaeth Alun Jones, a rhoi i'r chwedl ei phriod le yn y nofel Gymraeg unwaith yn rhagor. A sôn am glamp o stori. Lladron, heddlu, rhamant a rhyw. A llond ceg o acen Pen Llŷn yng ngenau'r cymeriadau i'w hadrodd hi. Ac o'r herwydd, llwyddodd *Ac Yna Clywodd Sŵn y Môr*, yn ei dydd, i daro deuddeg ymysg y beirniaid llên yn ogystal â'r darllenwyr cyffredin. Yn ôl beirniadaeth Islwyn Ffowc Elis:

> Mae pob pen stori'n ennyn chwilfrydedd, a'r darllenydd yn dechrau dwrdio'r awdur am ei dynnu o glawdd i glawdd fel hyn. Ac yna, yn raddol, fe blethir y llinynnau gwahanol yn un rhaff o stori gref a ninnau'n dotio ar y clyfrwch.[6]

Ac eto mae'n barod i bwysleisio:

> Ond mae ynddi lawer mwy na stori afaelgar. Medrwn sôn am ei chymeriadau byw, ei deialog wreichionog, ei sylwadaeth grafog, ar sefydliadau a chonfensiynau, a'i diffyg parch. Hynny'n arbennig. Nid oes yn y nofel barch at ddim.[7]

Diffyg parch ei chymeriadau o fewn ffiniau'r stori, ynghyd â diffyg parch ei hawdur at unrhyw gonfensiwn neu ffasiwn lenyddol oedd yn anghydnaws â'i steil ef o sgwennu, oedd un o brif rinweddau *Ac Yna Clywodd Sŵn y Môr*. Yn anffodus, dyma un o ffaeleddau amlwg Alun Jones fel awdur a beirniad yn ogystal. Ond gellid dadlau fod elfen radical bendant yn perthyn i geidwadaeth gul yr awdur ar ddiwedd y 1970au. Neu elfen wahanol, ffres, o leiaf. Efallai mai anochel o'r herwydd oedd yr honiad mai Alun Jones oedd wedi, 'etifeddu mantell y nofelydd sylweddol poblogaidd gan Islwyn Ffowc Elis', chwedl Robert Rhys. Ond cyndyn iawn i dderbyn hynny fu'r awdur ei hun, gan fod unrhyw labelu neu ddosbarthu o fath yn y byd yn wrthun ganddo. 'Dydw i ddim yn cymryd llawer o sylw o "etifeddu mantell",' meddai, gan fynnu fod hynny, 'yr un egwyddor â phrynu paced o Polyfilla i lenwi bylchau. Ysfa i sgwennu ydi'r cymhelliad, mor syml â hynny.'[8]

Amen i egwyddor felly ar brydiau. Y drwg yn y caws blasus hwnnw, fodd bynnag, yw fod Alun Jones yn ymddangos fel petai'n ceisio'i osod ei hun mewn rhyw wagle creadigol, fel petai'r dat-blygiadau diweddaraf yn dylanwadu dim arno, ac yn ei boeni hyd yn oed yn llai.

Wedi'r cwbl, prin y gall Alun Jones, mwy nag unrhyw awdur neu feirniad arall, anwybyddu'r ffaith fod dadeni, yn ymylu ar chwyldro, wedi bod yn hanes y nofel gymaint ag yng ngwleidydd-iaeth Cymru er 1979. A dichon na ellid honni fod *Ac Yna Clywodd Sŵn y Môr* wedi chwarae rhan allweddol yn y broses honno, os nad wedi sbarduno'r holl gyffro. Soniwyd droeon mai Alun Jones oedd y cyntaf o'r awduron newydd, er na fuasai'r llyfrwerthwr o Lŷn byth yn derbyn na diolch am deitl mor swanc.

> Dydw i ddim wedi f'argyhoeddi o'r busnas 'chwyldro' a 'dadeni' 'ma. Prun bynnag, nid mater i sgwennwr ydi o. Busnas sgwennwr ydi sgwennu'r hyn mae o'i isio yn y ffordd mae o'i hisio, ac nid ufuddhau i orchmynion ffasiwn y cyfnod . . . Doeddwn i ddim yn ymwybodol o fod yn 'awdur newydd' wrth sgwennu'r nofel gynta. Rydw i'n cofio dweud ar goedd yr adeg honno bod y beirniaid wedi brolio gormod arni.[9]

Gallwn fod yn eithaf siŵr nad oes yr un iot o ffugwyleidd-dra yn ei eiriau, ond tybed nad oes yna ryw gymaint o wirionedd? Efallai fod *Ac Yna Clywodd Sŵn y Môr* yn wahanol ar y pryd, ond oni ddylid gofyn hefyd, a oedd hynny ynddo'i hun yn ddigon?

I raddau helaeth, gorwedd rhan o'r ateb i gwestiwn o'r fath yn ein rhagfarnau academaidd ni ein hunain. Y drwg yw ein bod ni fel beirniaid llên yn mynnu dosbarthu llenyddiaeth a'i chategor-eiddio'n daclus dan deitl arbennig, am fod hynny'n haws fel arfer. Mae gosod cyd-destun a fframwaith pendant yn gwneud y gwaith o werthfawrogi ac adolygu'n llawer haws. Yr ydym oll, o'r herwydd, yn euog o deithio ar hyd y drafffordd i'r prif ddinasoedd ar brydiau, gan anwybyddu a phasio'r pentrefi diarffordd a llai. Ond nid felly mae Alun Jones, nac unrhyw lenor mewn gwir-ionedd, yn arfer ei grefft. Llwyddodd amryfal themâu a llinynnau storïol *Ac Yna Clywodd Sŵn y Môr* i ddrysu, yn ogystal â gwirioni beirniaid Gwobr Goffa Daniel Owen yn rhacs, a lluchio'r rhan fwyaf o'r adolygwyr oddi ar eu hechel – a tharfu ar draws eu taith arferol, a hynny i gyfeiliant 'Hwrê!' fawr gan yr awdur fwy na thebyg. Prin fod ots beth yw'r nofel, os yw hi'n un dda; os yw'r stori'n gafael o'r tudalen cyntaf ac yn gwrthod gollwng tan ymhell ar ôl cau'r clawr. Ond os yw'r stori'n gafael yn y Gymraeg mae'n siŵr o fod yn boblogaidd, ac os yw nofel yn boblogaidd mae'n rhaid gofyn oes unrhyw sylwedd iddi, ac os nad oes unrhyw sylwedd sylweddol (beth bynnag yw peth felly), mae'r holl beth yn troi'n sothach digon difyr. Neu ryw rwts felly.

Pa fath bynnag nofel yw *Ac Yna Clywodd Sŵn y Môr* yn y bôn, mae'n nofel wedi ei hysgrifennu i'w darllen. Efallai nad yw'n lladmerydd i'r cysyniad o arbrofi gyda'r geiriau sy'n gyfrwng i'w waith. Nid ydyw chwaith yn un am fentro i grombil ffynnon ieithyddol y Gymraeg a'i phosibiliadau, sydd wedi torri syched sawl cenhedlaeth o lenorion oedd wedi llwyr ddiflasu ar offrwm llenyddol eu cyfnod, ac yn chwilio am ffordd amgen o gyfleu bri yr Awen. Ond ysgrifennu stori sy'n argyhoeddi a difyrru ei gynulleidfa mae Alun Jones, yn hytrach na chwblhau rhyw gatharsis personol, ac mae'n gwybod yn union sut i gadw diddordeb y gynulleidfa honno o glawr i glawr heb stop. Chwedl y dyn ei hun:

> Ni lwyddodd unrhyw ysgrifennwr erioed i fforsio rhywbeth i argyhoeddi, syndod yw gweld cynifer o nofelau pur dda (yn Gymraeg a Saesneg) sy'n cael eu difetha'n ulw mewn chwinciad am fod ynddynt gyn lleied ag un sefyllfa (neu weithiau ddeialog) sy'n anghredadwy . . . Mi wn i'n burion y gwaith mwyaf sy'n fy wynebu i wrth ysgrifennu; nid y llafur o lenwi tudalennau ond y gwaith mowldio sydd yna rhwng cymeriadau a stori i'w gwneud yn undod crwn, cyfan, aeddfed, credadwy, argyhoeddadwy. Hwnnw yw'r gwaith; fe syrth y gwirioneddau mawr yn daclus i'w lle wedyn.[10]

Ac mae ei bwyslais yn barhaus ar elfen ganolog y stori.

> Pan fydd 'na bobl yn gofyn 'Be 'dach chi'n drio'i ddweud yn eich nofelau?' – yr ateb cyntaf, a'r prif ateb, ydy 'stori'. I mi, dydy nofel heb stori'n ddim byd ond casgliad o frawddegau hunan dybus. Mi fyddai 'na lawer yn anghytuno.[11]

Ond beth am y stori felly? Cymeriad digon sinistr yn claddu rhyw drysor annelwig â gofal amheuthun a geir ar ddechrau'r nofel, a'i heironi mawr yw'r ffaith fod yr holl ymdrechion a'r sylw at y manylion lleiaf i gyd yn ofer erbyn y diwedd.

> Byddai sgwâr dau led rhaw yn ddigon.

Tynnodd y tywyrch yn ofalus a'u gosod â'u pennau i lawr wrth ei ymyl, a dechreuodd dyllu'n ddiwyd a distaw gan ofalu rhoi pob mymryn o'r pridd ar y papur . . . Cwta droedfedd. Dim digon o'r hanner . . . Yr oedd y twll yn culhau'n arw erbyn iddo balu sbel ymhellach. Tynnodd y tâp mesur o'i boced. Dwy droedfedd a hanner . . . gollyngodd ychydig o bridd ar ben y blwch ac ymestynnodd am yr ordd. Gadawodd iddi ddisgyn yn araf ar y pridd, a dechreuodd ei chodi a'i gollwng yn gyson yn y twll i wasgu'r pridd yn iawn. Chwe modfedd arall. Gordd eto . . . Pwyll pia hi, Jôs, pwyll pia hi. Gorffennodd ei waith gyda'r un gofal a'r un trylwyredd a ddangosodd drwyddo draw.[12]

Bron na ellid honni fod Richard Jones yn tyllu'i fedd ei hun, dan yr argraff ei fod yn diogelu cyfoeth ei ddyfodol. Oblegid mae gweddill y stori wedi ei gosod ryw bum mlynedd yn ddiweddarach pan ddaw'n ôl i ddarganfod stad o dai uwchben ei drysor, a dilynwn ninnau ei ymdrechion i gyrraedd yr hyn a gladdodd yn daclus dwt yn gynharach. Dyma ddechrau ei hunllef. Ond ar yr union adeg hon y mae Meredydd, gŵr ifanc lleol, yn dod i ddiwedd hunllef yn ei hanes yntau, wrth i'r awdur ganiatáu mynediad i'r darllenydd i ddiwedd ei achos llys, lle y dyfernir ef yn ddieuog o dreisio merch ifanc dri mis ynghynt.

Rydym yn cael ein gollwng yn bendramwnwgl ddigon, felly, i ganol byd sydd wedi gwneud llawer o'i fyw o flaen llaw. Am mai felly y cred yr awdur y dylai hi fod.

Mae gan nofelydd hawl i drin ei fyd fel rhywbeth sy'n bod yn barod ac yntau'n digwydd dod ar ei draws ac yn disgrifio'r hyn y mae'n ei weld a'i ddarganfod, ac yna'n ei adael. 'Dydi'r byd ddim wedi peidio â bod am ei fod ef wedi'i adael. Mi fydda i'n hoff o feddwl amdani felly ambell dro.[13]

Rhyw gipolwg ar gyfnod neu bennod arbennig yn y byd hwnnw a gawn gan Alun Jones, a hynny gan amlaf trwy lygaid Richard Jones y lleidr gemau a Meredydd y prif gymeriad, yn ogystal ag ambell ongl gan yr heddlu ac amryfal gymeriadau o'r pentref lle mae'r stori wedi'i sefydlu.

Nid yw'r safbwynt yn statig o'r herwydd. Petai'n docyn i wylio drama, buasai'n caniatáu inni grwydro o un sedd i'r llall yn y theatr, gan gynnig sawl safle i wylio'r digwydd ar y llwyfan. Un o'r rhesymau am hyn yw nad creadigaethau syml mo'r prif gymeriadau yn y nofel hon, ac mae'r cysyniadau absoliwt o ddu a gwyn, dihiryn ac arwr, yn cael eu chwalu'n llwyr. Er gwaethaf ei natur oeraidd ac ariangar, bron nad yw'r darllenydd yn cael pyliau o gydymdeimlad â Richard Jones – nid yn unig am iddo ddychwelyd i Hirfaen i ddarganfod *semi-detached* ar ben ei drysor (er y buasai hynny'n ddigon i dorri calon unrhyw leidr gwerth ei halen, fe dybiwn i!), ond oherwydd ambell awgrym cynnil bob yn hyn a hyn gan yr awdur. Sonnir, er enghraifft, am y tor-priodas a ddigwyddodd ryw dro yn y gorffennol a'i adael yn ŵr sengl a digon unig, gan egluro, i raddau, ei agwedd at fywyd a'i ymddieithriad oddi wrth gymdeithas. Er gwaethaf ei atgofion achlysurol am blentyndod hapusach, rywle yn niwl ei hanes, dyn wedi caledu at bawb a phopeth ydyw ac wedi penderfynu, neu sylweddoli efallai, ei bod hi'n llawer rhy hwyr i newid hynny.

Yn yr un modd, mae Meredydd yntau ymhell o fod yn sant, er nad yw yn yr un cae o ddrygioni â Richard Jones efallai. Mae arna'i ofn nad wyf i wedi fy llawn argyhoeddi fod Meredydd yn hollol ddiniwed ar y noson y cyhuddwyd ef o dreisio Bethan. Onid oedd rhyw ddrwg yn y caws yn rhywle i yrru'r gryduras i'r fath eithafion tybed? Mae hynny'n amhosib i'w ateb wrth gwrs, ac yn fater bellach i ddychymyg y darllenydd a chydwybod Meredydd. Buasai *Ac Yna Clywodd Sŵn y Môr* wedi bod yn nofel dra gwahanol petai'r awdur wedi mynd ar ôl achos y treisio yn hytrach na hynt a helynt y gemau a charwriaeth newydd Meredydd ac Einir. Ond bid a fo am hynny, mae'r gwahanol agweddau ar bersonoliaethau'r prif gymeriadau'n sicr yn ein galluogi i sylwi ar y stori, a'r gymdeithas sy'n gefndir iddi, o amryfal safbwyntiau. O'r herwydd, cyrhaeddir diwedd sy'n cael ei ddatrys heb orfod dibynnu'n ormodol ar gyfres o gyd-ddigwyddiadau amheus, a fyddai'n ddigon i yrru'r darllenydd i ddiawlio nofel dditectif ddigon di-fflach arall i'r entrychion. Achos mae mwy na hynny i hon.

Mae yma stori dditectif, oes, a stori serch hefyd. Safbwynt y lleidr a safbwynt yr heddlu, heb sôn am hanes carchariad, achos llys, mewnlifiad a marwolaethau sy'n llunio coblyn o gyd-destun cyffrous i'r cwbl. Ac mae'r holl beth wedi'i osod yng nghanol cymdeithas glòs ddigon cyffredin yng nghefn gwlad Cymru. Cymdeithas sy'n ddigon tebyg, mae'n rhaid cyfaddef, i gymuned leol yr awdur a minnau yn ardal Pen Llŷn. Efallai mai dyma pam y mae rhai beirniaid wedi mynnu mai nofel y filltir sgwâr yw *Ac Yna Clywodd Sŵn y Môr*.[14] Gwadu hynny'n bendant a wna Alun Jones,[15]

---

a chytunaf innau fod gwahaniaeth pendant rhwng gosod stori mewn safle sydd wedi'i seilio ar ryw ardal arbennig, a llunio'r hyn a elwir yn 'nofel y filltir sgwâr', *à la*'r cysyniad D. J. Williamsaidd. Mae hynny'n dipyn mwy na mater o ddaearyddiaeth. Yr hyn sy'n arwyddocaol yma yw fod y fath antur yn mynd ymlaen yng nghrombil cefn gwlad Cymru, a hynny o dan drwyn cymuned glòs y bydd pob Cymro Cymraeg yn siŵr o'i hadnabod.

Mae natur y gymdeithas honno'n thema ganolog yn *Ac Yna Clywodd Sŵn y Môr*, ynghyd â nifer helaeth o nofelau Alun Jones. Dichon fod ceisio categoreiddio prif themâu'r awdur dan benawdau taclus a thraddodiadol yn dasg sydd bron yn amhosib. Maent yn plethu a gwingo i'w gilydd gymaint fel cynrhon llwglyd, fel y try unrhyw ffiniau'n amwys ac aneglur. Oblegid prif ambarél y cyfan yw'r portread o gymdeithas. Ac fel y dengys yr awdur, nid creadigaeth unffurf a fflat mo honno o bell ffordd. Mae'n debyg mai dyma ei phrif apêl i Alun Jones. Y tro cyntaf y gwêl Meredydd ei ddarpar-gariad Einir yn gweithio y tu ôl i'r bar yng Ngwesty'r Erddig, mae'n brysur yn darllen â'i thrwyn mewn llyfr o'r enw *Pigau'r Sêr*.[16] Afraid dweud nad hap a damwain yw dewis yr awdur o ddeunydd darllen ei gymeriad. Cyhoeddwyd y gyfrol *Pigau'r Sêr* gan J. G. Williams yn 1969 a'i chyflwyno 'I'r Gwladwr Ddoe Heddiw – ac Yfory Gobeithio',[17] a dichon nad oes angen ymhelaethu mai croniclo hanes cymdeithas freiniol Llŷn ac Eifionydd yn y cyfnod rhwng y ddau ryfel byd,[18] a'r ofn fod y gymdeithas honno ar fin dadfeilio, y mae *Pigau'r Sêr* yn y bôn. Ac nid yw Hirfaen Alun Jones yn eithriad i'r ofn. Ond yr hyn sy'n ddifyr ynghylch *Ac Yna Clywodd Sŵn y Môr* yw'r ffaith fod dirywiad a newidiadau o fewn y gymuned leol yn fodd i ddatblygu'r plot yn ogystal, gan mai un wedd ar ddatblygiadau lleol yw'r stad o dai newydd sy'n gartref i Meredydd a Gladys Drofa Ganol – yr union beth sy'n ddraenen barhaol yn ystlys Richard Jones, ac yn annog llawer o gyffro'r nofel a phennu trywydd y stori.

Mae rhagrith yr heddlu, y system gyfreithiol a sefydliadau'r gymdeithas honno yn ei holl haerllugrwydd, yn gocynnau hitio eithaf hegar gan yr awdur. Nid dyn y sefydliad mo hwn. Ac yn hynny o beth, ynghyd â'i athroniaeth gyffredinol fel awdur, mae'n debyg mai Eirug Wyn yw'r un sydd wedi datblygu etifeddiaeth Alun Jones fwyaf ers diwedd y 1990au. Mae yntau hefyd yn rhoi pwyslais ar stori ddealladwy, ac yn poeni mwy a yw honno'n argyhoeddi ei gynulleidfa, yn hytrach na mynd ati i arbrofi. Nid yw Eirug Wyn, mwy nag Alun Jones, yn brin ei feirniadaeth pan fydd angen peth felly. Ac fel cynifer o nofelwyr Cymraeg eraill, megis Angharad Tomos yn arbennig, mae heddlu ei Mawrhydi yn un o'r ffefrynnau. Er gwaethaf ymdrechion a llwyddiant yr heddlu i ddal y lleidr gemau, Richard Jones, er enghraifft, ynghyd â chefnogaeth unigolion fel yr heddwas Gareth Hughes, mae'r cyfnod hunllefus o gamdriniaeth dan glo yn dal yn fyw ac yn ferw ym meddwl Meredydd. Ac yn sicr ni all anghofio eu diffyg diddordeb yn dilyn diflaniad ei rieni. Er gwaethaf y drefn gyfreithiol a'i gollyngodd yn rhydd ar ôl ei garcharu, nid yw ei ddirmyg tuag at y modd y'i cafwyd yn ddieuog ddim mymryn llai.

> Yr oedd y bargyfreithiwr wedi gwneud ei waith yn ddigon sicr, wedi'i wneud yn dawel, yn broffesiynol a dideimlad. A dim arall. Nid oedd wedi dangos unrhyw ddiddordeb ym Meredydd, na hyd yn oed wedi gwrando ar ei stori na dadlau'i achos . . . Am hyn yr oedd Meredydd yn siomedig, ac wedi ei frifo. Nid oedd ef yn dymuno cael dod yn rhydd drwy gyfrwng dadleuon cyfreithiol anniddorol gan ddyn a oedd yn gwyrdroi popeth a ddywedai pob tyst yn y Llys, ac a bentyrrai amheuon rif y gwlith ar holl dystiolaeth yr erlyniad. Nid oedd neb wedi dweud y gwir ond ef ei hun a'r aelod o'r rheithgor a roes y dyfarniad. Yr oedd yr achos wedi bod yn gelwyddau o bob ochr drwyddo draw.[19]

Yn wrthbwynt i hyn oll y mae rhinweddau'r gymdeithas, ac yn arbennig felly y gymuned y mae Meredydd a'i gyfoedion yn trigo ynddi. Bron na ellid honni mai dyma, ynghyd â'i berthynas ag Einir, yw ei achubiaeth ar ôl yr hunllef o gael ei gyhuddo ar gam, tra bo'r meddylfryd o bawb yn adnabod a gwybod busnes pawb arall, sydd ynghlwm wrth fywyd beunyddiol unrhyw bentref, yn un o'r prif resymau pam y daw drygioni Richard Jones i'r amlwg. Cyfiawnder tipyn mwy cyfiawn nag unrhyw lys barn? Gall ymddangos braidd yn simplistig ac yn gyfoglyd felly ar brydiau, gyda rhyferthwy symbolaidd y môr hyd yn oed yn dosbarthu dôs go dda o gyfiawnder wrth gipio'r dihiryn ar y diwedd.[20] Ond prin fod pethau mor syml â hynny chwaith. Mae rhywun yn cael yr argraff weithiau fod Alun Jones yn dibynnu'n ormodol ar rinweddau cymdeithas nad yw'n bodoli bellach mewn sawl rhan o Gymru, a chaf fy nhemtio yn aml i ofyn lle'n union mae'r awdur yn byw? Ond cynnyrch y dychymyg yw pob creadigaeth lenyddol yn y bôn, a'r hyn sy'n bwysig yw'r ffaith nad yw'r rhamant byth yn troi yn slwj sentimental. Diolch byth.

Achos ni fedr y gymdeithas Gymreig hithau, yn ei holl ogoniant, ddim dianc rhag llach yr awdur. Honnodd yr awdur Emyr Humphreys unwaith, mai 'holl bwrpas y chwedl yw dathlu bodolaeth y llwyth', gan ychwanegu fod 'beirniadu yn rhan hanfodol o ddathlu'.[21] Gwêl Alun Jones yntau nad yw'r gymuned a bortreedir yn berffaith o bell ffordd, ac mae'n barod i gydnabod y rhagfarnau rhemp sy'n rhan ohoni hi a'r heddlu. Y gwahaniaeth mwyaf yw fod datgelu rhagfarnau cymeriadau mwyaf comig y pentre'n gloddfa ddi-ben-draw o hiwmor i'r awdur, ac yn cynnig cyfle prin i ni fel darllenwyr gael ein gwynt atom ac ymlacio mewn ambell bwl o chwerthin! Wrth i Meredydd wynebu pawb yn syth ar ôl ei ryddhau, prin y gellir cadw wyneb syth wrth fod yn dyst i ymateb y mwyafrif. Ni fedr Mrs Hughes Tŷ Capel, er enghraifft, ei anwybyddu gan ei fod yn aelod yn Hebron, a daw Meredydd ar delerau gwell bob gafael gyda Harri Jôs wrth iddo wario ffortiwn yn ei siop. 'Yr oedd y bil yn anferth. Ni fu erioed yn fwy dieuog.'[22] Nid oes yma unrhyw ddraethu hirfaith am rinweddau na ffael-eddau'r gymdeithas, dim ond cyflwyniad anuniongyrchol gan glytwaith lliwgar o gymeriadau lleol, sy'n aml yn aros yn y cof yn llawer hwy na chymeriadau canolog megis Einir, Richard Jones, neu hyd yn oed Meredydd.

A sôn am griw o bobl! Pwy all anghofio'r greadigaeth anfarwol a elwir yn Gladys Drofa Ganol, er gweithio'n galed i geisio gwneud hynny? Y gwir amdani yw fod Gladys druan yn byw ymhob pentref yng Nghymru, a ninnau'n ymdrechu'n gyson i groesi'r ffordd i'w hosgoi. Dynes sy'n ddigon i yrru unrhyw un yn wirion heb unrhyw ddrwg mawr ynddi ydyw, a Meredydd yw'r cyntaf i gyfaddef ar ôl ei marwolaeth ei bod hi'n 'ddigon diniwed. Rhoi digon o achos clebran iddi a roedd hi'n iawn.'[23] A dyna i chi Now Tan Ceris yntau. 'Cymêr' cefn gwlad os bu un erioed. Bron na theimlwn i ei fod yn byw i lawr y lôn o'n tŷ ni ac yn pasio'n ddydd-iol, neu ar nos Iau o leiaf, ar ei ffordd i'r dafarn yn ei Landrofar. Mae'r dyn mor fyw â hynny, yn gyfuniad credadwy o'r gwladwr hoffus a'r sylwebydd cymdeithasol craff. Ond mae'n debyg mai'r elfen bwysicaf yn apêl Now Tan Ceris, ynghyd â nifer o gymer-iadau Alun Jones, yw absenoldeb unrhyw agwedd nawddoglyd yng nghyflwyniad yr awdur ohono. Efallai mai tynnwr coes o hen lanc gwladaidd yw Now yn y bôn, ond nid yw hynny'n gyfystyr â honni nad yw'n llawn llathen – wedi'r cyfan, llwyddodd Now i ddeall Richard Jones a'i gelwyddau i'r dim, a thynnu'r creadur yn gareiau dan chwerthin.

Nid oes gwadu'r ffaith fod rhywun yn dyheu am dreiddio ychydig yn ddyfnach i feddyliau criw difyr o'r fath ar brydiau, gan edliw i'r awdur sy'n bodloni ar arnofio'n braf ar ei fôr o gymeriadau, yn hytrach nag ymwroli a phlymio i'w dyfnderoedd dirgel. Ond rhydd i bob awdur ei dechneg. Gwell gan Alun Jones hepgor y broses o fynd i'r afael â seicoleg ei gymeriadau'n barhaus, gan wneud defnydd llawn o ddeialog er mwyn cyfleu cyfrolau am eu personoliaethau. Mae'r ymddiddan doniol rhwng cwsmeriaid Yr Wylan Wen, er enghraifft, yn ddigon inni ddysgu cryn dipyn mewn un cipolwg sydyn am Now, Gwilym Siop Gig, Wil Aberaron a Robin y tafarnwr.

> Yr oedd drws y dafarn ar agor. Nid oedd neb yn y parlwr bach nac yn y bar mawr ar y dde. Yr oedd yn rhy gynnar i fawr neb ddechrau llymeitian. Trodd Now i'r chwith ac i'r bar bach.
> 'Damia fo. Fydd 'na fawr o drefn rwan.'
> Cyfarchiad arferol Gwilym Siop Gig.
> 'Mi fydd 'na well trefn nag yn yr hen siop Pen Stryd 'na,' atebodd Now. 'Mi fasa'n llawer haws gen i roi dy blydi cig 'di am 'y nhraed nag yn 'y mol.'
> 'Ho ho! Ffraeth heno, Owen Jones. Ydych chi wedi cloi y moto?'
> Wil Aberaron, ei hen fistar. Mistar i fod, ond cyfaill mynwesol.
> 'Ar hynny o gyflog ges i gen ti, fedra i ddim fforddio goriad heb sôn am glo. Peint bob un, Robin. Tyrd, gwna siap arni.'
> Tynnodd Robin Williams y tafarnwr yn hamddenol ar ei sigaret. Rhoddodd winc slei ar Wil Aberaron a Gwilym Siop Gig a dywedodd wrth Now:
> 'Reda i ddim i ti. Mi cei nhw'n fy amser i.'
> Plygodd o dan y cownter i estyn gwydryn.
> 'Hy!' meddai Now, 'rwyt ti'n rhedeg digon i Saeson.'
> 'Dim uffar o beryg.' Llanwodd y gwydryn â chwrw.
> 'Hwda, llynca dipyn ar hwnna a chau dy geg. Tala.'
> Lluchiodd Now arian ar y bar.[24]

Mae gafael yr awdur ar iaith yn ddihafal. Does dim neilltuol o chwyldroadol yn ei ddefnydd ohoni, er nad yw hynny yn gyfystyr â honni nad yw pob gair o'i eiddo'n gorfod ennill a chyfiawnhau ei safle fel rhan o'r cynnwys. Mae'r broses o ddethol yn un ddifrifol yn ei ddwylo. Ond mae'r dechneg o chwarae â geiriau a'u hamryfal ystyron yn gysyniad dieithr iddo ar y cyfan, a gall ymddangos yn undonog ar brydiau ar ôl y profiad o fynd din-dros-ben i ganol syrcas o gampau geiriol nofelwyr ôl-fodern fel Mihangel Morgan. Ond mor wahanol yw'r ddau awdur a'u dulliau gwrthgyferbyniol o ysgrifennu, fel mai annheg ac amhosib ymron, yw ceisio eu cymharu. Un o brif gryfderau Alun Jones fel nofelydd, heb os nac oni bai, yw ei ddawn ddihafal i lunio sgwrs sy'n llifo'n naturiol a hamddenol. Neu felly mae'n ymddangos, gan mai 'swyddogaeth sgwennwr yn ei ddeialog ydy adlewyrchu nid dynwared'.[25] Nid yw pobl yn siarad mor daclus a chryno â hynny, wrth reswm, ond pwy sydd eisiau darllen peth felly? Colli amynedd ac alaru fuasai'r darllenydd cyffredin gyda llond gwlad o 'ym' ac 'ia' ac ailadrodd bob yn ail air, a chrefft arbennig yr awdur yw hidlo geiriau naturiol o'r fath heb inni sylwi. Llwydda i'n darbwyllo mai clustfeinio ar sgyrsiau preifat pobl go-iawn yr ydym, mai dyma realiti. Ond fel y mae Mihangel Morgan wedi dadlau, nid oes y fath beth â realiti mewn llên. Ac yn hyn o beth mae'r naill awdur a'r llall yn nes i'w gilydd, o ran safbwynt, nag y buasai'r ddau ohonynt yn ei ddisgwyl.

Ac eto, cyhuddwyd Alun Jones droeon o fethu creu cymeriadau crwn a chredadwy gan nad yw'n plymio'n ddigon dwfn i'w crombil a'u seicoleg. Dyma gred Jane Edwards, er iddi honni mai, 'Yn baradocsaidd, cymeriadau'r nofel yw ei chryfder', er eu bod yn wendid amlwg ynddi hefyd.

> Teipiau ydyn nhw ond teipiau byw iawn serch hynny. Rydan ni'n medru rhagweld yr hyn mae'n nhw'n ei ddweud a'i wneud . . . Sylwi a gwrando, dyna'n amlwg gryfder Alun Jones. Ond gair bach o gyngor – gall cymeriadau stoc droi'n stêl. Os yw Alun Jones am ychwanegu cufydd at ei faintioli bydd rhaid iddo dreiddio dan groen ei gymeriadau.[26]

Mae elfen gref o wirionedd yng ngeiriau Jane Edwards wrth gwrs, ond ymateb Alun Jones i beth felly fuasai honni:

> Y peth pwysicaf i mi ydi fy ymwneud beunyddiol â phobl go iawn, ac felly mae'r cymeriadau yn tueddu i fod yn bobl go iawn. Mi ga i 'nghyhuddo mai teipiau ydyn nhw, ond dydi hynny'n poeni dim arna i. Mi fyddai'n well gen i gael fy nghyhuddo o sgwennu am bobl y medri di eu 'nabod tu allan i'r llyfr nag am bobl na welat ti mohonyn nhw ddim ond mewn llyfr.[27]

Ond i mi, mae'n fater o gyd-destun yn fwy na dim arall. Nofel antur sy'n byrlymu ac yn symud yn barhaus o un cymeriad a digwyddiad i'r llall yw *Ac Yna Clywodd Sŵn y Môr*, gan gynnig cipolwg inni o stori sydd eisoes wedi dechrau cyn y broses o ddarllen. O'r herwydd, nid oes gan yr awdur yr hamdden i dindroi ac ymhelaethu ar seicoleg aelodau'r sgript. Nid yw brys y plot yn caniatáu hynny, ac felly, gellir esgusodi neu gyfiawnhau ymron ei natur arwynebol ar brydiau. Ond cymharer hi â chymeriadau ail nofel Alun Jones, *Pan Ddaw'r Machlud*, sy'n greadigaeth hollol wahanol. Afraid dweud ei bod hi'n goblyn o job ysgrifennu ail nofel ar y gorau, ond mae hi gan mil gwaeth dilyn llond trol o ganmoliaeth am y gyntaf. Gall llamu 'mlaen i greadigaeth hollol wahanol fod yn gymaint o gam gwag â cheisio ail-greu, neu ddatblygu, byd y nofel flaenorol, os nad yw'r gallu gan yr awdur. Gall un chwip o stori fod yn ffliwc, ond mae ysgrifennu dwy yn fater arall. Ac mae'n debyg mai dyma pam y llwyddodd Alun Jones i'w sefydlu ei hun fwyfwy fel awdur gyda dyfodiad *Pan Ddaw'r Machlud* (1981), nac *Ac Yna Clywodd Sŵn y Môr*. Ymwrthododd â'r demtasiwn i ymdrybaeddu'n ormodol yn llwyddiant fformiwla ei nofel gyntaf, gan symud ymlaen yn syth i ysgrifennu'r nesaf. Mae holl bersbectif a chyd-destun yr awdur yn symud yn *Pan Ddaw'r Machlud*, ac o'r herwydd mae ei ddull o gyflwyno'i gymeriadau hefyd yn amrywio.

Yma, ceir criw o chwyldroadwyr ifainc yn gaeth gyda'i gilydd am ddyddiau, mewn tŷ yng nghefn gwlad Cymru, ar ôl dianc rhag yr heddlu a chipio teulu diniwed yn wystlon ar gyfer bargeinio. Drwy gydol gweddill y nofel amlygir yr eironi mawr mai hwy yw'r gwystlon mewn gwirionedd, yn gaeth i feddylfryd sy'n mygu unrhyw ryddid personol mewn ymgais i gyrraedd rhyw gysyniad digon niwlog o ryddid ehangach. Mewn sefyllfa o'r fath mae'r cymeriadau'n cael eu gorfodi i edrych o'r newydd arnynt eu hunain, ac ar ei gilydd, fel unigolion, ac o ganlyniad daw'r darllenydd a hwythau i well dealltwriaeth – er bod y ddealltwriaeth honno'n seiliedig ar ddadrithiad y naill ochr a'r llall. Nid yw'r pwysau na'r orfodaeth honno'n digwydd yn *Ac Yno Clywodd Sŵn y Môr* gan mai'r dechneg o gyflwyno cymeriadau trwy ddeialog a gweithred a geir yn honno. Ac fel yr wyf eisoes wedi ceisio egluro, mae'r dechneg yn gorfod dibynnu ar y cyd-destun os yw nofel i lwyddo.

Ac i mi, mae *Pan Ddaw'r Machlud* yn llwyddo, yn llawer iawn mwy felly nag *Ac Yna Clywodd Sŵn y Môr*. Mae'n glamp o nofel ac yn un hynod *intense*. Synnwn i fawr nad yw'r ffaith nad yw 'dwys' neu 'rymus' yn cyfleu yn union yr un ystyr yn y Gymraeg ag y mae *intense* yn y Saesneg, yn dweud rhywbeth am ein natur ni fel Cymry. Ond prin y gellid honni fod yr elfen *intense* ar goll yn y nofel hon. Efallai nad yw datblygiadau dyrys y plot yr un mor ganolog yn *Pan Ddaw'r Machlud*, ac i ryw raddau daw elfen gref o'r digwydd i ben wrth i'r stori aros yn ddaearyddol statig pan ddaw'r Mudiad i geisio lloches nad oes dianc ohoni. Ond nid yw'r cyffro'n ddim llai.

Er gwaetha'r bydolwg ehangach a geir ynddi ar un ystyr, crynhoir y cwbl rhwng pedair wal eu lloches-garchar yn y bôn, a daw'r gymuned glòs sydd mor ganolog yn *Ac Yna Clywodd Sŵn y Môr* yn amherthnasol i raddau helaeth. Ar wahân i ymwneud y terfysgwyr â'r heddlu, cawn gipolwg ar wewyr meddwl ficer y pentref a thad un o'r terfysgwyr, yn ogystal ag ofnau teulu agosaf y gwystlon. Ond cipolwg ar boen unigolion arbennig yn unig, yn hytrach na gofid cymuned gyfan, yw peth felly. O'r herwydd, yr ydym ni fel darllenwyr yn ogystal â hwythau fel cymeriadau, yn dod i adnabod personoliaethau unigol a'u holl gymhlethdodau'n dipyn mwy trwyadl yn y nofel hon. Gwyrdroir y teipiau traddodiadol o'r Almaenwr oeraidd a'r Gwyddel hawddgar a chalonfeddal er mwyn gyrru rhan helaeth o'r digwydd yn ei flaen. Yr ydym yn ffieiddio mwy at Marian, y ferch gyffredin o Fôn, a'i hagwedd galed a gwrywaidd ymron, nag at Carl yr arweinydd o Almaenwr. Y Carl yr ydym, yn anymwybodol ymron oherwydd ei enw a'i genedl, yn ei gymharu a'i feirniadu yn ôl llathen fesur y Karl arall, ond sanctaidd hwnnw, o eiddo Islwyn Ffowc Elis, yn *Cysgod y Cryman* ac *Yn Ôl i Leifior*. Ond mae Marian yn wahanol, ac mae darbwyllo'r darllenydd o Gymro neu Gymraes i gasáu un o'n genod ni, yn hytrach na chadarnhau unrhyw ragfarnau cynhenid, yn dasg dipyn anos i'r awdur. Ond llwyddo y mae, fel y dywedodd Robin Léwys, wrth sôn am y 'svelte psychopathic anti-heroine from darkest Anglesey who makes Lady Macbeth seem like Florence Nightingale'.[28] A dweud y gwir, mae'n dipyn o donic cael creadigaeth fenywaidd â chymaint o gic ynddi mewn llenyddiaeth Gymraeg, a bron na ellid honni na welwyd hen ast fel hon er i Saunders Lewis ein cyflwyno i Monica. Cymeriad treisgar a chaled wedi ymddieithrio'n llwyr o'i gwreiddiau ac wedi ymwrthod â'i hunig blentyn yw hon. Ac ni all y darllenydd cyffredin lyncu dynes felly heb dagu'n helaeth ar ddogn ohoni, yn arbennig gan mai portread hollol unochrog ohoni a geir gan yr awdur. Nid oes arlliw o eglurhad am ei chymhellion wrth ddilyn eithafiaeth y Mudiad, na chwaith pam y bu iddi ymwrthod â'i phlentyn. Mae ein hymateb i'w chymeriad wedi ei bennu a'i orfodi arnom o'r cychwyn cyntaf.

Nid yw Alun Jones yn ofni ein bwydo â chymeriadau o'r fath, a'r merched ar y cyfan, yw'r partneriaid cryfaf a mwyaf ymwthiol mewn sawl perthynas o'i eiddo. Mae Einir, er enghraifft, yn dipyn mwy o foi na Meredydd druan. A go brin y buasai Osian, ac yntau'n gymaint o linyn trôns, wedi edrych ar unrhyw ferch yn *Simdde yn y Gwyll* (1992), heb sôn am fynd i'r afael â'i chwaer, oni bai am y ffaith fod gan Nesta lond gwlad o gyts a digon o fynd ynddi i gynnal y ddau.

Ond Marian yw'r greadigaeth sy'n ddigon i godi gwrychyn ac ofn ar y dewraf ohonom. Mae'r ffaith nad hi sy'n bygwth y bychan ym mhennod 7, ond yn hytrach Marc y Gwyddel mwy addfwyn, yn datgelu cyfrolau ynglŷn â'r pwysau sydd ar ysgwyddau'r cymeriadau ar ôl byw ym mhocedi ei gilydd dan chwyddwydr yr heddlu cyhyd. Mae hefyd yn dangos yr eithafion y gall y natur ddynol eu cyrraedd o gael ei gwthio'n ddidrugaredd. Mae Marc yn alltud o'i wlad enedigol a'r ideoleg a'r egwyddorion y bu'n brwydro drostynt cyhyd yn dadfeilio'n ddyddiol o'i gwmpas, wrth iddo eu cwestiynu o ddifrif am y tro cyntaf erioed. Ac i goroni'r cwbl, mae'n colli ei ffrind gorau.

> Dim ond un waedd fechan a roes Deian wrth gael ei dynnu oddi wrth ei fam. Am mai Marc a'i cododd, yr oedd popeth yn iawn, er mai Sean oedd y gorau o'r bobl newydd. Ymgrafangodd ar fraich Marc i'w wneud ei hun yn fwy cyffforddus a diogel. Dechreuodd fynd ar ôl y gwn, ond ailfeddyliodd, a rhoes ei fawd yn ei geg.
>
> Edrychodd Marc yn hurt arno. Ysgwydodd ef i'w gael i grio, ond y cwbl a wnaeth y babi oedd chwerthin drwy ei fawd. Daeth penbleth i lygaid Marc wrth iddo edrych arno'n ymfoddhau yn ei fawd ac yn y sylw. Daeth hisian o'r dde iddo.
>
> 'Saetha fo, Marc. Saetha fo.'
>
> Cododd Marc ei ben, a gwelodd wyneb sglyfaethus Marian. Edrychodd eilwaith ar y babi, a rhoes y gwn yn ei boced. Rhoes Marian ebychiad o ddirmyg a siom, a gwnaeth Jane Roberts sŵn tagu wrth i gynddaredd Marian fynd i'w braich. Sodrodd Marc Deian ar y soffa.[29]

Nid yr un fuasai'r ergyd petai Marian wedi bygwth y babi, am mai dyna'n union fuasai rhywun yn ei ddisgwyl ganddi hi. Ond nid cymeriadau unochrog mo'r rhain, mwy na thrigolion Hirfaen.

Unlike Dennis Wheatley and Ian Fleming, whose imperial suns never did set, so that their whites were as Persil, and their blacks as pitch, Alun Jones has judiciously and ironically laced his goodies with baddies and salted his baddies with goodies. From the thieving good-old-English bobby and the wantonly-murdering upright-soldier of the queen; to the 'simpatico' ex-IRA thug and the humanitarian father-hating Welsh terrorist.[30]

Nid cymeriadau du a gwyn mohonynt, na llwyd chwaith o ran hynny. Nid creadigaeth ddiddrwg-didda ddigon cyffredin mo Heilyn, ond cyfuniad cymhleth o eithafion nad yw ef ei hun yn eu deall, heb sôn amdanom ni. A chwedl yr awdur:

nid yw'n brofiad dymunol bob amser dod o'u byd hwy a'i gymhlethdod, a dod yn ôl i'r byd go-iawn lle mae pawb yn wyn wyn dda dda, fel Mrs Thatcher a'r Arlywydd Carter, neu'n ddu ddu ddrwg ddrwg, fel Mr Brezhnev a'r Ayatollah.[31]

Ac mae *Pan Ddaw'r Machlud* yn frith o gymhlethdodau. O'i chymer-iadau hyd at ei hideolegau. Mae'n llawer mwy dilys sôn am ideoleg y nofel yn hytrach na'i gwleidyddiaeth, gan nad gwleidyddiaeth bleidiol gyffredin a geir gan y Mudiad, er bod hynny yn ei dro'n cael ei feirniadu o fewn y stori. Nid oes gan yr aelod seneddol o genedlaetholwr, er enghraifft, ddigon o asgwrn cefn i beryglu ei safle dros yr hyn sy'n gyfiawn, er gwaethaf ei egwyddorion honedig. Cenedlaetholwr yw'r cocyn hitio, er gwaethaf gwlad-garwch yr awdur ei hun, ond ar y cyfan ni sonnir am wleidydd-iaeth bragmataidd gyffredin yn yr un modd ag yn *Plentyn y Bwtias* (1989), er enghraifft. Mae'r wleidyddiaeth honno'n llawer mwy simplistig. Yn y nofel hon, portreedir brwydr barhaus y Mudiad fel ymgais i wireddu a gweithredu rhyw gybolfa aneglur o ideoleg sy'n seiliedig ar wrthgyfalafiaeth a sawl cysyniad astrus arall. Ond er gwaethaf eu dulliau Machiafelaidd o gyrraedd nod anghyraedd-adwy, mae eu hangerdd yn amlwg, ac o'r herwydd mae'n rhaid cyfaddef fod y criw radicalaidd yn llwyddo i ennill ein cydymdeim-lad, os nad ein cefnogaeth.

Ar ddechrau'r nofel mae Jim yn anobeithio ynglŷn â'r hyn a wêl wrth synfyfyrio a syllu drwy ffenestr y fflat:

Cododd Jim, ac aeth at y ffenest. Yr oedd yn dawel y tu allan, a darllenodd yn y golau melyn yr hysbysfwrdd yr ochr arall i'r stryd yn dweud wrtho pam y dylai luchio *Brut* ar ei gorff er mwyn bod yn ddyn, ac fel y câi ferch noethlymun a gwên blastig arni'n barod os prynai Honda.

'Mi fydda i'n meddwl weithia eich bod chi'n mynd mor rhyfedd â'r blydi byd 'ma.'[32]

Rhywbeth tebyg yw adwaith Heilyn yntau, ac mae'n anodd ar y naw anghytuno â'i safbwynt.

> Yr oedd yn gas gan Heilyn y lle. Gyferbyn ag ef, yr oedd pentwr o fflatiau uwchben rhes o siopau di-fflach, a theulu neu gariadon neu unigolyn yn byw ym mhob un, gyda'u problemau a'u cyfrinachau eu hunain. I beth, Duw a wyddai. Byddent yn rhuthro adref er mwyn gwrando ar newyddion, yn rhuthro er mwyn bwyta bwyd ffatri, yn rhuthro er mwyn gwneud dim. Jôc esblygiadol. Ochneidiodd. Pa hanes bynnag a oedd i'r Mudiad, yr oedd ei angen yn awr, os bu angen rhywbeth erioed. Nid credo oedd hynny erbyn hyn, ond sicrwydd.[33]

A gwir y geiriau. Nid yw'r dadrithiad â'r Mudiad y mae Heilyn yn ei brofi ar ddiwedd y nofel yn ddim mwy na chadarnhad neu ateg o'i ddadrithiad ehangach â chymdeithas yn gyffredinol. Fel y dywed ei hun wrth yr arweinydd erbyn diwedd y nofel: 'Mae arna i ofn mai geiriau gwag sydd gen ti erbyn hyn, Carl. Cnau gweigion.'[34] Ac mae'n ddadlennol mai rhyw besimistiaeth felly sy'n nodweddu'r awdur yn ogystal: 'Buan iawn y diflannodd y gwirioneddau mawr am ein hanghyfiawnderau cymdeithasol. Maent yn swnio mor naïf wrth eu hailddarllen.'[35] Mae hon yn sicr yn nofel sy'n ein gorfodi i feddwl, ond er gwaethaf ei phesimistiaeth fe'n harbedir rhag suddo'n llwyr i gors anobaith. Mae'r diwedd ymhell o fod yn hollol dderbyniol, gyda llofruddiaeth Sean a dienyddiad Heilyn – dau gymeriad yr ydym yn closio'n gynyddol tuag atynt trwy gydol y nofel. Torri ei galon y mae tad Heilyn yntau, yn brawf i'r ffaith greulon mai'r diniwed sy'n dioddef fwyaf. Ond ar yr un gwynt, mae Marian yn cael ei haeddiant a'r gwystlon yn cael eu harbed a'u huno unwaith yn rhagor â'u teulu. Mae rhywun yn gallu derbyn hynny.

Mae'n anos o lawer derbyn yr hyn sy'n digwydd yn *Oed Rhyw Addewid* (1983). Nid oes unrhyw ddigwyddiad terfysgol i dynnu sylw'r cyfryngau cenedlaethol, mwy nag achosion llys, lladron neu heddlu yn hon. Ac eto mae'r besimistiaeth ronc sy'n teyrnasu yn ddigon i afael yn y darllenydd a'i drechu, ac efallai mai dyma pam na chafodd y nofel hon y sylw mae'n ei haeddu cyn heddiw. Nid honni yr wyf mai hon yw'r orau o gynnyrch yr awdur. Ddim o gwbl. A dweud y gwir, gall ymddangos fel na pe bai'r stori wedi ei dirwyn i'w phen rhesymegol, neu ddigonol o leiaf. Beth yn union yw pen draw'r nod y bu Tegid a Derwyn yn anelu tuag ato ar hyd eu hanes? Bron na ellir awgrymu y buasai pennod neu ddwy'n ychwanegol wedi cryfhau'r nofel drwyddi, yn ogystal â'n deall-twriaeth ni o'r cymeriadau, gan mai'n anfodlon iawn yr ydym i'w gadael erbyn y tudalen olaf. Mater o farn yw p'run ai prawf o ddawn neu ddiffyg yr awdur sy'n gyfrifol am hynny. Ac eto, mae yna ergyd yn hon sy'n brifo llawer mwy na negeseuon lled-foesol y lleill. Mae'r ergyd yn taro'n llawer nes at adref, gan adleisio'r gri R. S. Thomasaidd o genedl 'Bosworth blind' yr ydym ni oll mor gyfarwydd â hi bellach. Yn sicr, mae mwy o angerdd didwyll yr awdur ei hun yma. Ond yn baradocsaidd, dyma ei gwendid pennaf hefyd. Yn *Oed Rhyw Addewid*, daw elfen ganolog y stori'n ail i gronicl trist dirywiad teulu a chymdeithas, wrth iddynt Seis-nigeiddio ac ymddieithrio yn eu hymgais i ymgyfoethogi'n faterol ac addysgol. Ac oherwydd safbwynt amlwg yr awdur, gall y dweud lithro'n bregethu anuniongyrchol ar brydiau.

O obaith cyntaf 'Gorau Arf' ac ymdrech 'Gwella'r Stad', daw'r darllenydd yn ddadrithiedig ddigon at 'Oed Rhyw Addewid' yng nghwmni'r cymeriadau. Mae siom yr addewid hwnnw gymaint yn fwy oherwydd gobaith a gweledigaeth plentyndod, sy'n baradwys bore oes ddigon diniwed a chyffredin yn y bôn, er gwaethaf y tlodi a thristwch colli mam. Mae portread Alun Jones o'r diniweid-rwydd hwnnw'n ddoniol ar y naill law, a threiddgar ddwys ar y llall; a hynny heb y cymhlethdodau sinistr sy'n nodweddu plentyn-dod prif gymeriad *Un Nos Ola Leuad*, er enghraifft. Dim ond dau hogyn bach yn trio tyfu i fyny.

> 'Pam mae o'n iawn i lwybrau fod yn gul ac yn rong i bobl fod?'
> 'Be?'
> 'Mae Davies Siop yn dweud bob munud yn yr ysgol Sul fod y llwybr cul yn beth da. Pam mae dyn cul yn beth drwg, felly?'
> 'Dydi o ddim yr un peth, y ffŵl.'
> 'Gofyn i Dad 'roeddwn i!' Yr oedd y llais wedi codi'n ddiamynedd, a fflachiai'r llygaid. Am ennyd. Yna, yr oeddynt yn astudio wyneb ei dad gydag edrychiad cadarn am ei fod wedi rhoi un busneswr yn ei le.

'Wel, rhywbeth fel'na ydi o, wyddost ti,' meddai ei dad, heb boeni llawer am fod mor annelwig.

'Dydi o ddim yn golygu yr un peth bob amser. Rhyw ystyron gwahanol iddo fo weithiau.'

Trodd Tegid ei sylw'n ôl at ei fwyd, gyda dirmyg.

'Hen air gwirion.'[36]

Mae'r awgrym o'r dewisiadau anodd sy'n disgwyl y ddau frawd, ynghlwm wrth gwestiynau cynnar a naïf Tegid a Derwyn. Y drwg yw, ein bod ni'n disgwyl y buasai'r ddau fachgen dosbarth gweithiol hoffus yn gwneud dewisiadau tra gwahanol i'r hyn yr ydym yn dyst i'w canlyniadau ar y diwedd. A phwy sydd i'w feio? Y to hŷn am blannu'r fath syniadau yn eu pennau ifainc, neu Edward Thomas am fynnu'r gorau, neu'r hyn a gredai ef oedd yn well, i'w blant? Tegid a Derwyn eu hunain, neu'r merched y mae'r ddau'n eu dewis, neu'n bodloni arnynt? Pwy a ŵyr? Mae yma ormodiaith, wrth gwrs. A gall hynny, ar ei orau, ymylu ar droi'n ddameg o ganlyniadau posib ymwrthod â gwreiddiau'r filltir sgwâr a Chymreictod, a throi'n Adferaidd adweithiol er ei waethaf. O'r herwydd, yr unig beth sy'n arbed yr holl beth rhag troi'n bregethwrol hunangyfiawn yw defnydd nodweddiadol gynnil yr awdur o ddeialog ac iaith. Nid y teip i drafod emosiynau'n barhaus a gwneud rhyw syrcas a sioe o edifarhau, yw cymeriadau *Oed Rhyw Addewid* yn eu hanfod. Nid felly y cawsant eu magu, ac mae canlyniadau eu dewisiadau'n dyst i hynny p'run bynnag. Ac eto, mae rhywun yn dal i dueddu gofyn, pam yn union mae tymor yn y Coleg ger y Lli'n gyfystyr â diflannu i bellafion byd, hyd yn oed o bentref bach ym mherfeddion Gwynedd? Go brin fod hynny'n gyfystyr â'i heglu hi dramor am addysg, neu hyd yn oed i Brifysgol Rhydychen neu Gaergrawnt. Nid yw pethau mor syml â'r darlun a geir yn *Oed Rhyw Addewid*, ond fu'r un ergyd erioed yn gryfach o'i chyflwyno'n gytbwys.

Wn i ddim p'run ai siomedig ynteu blin oeddwn i ar ddiwedd y nofel, ond yn sicr nid oes unrhyw ymwybyddiaeth o gyfiawnder neu ddiweddglo bodlon yn hon, fel yn y ddwy flaenorol. Dim ond awgrym o drasiedi nad oes ateb na diwedd iddo, gan nad yw cariad a chymuned – dau wrthbwynt arferol yr awdur i'w besimistiaeth ronc – yn ddigon i wrthsefyll na gorchfygu yn yr achos hwn.

> Cymdogaeth dda ydy un ateb i'r besimistiaeth. Tra bo honno mi fydd pethau ar i fyny. Mae'r besimistiaeth yn dod oherwydd gwleidyddiaeth,

oherwydd cam-wleidyddiaeth . . . mae dealltwriaeth rhwng dau yn llawer iawn pwysicach na dim, boed y ddealltwriaeth yn llafuredig ai peidio. I mi, mae hwnnw'n optimistiaeth, a dyna fydd o tra pery'r ddynoliaeth, beth bynnag a ddigwydd i'r gymdeithas a beth bynnag fydd y grymoedd o'r allan fawr. Wrth sgwennu stori garu mi fedra i ddathlu. Wrth sgwennu am ein gwleidyddiaeth fedra i ddim.[37]

Methu mae serch a dirywio mae'r gymdeithas yn *Oed Rhyw Addewid*, a'r ofnau a oedd yn cyniwair o dan ddyfroedd *Ac Yna Clywodd Sŵn y Môr*, yn cael eu gwireddu i'r eithaf. Nid ar chwarae bach y cyfaddefodd yr awdur

mai *Oed Rhyw Addewid* ydi'r nofel yr ydw i wedi'i theimlo fwyaf . . . Mi grisialwyd fy nheimladau i ar yr hyn oedd yn digwydd i gyfoeth cymdeithas yn honno. Efallai ei fod yn ddarlun rhy ddu. Efallai hefyd mai am fy mod wedi dweud yr hyn oeddwn i isio'i ddweud y bu'r fath oedi cyn mynd ati o ddifri i gwblhau *Plentyn y Bwtias*. Dydi'r awch i sgwennu rhywbeth o'r newydd ddim cyn gryfed wedyn.[38]

Bu cryn din-droi a bwlch o chwe blynedd, cyn i'r awdur fynd ati o ddifrif i gwblhau a chyhoeddi ei bedwaredd nofel. Mae *Plentyn y Bwtias*, eto fyth, yn offrwm tra gwahanol i *Oed Rhyw Addewid*. Mae'n nofel dipyn ysgafnach sy'n dychwelyd at fformiwla wreiddiol *Ac Yna Clywodd Sŵn y Môr*, os rhywbeth, gan ganolbwyntio ar stori afaelgar ac wfftio'r syniad fod rhaid i honno gystadlu'n barhaus ag unrhyw gynnwys deallusol.[39] Ond dyma'n union pam y mae'n gwegian.

Mae *déjà vu* a holl gymhlethdodau'r goruwchnaturiol yn thema ddigon annisgwyl mewn nofel Gymraeg ond, erbyn cyhoeddi *Plentyn y Bwtias*, prin fod unrhyw un yn disgwyl ailbobiad o bynciau traddodiadol gan Alun Jones. Ac eto, ni cheir unrhyw beth chwyldroadol a fuasai'n debygol o ddychryn y darllenydd chwaith. Mae'n debyg fod gan y rhan fwyaf ohonom adnabyddiaeth o'r profiad anesboniadwy hwnnw o *déjà vu* ar ryw lefel, a chydio yn yr ansicrwydd a'r chwilfrydedd sy'n nodweddu ein hymateb greddfol a'i wthio i eithafion sinistr a wnaeth Alun Jones yn y nofel hon. A chymysgu'r holl beth gyda dôs go dda o ddirgelwch, hanes lleol a pherthynas garwriaethol ar ei gorau, y canlyniad yw nofel hynod ddarllenadwy a hawdd i'w mwynhau, y mae rhywun yn goblyn o anfodlon i'w gollwng cyn ei gorffen. Nid fy mod yn dilorni dim arni wrth ddweud hynny, achos nid ar chwarae bach mae ysgrifennu stori afaelgar, sydd hefyd yn argyhoeddi, am rywbeth mor anesboniadwy â'r paranormal. Wedi'r cyfan, nid bob dydd y mae hogan gyffredin yn ail-fyw profiad rhywun hollol ddieithr a roes enedigaeth dros genhedlaeth ynghynt. Ac eto yr ydym yn derbyn hanes Sioned yn hytrach na thynnu tocyn unffordd i'r seilam iddi, gan ein bod yn llygad-dystion i'w phrof-iadau. Nid yw hynny'n gyfystyr â dealltwriaeth o *déjà vu*, ond cyn belled â bod awen yr awdur yn ein hargyhoeddi, nid oes rhaid meddu'r holl atebion i broblemau dyrys y paranormal. Mae ambell gwestiwn penagored yn dal i oglais y meddwl ymhell ar ôl cau'r clawr, a gall hyn ymddangos fel gwendid strwythurol, a methiant ar ran yr awdur i ddirwyn pob llinyn storïol i'w ben rhesymegol. Ond nid yw rhesymeg, ac ni all fod, ar flaen yr agenda mewn nofel sy'n trafod thema mor amwys â'r goruwchnaturiol.

Ond nid yw'r nofel heb ei gwendidau. Dyma un o nofelau gwannaf yr awdur ar y cyfan, gan nad yw'n mynd i'r afael yn llawn â chysyniadau a themâu nobl fel a gafwyd yn *Pan Ddaw'r Machlud*, ac i raddau llai, yn *Oed Rhyw Addewid*. Ac wrth gwrs, erbyn *Plentyn y Bwtias*, yr oedd cynulleidfa Alun Jones yn ymwybodol iawn o'i allu i wneud hynny. Un o'i gwendidau amlycaf, yw ei gwleidyddiaeth yn hytrach na'i hadeiladwaith. Nid oes yma unrhyw ymdrybaeddu difyr mewn syniadaeth ac ideoleg yn yr un modd â'i ail nofel, dim ond ymdriniaeth ddigon arwynebol â chenedlaetholdeb a gwleidyddiaeth blwyfol cefn gwlad. Yn ôl cyfaddefiad yr awdur ei hun, 'stwffio'r gwleidydd i mewn i ganol un olygfa yn nes at y diwedd i ryw hanner ymddiheuro a dangos nad oedd yr elfen o wleidyddiaeth gyfoes wedi'i llwyr anghofio',[40] a wnaeth yn y bôn. Biti am hynny.

Oherwydd hyn, nid yw'r ddogn o wleidyddiaeth a geir yn *Plentyn y Bwtias* yn taro deuddeg, ac i raddau helaeth mae'n hollol ddianghenraid. Efallai fod gwerthoedd personol yr awdur yn amherthnasol, hyd yn oed pan drosglwyddir hwy i'w gymeriadau, ond pan na fedr ef bellach 'weld perthynas o fath yn y byd rhwng llenyddiaeth a gwleidyddiaeth, ond un o elyniaeth anghymod-lon',[41] mae'n rhaid cwestiynu ei fwriad wrth gyflwyno'r fath ddimensiwn i'r stori yn y lle cyntaf. Mae dadrithiad yr awdur yn ddigon dealladwy, o gofio mai dan lywodraeth Thatcheraidd yr ysgrifennodd yr holl nofelau o'i eiddo hyd hynny. Ac eto, mae gwleidyddiaeth yn rhan annatod o fodolaeth a pharhad, neu ddirywiad, y gymdeithas Gymraeg y mae Alun Jones mor hoff o'i phortreadu. Ond amharod iawn yw'r awdur i gyfaddef hynny. Ei duedd, ar y cyfan, yw trin gwleidyddiaeth fel thema ymylol, ac annibynnol i raddau helaeth, a gall y drafodaeth droi'n drwsgl a dianghenraid o ganlyniad.

Mae rhyw gymaint o ymdrech i gymathu'r wleidyddiaeth â'r stori ar brydiau. Bwrlwm yr etholiad cyffredinol yw cefndir y digwydd yn *Plentyn y Bwtias*, er enghraifft, ond prin fod polisïau'n berthnasol i'r plot. Mae'r broses o ganfasio'n arf gan yr awdur i gryfhau'r adnabyddiaeth rhwng Sioned a Tecwyn a gadael i'w perthynas ddatblygu'n naturiol, ac mae cyd-destun yr holl gyffro etholiadol yn cynnig rhyw gymaint o normalrwydd yn wyneb y datblygiadau sinistr sy'n dadfeilio tu ôl i giatiau Gartharmon. Ar ôl profiadau brawychus Sioned, mae'n eironig ddigon fod y gwleidyddion anymwybodol yn dal i bregethu, a 'Daliai'r corn siarad i annog synnwyr cyffredin'.[42] Ond ymylol yw'r ymdriniaeth, ar wahân i araith fer Sioned yng nghyfarfod Plaid Cymru, a naïf yw'r araith honno ar ei gorau. Yn wir, mewn cyfnod newydd o wleidyddiaeth gynhwysol honedig a'i phwyslais ar ddwyieithrwydd, gall safbwynt Sioned ymddangos yn ansoffistigedig ac Adferaidd hyd yn oed. Ond does bosib fod hynny ynddo'i hun yn bechod llenyddol bellach? Ni fedraf yn fy myw feddwl am ddim mwy diflas na charfan o gymeriadau 'p.c.', yng nghyd-destun y naill ystyr a'r llall! O leiaf mae'r eithafion yn ennyn ymateb. Yn anffodus, nid yw Alun Jones yn datblygu hynny i'w lawn botensial yn ei ddwy nofel ddiwethaf. Cael ei stwffio'n flêr i ben ôl twrci anfodlon y mae'r elfen wleidyddol yn *Plentyn y Bwtias*, ac mae'r un camgymeriad yn cael ei ailadrodd yn *Simdde yn y Gwyll* (1992) yn ogystal. Gwir fod canran sylweddol o feirniaid Cymraeg ar ben eu digon o weld dogn o falu awyr deallusol i leddfu tipyn ar elfen mor ddiflas â stori sy'n tycio. Gall trafodaeth athronyddol, neu wleidyddol, ar ei gorau, gryfhau ffurf a neges y nofel – fel y dengys llu o lenorion sy'n ysgrifennu yn Gymraeg, megis Angharad Tomos, ac yn Saesneg, fel Emyr Humphreys. Ond mae'n rhaid i'r drafodaeth fod yn berthnasol i'r plot, a holl naws y nofel os yw i lwyddo. Yn anffodus, mae pawb wedi hen ddod i'r casgliad erbyn nofel ddiwethaf Alun Jones y buasai'n well o'r hanner petai'n hepgor themâu o'r fath, os nad yw'n fodlon mynd i'r afael â hwy i'r eithaf.

Sgandal fawr *Simdde yn y Gwyll* yw'r berthynas o losgach rhwng brawd a hanner-chwaer, ac mae honno'n thema ddigon nobl i gnoi cil arni am nofel swmpus gyfan. Mae'n gwestiwn gennyf i, felly, a oedd gwir angen datblygiadau Rhyfel y Gwlff yn gefndir i'r cwbl? Nid honni na ddylid mynd i'r afael ag amryfal themâu o fewn ffiniau'r nofel yr wyf, na chwaith fod yn nawddoglyd at y darllenydd drwy honni na fedr dreulio cymaint â hynny – dim byd o'r fath. Petai'r awdur wedi gallu gweu y cwbl gyda'i gilydd mor gywrain ag y gwnaeth gyda llinynnau storïol *Ac Yna Clywodd Sŵn y Môr*, gellid parhau i frolio yn hytrach na beirniadu; ond nid pawb sy'n cytuno. Yn ôl Christopher Meredith:

> The life of the novel coincides, more or less, with the life of the crisis. Obscurely, it becomes a symbol of humanity's capacity to destroy and pollute . . . Osian is revolted by the joy of his workmates at the American victory. Having set up home with his half-sister and decided on a policy of honesty about his private life, having partly overcome feelings of shame and guilt, he sees his mates' delight at the outcome as another signal that the world is sick, not him.[43]

Petai'r uchod yn wir, fe fuasai *Simdde yn y Gwyll* yn dipyn gwell nofel. Efallai mai dyma'r union beth a oedd gan yr awdur mewn golwg, petai wedi llwyddo i'w wireddu, yn hytrach na'i adael i hongian ar ymylon y digwydd. Ond gan nad yw'r sylwadau a'r pytiau achlysurol ar y Gwlff yn ein llawn argyhoeddi, yr unig beth y gallwn ei wneud yw diawlio'r ychwanegiadau dianghenraid i'r cymylau llenyddol am feiddio torri ar rediad y stori, oblegid mae honno ynddi ei hunan yn ddigon i gnoi cil arni. Mae'n stori sy'n haeddu – ac yn mynnu – sylw llawn y darllenydd rhag iddo ef, neu hi, fynd ar goll yng nghanol ei chybolfa ddyrys. Nid nofel hawdd i'w darllen fel y flaenorol mo *Simdde yn y Gwyll*, ac i ryw raddau gellid honni nad yw hi gystal o'r herwydd. Wedi'r cyfan, mae pawb eisiau mwynhau nofel, neu fe gyll y broses o ddarllen ran helaeth o'i hapêl. Ond rwyf hefyd yn hollol argyhoeddedig na wnaeth ychydig bach o ymdrech ddim drwg i neb wrth fynd ati i ddarllen unrhyw beth, o nofel i glamp o werslyfr gwleidyddol. Yn wir, gall ddyfnhau ein gwerthfawrogiad a'n mwynhad o'r gwaith, ac o'r herwydd, rwy'n goblyn am nofel sy'n gorfodi rhywun i feddwl, gan hepgor y darllenydd diog am fod mor ddigywilydd â gwrthod rhoi'r un ymdrech i'r darllen ag a roes yr awdur i'r creu.

Er ceisio fy ngorau glas i ganolbwyntio'n llwyr ar ddarllen *Simdde yn y Gwyll* mor drylwyr ag yr oedd modd, dal i golli'r plot yn achlysurol yr oeddwn i serch hynny. Colli amynedd ar ryw bwynt, gan barhau i fustachu yn hytrach na mwynhau. Mae'r plot mor gymhleth â hynny, a'r cast druan ar goll yn lân yn ei ganol.

Yn sicr, mae'r cymeriadau ynghlwm wrth gynllun pendant a chymhleth iawn y plot, a dyma brif wendid y nofel yn y bôn. Mae'r awdur yn gorfodi'r cymeriadau, yn y naill linyn storïol a'r llall, i ymgyfathrachu â'i gilydd mewn modd hollol artiffisial, sy'n gwthio credinedd y darllenydd i eithafion afrealistig. Wedi'r cyfan, onid safle dros-dro ei waith yw'r unig ddolen gyswllt rhwng Osian a'r byd o heddlu cudd, lladron ac ysbïwyr y mae'n glanio'n ben-dramwnwgl yn ei ganol? A chan mai cymeriad ymylol yw Tim, yn absennol am ran helaeth o'r stori, mae'n anodd gennyf lyncu fod Osian ac yntau yn gymaint o ffrindiau, fel bod Osian yn mynnu cymryd un risg ar ôl y llall i'w amddiffyn. Ni fu erioed yng nghartref Tim, heb sôn am gyfarfod ei gariad a'r plant, cyn hanner cyntaf y nofel! A'r cwbl am focs o stampiau y mae'r holl ffacsïynau'n baglu dros ei gilydd i gael gafael arnynt. Nid amau nad oes sleifar o stori yn rhywle yn *Simdde yn y Gwyll* yr wyf, ond yn hytrach dadlau mai anodd iawn yw ei gwerthfawrogi os na fedr rhywun ddallt y dalltings fel petai.

Diolch byth am goblyn o stori garu, felly, i arbed y cyfan rhag llithro i ebargofiant llenyddol. Nid rhyw ymdriniaeth seicdreiddiol ar losgach a geir yn y nofel hon, na chanlyniadau bwystfilaidd perthynas o'r fath *à la* creadigaeth Geraint Vaughan Jones, *Yn y Gwaed*. Apêl fawr ymdriniaeth Alun Jones yw'r cyd-destun cyffredin i berthynas brawd a hanner-chwaer normal ar y naw (beth bynnag yw peth felly), yn syrthio dros eu pennau a'u clustiau mewn cariad, a hwnnw'n gariad rhamantus, nwydus. Amrywiad ar yr hen thema o serch gwaharddedig sydd yma wrth gwrs. Mae'r awdur yn mynd i'r afael ag un o'r tabŵs cymdeithasol olaf mewn hinsawdd lle'r ydym bellach yn ddigon eangfrydig i dderbyn carwriaethau rhwng yr hiliau, ac o fewn y rhywiau, ond yn syrthio i berlewyg ar unrhyw si fod y fath beth â llosgach yn parhau. Arwydd o allu'r awdur i orchfygu maen tramgwydd culni'r Gymru gyfoes, honedig oleuedig, yw'r modd y mae'r cymeriadau'n llwyddo i ennill ein cydymdeimlad a'n cefnogaeth. Gwirioni'n bot â rhamant yr holl beth a wnaeth y beirniad llên Christopher Meredith yntau, gan gymharu'r pâr ifanc â neb llai na chariadon enwocaf William Shakespeare.[44] Yn bersonol, rwy'n eithaf amheus a ellir sôn am gymaint o linyn trôns ag Osian druan ar yr un gwynt â Romeo'r rhamantydd rhemp, ond mater o farn yw hynny; a ph'run bynnag, prin fod Alun Jones yn gor-ramanteiddio yma, mwy nag mewn unrhyw nofel arall o'i eiddo. Nid yw'r pâr ifanc pechadurus yn cael dianc i wagle paradwysaidd i barhau â'u perthynas, gan fod Alun Jones yn eu gorfodi i wynebu canlyniadau eu dewisiadau, ac o ystyried agwedd y fam a hunanladdiad Rhian tua'r diwedd, nid yw hynny'n broses hawdd i'r cymeriadau o bell ffordd.

Ond anaml iawn mae'r awdur yn fodlon ein gadael â diweddglo cysurus, neis-neis. Daw'r digwydd i ben yn daclus bob tro, ond nid yw'n caniatáu inni gyrraedd canlyniad o'r fath heb rywfaint o anesmwythyd ac ansicrwydd. Techneg benigamp sy'n arwain y darllenydd i synfyfyrio dros y stori, cyn ei gosod ar silff unwaith eto i hel llwch ymysg llyfrau. Hwyrach mai dyma pam y bu ei gynulleidfa'n awchu am fwy o'i gynnyrch creadigol ar ôl treulio ei holl nofelau. Hynny, neu slicrwydd ei straeon a chlyfrwch ei gymeriadu. Mae cynnig rhesymau dros boblogrwydd Alun Jones ymysg darllenwyr Cymru, yn haws o'r hanner na cheisio egluro pam mai gwan, ar y gorau, fu'r sylw a gafodd yn y gorffennol gan y beirniaid llên a'r deallusion. Efallai nad yw'n hobnobio'n ddigonol mewn cynadleddau a fforymau, a go brin y gellid ei weld yn sipian siampaen mewn cwrs undydd ar ddamcaniaeth ôl-strwythurol gan yr Academi neu'r Brifysgol – neu mae damcaniaeth o'r fath yn elfen ry bechadurus o absennol yn ei waith creadigol. Dyn ei bobl ydyw, ac yn eu canol nhw a'i lyfrau y mae'n gweithio ac yn creu. Gwn fy mod innau'n swnio fel hen sinig sych, ac mae'n debyg mai'r gwir syml pam na chafodd y llyfrwerthwr o Lŷn y sylw mae'n ei haeddu yw'r ffaith na chyhoeddwyd nofel o'i eiddo er 1992. Ac mae hynny'n bechod. Gwir y bu iddo gyflwyno ambell ddrama radio a llwyfan ger ein bron yn ystod y blynydd-oedd diwethaf, ond gyda *genre* y nofel mae hwn yn rhagori. Ac er gwaetha'r ffaith fod *Ac Yna Clywodd Sŵn y Môr* yn rhan o'r maes llafur mewn llawer o ysgolion erbyn hyn, ac yn aelod blaenllaw o'r rhestrau gwerthu gorau yn aml iawn o'r herwydd, mae cenhedlaeth gyfan o Gymry nad ydynt yn adnabod yr awdur. A chynyrfiadau'r daeargryn distaw a grynodd y tir yn ôl yn 1979, bellach wedi eu boddi'n haeddiannol ddigon, gan don arall, gryfach. Mae'n rhaid i awdur ysgrifennu a pharhau i wneud hynny, os yw'n dymuno nofio ar frig y don ddiweddaraf, ac yng ngeiriau'r nofelydd ei hun, 'busnas sgwennwr 'di sgwennu'. Efallai mai cyndyn fu Alun Jones i ddilyn ei athroniaeth ei hun yn ystod y blynyddoedd diwethaf, ond yn ôl tystiolaeth un aderyn bach o ochrau Enlli, braidd yn fuan yw hi eto i sôn am dranc y gŵr â'i fryd ar stori.

Nodiadau

[1] John Rowlands, 'Agweddau ar y Nofel Gymraeg Gyfoes' yn *Ysgrifau ar y Nofel* (Caerdydd, 1992), 242. (Traddodwyd yn wreiddiol i Gylch Llenyddol Caerdydd yn Ionawr 1974.)

[2] Steve Eaves, 'Hynt a Helynt y Nofel Gymraeg', *Llais Llyfrau* (Gwanwyn 1992), 10–11.

[3] Alun Jones, 'Alun Jones yn ei Weithdy', *Llais Llyfrau* (Gwanwyn 1980), 10.

[4] John Rowlands, 'Holi Alun Jones', *Llais Llyfrau* (Haf 1981), 5.

[5] Steve Eaves, 'Hynt a Helynt y Nofel Gymraeg', 10–11.

[6] Islwyn Ffowc Elis, 'Gwobr Goffa Daniel Owen: Nofel', *Cyfansoddiadau a Beirniadaethau: Caerdydd 1978*, gol. W. Rhys Nicolas (Llandysul, 1978), 102.

[7] Ibid.

[8] Robert Rhys, 'Llenor Llŷn: Holi Alun Jones', *Barn* 323/4 (Rhagfyr/ Ionawr 1989/90), 4.

[9] Lowri Davies, 'Dyn Blin o Lŷn', *Barn* 436 (Mai 1999), 44.

[10] Alun Jones, 'Alun Jones yn ei Weithdy', 10.

[11] Robert Rhys, 'Llenor Llŷn', 5.

[12] Alun Jones, *Ac Yna Clywodd Sŵn y Môr* (Llandysul, 1979), 9–10.

[13] Robert Rhys, 'Llenor Llŷn', 6.

[14] Dyma farn John Rowlands yn ei erthygl 'Holi Alun Jones', 5, yn ogystal â Jane Edwards yn ei hadolygiad ar y nofel yn 'Cryn Feistr', *Y Faner* (2 Tachwedd 1979).

[15] John Rowlands, 'Holi Alun Jones', 5.

[16] Alun Jones, *Ac Yna Clywodd Sŵn y Môr*, 71.

[17] Mae'n amlwg fod gan Alun Jones feddwl uchel o'r gyfrol *Pigau'r Sêr*, a'i hawdur J. G. Williams a fu'n athro gwaith coed arno yn yr ysgol yn Mhwllheli. Mewn cyfweliad â John Rowlands ('Holi Alun Jones', 4), mae'n sôn am gyfaddefiad ei athro. ' "Wel 'rhen foi, mae arna'i ofn na wnawn i ddim saer coed ohonot ti."' Ac mae Alun Jones yn nodi 'fe gollodd y cyfle yr un pryd i sibrwd yn fy nghlust ei fod am 'sgrifennu *Pigau'r Sêr* cyn pen degawd. Ta waeth, roedd yn well iddo fy ngholli i na cholli hwnnw.'

[18] Allan James, '*Ac Yna Clywodd Sŵn y Môr* gan Alun Jones', *Barn* 297 (Hydref 1987), 408.

[19] Alun Jones, *Ac Yna Clywodd Sŵn y Môr*, 16.

[20] Sylwer bod *Hirfaen*, sef enw gwreiddiol y nofel yng nghystadleuaeth Gwobr Goffa Daniel Owen, wedi'i newid yn ddiweddarach i'r *Ac Yna Clywodd Sŵn y Môr* mwy symbolaidd.

[21] Emyr Humphreys, mewn rhaglen deledu ar gyfer S4C, o'r enw *Tudalen 88* (25 Gorffennaf 1988).

[22] Alun Jones, *Ac Yna Clywodd Sŵn y Môr*, 41.

[23] Ibid., 174.

[24] Ibid., 21.

[25] Lowri Davies, 'Dyn Blin o Lŷn', 47.

[26] Jane Edwards, 'Cryn Feistr'.

[27] Robert Rhys, 'Llenor Llŷn', 9.

[28] Robin Léwys, 'God is Not an Englishman', *Llên a Llyfrau Cymru* (Hydref 1981), 19.

[29] Alun Jones, *Pan Ddaw'r Machlud* (Llandysul, 1981), 195–6.

[30] Robin Léwys, 'God is Not an Englishman', 19.

[31] Alun Jones, 'Alun Jones yn ei Weithdy', 11.

[32] Alun Jones, *Pan Ddaw'r Machlud*, 27.

[33] Ibid., 8–9.

[34] Ibid., 211.

[35] John Rowlands, 'Holi Alun Jones', 5.

[36] Alun Jones, *Oed Rhyw Addewid* (Llandysul, 1983), 20–1.

[37] Robert Rhys, 'Llenor Llŷn', 8.

[38] Ibid.

[39] Ibid., 5.

[40] Ibid., 6.

[41] Lowri Davies, 'Dyn Blin o Lŷn', 46.

[42] Alun Jones, *Plentyn y Bwtias* (Llandysul, 1989), 31.

[43] Christopher Meredith, 'Sex, Lies and Scandinavian Philately', *Planet* 99 (June/July 1993), 100.

[44] Ibid.

2

Olion Wiliam Owen Roberts

ENID JONES

Mewn blocdwr moel ar ddarn o dir diffaith, daw gwraig i mewn i'w chegin. Mae'n troi'r radio trwy wahanol donfeddi gan greu 'rhyw sain newydd abswrd' (139). Y tu allan i'r fflat mae dau ŵr – sydd wedi stryffaglu yno trwy'r tywyllwch – yn clustfeinio ar y radio, ac yn craffu i mewn i'r stafell trwy lenni les gwynion. Ond ni allant ddeall yn iawn beth sy'n digwydd, ac fe ddarganfyddant yn y man eu bod wrth y ffenest anghywir. O *Bingo!* (1985) Wiliam Owen Roberts y daw'r olygfa, ac mae'n rhyw eglurebu ymateb ambell sylwebydd i'r nofel ei hun wedi iddi ddenu sylw yng nghystadleuaeth Gwobr Goffa Daniel Owen yn 1984. Efallai fod yr olygfa a amlinellwyd yn ein taro fel un ystrydebol erbyn hyn. Ac fe all fod yr un peth yn wir am y dull o ddechrau'r drafodaeth hon – dull a ddewisais fel adlais gwan o arfer mynych y nofel o'n taflu'n ddirybudd i ganol byd dieithr ffilm neu freuddwyd. Os felly, mae'n arwydd o'r newid sydd wedi digwydd i'r nofel Gymraeg yn y cyfamser. O leiaf, gallwn obeithio na fyddai neb bellach yn mynd ati i gloriannu *Bingo!* yn ôl y disgwyliadau traddodiadol y'i crëwyd i'w siomi, ac a ddychenir yn y nofel:

> 'Dwi'm yn dallt y bobl 'ma sy'n gwneud petha nad oes neb yn 'u dallt . . . Mae'n rhaid iti wrth stori dda mewn nofel i gynnal diddordeb y darllenydd, yn does? Wel pam na elli di ddim cael stori dda mewn ffilm neu ddrama hefyd? Yn lle'r busnas sumbolaidd, alegorïaidd yma trwy'r blydi amsar –' (42)

Nid fod *Bingo!* mor 'newydd sbon danlli grai'[1] ag yr ymddangosai ar y cyntaf i'w hamddiffynwyr. Achubwyd y blaen ar lawer agwedd ar ei dyfeisgarwch ôl-fodernaidd yn *Dyddiadur Dyn Dwad* Dafydd Huws, *Bodio* Hefin Wyn, a *Bob yn y Ddinas* Siôn Eirian (Llandysul, 1979). Ymwneud y mae'r tair nofel hyn, fel *Bingo!*, ag ymdrech yr unigolyn i'w adleoli ei hun yn y ddinas aralledig sy'n un o symbolau mwyaf cyfarwydd ôl-foderniaeth. Ond nid yw'r un ohonynt – a dyma graidd y mater – yn mentro cyn belled â *Bingo!* i'r cyflwr a gynrychiolir gan y ddinas honno. Yn y ddwy gyntaf, cyfunir y gwrthryfel yn erbyn parchusrwydd a snobyddiaeth Gymreig ag elfen o deyrngarwch i'r achos cenedlaetholaidd ac i achos yr iaith. *Bob yn y Ddinas* sydd debycaf i *Bingo!* yn ei ddarlun o fywyd ynysig, dryslyd, henlencynnaidd ei chymeriad canolog. Ond mae Bob yntau, serch ei chwerwder wrth ganu'n iach i geidwaid diwylliant ei fro enedigol – 'Ffarwél i chi i gyd, y bastards!' (9) – yn dal i led-hiraethu am y bywyd 'gwerth chweil' (102) y cred iddo oroesi y tu allan i ormes y ddinas. Yn *Bingo!* nid oes ond y ddinas afreal ar ôl.

Hollol amddifad yw *Bingo!* o'r canllawiau tirnodol sy'n lleoli'r nofelau eraill yn gadarn ym mhrifddinas Cymru. Mae bron pob man ynddi yn ddigyfeiriad ac yn ddienw (yn nwy ystyr y gair). Ni chynigir chwaith yr ymdeimlad â phosibiliadau'r ddinas – posibiliadau ei hymylon amharchus, lleiafrifol, amlddiwylliannol – a geir weithiau yn y nofelau dinesig eraill. Gwir fod rhywfaint o gynnwys gwleidyddol i'r cyfeiriad eironig at dafarnwr o Sais yn 'sefyll yn y bwlch' (44). Ond rhaid cyplysu'r gyfeiriadaeth lenyddol honno â'r camddyfyniad o linell T. H. Parry-Williams: 'Ni allwn ddianc rhag hon' (63). Digwydd y llinell yng nghyswllt y galwadau ffôn a gysylltir â'r lladrad ar dŷ'r prif gymeriad; ac yng nghyswllt cyllell fara fel yr un a ddefnyddir i'w drywanu yn y man – gweithred sy'n ei droi yntau'n llofrudd. Lladrad anesboniadwy a llofruddiaeth anfwriadol sydd yn awr yn llenwi'r gofod yr arferid ei lenwi gan ymrwymiad i Gymru.

Nid damweiniol yw cysylltiad y galwadau ffôn â'r hurtrwydd hwn. Ymyrrant â gofod personol y prif gymeriad mewn modd tebyg i'r lladrad ei hun, ac mewn modd tebyg i'r recordydd tâp sy'n ailchwarae ei sgwrs â'i gyfreithiwr yn ei absenoldeb. Agweddau yw'r rhain ar y dechnoleg a drodd y cyfnod ôl-fodern yn gyfnod y cyfryngau. Ac yn *Bingo!* mae bywyd a ffilm yn dynwared ei gilydd i'r fath raddau fel nad oes modd gwahaniaethu rhyngddynt – yn arbennig gan yr ymddengys maï'r un gŵr (actor wrth ei alwedigaeth) yw prif gymeriad y ffilm ar ddechrau'r nofel, y sgript ffilm ar y diwedd, a'r bywyd 'go-iawn' yn y canol. Yn y ffilm oedir gyda phrosesau mwyaf cyffredin bywyd beunyddiol yr unigolyn – ei godi yn y bore, ei ymolchi, ei wisgo amdano – i'w troi yn arlwy pryf ar y pared. Amlygiad mwy gwrthun ar yr un porthi anweddus yw'r fideo pornograffaidd sy'n troi byd y ffantasi bersonol yn eiddo cyhoeddus. Nid dyna'r terfyn eithaf, fodd bynnag. Cyrhaeddir hwnnw yng nghyfeiriad Mihangel (unig gyfaill y prif gymeriad) at *snuff movie*. Yn y byd Baudrillardaidd yr ydym ynddo erbyn hyn, gellid tybio y byddai marwolaeth yn gweithredu fel prif faen prawf realiti. Ond mewn *snuff movie*, troir llofruddiaeth real yn *simulacra*. Ac fe geir rhywfaint o'r amwysedd arswydus hwnnw yn glynu wrth lofruddiaethau *Bingo!*. Yno, gwelir rhagargoel y gŵr yn y ffilm – 'Fe wyddai o'r eiliad y deffrôdd [*sic*] y bore hwnnw y byddai'n lladd rhywun' (7) – yn cael ei wireddu, nid yn unig yn y ffilm, ond hefyd ym mywyd 'real' yr un cymeriad.

Mae hyn i gyd yn dwyn i gof un o'r breuddwydion yn Nyddiaduron Kafka. Yn y breuddwyd hwnnw, gwêl Kafka – ac yntau yn gymeriad yn y breuddwyd – ŵr yn codi o'r gynulleidfa mewn theatr, yn cerdded at un o'r lampau sydd ar ddiffodd ac, ymhen ychydig, yn dychwelyd i'w sedd. Yna, daw'r sylweddoliad: 'Cymeraf mai fi ydyw a phlygaf fy mhen yn y tywyllwch.'[2] Y gwahaniaeth yw fod holl gyfarpar cyfathrebu y byd ôl-fodern wedi'i iwtileiddio yn *Bingo!* i gyflwyno'r ymwybod drylliedig hwn, ac i gynhyrchu'r ymdeimlad nodweddiadol Kafkaésg o fod dan fygythiad parhaus rhyw 'nhw' annelwig mewn byd lle mae'r cyfarwydd a'r sinistr yn anwahanadwy. Llawer rhy niferus yw'r adleisiau o'r Dyddiaduron imi eu nodi yma. Er hynny, mae gofyn pwysleisio nad yw'r 'rhai brawddegau a pharagraffau' yng nghydnabyddiaeth Wiliam Owen Roberts ond yn cynrychioli'r ffrwythau a gododd i wyneb y deisen. Mewn gwirionedd, mae hunllef ailadroddus, baranoaidd *Bingo!* yn frith drwyddi o syniadau, delweddau a symbolau (gan gynnwys y jig-so ar glawr y gyfrol) y gellir eu cysylltu â'r Dyddiaduron.

Cyffredin, wrth gwrs, mewn nofelau ôl-fodernaidd yw'r math yma o 'fenthyca' a dynwared. Un o swyddogaethau'r *pastiche* neu'r *montage* a grëir yw herio'r syniad o wreiddioldeb a phurdeb a dilysrwydd llenyddol. Ond er mwyn cyflawni'r swyddogaeth honno rhaid wrth elfen o eironi yn y ddeialog â'r gorffennol. Dyna elfen na cheir mohoni, hyd y gwelaf, ym mherthynas *Bingo!* â

Dyddiaduron Kafka. Nid problem *Bingo!* yw ei bod yn parodïo Kafka. Ei phroblem yw na *all* ei barodïo os yw am gyflwyno yr un math o hunllef ag ef. Gellir dadlau, o bosib, fod cynnwys un o freuddwydion Kafka (y breuddwyd am y puteindy), yn ei gryn-swth a heb unrhyw newid, yn gwneud *Bingo!* yn fwy Kafkaésg na Dyddiaduron Kafka ei hun. Oherwydd os yw breuddwyd a hun-llef yn tarddu o ddyfnder yr isymwybod, onid yw breuddwydio union freuddwyd rhywun arall yn ein dwyn yn beryglus o agos at gyflwr o *beidio* â bod? Ond a yw hynny'n golygu nad yw 'hunllef' Wiliam Owen Roberts yn bod chwaith? Ac a ellir dwysáu gwacter ystyr trwy ei atgynhyrchu fel hyn – creu gwacter o wacter, fel petai? Ni wn yn iawn beth yw'r atebion i'r cwestiynau hyn. Ond gwn eu bod yn gysylltiedig â'm hamheuon ynghylch llwyddiant project ôl-fodernaidd *Bingo!*.

Hollol wahanol yw'r gyfeiriadaeth lenyddol eironig y sylwyd arni yn gwacáu llinell T. H. Parry-Williams o'i hystyr wreiddiol. Fel y digwydd, nid yw'r math hwnnw o gyfeiriadaeth mor amlwg â hynny yn *Bingo!*. Ond ceir math arall o barodi yn lluosogrwydd hynod iawn ei hidiomau Cymraeg. Dyma idiomau'r Cymreigiwr ymwybodol, cydwybodol, confensiynol yn swatio'n lletchwith yng nghanol holl gampau geiriol acrobatig yr ôl-fodernydd. Ond yr un mor sur ag adflas y *beefburger* Americanaidd yw blas 'torth wedi llwydo' (7), ac fe dynnir ein sylw yn fwriadol at y llwydni hwnnw: 'Mae hi'n bwrw hen wragedd a ffyn. Dwi'n siŵr mai llinell o ryw hen, hen gân ydy honna. Be wyt ti'n feddwl?' (83) Nid yw'r prif gymeriad yn ateb y cwestiwn, ond â ymlaen i droi ymadroddion cyfystyr yn ei feddwl gan obeithio, gellid tybio, daro ar rywbeth mwy ffres:

> Ac mi roedd hi'n pistyllio bwrw. Yn bwrw hen wragedd a ffyn. Yn bwrw fel o grwc. Yn slasio bwrw. Yn chwipio bwrw. Yn piso bwrw yn ddidrugaredd. O bob cyfeiriad. O bob man. (83)

Er y troi a'r trosi rhwyfus hwn yn yr hen rigolau, yr ymadrodd-ion gorgyfarwydd, treuliedig yw cludwyr y rhan helaethaf o'r ychydig ystyr sicr a gyflwynir yn *Bingo!*. Trwyddynt y datgelir y lloffion gwybodaeth am gefndir y prif gymeriad dienw. Magwr-aeth gapelyddol, drwyadl Gymraeg, mae'n rhaid, a barodd i ymadroddion fel 'pasio o'r tu arall heibio' dreiddio, fel y dywed, i 'fêr fy esgyrn' (33). Yn y sefyllfaoedd mwyaf swrealaidd ymrithia'r

Gymru wledig hefyd yn ymadroddion cyfarwydd, digymell y 'cae o wair newydd ei ladd' (83) a'r 'eithin yn clecian wrth losgi' (90). Yn y fan hon dechreuaf ddeall honiad Simon During – honiad annisgwyl braidd yn y cyd-destun ôl-fodernaidd, ôl-strwythurol – mai iaith yw prif warchodydd hunaniaeth y byd ôl-fodern.[3] Pa mor llithrig bynnag y berthynas rhwng gair a'i ystyr, a pha mor ddiawdurdod bynnag, o'r herwydd, y credoau a'r cyfundrefnau a adeiladwyd ar y berthynas honno, mae *Bingo!* yn dyst i fodolaeth ffaith wrthgyferbyniol, ychydig yn anghyfleus. Y ffaith honno yw na ellir byth fwrw allan o'n mamiaith holl ysbrydion y gorffennol. Ac mae gwneud sioe o dynnu sylw at yr ystyr weddilliol honno yn beth arall sy'n tanseilio project *Bingo!*. Hwyrach y dylem ystyried yma yr un cyfeiriad awgrymog at y prif gymeriad fel W, ac yna troi'n syth at yr olygfa tua'r diwedd pan fo W yn llewygu. Yno – a'r plismyn wedi cythru o'r ystafell mewn panig – ceir y cyfarwyddyd camera: 'CU ar y gŵr yn agor un llygad yna'n codi'i ben a gwenu' (152).

Nid oes achos i goleddu amheuon tebyg ynghylch unplygrwydd *Y Pla* (1987). Ar ryw olwg, mae'r nofel honno yn defnyddio ei rhagflaenydd fel adnodd ychwanegol, hunaddychanus ar gyfer ei gorchestion technegol hithau wrth iddi ailadrodd rhai o union ymadroddion a chyfeiriadau llenyddol *Bingo!*. Ond mae rhai o'r gwrthrychau symbolaidd a ailgylchir – y cloc, y wal, y rhaff neu'r lein ar draws y llwybr – yn creu'r un ymdeimlad ag ymdrech yn erbyn grymoedd sy'n camarwain a rhwystro. Mwy arwyddocaol byth yw'r cyfeiriadau eironig yn *Bingo!* at brif wrthrychau dychan *Y Pla*: imperialaeth a hiliaeth, uwchraddoldeb diwylliannol y Cyfandir (ar ffurf y ffilm bornograffaidd), ymhonni'r traddodiad barddol. O fewn cylch syniadol caeedig *Bingo!* nid oedd gofod ar gyfer datblygu'r sylwadau eironig gwibiog hyn yn ddychan goiawn, nac unrhyw reswm dros wneud hynny. Ond yn *Y Pla* rydym yn sefyll yn sydyn ar lwyfan agored hanes – neu Hanes, yn hytrach – a'r rheswm wedi'i ddarparu gan athroniaeth Farcsaidd. Daeth Wiliam Owen Roberts o hyd i bwrpas sy'n deilwng o'i dalentau. Ac mae newydd-deb *Y Pla* ym maes y nofel hanes Gymraeg yn mynd ymhell y tu hwnt i newydd-deb *Bingo!* ym maes y nofel Gymraeg ôl-fodernaidd.

O'r braidd fod angen imi fanylu ar boblogrwydd y nofel hanes Gymraeg o'r 1960au ymlaen. Digon yw dweud i'w phoblogrwydd gyd-dyfu ag awch newydd am wybod am hanes Cymru, ac ag ymdrechion haneswyr i'w ddiwallu. A bod y datblygiadau hyn yn rhai cyffredin mewn adfywiad gwleidyddol cenedlaetholaidd lle bynnag y'i ceir. Ffurfiant ran o'r ymdrech i ddatrefedigaethu hanes a diwylliant cenedl, a rôl arbennig y nofel hanes yn yr ymdrech honno yw poblogeiddio hanes adferedig y genedl. Serch hynny, ymddengys mai Wiliam Owen Roberts yw'r unig un o'n nofelwyr i ymddiddori yn y damcaniaethu a fu ynghylch natur hanes ei hun, ac i gwestiynu hawl ei gofnodwyr ar ei gynnwys.

Tuedd gyffredinol y nofelau canoloesol eu cefndir yw ffafrio'r cyfnodau arwrol (yn ystyr anfanwl y gair): cyfnodau Cynddylan, Gruffudd ap Cynan, Owain Gwynedd, y ddau Lywelyn ac Owain Glyndŵr. Yn hanes yr arwyr cenedlaethol hyn, er nad hwy efallai yw'r prif gymeriadau, yr ymgorfforir hanes y genedl. Ymlynir hefyd wrth y syniad o'r Gymru ganoloesol fel uned organig, ordeiniedig, gymdeithasol gytûn. Mwy na hynny, crëir yr argraff fod modd rywsut – fel y myn Saunders Lewis yn ei ysgrifau gwleidyddol cynnar – i ail-greu yr undod a gollwyd. Fel gwrth-gyferbyniad hollol fwriadol i'r nofelau hyn yr ysgrifennodd Wiliam Owen Roberts *Y Pla*. Mae'n nofel anghyffredin o'r cychwyn cyntaf am iddo ddewis y cyfnod hesb – o ran yr enwau 'mawr' – rhwng Llywelyn ap Gruffudd ac Owain Glyndŵr. Ac nid yr enwau yn unig sy'n absennol; absennol hefyd yw'r math arbennig o gymhelliad cenedlaetholaidd y tyfasant yn symbol ohono.

Er bod lleoliad *Y Pla* yn rhychwantu yr Aifft, yr Eidal, Ffrainc a Chymru, yr unig ffigur hanesyddol o statws cymesurol a gyflwynir ynddi yw'r Brenin Philip VI o Ffrainc. Ymhonwyr yw'r ddau Bab sy'n ein cyfarch, ac ymhonnwr yw Philip VI yntau os yw ei allu rhywiol yn unrhyw arwydd o'i allu brenhinol. Ymhonnwr arall yw'r gŵr sy'n dychwelyd i Ddolbenmaen wedi'r Farwolaeth Ddu gan ymsefydlu fel arglwydd y faerdref. Twyll, mae'n eglur, yw sail yr hanes a lunnir o gwmpas bywydau arweinwyr fel y rhain. Twyll yw'r dehongliad ohono sy'n eu gwneud yn warcheidiaid budd-iannau cymdeithas, ac yn ymgorfforiad o'i dyheadau. A thwyll yw'r cyflwyniad o rym fel proses 'naturiol'. Y gwahaniaeth rhwng *Y Pla* a *Bingo!* yw nad yw twyll yn amod anorfod yn *Y Pla*; strwythur dynol ydyw. Fe'i datgelir, nid er mwyn creu amheuon ynghylch bodolaeth realiti, ond er mwyn ymosod ar y sefydliadau a fynnodd fonopoli ar realiti.

Yn y rhannau o'r nofel a leolir yng Nghymru, i'r taeogion, ac i effeithiau ymweliad y Farwolaeth Ddu (yn 1349) ar eu bywydau hwy, y rhoddir y prif sylw. Gwna'r awdur ei ymrwymiad i'r isradd fel gwrthrych hanes yn eglur yn y Prolog. Yno, darlunnir Chwilen Bwm a'i gyd-daeogion yn mwynhau math o chwarae lle y ceir nifer o ddynion cyhyrog yn ymosod ar gath ddof, ddiniwed nes ei lladd. Un amcan, yn ddiau, yw dangos sut y bwystfileiddiwyd yr haen hon o'r gymdeithas, ac mae sail hanesyddol i'r chwarae a ddisgrifir. Ond mae'n demtasiwn uniaethu'r gath, a hithau wedi'i phesgi ar draul un o'r taeogion, â 'chathod tew' y gymdeithas. Ni ddigwydd yr ymadrodd yn y nofel, ond fe ddaw i'r meddwl yng nghyswllt dyled *Y Pla* i'r *Decameron*, a'r wybodaeth am *il popolo grasso* urddau grymus Fflorens yng nghyfnod Boccaccio. Os yw fy nehongliad yn orlythrennol – a rhaid dweud ei fod yn ffitio'n esmwyth ddigon ymhlith jôcs niferus eraill *Y Pla* – nid oes amheu-aeth ynghylch y chwarae geiriol bwriadol ym mloeddiadau'r taeogion:

> Y dorf yn bwhwman!
> Y llwch yn goch!
> Y traed yn ddu!
> Yr awyr yn las!
> Y gweiddi'n uwch!
> Llwch! Yn uwch!
> Llwch! Yn uwch!
> Llwch! Yn uwch! (12)

Troir y dyhead yn fygythiad yn y frawddeg anorffen sy'n cloi'r Prolog: 'A rhibyn o waed ar wenithfaen yr eglwys . . .' (12).

Llawer mwy gwaraidd, ar yr olwg gyntaf, yw'r gêm wyddbwyll a gynigir fel darlun cyfarwydd o'r gyfundrefn ffiwdal. Rhaid edrych yn fanylach cyn gweld nad yw rheolau'r gêm ond yn gyfryngau gormes. Tra bo'r brenin, y marchog a'r esgob yn cyn-rychioli y Tad a'r Mab a'r Ysbryd Glân, nid yw gweddill y gymdeithas ond yn daeogion. Ac nid yw taeogion o unrhyw bwys: 'Petha i'w defnyddio ydyn nhw' (51). Prif bwrpas y 'gadwyn gref' (50) – Cadwyn Bod yr Oesoedd Canol – sy'n ffurfio asgwrn cefn y gyfun-drefn yw caethiwo yr isel eu byd yn y radd y ganed hwy iddi. Prif gyfrifoldeb y 'Tad' y 'Mab a'r 'Ysbryd Glân' yw ymarfer eu grym i sicrhau nad yw gleiniau'r gadwyn yn ymryddhau. Dyma ddehongliad Wiliam Owen Roberts o'r gyfundrefn gymdeithasol uchelwrol, Gatholig a ddyrchefir yng nghynifer o'r nofelau hanes eraill. Fe all mai rhagarwydd yw'r gwaed ar furiau'r eglwys o effeithiau'r Farwolaeth Ddu, ac o'r chwyldro cymdeithasol a ddaw yn ei sgil. Ond mae chwarae treisiol y taeogion yn rhagbaratoad angenrheidiol ar eu cyfer.

Yn unol â symbyliad Marcsaidd y nofel, lleolir hanes y taeogion o fewn strwythur cymdeithasol cyflawn. Ond nid oes ond un aelod o'r teulu uchelwrol yn trigo yn y faerdref ar y tro, a gŵr heb deulu na chynorthwywyr yw'r Rhaglaw. Ar y gris oddi tanynt ceir rhyw bedwar neu bump o deuluoedd rhydd. Yna, daw corff torfol holl-bresennol y taeogion a gynrychiolir yn bennaf gan Chwilen Bwm a Gwythwches – un o'r ddau ryw. Creodd yr awdur fychanfyd sy'n enghreifftio ffurf byramidaidd y gymdeithas ganoloesol, a lle y gellir gweld yn eglur berthynas economaidd a chymdeithasol ei haelodau â'i gilydd. Peth amheuthun yw hyn ar ôl cyfarwyddo â gweld y pyramid cymdeithasol wyneb i waered yn y rhan fwyaf o'n nofelau hanes. Anaml y sylwais ar y gair 'taeog' o gwbl y tu allan i nofelau Rhiannon Davies Jones. Ac yn y nofelau hynny, cyfunir presenoldeb y taeog ag ymdrech i geisio pontio'r bwlch rhyngddo a haenau ucha'r gymdeithas. Ni cheir dim felly yn Y Pla. Tystia enwau'r taeogion – Chwilen Bwm, Gwythwches, Hwch Ddu, Mochyn Coed, Pry Gweryd – nad ystyrir hwy yn aelodau o'r gymdeithas ddynol. Darnau o eiddo ydynt, fel yr anifeiliaid, ac fel anifeiliaid y'u harchwilir a'u nodi – ond fod tipyn mwy o barch i'r anifail:

> 'Ydi'r bustych yn iawn, Chwilan?'
> 'Ydyn.'
> Ac oedodd [y Rhaglaw], cyn ychwanegu:
> 'A'r taeogion?' (169)

Yr hyn a wna Wiliam Owen Roberts yn gyson yn y cyswllt hwn yw defnyddio amodau diriaethol eu byw i ddwyn aelodau'r uchel-wriaeth i'r un lefel â'r taeog. Ni chawn y nofel hanes hon yn manylu ar wychder gwisg ac eiddo, ar bleserau'r bwrdd a'r seler – nac, a dod i hynny, ar geinder ymadrodd a moes. Brwydr ddi-baid yw bywyd i bawb yn erbyn y tywydd, yn erbyn cyndynrwydd Natur, yn erbyn yr annwyd a'r ddannoedd, a holl anghysur materol eu hamgylchedd. Os yw safle yn glustog rhag rhai o'r anghysuron hyn, clustog sobr o denau ydyw ar adegau. Ac arglwyddes y faerdref ar ei gliniau yn gweddïo'n daer yn yr awyr agored, clywir penliniau'r taeogion y tu ôl iddi 'yn slwjian fel un i'r mwd hefyd' (44). Yr 'hefyd', wrth gwrs, sy'n bwysig. Oedir bryd arall gyda rheidiau mwyaf diurddas y corff: 'Ar ei chwrcwd oedd yr arglwyddes yn tuchan (fel ag y gwnâi pawb) pan ddaeth Ieuan Ddu ati' (252). Mae'r neges yn eglur. Yr un yw anghenion materol sylfaenol pawb yn ddiwahân. Ac eir ymlaen i dynnu urddas yr uchelwriaeth yn llwyrach fyth: 'Cododd Angharad a tharo carreg dros ei hymdrech. Cythrodd y Rhaglaw yn ei garddwrn a dal ei bysedd gwyrdd, mwsoglyd o flaen ei drwyn' (252).

Tynnir urddas y traddodiad barddol mewn modd tebyg trwy ei osod dan ofal hen bencerdd meddw, dadrithiedig. Ei ateb swta i athronyddu ei brentis gorawyddus ynghylch perthynas yr awdl â'r 'petha digyfnewid' yw 'Rhaid imi biso' (230). Y pwynt y tro hwn yw fod galwadau'r corff mor 'dragwyddol sefydlog' a 'digyfnewid' – yn fwy felly, mewn gwirionedd – ag unrhyw ffurf lenyddol, pa mor hynafol bynnag. A thra bo'r galwadau hynny yn arwydd o gorff normal, iach, mae seiliau moesol y gyfundrefn farddol yn ddigon afiach i gynhyrfu'r pencerdd (gyda'i enw bedydd hynod addas), Iasbis ap Dafydd, i adweithio'n gorfforol yn eu herbyn:

'Mae 'na ddyletswydd foesol arno chi fel bardd i anrhydeddu eich noddwr a thalu parch i'ch crefft a'ch traddodiad.'
'Dwi newydd chwydu'r nawdd, 's arna i ddim–' (232)

Fel y dywed R. H. Tawney, fe all cysylltu diwylliant â haen gyfyngedig o'r gymdeithas ledneisio – neu ymddangos fel petai'n lledneisio – yr haen honno, ond nid yw'n gwneud dim ond diraddio'r lleill.[4] Dyna bwynt gwrthgyferbyniadau'r olygfa lle y gwelir y ddau fardd yn 'goleuo cannwyll' yn neuadd y faerdref cyn mynd ati i ddatgan eu cerddi mawl, ac oddi allan 'y taeogion chwyslyd yn cerdded tua'r hofeldai a'u cyrff yn sgleinio fel cyrff ceffylau yng ngolau'r lloer' (233).

Nid yw'n rhyfedd felly mai gwan yw'r rhwymau cenhedlig yn *Y Pla*. Ni chafodd y taeogion erioed gyfle i berthyn i'r ddynoliaeth; yn sicr, ni chawsant gyfle i fod yn rhan o'r uchelddiwylliant a gyfrifir yn un o hanfodion hunaniaeth y Cymry. Yn y sgarmes rhyngddi a Chwnstabl castell Cricieth, amcan Gwythwches yw unioni cam y taeogion a laddwyd gan y Saeson. Nid oes sôn am haenau eraill y gymdeithas, nac am y Cymry fel cenedl. Nid y Sais, fel y cyfryw, yw'r gelyn ond y gyfundrefn economaidd sy'n galluogi'r Rhaglaw o Gymro i weiddi ar y Cwnstabl Eingl-Normanaidd i beidio ag andwyo 'eiddo'r dre' (178) cyn ymroi, ei hun, i gicio Gwythwches ar lawr. Yr un gyfundrefn sy'n gyfrifol am safle anghyfartal y ferch, fel y dengys y modd y gwêl Gwythwches wyneb creulon ei gŵr marw dan helmed y Cwnstabl. Ac un o arfau'r gyfundrefn orthrymus honno yw'r traddodiad barddol.

Adlewyrchir yma gynghreirio ein cyfnod ni rhwng Marcsiaeth a gwahanol fudiadau protest adain-chwith. Diweddar, a braidd yn wanllyd, fu cyfraniad llenorion Cymraeg i brotest grwpiau lleiafrifol y bu rhagfarn hiliol neu rywiol yn fodd i'w gwahardd rhag cael eu cynnwys yn yr hyn a enwyd gan Raymond Williams yn 'draddodiad dethol'.[5] Ond dechreuodd eu hymdrechion fagu ychydig mwy o stêm yn y 1980au. A bu Wiliam Owen Roberts gyda'r cyntaf i ymosod ar annigonolrwydd y traddodiad llenyddol Cymraeg (a phob traddodiad arall) yn wyneb y broses hanes sy'n 'llawn gwrthebiadau a chroesdynnu rhwng gwahanol ddosbarth-iadau a charfanau'.[6]

Dychanu adwaith y ceidwadwyr a wneir yn araith hirfaith y Pab Clement VI ar bwnc 'Gwrthryfel Ystrydebol yr Hereticiaid' (218):

> 'Sawl gwaith ydan ni wedi clywed y dadleuon myfiol, syrffedus yma? Y cywion ieir yma sy'n arwynebol bigo beirniadu y traddod-iad? . . .
> Dwi wedi gweld y cwbwl lawer tro, ydw . . . ond caniateir i mi ei wylaidd werthfawrogi o hyd, a chenfigennu o bosibl, wrth glywed y cyffro tanbaid newydd a ddaw o gydio'n eiddgar mewn gwrthryfel ystrydebol.' (210–12)

Mae'r dychan yn un dwbl, wrth gwrs. Oherwydd yr hyn a ddychenir yw dulliau dychanus yr araith ei hun. Ond nid dyna ddiwedd yr eironi. Nid y Pab Clement VI go-iawn sy'n traddodi'r araith; difyrrwr y llys sydd yn ei ddynwared. A chawn ein dal – er gwaethaf y ffaith nad yw'n gwisgo dim ond tywel gwyn i guddio'i noethni – oherwydd inni gredu ei ddatganiad mai ffug-Bab oedd yr un a fu'n ein cyfarch o'i flaen. Cawn ein dal gan ein rhagdyb ein hunain fod rhaid wrth yr olyniaeth awdurdodol ddi-dor sy'n gwneud 'y Traddodiad' yr hyn ydyw.

Gan mai R. M. Jones oedd un o brif amddiffynwyr y traddodiad ar y pryd, gellir bwrw amcan go dda pwy yw'r beirniad llenyddol y ceir adleisiau yn yr araith o'i osgo eironig a'i ieithwedd. Ar ei ddatganiadau gwrth-Semitaidd y canolbwyntir yn achos y ffug-Bab cyntaf, ac o gofio'r dadlau a gafwyd yn y 1980au ynghylch gwrth-Semitiaeth Saunders Lewis, mae'n weddol sicr mai cyfeiriad sydd yma at 'Bab' arall ein llenyddiaeth. Ymddengys fod y Pab Clement VI hanesyddol yn gymharol oleuedig ei agwedd at yr Iddewon. Ond mae i ddatganiadau'r nofel arwyddocâd difrifol yng nghyswllt yr erlid annynol 'answyddogol' a fu ar yr Iddewon yn sgil y Farwolaeth Ddu. Ni all yr erlid hwnnw fethu â thanseilio awdurdod moesol yr Ewrop Gatholig ganoloesol a ddarparodd y sail ideolegol ar gyfer gweledigaeth Saunders Lewis o orffennol a dyfodol Cymru.

Cyhuddwyd lleiafrifoedd hiliol eraill hefyd o achosi'r Farwolaeth Ddu. Aelod o un o'r lleiafrifoedd hynny, sef yr Arab, Ibn al Khatib, yw prif gymeriad yr ail o ddwy ffrwd storïol gyfochrog *Y Pla*. Tra bo'r ffrwd gyntaf wedi'i lleoli yn Eifionydd, y Cyfandir (yn bennaf) yw lleoliad yr ail. Gwneir mwy, fodd bynnag, na gosod Cymru mewn cyd-destun daearyddol ehangach. Darperir y nofel â'r math o sylwebydd o'r tu allan a ddefnyddir mor aml gan Voltaire – awdur y mae Wiliam Owen Roberts yn cydnabod ei ddylanwad arno – i dynnu mwgwd confensiwn a chynefindra. Fel un sy'n perthyn i ddiwylliant a gyfrifir yn aml gan Ewropeaid yn ddiwylliant israddol, mae'r sylwebydd hwnnw yn un delfrydol ar gyfer amlygu gogwydd gwrth-Ewropeaidd yr awdur. Y gogwydd hwnnw yw un o hynodion *Y Pla* sy'n ei thynnu i mewn i gylch y nofel ôl-drefedigaethol, yn hytrach nag i gylch y nofel draddodiadol genedlaetholaidd.

Gwreiddir llenyddiaeth ôl-drefedigaethol yn yr ymdrech am ryddid ymysg y cenhedloedd a drefedigaethwyd gan ymerodraethau Ewrop. Aeth ymlaen i fwrw gwreiddiau mewn gwledydd eraill sy'n cyfri eu bod, am wahanol resymau, yn wrthrychau gormes yr un grymoedd imperialaidd, gyda Chanada ac Awstralia yn amlwg yn eu plith. A chan fod 'ôl-drefedigaethol' yn ymadrodd a ddefnyddir fel arfer i gwmpasu profiad dioddefydd y broses imperialaidd o'r dechrau un, nid yw'n anaddas o gwbl ar gyfer sefyllfa Cymru. Cyfaddefaf nad pawb fyddai'n cytuno â mi. Dyma a ddywedir yn *The Empire Writes Back* am Gymru, Iwerddon, a'r Alban:

> While it is possible to argue that these societies were the first victims of English expansion, their subsequent complicity in the British imperial enterprise makes it difficult for colonized peoples outside Britain to accept their identity as post-colonial.[7]

Teg yw'r sylw ynghylch cydweithrediad y Cymry â'r fenter imperialaidd Brydeinig. Ond beth (a chofio mai darlithwyr ym mhrifysgolion Awstralia yw awduron y gyfrol dan sylw) am dynged drasig trigolion brodorol Canada ac Awstralia? Ni welaf fod gorffennol Cymru gymaint yn dduach ag i nacáu i'w thrigolion presennol hithau yr hawl i ymaelodi yn y gymdeithas ôl-drefedig-aethol. Heblaw hynny, nid imperialaeth wleidyddol a milwrol yn unig a wrthwynebir gan y disgwrs ôl-drefedigaethol. Gwrth-wynebir pob math o imperialaeth – gan gynnwys imperialaeth sy'n ymwneud â hil, dosbarth, diwylliant, rhyw a rhywioldeb.

Nodwedd yw hon, wrth gwrs, sy'n cydio'r ôl-drefedigaethol wrth yr ôl-fodernaidd. Yn y canlyniadau y mae'r gwahaniaeth. Gall ôl-foderniaeth, gyda'i 'absent centres and collapsed metanar-ratives',[8] esgor ar ymwybod sydd – fel yn *Bingo!* – yn rhy ddryll-iedig i fabwysiadu unrhyw fath o agenda wleidyddol. Ond yn achos llenyddiaeth ôl-drefedigaethol mae agenda wleidyddol yn aml yn rhan o ddiben ei bodolaeth. Y gamp yw cysoni gwrthimperialaeth ddelwddrylliol nofel fel *Y Pla* â'i Marcsiaeth. Oherwydd fe fyddai llawer yn mynnu ei bod yn pwyso ar naratif sydd yr un mor awdurdodol a chyffredinolaidd â'r Gristnogaeth yr ymwrthodwyd â hi. Y peth yw, ei bod hi'n rhan o reddf amddi-ffynnol diwylliannau ôl-drefedigaethol i'w cynysgaeddu eu hunain ag 'awdurdod' a 'gwirionedd' o ryw fath. Ac, o gefnu ar y purdeb a'r dilysrwydd cenhedlig y mae iddynt hanfod crefyddol, mae Marcsiaeth yn ymgynnig fel awdurdod sydd eto yn galluogi i'r diwylliannau hyn i ymuniaethu â'r diawdurdod.

Gadawodd y tueddiadau hyn eu hôl ar genedlaetholdeb Cymru. Bu Dafydd Elis Thomas ac eraill wrthi ers nifer o flynyddoedd yn ceisio arwain Plaid Cymru i gefnu ar ei fersiwn gwleidyddol o'r 'traddodiad dethol'. Ac, yn 1981, cefnodd y Blaid yn derfynol ar ei hen genedlaetholdeb adain-dde, hanfodaidd, 'clasurol'. Mabwys-iadodd y gwaith o sicrhau gwladwriaeth sosialaidd fel ei phrif amcan, a chanolbwyntiodd ar feithrin cyd-ddealltwriaeth ag achosion lleiafrifol, ac â mudiadau sosialaidd eraill yn y gymuned. Yn erbyn cefndir y cyffro gwleidyddol hwn y dylem ystyried *Y Pla*. Ac yn erbyn yr un cefndir y dylem ystyried y ffaith fod un o'i phrif gymeriadau yn daeog, a'r llall yn ddu, yn Fwslim, ac (yn ôl pob golwg) yn hoyw.

Nid ffiniau daearyddol yn unig a groesir yn *Y Pla*, ond ffiniau rhagfarn yn ogystal. Sicrheir o'r dechrau ein bod yn deall mor ddatblygedig a soffistigedig yw'r diwylliant y perthyn Ibn al Khatib iddo. Cynhwysir yn y nofel bytiau o'r diwylliant Arabaidd, a phwysleisir seiliau moesol crefydd Islam. Bygythir hunanfodlon-rwydd y myth Cymreig a ddyrchafodd wareiddiad Ewrop uwch-law pob gwareiddiad arall. Diriaeth ddychanus o'r myth yw'r man geni ar dalcen Dafydd Offeiriad:

> Roedd yr un ffunud â'r mappamundi a welodd unwaith, y map a ddangosai'r ffordd i Balestina i'r pererinion. Roedd Caersalem yno fel llygad fawr yn ei ganol ac Ewrop gyfan yn grwn o'i gwmpas. (17)

Mae taith Ibn ar draws y Cyfandir fel petai wedi'i chynllunio i ddileu amlinellau'r *mappamundi* hwnnw. Yng nghadarnwledydd y ffydd Gristnogol, ar Allah y gelwir ym mhob argyfwng ac ef a folir am bob gwaredigaeth. Yng nghwmni'r mynachod ar eu ffordd i blas y Pab, yr un yw cri Ibn – 'Labbaika, Allahumma, labbaika!' (196) – â chri y ffyddlon pan gyrhaeddant Mecca. A breuddwydion am gyflawni'r bererindod honno sy'n llenwi ei feddwl pan y'i caiff ei hun yn y Gymru a rwymodd ei hunaniaeth wrth ei hetifeddiaeth Gristnogol. Y Cristion bellach yw'r 'inffidel', y gwledydd sy'n arddel crefydd Islam yw 'gwledydd cred' (21), ac Ewrop yw'r 'cyfandir tywyll' (23).

Synhwyraf elfen chwareus yn y dull hwn o droi yn union o chwith ragfarnau'r Gorllewin yn erbyn y Dwyrain. Ond pen-llanw'r rhagfarn hiliol Ewropeaidd yw fod Ibn, nid yn unig yn cael ei uniaethu â'r Farwolaeth Ddu, ond hefyd yn dod yn ffocws yr holl ofnau diwethafol ynghylch yr Anghrist – y 'Gŵr Tywyll'. Ni chaniateir inni'r cysur o gredu mai tuedd naturiol y Cymry yw ochri gyda'r gorthrymedig – ymuniaethu â diwylliannau eraill a wthiwyd i'r ymylon gan, neu o fewn, Ewrop. Cymro o Eifionydd yw'r cyntaf i ymosod yn hiliol ar Ibn – 'Drycha arna ti! Ar liw croen dy wynab di!' (102) – a hynny gyda'i bastwn yn ogystal â'i dafod. Ac er mor greulon fu'r driniaeth a ddygodd Ibn i Gymru, yng Nghymru ei hun y'i gorfodir i'r goedwig yr ymddengys ei gwyrddni mor llethol iddo. Y goedwig yw'r ddyfais a ddefnyddir i gysylltu Ibn, sydd yn ŵr o statws uchel yn ei wlad ei hun, â'r taeog a'r caeth. 'Tasa 'na ddim trefn,' medd Iocyn Fach am y taeogion, 'mi fyddan yn fwy na bodlon mynd nôl i fyw'n y coed ac anghofio pob moes ac eglwys a chymdeithas' (38). Trosglwyddir yr un hunangyfiawnhad i'r cyd-destun trefedigaethol trwy gyfrwng

Datini, y masnachwr o'r Eidal, gyda'i sôn am fasnachu gyda 'mwncïod o'r coed' (40). Coedwig dywyll yr isradd a'r Arall yw lloches pob aflendid a ffocws pob drygioni. Mae 'defnyddio ac ymladd yn erbyn y goedwig' (57) felly yn rhan o'r broses o wareiddio'r byd – ac yn drwydded ar gyfer pob gormes.

Nid nad yw rhagfarnau Ibn yr un mor beryglus. Enghreifftiant yr uwchraddoldeb treisiol sydd ymhlyg ym mhob diwylliant. Ond y Croesgadau Cristnogol fu'n gyfrifol am ddwyn y gwrthdaro rhwng Cristnogaeth ac Islam i dir y gelyn. Talu'r pwyth yn ôl y mae Ibn ar ei 'groesgad' seithug yntau i ladd brenin Ffrainc. Ac yng nghyd-destun y gwrthdaro hwn rhwng y Gorllewin a'r Dwyrain, ni all yr amlygiad brawychus o allu milwrol yr Unol Daleithiau ar ddiwedd *Y Pla* lai na chodi arswyd arnom.

Nid oes llawer yn gyffredin rhwng manylion bywyd yr Ibn al Khatib hanesyddol a'r cymeriad o'r un enw yn *Y Pla*. Ond mae un darn o wybodaeth sy'n berthnasol i'r ffaith nad yw Ibn y nofel, yn y diwedd un, yn gweithredu'r gorchymyn i ladd Philip o Valois. Yr wybodaeth honno yw i'r Ibn al Khatib go-iawn gael ei ystyried yn heretic – oherwydd iddo herio'r ddysgeidiaeth Islamaidd na fedrai'r Farwolaeth Ddu fod yn heintus – a'i ladd ar gyfri hynny. Mae hyn yn ychwanegu haen arall o eironi at araith 'Gwrthryfel Ystrydebol yr Hereticiaid', ac Ibn yntau yn un o'r gwrandawyr. Ac mae gwrthsafiad yr Ibn al Khatib hanesyddol yn erbyn rhagdybiau ei ddydd yn fynegbost i botensial y newid a brofir gan Ibn y nofel:

> Mae'n rhyfedd meddwl beth y gall amgylchiadau ei wneud i ddyn. Gall ddadwneud cwlwm teuluaidd, gall ddadwneud deng mlynedd o addysg, gall amgylchiadau gydio mewn dyn gerfydd ei war, ei ysgwyd, ei ddiberfeddu, ei flingo a'i wneud yn rhywbeth hollol newydd a hollol wahanol i'r hyn ydoedd. (263)

Ymgysyllta heresi y sylweddoliad hwnnw, yn ei dro, â'r gwrthryfel yn erbyn traddodiad, ac â'r chwyldro cymdeithasol y dyhea Chwilen amdano.

Gwir na ellir llawn werthfawrogi'r cysylltiadau hyn heb wybod y ffeithiau priodol. Ond byddem yn ddarllenwyr anobeithiol o oddefol pe na châi ein chwilfrydedd naturiol ei gyffroi gan gymeriad mor anarferol ag Ibn al Khatib, gan ei gefndir, a chan nodweddion dieithr a diddorol eraill yr arolwg ar hanes a gawn yn *Y Pla*. Ac nid yw'r awdur yn brin o'n herio'n uniongyrchol trwy adael bylchau bwriadol amlwg. Pwy, er enghraifft, yw'r 'wraig

dalsyth' (278) y dywedir iddi gael ei gwneud yn santes ym 1388 –
y wraig ryfedd honno sy'n gwasanaethu cleifion yr Hotel Dieu
trwy ddodi'i gwefusau ar friwiau du y pla, sugno'r crawn
ohonynt, ac yna ei lyncu? Rwy'n dal i chwilio! Amheuaf ei bod
hi'n rhan o amcan yr awdur i'n hanfon ar yr un math o daith
ddarganfod Voltairaidd ag Ibn ei hun. Nid yw'r bylchau hyn ond
yn gyfran fechan o'r sioe anhygoel o ddulliau ôl-fodernaidd sy'n
ffrwydro ac yn fflachio i bob cyfeiriad. Amwysedd, eironi, chwarae
geiriol, cyfeiriadaeth lenyddol, jôcs rhwng yr awdur a'r
darllenydd, anacroniaethau, newid cywair annisgwyl, toriadau yn
y naratif, parodi a *pastiche* – maent yma i gyd, a mwy, fel y
dywedodd y dyn. Daethom i arfer â nifer helaeth ohonynt yn
Bingo!, ond nid ceisio atgynhyrchu'r diffyg realiti ôl-fodernaidd yw
eu pwrpas yn *Y Pla*. Eu swyddogaeth, yn hytrach, yw dadadeiladu
realiti arwynebol yr archif imperialaidd, ac mae'r gwaith hwnnw
fel petai yn ein gwneud ni oll – i ryw raddau neu'i gilydd – yn
dditectifs llenyddol.

Nodwedd arall sy'n gyffredin i'r ddwy nofel, ac sydd eto'n
tanlinellu'r gwahaniaeth rhyngddynt, yw eu diddordeb yn y
dimensiwn gofodol. Ond lle mae afrealiti ôl-fodernaidd *Bingo!* yn
caethiwo ei phrif gymeriad mewn gofod diamser, i'r cyfeiriad arall
y gweithia nofel *Y Pla*. Enghreifftir ynddi'r duedd a welir mewn
llenyddiaeth ôl-drefedigaethol i amser ledaenu'n ofod – yn union
eiriau Les Murray, y bardd Awstralaidd, 'time broadens into
space'.[9] Cyflwynir yr hyn a elwir gan Paul Carter yn 'hanes
gofodol'.[10] Ymgyfyngir yn *Bingo!* i fyd Gorllewinol caeedig ac
i ymwybod yr unigolyn ynysig. Ond yn *Y Pla* cydblethir llu o
linynnau – llinynnau gwahanol ddiwylliannau, gwahanol ddos-
barthiadau cymdeithasol, gwahanol grwpiau hiliol, rhywiol a
chrefyddol – yn dennyn sy'n tynnu drws hanes ar agor i'r byd.
Torrir ar draws rhediad llinellol arferol naratif gan y neidio
herciog, dirybudd o le i le; ecsbloetir ehangder gofodol y nofel i'n
gwneud i ffwndro a cholli'n ffordd. Gwneir hyn i gyd er mwyn
bygwth y naratif confensiynol a ddaeth yn gynrychiolydd grym.
Yn *Bingo!* mae'r ymgais i ymwrthod â'r grym hwnnw – hen rym y
canol – fel petai'n amddifadu bywyd o'i ystyr. Yn *Y Pla* mae'r
ymdrech dros hawliau'r ymylon yn ei hadfer.

Y Farwolaeth Ddu yw catalydd yr ymdrech honno. Bu ei chanlyn-
iadau yn fodd i gynhebrwng i'r bedd y ffiwdaliaeth a oedd eisoes yn
clafychu, gan agor llygaid Chwilen i wirionedd ei sefyllfa economaidd:

'Ges i'n nysgu ers pan o'n i'n fawr o beth mai y fi oedd eich angen chi ac na fedrwn i fyw hebddoch chi! Ond dwi'n dechra gweld erbyn hyn mai fel arall y mae hi! Ac mai fel arall y bu hi erioed ond mod i'n rhy ddwl i sylweddoli hynny!' (338)

Daw yn ymwybodol, fel Ibn, fod newid yn bosib. Agorwyd 'crac yn wal hanes' sy'n cynnig cyfle i'r taeogion '[g]wthio'r drosol i mewn, tynnu'r tŷ i lawr a dechra o'r dechra eto' (344). Fe'u rhwystrir gan benderfyniad arglwydd ac Eglwys i ddiffodd fflam newydd gynnau 'balchder yr isel' (338). Fe'u rhwystrir hefyd gan y ceidwadwyr ymhlith y taeogion eu hunain sydd am warchod y drefn sydd ohoni – fel y gwna Gwythwches wrth gadw cyfrinach y ffug-arglwydd.

Dyna enghreifftiau o'r 'gwrthebiadau' a'r 'croesdynnu' y soniodd Wiliam Owen Roberts amdanynt sy'n rhwystro hanes rhag bod yn broses unol a chyson. Rhagamod i'r broses yn ei chyfanrwydd yw'r rhwydwaith o hap a damwain y mae'r Farwolaeth Ddu ei hun yn rhan o'i wead. Fel y gŵyr yr Arglwydd Rhys ap Dafydd ap Madog o brofiad, 'gall hyd yn oed gwybad gael effaith ar dynged pobol' (312). Ac nid oes dim yn eglurebu natur anwastad hanes yn well na'r llam enfawr, brawychus o annisgwyl, yn niweddglo *Y Pla*. Llamwn o'r gyfalafiaeth fasnachol ac amaeth-yddol gynnar i'r gyfalafiaeth ddiweddar, filitaraidd, fyd-eang y gweithreda'r Unol Daleithiau fel ei phrif gynrychiolydd. Os cawsom ein swyngyfareddu ar adegau gan chwarae ôl-fodernaidd *Y Pla* – ac mae hynny bob amser yn berygl yng nghanol yr iwfforia o ddiosg llyffetheiriau traddodiad – defnyddir tric ôl-fodernaidd olaf (ond un) y nofel i'n dadswyno'n sydyn, ac i'n gwthio i ganol realiti y byd cyfoes.

Un agwedd ar ddulliau llenyddol *Y Pla* nad wyf wedi'i thrafod hyd yn hyn yw amlder ei defnydd o barodi a *pastiche*. Mae'n bwysig gwneud hynny oherwydd iddi ddod yn ffasiynol i greu nofelau hanes Saesneg poblogaidd (fel nofelau Charles Palliser) nad ydynt fawr mwy na chlytwaith cyfleus o ffynonellau hanesyddol. Cyffelybwyd y gwaith o greu'r nofelau hyn i'r weith-red o greu pryd bwyd cyflym ar gyfer y ficrodon, ac ni fynnwn i neb feddwl mai dyna a wnaed yn *Y Pla*. Er mor bleserus y chwarae, nid fel gêm y dylem ystyried ei chlytweithio llenyddol. Un o effeithiau'r 'benthyca' llenyddol yw ein hatgoffa mai strwythur artiffisial yw'r nofel – parhau gwaith y dyfeisiau llenyddol eraill o ymbellhau oddi wrth realaeth ffotograffaidd, arwynebol y nofel hanes naturiolaidd. Mewn math arall o realiti, fel y sylwyd droeon erbyn hyn, yr ymddiddorir yn *Y Pla*. Ar yr un pryd, mae natur y benthyciadau, a'r dull o'u defnyddio, yn wahanol iawn i ddyled *Bingo!* i Ddyddiaduron Kafka. Wrth adleisio gweithiau'r traddodiad llenyddol Cymraeg – y Mabinogi, *Gweledigaetheu y Bardd Cwsc*, a barddoniaeth R. Williams Parry yn eu plith – mewn cyd-destun gwrthdraddodiadol, llwyddir i ansefydlogi'r 'traddodiad dethol' hwnnw. Gwir fod Ellis Wynne ei hun yn dychanu agweddau ar draddodiadau barddol, uchelwrol, a chrefyddol Cymru. Ond roedd Ellis Wynne ynghlwm wrth y traddodiadau a ddychanai, ac ni chafwyd fawr o drafferth i'w ffitio i olyniaeth ddi-fwlch 'Traddodiad Taliesin'. Mae cynnwys yn *Y Pla* stori a grybwyllir yn y *Gweledigaetheu* yn arwyddo'n eironig (i aralleirio Linda Hutcheon) yr annhebygrwydd a fodola yn nwfn calon tebygrwydd.[11]

Amcan y cyfeiriad at stori werin 'Rhiain y Glasgoed' yn y *Gweledigaetheu* yw cynnal 'iawn foesau' rhywiol y traddodiad Cristnogol. Ond yn fersiwn hir *Y Pla* ohoni tynnir sylw at y modd y mae'r traddodiad hwnnw yn gosod y ferch wrth wraidd ei ddehongliad o 'ddrwg foesau' rhywiol. Hudoles yw'r ferch sy'n cuddio ellyll salw o fewn ei chorff hardd. Cysylltir y stori ag episod diweddarach lle mae Chwilen Bwm newydd gael cyfathrach rywiol â Nest ferch Iorwerth Gam – y ferch uwchraddol yr oedd yn meddwl amdani wrth adrodd ei stori:

> Trôdd Nest ar ei bol a sylwodd [Chwilen] fod ei chroen yn plicio. Yna, yn ara bach, cododd ei hun ar un penelin ac yn dyner iawn â bys a bawd daeth stribedyn o adain pryfetyn o groen i ffwrdd gan dyfu'n grwn ac yn fwy ac wrth wrando'n astud gallai glywed sssssssss . . . distaw distaw . . . (294)

A Rhiain y Glasgoed wedi'i delweddu fel ellyll yn diosg ei chnawd, delweddir Nest fel sarff yn diosg ei chroen. Ac mae Chwilen, trwy osod ei chroen ar flaen ei dafod 'yn ysgafn fel gwawn y bore' (294) nes ei fod yn graddol ddiflannu yn ei boer, fel petai'n parodïo'r weithred o dderbyn yr afrlladen yng ngwasanaeth yr offeren. Ymgorfforir agwedd yr Eglwys at y ferch yn y darlun hwn ohoni yn gwyrdroi cariad dyn at Dduw. Nest, fe awgrymir (er mai'r gwrthwyneb sy'n wir), a hudodd Chwilen i boeri yn wyneb Duw trwy gymysgu uchel waed ag isel waed. Hithau sy'n gyfrifol am y 'blas gwaed' (294) a adewir yng ngheg Chwilen gan 'afrlladen' ei chroen. A chan fod poeri gwaed yn un o symptomau'r pla, hi hefyd sy'n gyfrifol am un o'r pechodau sy'n dwyn y pla ar ben y bobl.

Ond mae'n sicr y golygir inni weld yr ochr arall i'r darlun hefyd. Perthynas yw sarff *Y Pla* i sarff Voltaire. Honno yw'r sarff y'i ceir yn annog y ddynoliaeth i fwyta o ffrwyth pren gwybodaeth er mwyn iddi weld noethni ei hanwybodaeth a chwestiynu'r rhagfarnau a dardd ohoni. Ar yr olwg honno, mae'r 'ssssssss' yn nodi'r broses o ddiosg cyfyngiadau cymdeithasol marw, caethiwus; a'r gwaed yn arwydd (fel yn y Prolog) o'r chwyldro sydd i ddod. Dylwn ychwanegu nad oes sôn yn *Y Pla* am gysylltiadau traddodiadol chwedl 'Rhiain y Glasgoed' â'r gogynfardd Einion ap Gwalchmai. Yn hytrach na gwneud llenyddiaeth y lleiafrif breintiedig yn rhan o ymwybod y lliaws, canolbwyntir ar yr elfen werin a ymwthiodd i'r traddodiad swyddogol cyhoeddus.

Bwriwyd allan o'r 'traddodiad dethol' – tan yn ddiweddar, o leiaf – yr elfen o faswedd sy'n nodweddu'r ffrwd lenyddol answyddogol. Ellis Wynne yw un o'r ychydig rai i'n hatgoffa nad oedd y Gymru gyn-Fictoraidd mor stumogdyner a llednais ag y gellid tybio weithiau. Diau fod hynny'n rhan o'i apêl i Wiliam Owen Roberts gan mor gysurus yr ymddengys 'Tarw Cynddeiriog' y *Gweledigaetheu* a 'ffwcgwd' (78) *Y Pla* yng nghwmni ei gilydd. Ofer fyddai inni chwilio'r *Gweledigaetheu*, serch hynny, am 'yr elfen lawen, gymdeithasol'[12] a geir ym maswedd y canu gwerin poblogaidd. Ei chael yn *Decameron* Boccaccio a barodd, o bosib, i Wiliam Owen Roberts bwyso i'r fath raddau ar y gwaith hwnnw. Nid dyna'r unig reswm, wrth gwrs. Ar wahân i'r ffaith fod y *Decameron* wedi'i symbylu'n uniongyrchol gan ymweliad y Farwolaeth Ddu â Fflorens, adlewyrchir yn ei storïau dwf y gyfalafiaeth fasnachol a gynrychiolir yn *Y Pla* gan Francisco Datini a'i fab. Ond yn hytrach na mynd ar ôl ffeithiau cefndirol o'r fath, hoffwn edrych ar y 'benthyciadau' eu hunain.

Un o'r benthyciadau hynny yw'r ddadl o blaid 'rhoi'r diafol yn ôl yn uffarn' (276) a ddefnyddir gan Chwilen i hudo Nest i gael cyfathrach rywiol ag ef. Mae episod cyfatebol y *Decameron* wedi'i ddehongli gan ambell un fel ymgais i adfer yr undod rhywiol dibechod a fodolai ar y cychwyn yng Ngardd Eden. Os felly, mae'r elfen o anghydraddoldeb cymdeithasol a ychwanegwyd yn *Y Pla* yn cysylltu'r ymgais honno â'r ymgais ehangach i ddychwelyd y ddynoliaeth gyfan i'w chydraddoldeb cymdeithasol cychwynnol tybiedig. Yng ngeiriau'r rhigwm cyfarwydd a gysylltir â Gwrthryfel y Werin (1381): 'When Adam delved and Eve span,/Who was then a gentleman?' Ac os yw'r *Decameron* yn atgynhyrchu stereoteip y ferch anniwall, mae'n amlwg fod arwyddocâd amgenach i anallu Chwilen i gwrdd â gofynion rhywiol ei gariad uwchraddol yntau. Amlwg hefyd, yng nghyswllt y gwrthryfel cymdeithasol, yw arwyddocâd y bygythiadau i'w sbaddu:

> –mi gawn ni chdi!–
> –mi dorrwn ni dy bidlan di!–
> –a bwydo dy gerrig di i'r moch!–
> –cymysgu gwaed isel ac uchel waed!–
> –torri'r gyfraith!–
> –balchder taeog!–
> –anifail!–
> –poeri yn wyneb Duw!–
> –mi gawn ni chdi!– (225)

Nid oes dim yn fwy eironig na'r gwrthwynebiad hwn i waed 'cymysg'. Ni wyddom ddim am linach y ffug-arglwydd; y gwas meirch yw tad etifedd brenin Ffrainc; ac mae tad plentyn yr Arglwyddes Angharad ferch Madog nid yn unig yn israddol iddi, mae hefyd yn wahanglwyf, ac yn ŵr a welwyd yn 'bwchio ei afr' (135) ychydig cyn iddo ymweld â'i gwely. Peth hollol chwerthinllyd felly yw sôn am waedoliaeth yn yr un anadl â 'phurdeb', a'i gwneud yn gonglfaen cymdeithas a chenedl unol. Afraid ychwanegu bod pob tudalen o nofel *Y Pla* – a hithau'n un gybolfa gyffrous o fenthyciadau a chyfeiriadau llenyddol o wahanol ddiwylliannau a gwahanol gyfnodau – yn drysu'n llwyr y cysyniad o burdeb diwylliannol.

Benthyciad arall yw'r episod lle yr hudir yr arglwyddes yn rhywiol gan 'angel'. Absennol, ar yr wyneb, yw gwrthglerigiaeth y *Decameron* oherwydd nid Brawd crefyddol yw 'angel' *Y Pla*. Ond yn *Y Pla*, gwelir y gwahanglwyf yn cael ei yrru i gyrion y gymdeithas, a'r Eglwys yn taflu lludw ar ei draed i'w gyhoeddi'n swyddogol farw. Ac mae hynny'n feirniadaeth wrth-Eglwysig lawer llymach na'r hyn a geir yn stori'r *Decameron*. Wrth ddarlunio canlyniadau'r gyfathrach, ffarwelir yn gyfan gwbl â Boccaccio. Beichiogir yr arglwyddes, ac â ymlaen i esgor ar 'y baban Iesu, Gwaredwr y Byd . . . ym maerdref Dolbenmaen yn y flwyddyn 1348' (334). Cyfunir parodi ar y Geni gwyrthiol â pharodi ar yr Ailddyfodiad – ffynhonnell yr unig lygedyn o gysur yng nghanol yr hysteria diwethafol a hyrddiodd trwy Ewrop ar gefn y pla.

Ni chyfyngir beirniadaeth *Y Pla* i negeseuwyr gwan a dynol yr Eglwys, nac i'r Eglwys ei hun fel sefydliad llygredig, gormesol. Yng nghroesddywediad geiriol y datganiad fod yr Iesu 'wedi'i eni'n farw anedig' (335), anelir ei bwyell at y bôn – at athrawiaethau sylfaenol Cristnogaeth. Breuddwyd gwrach yw'r cwbl, wedi'i gynnal gan hygoeledd a hunan-dwyll. Mae'r breuddwyd wedi'i lygru hefyd mewn ffordd amlwg iawn gan fwystfileidd-dra rhywiol y gwahanglwyf. Os yw'r eironi yn dduach na'r cyffredin, hyd yn oed yn ôl safonau *Y Pla*, nid yw'n eironi dibwynt. Roedd pob math o gyfathrach rywiol arall – hyd yn oed cyfathrach â chymar – yn waharddedig i'r gwahanglwyf. Fe ddilyn fod dangos y gŵr gwahanglwyfus wrthi'n cyflawni ei weithred annaturiol yn dymchwel y ddelwedd o'r gymdeithas ganoloesol fel uned organaidd 'naturiol', 'iach' a fodolai er lles pawb.

Dryllir delwedd arall trwy ddangos y budreddi a'r aflendid a fodolai o dan wychder yr Ewrop waraidd, oleuedig – ac o dan ei chynnydd cyfalafol. Ac mae'n werth nodi bod cartref y butain yn Fflorens a llys y Pab yn Avignon wedi'u cysylltu â'i gilydd i ddatgelu'r twyll. Ond mae stori fenthyg y butain yn magu ystyr newydd wrth i Ibn ddisodli Eidalwr gwledig y *Decameron*: Ibn, y dieithryn o'r Dwyrain, yn cael ei dwyllo gan lendid arwynebol y Gorllewin, ac yn glanio o ganlyniad yng ngharthion y geudy imperialaidd. Gorffen y benthyciad gyda'r olygfa ffarsaidd lle y ceir Ibn yn dianc o feddrod yr archesgob. Dehonglwyd yr episod gwreiddiol – ar gorn y fodrwy werthfawr a dynnir oddi ar fys yr archesgob – fel alegori o allu'r economi fasnachol i atgyfodi wedi'r pla. Yn *Y Pla*, nid oes dwywaith (fel yr awgryma'r ffaith i Ibn gael ei gaethiwo yn y beddrod am dri diwrnod) na fwriedir cyplysu hynny â pharodi ar yr Atgyfodiad ei hun. Ychwanegiad arall yw breuddwyd diweddarach Ibn. Yn hwnnw mae'r archesgob marw yn ceisio cusanu Ibn ac (ymhlith pethau eraill) yn rhedeg 'ei dafod mawr piws a'i fysedd gwyrdd dros ei gorff i gyd a than ei ddillad' (108). Mae'n debyg fod cyfeiriad eironig arall at yr Atgyfodiad yn amwysedd rhywiol y disgrifiad o'r archesgob yn 'codi o farw'n fyw' (108). Yr hyn a ddaw'n fyw o flaen ein llygaid ninnau yw darlun o'r Eglwys Gatholig, a'i chorff yn llawn madredd, yn ymyrryd yn ffiaidd â chorff byw y diwylliant Islamaidd.

Ceir dosbarth sylweddol arall o fenthyciadau mwy ffeithiol eu hansawdd. Dyfyniadau uniongyrchol neu aralleiriadau yw rhai ohonynt o weithiau meddygon canoloesol fel Jean de Venette, Guy de Chauliac a John Arderne. Tyn eraill yn helaeth ar ambell ymdriniaeth ddiweddar â'r Farwolaeth Ddu. Fel y gellid disgwyl, datgelant ddiymadferthedd yr oes yn wyneb ymosodiadau Natur, ac anwybodaeth enbyd ei meddygon. Nid yw'r ffisig a gymeradwyir ym Mharis gan Nicholas o Ferrara – 'un o feddygon mwya disglair y byd' (272) – yn ddim amgenach nag amrywiad ar ffisig Gwythwches ar gyfer cleifion Dolbenmaen. Ond gwir bwrpas pentyrru'r clytiau breision hyn o wybodaeth feddygol yw creu esgynfaen ar gyfer dadl sy'n hollol ganolog i fydolwg *Y Pla*. Y ddadl yw mai cario crefydd fel pwysau dros ben (a rhaid cofio yma am dynged yr Ibn al Khatib hanesyddol) a rwystrodd yr ymchwil am wybodaeth empiraidd:

Mewn cymdeithas Dduw ganolog does ganddon ni mo'r ewyllys i ymladd ei Ewyllys O, felly, pa obaith sydd inni gael atebion a ninnau wedyn heb yr hyder i hyd yn oed ofyn y cwestiynau? (273)

Dychwelir yma at y ddadl gynharach rhwng y pencerdd a'i brentis: '"Hola'r cwestiyna, ceisia'r atebion!" "Mae'r cwestiyna eisoes wedi'u hateb yn Nuw"' (232). Ond, yn awr, iwtileiddir ffeithiau sy'n ymddangos yn hanesyddol gywir a gwrthrychol i brofi'n 'wyddonol' pa ochr o'r ddadl sy'n iawn. Dyma un o'r cysylltiadau ar gyfer ystyried honiad Boccaccio'r nofel fod rhaid iddo ysgrifennu 'er mwyn pobl y dyfodol, iddyn nhw sylweddoli cymaint o ffyliaid gwirion oeddan ni' (93).

Yn y 'tic tic tic tic tic' ym meddwl Chwilen rydym yn dal i glywed tipiadau'r cloc sydd yn profi bodolaeth y Gwneuthurwr. Clywyd ei dipiadau am un ennyd fer yn *Bingo!* yng nghanol 'Hiroshima o aflerwch ac annibendod' (48) y cyflwr ôl-fodern. Ond yn *Y Pla*, mae'r tipiadau hefyd yn rhagfynegi'r awch am chwyldro y bydd Chwilen yn ei leisio'n ddiweddarach – yn fath o *count-down* i ryddid. Fodd bynnag, erbyn y bydd Chwilen yn barod i adael lloches fytholegol yr Arch a adeiladwyd fel dihangfa rhag y pla, bydd cloc y Cread wedi'i droi'n declyn sy'n gosod trefn ar amser yn ôl galwadau mecanyddol cyfalafiaeth fodern. A phen draw hynny fydd i beiriant cyfalafiaeth filitaraidd yr Unol Daleithiau feddiannu amser a gofod iddo'i hun ar lefel fyd-eang. Cymeraf fod disgwyl inni gofio yma fod dylanwad diwylliannol America mor nerthol â'r gallu materol sy'n ei gynnal. I gofio ei bod wedi llwyddo i wneud hyd yn oed ei hafrealiti ôl-fodern yn rym diwylliannol imperialaidd. Yn y fan hon clywir eto adflas *beefburger Bingo!*, ond ei fod bellach yn ganwaith chwerwach. Dilynir y diweddglo gan atodiad sy'n tynnu ar ddisgrifiadau Beiblaidd o ddiwedd byd, ac ar weithiau diwethafol eraill. Dyma dric ôl-fodernaidd olaf oll *Y Pla*. Mae nodi'r atodiad fel Atodiad I (nid oes un arall) yn fath o jôc ynddo'i hun ar draul y traddodiad diwethafol Cristnogol. Ond y gwir eironi yw'r cyfosodiad a grëir rhwng yr ymyrraeth oruwch-naturiol ddychmygol y buwyd yn ymgroesi rhagddi am ran orau'r nofel, a'r ymyrraeth syfrdanol o sydyn gan rymoedd materol, real, hanes. Bron nad yw'r ymosodiad milwrol yn niweddglo'r nofel yn rhyw *deus ex machina* go chwith.

Ond deil natur gyfnodol dehongliad Marcsaidd *Y Pla* i'n symud ymlaen tuag at gyrchfan rywle y tu hwnt i'r diweddglo. Pwrpas bodolaeth yw camu rhagom tuag at gyflwr o ryddid. Ac mae credu yn y cyflwr hwnnw fel delfryd i ymgyrraedd ato, os nad fel realiti cyraeddadwy (fel, yn eironig ddigon, y cred rhai Cristnogion mewn nefoedd), yn rhwym o oleuo'r ffordd. Heblaw hynny, mae yn nulliau llenyddol y nofel egni creadigol a her – ac mae hyn yn rhan o broblem *Bingo!* – sy'n anghyson â llonyddwch anobaith. Efallai, yn wir, ei bod yn rhy egnïol ei chwarae a'i chellwair ar adegau os yw am rybuddio a chywiro o ddifri. Fe all fod yn anodd hefyd dygymod â byd lle mae datblygiad personol ei drigolion wedi'i reoli cyn llwyred gan eu hamgylchiadau materol. Bydd yr ymateb i'r nodweddion hyn yn dibynnu i raddau helaeth ar safbwynt gwleidyddol y darllenydd unigol, ac ar ei agwedd at y gwrthrychau a ddychenir yn y nofel.

O'i gosod ymhlith ein nofelau hanes eraill, gall *Y Pla* ymddangos fel hongliad anhylaw o nofel – yn un llanast o ddylanwadau gwahanol. Rhaid magu llygad at arddull bensaernïol o'r fath, a ninnau'n gyfarwydd ag ymdrechion mwy twt a thaclus, a llawer haws mesur eu hyd a'u lled. Ond nid wrth ochr ei chymheiriaid Cymraeg y dylem osod *Y Pla* mewn gwirionedd. Byddai'n fwy cartrefol o lawer ymhlith nofelau fel *The French Lieutenant's Woman* John Fowles, *Midnight's Children* Salman Rushdie, a *Famous Last Words* Timothy Findley. Nofelau yw'r rhain, fel *Y Pla*, lle y defnyddir ymwybyddiaeth â hanes a ffuglen fel creadigaethau dynol i ail-feddwl ac i ailweithio ffurfiau a chynnwys y gorffennol.[13] Ond nid hen beth diwylliannau eraill yn ymrithio fel newyddbeth y Gym-raeg yw *Y Pla*. Fe'i dilysir gan weledigaeth eglur a phendant Wiliam Owen Roberts ei hun. Dyna sy'n ei gwneud yn sylfaenol wahanol i *Bingo!*, ac yn ychwanegiad cymaint pwysicach i dirlun y nofel Gymraeg. Mentraf ddweud bod *Y Pla* hefyd, trwy gyfieithiad, yn ychwanegiad pwysig i dirlun llenyddol llawer ehangach.

Nodiadau

[1] John Rowlands, Beirniadaeth Gwobr Goffa Daniel Owen, *Cyfansoddiadau a Beirniadaethau Eisteddfod Genedlaethol Llanbedr Pont Steffan a'r Fro 1984*, gol. W. Rhys Nicholas (Llandysul, 1984), 92.

[2] Max Brod (ed.), *The Diaries of Franz Kafka 1910–1913* (London, 1948), 156. Ar y rhan hon o Ddyddiaduron Kafka y tynnir yn bennaf yn *Bingo!*, serch mai fersiwn ohonynt sy'n rhychwantu'r cyfnod 1920–1 a nodir gan yr awdur ar ddechrau'r nofel.

[3] Simon During, 'Postmodernism or Post-colonialism Today', *Textual Practice* I, 1 (Spring 1987), 43.

[4] Dyfynnir yn Raymond Williams, *Culture and Society 1780–1950* (Harmondsworth, 1958), 122.

[5] Raymond Williams, 'Base and Superstructure in Marxist Theory', *Problems in Materialism and Culture* (London, 1997), 39. (Cyhoeddwyd yr erthygl am y tro cyntaf yn 1973).

[6] Wiliam Owen Roberts ac Iwan Llwyd Williams, 'Mae'n Bwrw yn Toremolinos', *Y Faner* (14 Rhagfyr 1984), 7.

[7] Bill Ashcroft *et al.*, *The Empire Writes Back* (London, 1989), 33.

[8] Keith Jenkins, *Re-thinking History* (London, 1991), 65.

[9] Bill Ashcroft, *The Empire Writes Back*, 34.

[10] Paul Carter, *The Road to Botany Bay: An Essay in Spatial History* (London, 1987).

[11] Linda Hutcheon, *A Poetics of Postmodernism: History, Theory, Fiction* (London, 1988), 26.

[12] E. G. Millward, 'Canu ar Ddamhegion', *Y Traethodydd* CXXXI (Ionawr 1976), 30.

[13] Geiriau Linda Hutcheon, 'Beginning to Theorize Postmodernism', *Textual Practice* I, 1 (Spring 1987), 12.

3

Y Cogydd Llenyddol Cymhleth: Gwahoddiad at Fwrdd Aled Islwyn

KATE CROCKETT

'Gymry, dyma lenor newydd.'[1] Dyna sut y cafodd Aled Islwyn y nofelydd ei gyflwyno i'r byd mewn adolygiad canmoliaethus ar ei nofel gyntaf *Lleuwen* (1977)[2] gan Jane Edwards. Ers hynny, aeth Aled Islwyn yn ei flaen i ennill Gwobr Goffa Daniel Owen[3] a Gwobr Llyfr y Flwyddyn gan Gyngor Celfyddydau Cymru.[4] Eto i gyd erys marc cwestiwn uwch ei ben fel awdur ym meddyliau rhai. Cafodd ei nofelau diweddaraf adolygiadau beirniadol tu hwnt, ac enillodd ei nofelau enw am fod yn astrus, yn feichus, a hyd yn oed yn anodd i'w gorffen.[5] Ond y mae'n un o'n nofelwyr mwyaf cynhyrchiol a chyffrous, ac yn sicr mae'n haeddu ei le ymysg ein nofelwyr cyfoes uchaf eu parch.

Ers dyddiau cynnar *Lleuwen* a *Ceri* (1979),[6] bu beirniaid llenyddol yn dadansoddi nofelau Aled Islwyn o safbwynt bywgraffyddol, er nad oes i'w nofelau elfennau hunangofiannol amlwg. Bu farw'r awdur; hir oes i Aled Islwyn! Fel mab i weinidog cafodd fagwraeth grwydrol: mae felly yn llenor diwreiddiau, sy'n gosod llai o bwyslais ar y gymuned. Cyfrol o farddoniaeth oedd ei lyfr cyntaf i'w gyhoeddi: mae ei ryddiaith felly yn farddonol/barddonllyd. Fe gychwynnodd lenydda yn ifanc: mae ei nofelau cynnar o'r herwydd yn gynnyrch gan ŵr dibrofiad sydd heb eto ddod i adnabod y natur ddynol. Mae'n frawd i gyn-gadeirydd Cymdeithas yr Iaith Gymraeg ac eto mae'n beirniadu aelodau (dychmygol) y mudiad yn ei waith: felly mae'n rebelio yn erbyn y pethau sydd agosaf at ei galon.[7] Mae'n ddyn: eto gall fynd o dan groen cymeriad o ferch.[8] Mae'n ddyn: ni all ddeall merched.[9]

A bod yn deg â'r beirniaid a'r adolygwyr, mae sylwadau yr awdur ei hun wrth drafod ei waith hefyd yn cyfiawnhau y math yma o feirniadaeth lenyddol: 'dyw'r plwyfoldeb hwnnw sy'n gallu bod mor ddinistriol erioed wedi gafael ynof,'[10] meddai wrth sôn am ei fagwraeth, sylw sydd wedi'i fwriadu i ychwanegu at ein dealltwriaeth o'i waith. Caiff yr awdur ei bortreadu fel unigolyn preifat iawn, swil hyd yn oed, sydd heb ddymuno bod yn un o'r dorf. Gwaith anodd felly yw ymryddhau oddi wrth y math yma o feirniadaeth sy'n dibynnu ar wybodaeth fywgraffiadol am awduron i atgyfnerthu dadleuon am eu gwaith, yn arbennig wrth baratoi pennod ar gyfer cyfrol fel hon sy'n trafod pob awdur yn unigol. Ni fyddaf felly yn mynd ati i ladd yr awdur wrth drafod ei waith. Aeth Menna Elfyn ati i gynnig dadansoddiad mwy mentrus o *Sarah Arall* (1982),[11] (er ei bod hithau hefyd yn defnyddio gwybodaeth am yr awdur – sef ei ryw – er mwyn edrych ar ei ddull o bortreadu merched), a gellid cael darlleniadau seicdreiddiol diddorol o'i nofelau unigol hefyd (yn arbennig efallai *Pedolau Dros y Crud* (1986) a *Llosgi Gwern* (1996)).

Beth felly yw deunydd yr awdur cynhyrchiol hwn? Am bwy ac am beth mae'n ysgrifennu? Nid yw'n awdur y filltir sgwâr – lleolir ei nofelau mewn llu o wahanol ardaloedd ar hyd a lled Cymru. Nid yw'n nofelydd sydd â gwleidyddiaeth yn ganolog i'w waith, er bod i nifer o'i nofelau gefndir o weithgaredd gwleidyddol. Hyd yma, fe gyhoeddodd saith nofel ac un gyfrol o straeon byrion, *Unigolion, Unigeddau* (1994).[12] Mae teitl y gyfrol honno yn gystal disgrifiad â dim o'i faes. Cymeriadau ar yr ymylon yw ei ddiddordeb – cymeriadau sydd, weithiau, yn bur agos at y ffin â gwallgofrwydd: Sara, y ferch anorecsig ansicr sy'n llofruddio ei threisiwr yn *Sarah Arall*, Lleucu Llwyd, y 'bardd' a lofruddir yn y nofel dditectif-gyda-gwahaniaeth *Os Marw Hon . . .* (1990). Pobl unig ac unigryw, ond nid pobl ar eu pennau eu hunain mohonynt, fodd bynnag. Eu perthynas â'r byd o'u cwmpas ac yn arbennig gydag unigolion eraill yw'r deunydd crai. Straeon yn olrhain carwriaethau neu berthnasau byrhoedlog a geir yn nifer o'i nofelau. Carwriaeth a phriodas sydd yn *Lleuwen*; hanes y tri dyn ym mywyd Lois a geir yn *Cadw'r Chwedlau'n Fyw* (1984), a brithir *Llosgi Gwern* gan garwriaethau amrywiol. Ond yn bennaf oll maent yn unigolion sy'n ceisio dod i delerau â'u hunaniaeth, yn arbennig felly Sara yn *Sarah Arall*, Paul yn *Pedolau Dros y Crud*, a Gwern yn *Llosgi Gwern*. A'r prif gymeriadau hyn yw ei gryfder pennaf. Nid unigolion unochrog mohonynt, ond cymeriadau cyfoethog sy'n gwrthod unrhyw labeli syml. Cymeriad afieithus yw Lois yn *Cadw'r Chwedlau'n Fyw*, cymeriad sy'n gallu bloeddio gydag argyhoeddiad:

> Pan fydda i farw, rwy i am iddyn nhw ddweud, 'Rargol, fe gafodd honna fywyd llawn . . . bywyd lliwgar . . . bywyd anturiaethus, anghonfensiynol.'[13]

Mae Lleuwen yn y nofel o'r un enw yn ddelfrydwraig sy'n breuddwydio am ddyfod ei 'llanc tragwyddol', ac sy'n gosod y pris uchaf posib ar serch a chariad. Cymeriad cymhleth dros ben yw Sara yn *Sarah Arall*, merch ifanc sy'n dioddef o'r cyflwr *anorexia nervosa* ac sy'n profi argyfwng ynglŷn â'i rhywioldeb. Argyfwng hunaniaeth a gaiff Gwern, y 'llond sach o destosterôn' yn *Llosgi Gwern*, nofel ddiweddaraf Aled Islwyn, dyn *macho* sy'n colli ei le fel penteulu tybiedig teulu estynedig yng ngogledd Cymru. Hwyrach fod y cymeriadau ymylol yn llai llwyddiannus, ond mae'r cymeriadau canolog yn greadigaethau sy'n llwyr argyhoeddi, ac sy'n llwyddo i dynnu'r darllenydd i mewn i'r digwydd – er nad ydynt bob amser yn gymeriadau hoffus iawn.

Cyhoeddodd Aled Islwyn ei nofel gyntaf yn 1977, ddwy flynedd cyn canlyniad trychinebus Refferendwm 1979. Mae ei gymeriadau yn perthyn i gyfnod o brotestio a gwleidydda brwd dros yr iaith a thros genedlaetholdeb; mae gwleidyddiaeth yn aml yn destun trafod iddynt, yn arbennig felly yn *Llosgi Gwern* a *Cadw'r Chwedlau'n Fyw*. Cafodd y nofel honno ei lleoli rhwng 1969 – blwyddyn yr Arwisgo – a 1979 – blwyddyn y Refferendwm – a hynny sy'n gosod fframwaith i'r digwydd. Eto i gyd nid nofel am wleidyddiaeth ydyw, er bod nifer wedi'i darllen fel alegori am Gymru yn y cyfnod hwnnw. Mae'n wir fod yna lawer y gellid ei ddarllen yn y nofel fel symbolau: marwolaeth Anti Abi fel marwolaeth y genedl, a genedigaeth plentyn Lois fel symbol o obaith wedi anobaith 1 Mawrth 1979. Diddorol yw edrych ar gymeriad ffrind Lois, Beti, sydd wedi gadael Cymru ar ôl priodi Sais ac yn magu ei phlant yn Saeson – meicrocosm o farwolaeth y genedl. Eto i gyd, bywyd mewnol Lois yw prif ddiddordeb yr awdur, a defnyddir ei hymateb hi i wahanol ddigwyddiadau gwleidyddol i daflu rhagor o oleuni ar ei chymeriad.

Y cyntaf o'i chariadon yw Gethin, un o aelodau mwyaf brwd Cymdeithas yr Iaith Gymraeg. Ond nid darlun arwrol mohono. Cawn weld ei ffaeleddau yn ogystal â'i ymdrechion dros yr iaith. Mae'n yfed a gyrru, mae ei iaith yn gwrs, ac mae ganddo agwedd sinigaidd tuag at y math o genedlaetholdeb sy'n dyrchafu hen chwedlau a mythau ar yr un lefel â gwir hanes Cymru:

> Cadw'r chwedlau'n fyw; dyna i gyd yw hanes diweddar Cymru. Rhamanteiddio arwriaeth y gorffennol a chreu arwyr hawdd o bobl nad oedd yn haeddu hynny. Mae hanes Llywelyn a Glyndŵr a'r tri ym Mhen-y-berth a'r Esgob William Morgan mor fyw i mi â Llyn y Fan a'r tir yn codi o dan Dewi Sant a'r môr yn boddi Cantre'r Gwaelod. Hanes yw hynny, dwedwch? Pa gyflwr sydd ar genedl sy'n gorfod meddwl ddwywaith cyn penderfynu lle mae digwyddiadau hanesyddol go iawn yn 'bennu a lle mae chwedlau a storïau tylwyth teg yn dechrau? Mae'r cyfan yn rhan o ryw fyth anhygoel ynglŷn â Chymreictod. Myth y mae'r cenedlaetholdeb cyfoes yn ei swcro.[14]

Braidd yn ystrydebol yw i Lois feddwl mai 'Sbaner a thorrwr bolltau oedd ei hunig gystadleuaeth' am sylw Gethin, ond mae'r disgrifiad ohoni yn gwrando arno'n areithio ar ôl bod mewn protest yn rhoi golwg ddynol iawn inni ar y mudiad iaith a'r unigolion sy'n rhan ohono: 'Gwrandawai Lois arno gyda rhyw syniad o bellter rhyfedd yn ei chalon. Am ei fod yn siarad â thorf fechan, mae'n debyg. Yn lle siarad â hi'n unigol. Ac aeth ymlaen yn rhy hir.'[15] Cymeriad tanllyd yw Gethin sy'n gwneud fawr ddim i ennyn ein cydymdeimlad. Bron nad oes rhywbeth pathetig – ym meddwl Lois, beth bynnag – yn ei farwolaeth annhymig; cafodd ei daro gan gar ar ffordd anghysbell, tra'n tynnu arwyddion, mae'n debyg. Barn Lois yw ei fod wedi marw 'dros ddim',[16] a gwrthyd fynd i'w angladd gan iddi ei hystyried yn weithred wleidyddol.

Ym marwolaeth Gethin cawn symbol o ofn nifer o gymeriadau Aled Islwyn, sef bod yr unigolyn yn cael ei ddileu gan y dorf. Bu hyn yn amlwg yn ei nofel gyntaf, *Lleuwen*, hefyd. Anifeilaidd ac anystywallt yw'r myfyrwyr sy'n mynychu'r tafarndai; ym meddwl Lleuwen, 'cwlffyn anwar'[17] yw Euros, sy'n gafael yn Lleuwen yn erbyn ei hewyllys ac yn cynrychioli'r cnawdol aflan yn ei meddwl. Yn arwyddocaol, mae e'n aelod o Gymdeithas yr Iaith, ac yn ôl Menna, un o gyfoedion Lleuwen, 'mae'r Gymdeithas yn llawn o bobl run fath â fo, yn tydi?'[18] Pan ddechreua Colin Hooper, gŵr Lleuwen, ymhél ag Euros ac â'i fudiad Marcsaidd newydd, 'Cyfiawnder', mae Lleuwen yn anfodlon iawn. Wrth i Colin esbonio (mewn ffordd braidd yn niwlog) ychydig ar amcanion y gymdeithas – cael tai digonol i'r myfyrwyr – ni all Lleuwen weld y pwnc ond trwy lygaid yr unigolyn, neu, a bod yn fanwl gywir, y cwpl: 'Ond mae lle bach twt, hyfryd gynnon ni.'[19] Hwyrach mai ceisio rhoi gwedd fwy realaidd ar ymgyrchwyr y mae Aled Islwyn trwy eu darlunio fel heidiau meddw yn hytrach nag arwyr y Gymru gyfoes. Geiriau gwag yw gorganmol telynegol beirdd yn aml iawn. Efallai mai ymateb i organmoliaeth gan lenorion eraill a wna, ac mae eraill sydd â chysylltiadau agos iawn â'r Gymdeithas hefyd wedi mynd ati i bortreadu'r aelodau mewn ffordd fwy cignoeth. Cofier mai yn y carchar am ddifrodi siop ar ôl taro allan mewn rhwystredigaeth y mae Blodeuwedd yn *Yma o Hyd* Angharad Tomos,[20] nid am weithred a gynlluniwyd fel rhan o ymgyrch benodol. Yn *Wele'n Gwawrio*[21] gan yr un awdur, problemau ymarferol cyrraedd y brotest sy'n cael y sylw mewn darlun doniol a gonest o fywyd y protestwyr.

Eto i gyd mae'n amlwg ei fod yn gweld rhywbeth peryglus iawn ym meddylfryd y llwyth. Mewn portread o'r awdur yn *Llais Llyfrau* yn 1980, nododd John Rowlands ei fod yn 'amheus o reddf yr haid'.[22] Symbol o'r teimlad hwn yn ei waith yw fod Lleuwen yn colli'r babi yn ei chroth ar ôl i'w gŵr gael ei arestio mewn protest.

Nododd Sioned Elin Davies yn ei thraethawd ymchwil ar Aled Islwyn mai 'Mudiadau, sefydliadau a chymdeithasau y mae'n ceisio encilio rhagddynt sy'n ennyn ei feirniadaeth.'[23] Mae'n sicr fod ei feirniadaeth yn cael ei hanelu at rwydweithiau yn hytrach nag unigolion neu syniadau – y byd llenyddol, nid llenyddiaeth; y mudiad iaith, nid yr ymdrech i'w hachub; cenedlaetholwyr, nid cenedlaetholdeb. Ar un ystyr, felly, nid yw'n awdur gwleidyddol.

Ond gellid dadlau *fod* yna elfen wleidyddol yng ngwaith Aled Islwyn, a hynny yn y portread o gymeriadau hoyw, sy'n ymddangos yn gyson yn ei waith. Byddai'r awdur ei hun yn anghytuno: pwysleisiodd mewn cyfweliad â'r cylchgrawn *Golwg* nad penderfyniad gwleidyddol oedd ysgrifennu am gymeriadau hoyw ond penderfyniad llenyddol:

> Rhaid i bobol fod yn ddiddorol, yn hoyw neu ddim. Sut y basan nhw'n ymateb? Be fasan nhw'n ei wneud? Y man cychwyn ydi pobol.

Mae'n diraddio pobol i'w galw nhw'n gloff, yn hoyw neu beth bynnag; mae'n troi pobol yn wrthrychau i fi sgrifennu amdanyn nhw.[24]

Diddorol yw nodi ei fod yn cyffelybu hoywder ag anabledd corfforol. Nododd hefyd mewn adolygiad ar gyfrol o straeon byrion:

> synnwn i fawr nad y profiad hoyw yw'r unig brofiad cymwys ar gyfer cyfleu cariad yn gredadwy. Erys digon o *mystique* yn ei gylch o hyd i adlewyrchu'r lletchwithdod sydd ynghlwm wrth flys, waeth pwy sy'n ei brofi nac at bwy y mae wedi ei anelu.[25]

Ond tybed nad oes yna elfen wleidyddol wrth wraidd ei ddiddordeb hefyd?

Mewn erthygl arloesol ar yr elfen hoyw mewn llenyddiaeth Gymraeg, nododd Richard Crowe mai un o nodweddion ysgrifennu hoyw yw awydd gwleidyddol i argyhoeddi y gynulleidfa i dderbyn cymeriadau cyfunrhywiol.[26] Ai dyma sydd wrth wraidd penderfyniad Aled Islwyn i gynnwys cymeriadau hoyw yn ei lyfrau? Nid dweud yr wyf fod hynny'n gwrth-ddweud ei ddadl ef – ei bod yn rhaid iddynt fod yn gymeriadau diddorol: *mae* cymeriadau hoyw Aled Islwyn yn ddiddorol. Maent hefyd bob amser yn ennyn ymateb dadlennol gan ei gymeriadau eraill. Mae gan Lleuwen ddiddordeb arbennig yn Jason a Lloyd, y pâr hoyw y daw'n lled-ffrindiau â nhw. Ychydig yn ystrydebol yw disgrifiad Lleuwen o Jason fel '[t]ipyn o ddandi',[27] ac mae yna elfennau *camp* amlwg yn perthyn i'r ddau: arddull theatrig Jason, llestri tseina, trafodaethau am lanhau'r fflat. Eto i gyd mae ei hymateb hi – chwilfrydedd goddefgar – yn esiampl o'i gymharu â gwawd y myfyrwyr eraill tuag at y cwpl hoyw. Pan wna Colin sylwadau rhagfarnllyd ynghylch y ddau, mae Lleuwen yn ei geryddu.[28] Ac er ei bod yn dweud na all ddeall y berthynas rhwng Lloyd a Jason, mae Lleuwen yn medru ei huniaethu'i hun â nhw, am eu bod hefyd ar gyrion y dorf, mae'n debyg.

> Ond ymdeimlai Lleuwen â rhyw fodlonrwydd rhyngddynt drwy'r cyfan. Fedren nhw ddim eistedd mewn tafarn neu gerdded i lawr y stryd law yn llaw. Roedd pleser bach felly wedi ei wahardd iddynt, meddyliodd Lleuwen a gwelai o edrych arnynt fod y ddau yn ddigon deallus i wybod maint eu colled.[29]

Chwilfrydedd yw agwedd Miri yn *Llosgi Gwern* tuag at y cwpl hoyw sydd ar eu gwyliau yn yr un man â hi a Gwern yn Ibiza. Yma nid yw'r elfen o ddarbwyllo'r darllenydd i beidio â bod yn rhagfarnllyd mor amlwg, a defnyddir y cwpl hoyw i daflu goleuni ar Miri, Gwern a'u perthynas. Mae'r cwpl – sy'n Almaenwyr – yn un o nifer o gyplau cyfunrhywiol ar yr un gwyliau, ac ar ôl i Miri ofyn i un ohonynt rwbio eli haul ar ei chroen, caiff hi a'i gŵr y sgwrs ganlynol:

> 'Na'r lembo!' chwarddodd Miri. 'Pwy sy'n deud fod hwn fan'ma'n hoyw?'
> 'Y fi,' atebodd Gwern yn bendant. 'Gen i lygaid yn 'y mhen, toes? A tydw i ddim yn hollol dwp. Roedd o a'i fêt yn eistedd ar y bwrdd gyferbyn â ni amser brecwast. Mae'r lle 'ma'n ferw ohonyn nhw. Paid â deud nad oeddat ti wedi sylweddoli.'
> 'Oeddwn, wrth gwrs. Ond toes gen i affliw o ots.'
> 'Na. Na finna chwaith. Cyn belled â'u bod nhw'n gadael llonydd i mi, dw i'n berffaith fodlon gadael llonydd iddyn nhw.'
> 'Goddefgar a soffistigedig iawn, Gwern.'
> 'Ia, yntê? Dyna oeddwn i'n ei feddwl hefyd. Mi ddylat wybod 'y mod i'n eangfrydig iawn lle mae pleserau rhywiol pobl yn y cwestiwn.'[30]

Rhagfarn sy'n llywio ymateb Gwern, nid goddefgarwch, wrth gwrs, ond fe ddefnyddia'r sylw am ei eangfrydedd rhywiol fel arf yn y frwydr feddyliol rhyngddo a Miri, trwy ei hatgoffa o'i gefndir 'lliwgar' godinebus. Er ei fod yn ymwybodol fod yr Almaenwr yn hoyw, mae gweld dyn arall yn agos at ei wraig yn codi gwrychyn dyn fel Gwern. Ond unwaith eto, mae Miri yn uniaethu â'r cwpl hoyw i raddau, ac mae'n dechrau hel meddyliau ar y pwnc:

> roedd hi wedi dotio at sŵn y gair 'lesbiannod'. Odlai gyda 'phyblicanod' y Beibl, a swniai'r ddwy garfan gyda'i gilydd yn gynghrair smala, gynnes. Nid oedd Miri am fod yn eu mysg, o reidrwydd, ond roedd yn gysur meddwl fod y ffasiwn bobl yn bod.[31]

Yn union fel yr oedd Lleuwen yn chwilfrydig ynglŷn â Jason a Lloyd, mae Miri yn ceisio closio at y ddau Almaenwr. I gychwyn, nid yw hyn yn waith hawdd – ac mae Miri yn beio Gwern, y cyn-baffiwr *macho*, a'i 'wep sarrug'. Yn wir, mae Miri yn genfigennus o bobl eraill:

> Roedd parau eraill y gwesty'n cymysgu yn ddi-lol gyda'r hogiau hoyw. Dim ond hi a Gwern a gâi eu cadw led braich. Hi a'r sachaid o destosterôn yr oedd hi'n briod ag ef. Â'i gwaredo![32]

Yn nes ymlaen, fodd bynnag, ac er mawr syndod i Miri, daw Gwern yn ffrindiau gyda'r ddau Almaenwr, Max a Wolfgang, ac fe â mor bell â dweud fod ganddynt lawer yn gyffredin, a threfnu i gael swper gyda nhw. Beth mae'r awdur yn ei ddweud yma? Fod Gwern yn gwneud ymdrech arbennig i blesio'i wraig drwy ddod yn ffrindiau gyda'r pâr hoyw? Ei fod yn dangos ei oruchafiaeth trwy lwyddo i wneud beth yr oedd hi wedi methu â'i wneud? Neu ddangos fod hyd yn oed ddyn mor hen ffasiwn a siofinistaidd â Gwern yn gallu goresgyn ei ragfarn?

Erbyn *Llosgi Gwern*, felly, mae Aled Islwyn yn defnyddio'r cwpl hoyw i ychwanegu at amlhaenedd ei gymeriadau. Nid y cwpl cyfunrhywiol sydd o ddiddordeb iddo mewn gwirionedd, ond ymateb Miri a Gwern iddynt. Ar yr un pryd, fe lwydda i drosglwyddo neges wleidyddol: sef y gellid goresgyn rhagfarn yn erbyn hoywon. Eto i gyd mae'n rhaid cydnabod mai yn y cymeriadau y mae ei brif ddiddordeb, ac er bod prif gymeriad *Pedolau Dros y Crud* yn fachgen ifanc hoyw, nid traethu ar rywioldeb mewn ffordd ddidactig yw nod Aled Islwyn. Yn wir, cafodd y nofel ei beirniadu am ddelio â'r pwnc mewn ffordd arwynebol, am fwydo rhagfarnau, ac am beidio â mynd yn ddigon pell.[33] Wrth sôn am y nofel, fe ddywedodd Aled Islwyn: 'Cyfyng gyngor yr unigolyn oedd fy niddordeb i, nid astudiaeth glinigol o unrhyw agwedd benodol ar rywioldeb.'[34] Yn ddigon nodweddiadol, nid yw'n cydnabod unrhyw ddiddordeb gwleidyddol mewn ysgrifennu 'nofel hoyw' yn Gymraeg.

Eto i gyd rhaid cydnabod mai ef oedd un o'r cyntaf i fynd ati i ysgrifennu am berthynas hoyw mewn manylder yn yr iaith, ac i greu cymeriad 'crwn' hoyw yn hytrach na'r stereoteipiau a fu'n ymddangos mewn nofelau Cymraeg eraill.[35] Mae gan Paul Shellmain, prif gymeriad *Pedolau Dros y Crud*, gryn dipyn o ansicrwydd yn ei fywyd, gan gynnwys ei rywioldeb. Er bod gan y llanc deunaw oed atyniad at Sharon Mair, merch o'r un oedran ag ef, at Mel, gŵr hŷn nag ef ei hun, y mae'n anelu ei deimladau cryfaf. Fe geisia Paul glosio at Mel trwy gynnig gwneud ychydig o waith o amgylch ei dŷ. Mae'r atyniad tuag at Mel yn tyfu ar Paul yn ddiarwybod, bron, nes ei fod yn erfyn arno i gysgu gydag ef. Er bod Mel yntau wedi'i atynnu at Paul, mae'n gwrthod; yn un peth, mae oedran Paul yn broblem: yn 1986 pan gyhoeddwyd y nofel, 21 oedd yr oedran cydsynio i ddynion cyfunrhywiol. Gwelir elfen o genhadu a chodi ymwybyddiaeth ynglŷn ag annhegwch y sefyllfa honno yn ymateb Paul i sylw Mel ar ei oedran:

'O! Ia! Deud wrtha i am ddod yn ôl pan fydda i'n un ar hugain wyt ti? Be wyt ti'n awgrymu ddylwn i ei neud am y tair blynedd nesaf? Eistedd ar 'y nhin yn gweddïo na chaf i godiad?'[36]

Ond fe lwydda Mel i ymladd y chwantau ac mae'n ymddangos yn ddyn tu hwnt o resymol – rhy resymol, efallai, fel gwrthbwynt i'r stereoteip o'r rheibiwr hoyw a geir mewn nifer o nofelau Cymraeg?[37]

> 'Rwyt ti'n gymysglyd iawn ynglŷn â llawer o betha, Paul,' doethinebodd y dyn. 'Efallai dy fod ti'n dadansoddi dy reddfa yn gywir ond nid fi yw'r un i ddangos y ffordd iti. Mae yna bobl eraill i'w considro. Byddai'r canlyniadau'n rhy gymhleth imi beryglu eu tynnu nhw am 'y mhen.'[38]

Mae'r ddeialog yn y fan hon yn ymddangos yn anystwyth ac yn annaturiol. Er bod Aled Islwyn yn dadlau'n daer nad ei fwriad yw ysgrifennu nofel echblyg hoyw, mae'n ymddangos yma fod ei awydd i bortreadu aelodau o'r gymuned hoyw yn or-resymol wedi trechu ei ddawn i greu portreadau o gymeriadau crwn a chredadwy.

Serch hynny gellir darllen y nofel fel nofel 'hoyw' ar lefel arall. Fe ddyfynna Richard Crowe nifer o themâu 'hoyw': ac yn eu plith mae pwysigrwydd y ddinas fel lle i borthi'r hunaniaeth hoyw. Yn *Pedolau Dros y Crud* mae Paul yn awchu am gael gadael ei gynefin, a mynd i'r ddinas – Llundain, ac yna Lerpwl. Mae Lerpwl yn ddinas sy'n gysylltiedig ym meddwl Paul â Mel a Jon, y cwpl hoyw; Jon sy'n awgrymu wrtho y gallai fynd i Lerpwl. Mewn nofel sy'n llawn delweddau o fynd a dod, ac o drafnidiaeth, sy'n symbol o ddirywiad y cymunedau cefn gwlad, mae'r ddelwedd o'r ddinas fel lle i ddianc iddo yn gyfoethog iawn. I Paul, mae dianc o'r gymuned fechan hefyd yn teimlo fel ailenedigaeth; wrth eistedd yn y dafarn cyn gadael, dyma sy'n croesi ei feddwl:

> Tybed ai'r ddiod olaf hon yn ei gynefin oedd y bedydd a olygai ei fod yn oedolyn? (Teimlai fel petai newydd ymuno â rhyw glwb bach dethol a chyfrin.) Nid hon oedd ei ddiod gyntaf o bell ffordd. Ond wedyn, roedd baban hefyd wedi cael ei drochi â dŵr cyn iddo gael ei fedyddio. Nid oedd dim yn newydd yn y weithred, dim ond yn ei harwyddocâd.[39]

Yr hyn sy'n eironig, wrth gwrs, yw fod Paul hefyd yn cyfrannu at ddirywiad y cymunedau gwledig trwy ddianc o'i gynefin.

Er bod Richard Crowe hefyd yn nodi fod yr ymdeimlad o gydsefyll gyda lleiafrifoedd eraill yn thema 'hoyw', nid yw'r elfen o uniaethu rhwng dau leiafrif – pobl hoyw a Chymry Cymraeg – yn amlwg yng ngwaith Aled Islwyn. Yn 'Dal', stori fer yn y gyfrol *Unigolion, Unigeddau*, caiff dau ddyn eu dal gan heddwas mewn toiled cyhoeddus. Erbyn diwedd y stori, mae'r ieuengaf ohonynt, Carl, yn paratoi i hel ei draed i'r ddinas – Llundain y tro hwn. Mewn stori arall, 'Stori Linda', sef hanes am wraig yn ceisio dod i ddelerau â'r ffaith fod ei gŵr yn hoyw, try Linda at linell ffôn arbennig ar gyfer pobl yn ei sefyllfa hi. Sylwer ar y defnydd o'r termau Saesneg.

> Ar ddiwedd rhyw raglen deledu y gwelish i'r rhif. Lein ffôn i wragedd fatha fi. *Helpline for any spouse with a gay partner* oedd y geiria ddefnyddion nhw. Dwi'n *spouse* ac mae o'n *gay*. Ond fasach chi byth yn medru deud.[40]

Mae defnyddio'r geiriau yn Saesneg yn arwyddocaol, ac yn dangos yr agendor rhwng y cysyniad o hoywder a byd Cymraeg Linda. Ni ddefnyddir gair Cymraeg megis 'hoyw' gydol y stori. Awgrymir felly fod y cysyniad wedi'i wreiddio mewn diwylliant a disgwrs a berthyn i'r iaith Saesneg – neu o leiaf, mai cysyniad Seisnig ydyw ym meddwl Linda.[41]

Yn nes ymlaen, wrth sgwrsio gyda chynghorwraig ar y llinell ffôn, caiff Linda gynnig i siarad gyda rhywun sy'n deall Cymraeg: 'Fe gâi hi rywun i fy ffonio i'n ôl. Na, medda fi o'r diwedd. Mi fasa hi'n gwneud y tro. Haws deud yn Saesneg rywsut. Mwy diarth.'[42] Caiff Miri deimladau tebyg yn *Llosgi Gwern*, er nad yn yr un sefyllfa. Daw yn ffrindiau gyda Saesnes oedrannus, Margaret Coreen, ac mae'r ffaith mai Saesnes uniaith o fewnfudwraig yw hi yn fantais o safbwynt Miri: 'I Miri, roedd yr elfennau hynny o ddieithrwch o gymorth iddi. I ymlacio. I ymddiried. I fwrw'i bol.'[43] Yr awgrym yw fod y Gymraeg yn anghymwys i ddelio â rhai profiadau, a bod rhywbeth yn anghymharus rhwng y profiad hoyw a Chymreictod. Dyma unwaith eto bobl sydd ar y tu allan, ac yn y fan hon, ar y tu allan i'r hyn a dderbynnir fel norm wrth feddwl am y byd Cymraeg. Ond nid aros a sefyll eu tir a wna'r cymeriadau hoyw – nid lladmeryddion cyhoeddus dros y mudiad hoyw ydynt – ond dianc. Yr awgrym yw fod cymdeithas glòs – a chymdeithas Gymraeg yn arbennig – yn llyffetheirio hoywder. Yng ngoleuni hyn, diddorol yw edrych ar rai o sylwadau'r awdur:

Yr hyn sy'n fy niddori i yw'r berthynas rhwng yr unigolyn a bod yn aelod o deulu, o berthyn i gymdeithas, i genedl, i ddynolryw. Mae unigolyn yn gorfod dod o hyd iddo'i hun o fewn y canllawiau hynny.[44]

Dyna, mewn gwirionedd, sydd yn digwydd i Paul yn *Pedolau Dros y Crud* – mae'r bachgen sydd yn dioddef o sawl cymhlethdod ynglŷn â'i hunaniaeth yn gorfod 'dod o hyd iddo'i hun'. Ond i Loegr yr â yn y pen draw.

Nododd John Rowlands yn 1980 fod Aled Islwyn yn 'gwrth-ryfela'n rhemp yn erbyn y geidwadaeth adweithiol sy'n rhemp ym mhobman y dyddiau hyn'.[45] Yn sicr mae yna elfen gref yn ei waith o wrthweithio'r rhagfarn yn erbyn pobl hoyw, er nad yw pob cymeriad hoyw yn ei waith yn sant, chwaith: nid yw'n gor-ddelfrydu. Mae yna hefyd elfen o geisio codi ymwybyddiaeth y darllenydd o bobl hoyw: rhaid cofio mai prin yw'r triniaethau difrifol â chyfunrhywioldeb mewn llenyddiaeth Gymraeg ar y cyfan a gwnaeth Aled Islwyn gyfraniad sylweddol i'r maes. Mae hefyd yn ei waith nifer o themâu y gellid eu galw'n themâu hoyw – yn arbennig y syniad o ddianc i'r ddinas. Ond ar y cyfan, mae Cymreictod a chyfunrhywioldeb yn ddwy elfen o hunaniaeth sy'n brwydro yn erbyn ei gilydd yn ei waith. Fel y dywed Richard Crowe, 'I'r Cymro neu i'r Gymraes y mae yna densiwn rhwng arddel Cymreictod ac arddel hunaniaeth hoyw'.[46] Cyfleu'r tensiwn hwn y mae gwaith Aled Islwyn.

Nid cyfunrhywioldeb yn unig sydd yn dod o dan y chwydd-wydr yng ngwaith Aled Islwyn. Bu edrych ar rywioldeb yn thema gyson ganddo ers cyhoeddi ei nofel gyntaf yn 1977. Yn *Lleuwen*, cawn bortread o ferch ifanc yn syrthio mewn cariad am y tro cyntaf, ac yn y nofel hon, ceir delfrydu ar serch a chariad. Dymuniad Lleuwen, myfyrwraig ifanc, yw dod o hyd i gariad tanbaid, y math o gariad sy'n cael ei brofi, yn ddigon addas, gan arwresau llen-yddol:

> 'Rwy i am garwriaeth chwyldroadol, os o gwbl. Un newidith fy mywyd i'n llwyr. Un ysgwydith fy enaid i'w wraidd. Os na cha i garu yn yr ysbryd hwnnw yna dydw i byth yn chwenychu caru. Rwy i am garu fel ag y carodd rhai o ferched Saunders Lewis.'[47]

Stori garu yw'r nofel, rhwng Lleuwen a'i 'llanc tragwyddol', cyd-fyfyriwr iddi o'r enw Colin Hooper. Dilynir y garwriaeth o'i chychwyn anaddawol, trwy'r cynyrfiadau rhywiol cyntaf, at eu priodas, beichiogrwydd Lleuwen, a'i diwedd trasig.

I Lleuwen, mae'n rhaid i gariad fod yn rhywbeth aruchel, y gellid ei ddelweddu yn hardd. Mae'r da a'r drwg, yr aruchel a'r anifeilaidd yn cyferbynnu yn llwyr iddi hi. Pan afaela Euros, y protestiwr iaith ynddi, mae'n brofiad erchyll:

> Bu mor anwar. Yn hanner cofleidio, hanner cusanu hwnnw yn gaeth yn ei freichiau o'i hanfodd. Rhaid mai dyma beth oedd caru gyda dyn, dychmygodd. Oedd, roedd o wedi bod yn ddyn. Dduw mawr! Roedd y cyffyrddiad wedi bod mor gyntefig. Yr hen ddyn drygnawns. Euros. Swniai fel enw anghenfil. Ond nid anghenfil mohono. Ond dyn. Roedd hi wedi blasu beth a olygai i garu gyda dyn. A gwyddai na fedrai hi byth ddygymod ag oes o'r gwasgu garw hwnnw. Bu bron iddi dagu yn y drygsawr. A chofiai'n gynhyrfus fel y caeodd y breichiau amdani fel heyrn a'r dwylo afluniaidd yn pwyso ar ei chnawd.[48]

Mae blys yn cael ei gysylltu â'r anwar a'r anghenfilaidd. Ond gyda Colin, gwrthrych y serch tragwyddol, y mae'r profiad yn wahanol. Mewn darn awgrymog iawn o'r nofel, yn union ar ôl hanes y briodas, ceir disgrifiad o Colin a Lleuwen yn ymdrochi mewn afon. Mae Colin, cymeriad mwy rhydd na Lleuwen, yn ei hannog i'r dŵr. Mae ofn arni ar y cychwyn, ond mae'n ennill hyder yn raddol:

> Ac roedd y llif mor araf. A'r cerrig mor llithrig dan draed. Ac eto roedd hi wedi addunedu'n fud ymuno yn yr antur. A dechreuodd y llanc daflu dŵr ati'n ddireidus. Y dŵr yn tasgu mewn trythyllwch. Gollyngodd hithau ambell i wich o brotest a cheisiodd gicio peth yn ôl ato yr un pryd. Disgynnai'r gronynnau main amdani fel cawod o bigiadau. Yn brifo a boddhau am yn ail. A gwaeddodd ei enw lawer gwaith mewn cynnwrf. A cherddai â chamau bach gofalus. A chyrhaeddodd ato o'r diwedd a gafaelodd yn ei fraich am gynhaliaeth.[49]

Mae'r darn yma, a'r nofel ar ei hyd, yn cadw at syniadau gweddol ystrydebol am rywioldeb – mae ofn ar y ferch, a'r bachgen sy'n ei harwain.

Ceir cyferbyniad tebyg rhwng carwr tyner a charwr anifeilaidd yn *Sarah Arall*, nofel sydd â rhywioldeb y prif gymeriad yn gwbl ganolog iddi. Caiff Sara, y ferch ifanc anorecsig sy'n ceisio brwydro yn erbyn ei chwant bwyd a'i rhywioldeb, ei phrofiad rhywiol cyntaf gyda Geraint, ac er mai cymeriad go frith yw hwnnw, mae'n garwr tyner. Defnyddir arddull *staccato* sy'n nodweddiadol o'r awdur i ddisgrifio'r profiad hwnnw:

> Llithrodd draw ar ei hyd at y garthen a theimlai'r siwmper wlân yn cael ei chodi dros ei phen. A'r ddaear yn galed oddi tani. Y gwres yn cofleidio'i noethni. A'r chwys cynhyrfus yn oer ac yn boeth am yn ail.
>
> Penliniai yntau yn ei hymyl yn tynnu ei grys lliwgar o'i drowsus a datod y botymau. Roedd e mor ofalus. A phrofiadol. A charedig tybiodd. A throes ei hwyneb oddi wrtho. Ei lygaid yn ei llygaid hithau.
>
> Ac yna edrychodd yn ôl, rhag colli gafael ar yr edrychiad hwnnw. Ei llaw yn codi'n ddiarwybod iddi at feddalwch llencynnaidd ei groen.
>
> Y gwenau yn ei lygaid. Y blys aeddfed yn ei groen. A phlygodd i'w chusanu. Yn araf, araf. Un llaw yn anwesu'r corff. A'r llall yn ei gwallt.[50]

Cyferbynnir y profiad hwn gyda phrofiad tyngedfennol ei ganlyniadau yn ddiweddarach gyda dyn o'r enw Royston. Mae'r ddau yn cysgu yn yr un ystafell yn nhŷ Geraint a Wendy un noson. Yn erbyn ei gwirfodd, mae Royston yn dechrau ei chusanu: 'Doedd dim tynerwch yn y tafod hwn. Dim ond blys oer ei boer.'[51] Mae Royston yn ei threisio, ac mae'r eirfa yn wahanol iawn i'r hyn a ddisgrifir gyda Geraint: 'treiddio', 'gwirion', 'pydew', 'soeglyd'. Sonnir am y weithred rywiol fel 'pladur yn lladd gwair ym more'r byd', delwedd gyfoethog sy'n rhedeg drwy'r nofel ar ei hyd. Ond hefyd mae Sara yn meddwl am Rosyton 'fel babi ffres o'r groth': 'A siglodd hi ef yn araf, dyner; ei breichiau'n dynn amdano. Hi a'i hanghenfil newydd-anedig. Ei llygaid yn rhythu fry at y nenfwd.'[52] Gellid cynnig sawl darlleniad o ystyr y ddelwedd – ac am y llu o ddelweddau a ddefnyddir gan Aled Islwyn drwy'r nofel awgrymog hon. Ai teimlo y mae Sara fod Royston wedi defnyddio ei chorff fel y bydd babi yn 'defnyddio' corff y fam? A yw hi'n meddwl amdano fel creadur pathetig, diymgeledd? Mae'r ffordd y mae'n troi arno yn nes ymlaen yn dangos nad yw'n edrych arno fel creadur diniwed. Ai sôn am boen gorfforol y profiad y mae Sara drwy'i gymharu â rhoi genedigaeth? Mae yna eironi hefyd yn yr awgrym fod ei chroth yn 'wag' ar ôl bod yn llawn: eisiau osgoi bod yn llawn – yn rhywiol ac yn nhermau bwyd – yr oedd Sara gydol y nofel.

Eto i gyd, gall Sara ddadansoddi'r profiad ar y diwedd, ac ystyried yn gymharol oeraidd a oedd yn debyg i'w disgwyliadau. Mae'r gallu hwn i ddadansoddi yn perthyn i nifer o gymeriadau Aled Islwyn, ac yn amlygu ei ddiddordeb mewn seicoleg. Lois yn *Cadw'r Chwedlau'n Fyw* yw'r enghraifft amlycaf o hyn. Ar ôl iddi gysgu gyda Deryn, cariad un o'i ffrindiau, gall ddadansoddi'r profiad yn oeraidd; bron na ellir ei dychmygu yn eistedd ar ochr y gwely tra bo'i phartner yn stryffaglio i wisgo'i ddillad yn ôl:

> Nid oedd Deryn y math o garwr a ddisgwyliai o gwbl. Efallai, yng nghefn ei meddwl, iddi ddisgwyl techneg braidd yn biwritanaidd academaidd. Carai rhai fel petaent o reidrwydd yn iselhau eu hunain yn ymenyddol wrth ymdrybaeddu yn y fath weithgaredd. Llygrai'r budreddi a oedd ymhlyg mewn caru felly hunan-barch pawb a'i cyffyrddai.
>
> Ond erbyn y bore, wyddai Lois ddim pam iddi amau hyd yn oed y gallai Deryn garu felly. Nid nad oedd yno olion o dechneg a phwyll ei natur ddadansoddiadol, ond roedd cynhesrwydd a hiwmor yno hefyd i droi arbrofion yn hyfrydwch a blys noeth yn hwyl iach.[53]

Bu gan Lois ddigon o brofiad i gymharu Deryn ag ef; bu ganddi nifer o gariadon achlysurol, un-nos. Ni foesolir ar y cyfan ynglŷn â hyn: noda Lois ei hunan ei bod hi'n 'foesol anllythrennog',[54] ac wedi'r cyfan, mae Lois yn gymeriad sy'n perthyn i'r cyfnod ôl-chwyldro rhywiol, cyn-AIDS. Arbrofi rhywiol yw'r norm, neu yng ngeiriau cymeriad hŷn yn y nofel, 'Moesau isel, tymheredd uchel',[55] yw arwyddair yr oes. Nofel am Gymru – ac am Gymry – yn ymdrechu i ymryddhau oddi wrth gadwynau'r gorffennol yw *Cadw'r Chwedlau'n Fyw*. Ymateb i Frad y Llyfrau Gleision a cheisio gwrthweithio rhagfarn y Saeson a oedd yn gyfrifol am greu'r ddelwedd o Gymru fel 'gwlad y menyg gwynion' yn y lle cyntaf. Wrth i'r Cymry ifainc yn y nofel hon geisio ymryddhau oddi wrth afael llywodraeth a diwylliant estron, a theimladau o israddoldeb gwleidyddol, maent hefyd am ryddhau oddi wrth y ddelfryd o'r purdeb rhywiol.

Ceir adlais o ddihidrwydd moesol yr oes gan gymeriad hoyw yn y stori fer 'Dal' yn *Unigolion, Unigeddau*. Mae Richard yn ymateb i ymgais ei ffrind i baratoi stori i'w rhoi gerbron yr ynadon yn esbonio beth yr oedd yn ei wneud gyda dyn arall mewn toiled cyhoeddus trwy ei annog i ddweud y gwir: 'Ond falle y bydden nhw'n dy barchu di'n fwy 'set ti ddim yn malu cachu fel 'na 'da nhw. Jest gwêd y gwir wrthyn nhw. Ti'n hoyw. Est ti i wilo am goc. Diwedd y stori.'[56] Eto i gyd, erbyn diwedd y nofel *Cadw'r Chwedlau'n Fyw*, mae'n ymddangos fod yna ychydig o newid agwedd. Mae Lois, y prif gymeriad, yn rhoi genedigaeth, ac mae'r nofel yn gorffen gyda'i meddyliau hi wrth edrych ar ei merch newyddanedig.

> Ni ddaw'r un fach byth i wybod un mor anllad fu ei mam, meddyliais.
> Ac rwy'n meddwl imi wenu.[57]

Pam mae'r awdur wedi dewis gorffen y nofel yn y fath fodd? Ai gwenu y mae Lois oherwydd fod ei chefndir yn gyfrinach breifat iddi hi bellach? Ai am fod cyfrifoldeb yn ei gosod ar y llwybr cul, a hynny'n llawen? At beth mae'r gair 'anllad' yn cyfeirio? Ni fu fawr o 'anlladrwydd' ym mywyd Lois, ond ai sôn am arbrofi rhywiol y mae? Ar ôl ysgrifennu nofel sy'n dangos cymeriad yn cefnu ar foesau arferol nofelau Cymraeg, ac yn wir, yn cefnu ar y math o ddelfrydu a geir yn *Lleuwen*, penderfynodd yr awdur gloi ei waith drwy gyfeirio at fywyd rhywiol cynnar Lois. Ond os cyplysir y cysyniad o ryddid rhywiol a rhyddid cenedlaethol, gellid dadansoddi'r frawddeg hon o safbwynt methiant 1979. Ni lwyddodd Cymru i ddod yn rhydd; ni lwyddodd y Cymry i daflu'r iau moesol o'r neilltu.

Yn *Llosgi Gwern*, nofel ddiweddaraf Aled Islwyn, y cawn y drafodaeth fwyaf aeddfed ar rywioldeb yn ei waith. Er i'r nofel gael ei disgrifio fel 'opera sebon go stwnshlyd yn llawn o dreialon pobl Oprah Winfrey',[58] gellir ei darllen fel trafodaeth ar y berthynas rhwng iaith a rhywioldeb. Wedi'r cyfan, dyna sydd wrth wraidd unrhyw drafodaeth ar rywioldeb mewn llenyddiaeth. Nid trafod gweithredoedd corfforol yn llythrennol a wnawn, ond sut y cyfleir hwy mewn geiriau. Yn ôl John Rowlands:

> disgwrs yw rhyw, wedi'r cyfan. Nid y gyfathrach gorfforol lythrennol rhwng dyn a dynes sydd dan sylw rwan, ond yn hytrach y modd y mae hynny'n cael ei gyfleu mewn iaith, ac y mae hynny'n newid o le i le ac o gyfnod i gyfnod.[59]

Egyr *Llosgi Gwern* gyda phriodas Miri a Gwern ar chwâl. Dros ugain mlynedd yn ôl, pan oedd y ddau yn gariadon, cafodd Miri ei threisio gan Gwern, ac mae'r cof am y trais hwnnw yn dal i'w phoeni. Yn nes ymlaen yn y nofel, gyda'r ddau wedi hanner cymodi, mae Miri yn codi'r pwnc eto. Nid yw Gwern am ei drafod, ond dywed: 'Amrwd a di-glem fuodd rhyw i bobl ifanc er cyn co'. Duwcs, ma' pawb yn gwbod hynny! A phoenus. Felly fydd hi byth.'[60] Gall Gwern ddelio gyda'r hyn a wnaeth i Miri yr holl flynyddoedd yn ôl trwy wadu'r gair 'trais'. Wrth wadu'r gair, mae'n gwadu mai dyna a ddigwyddodd. Yr un ymateb fu gan fam Miri ar ôl clywed am y digwyddiad gan ei merch. Nid cael ei threisio a wnaeth hi, a diniweidrwydd oedd yn arwain iddi feddwl y ffasiwn beth, yn ôl ei mam. Ar un wedd, mae *Llosgi Gwern* yn nofel sy'n dilyn hanes Miri ar ôl iddi ailfeddiannu'r gair 'trais':

> Dadleuodd lawer gwaith â hi ei hun dros y blynyddoedd. Ynglŷn â chymhwyster y gair trais. Ynglŷn â diffyg coel ei mam. Ond cael ei threisio ddaru hi. Roedd Miri wedi cario'r gwirionedd hwnnw fel bathodyn merthyrdod ar hyd y blynyddoedd. Weithiau'n darian falch ar fron. Weithiau'n hances gysurlon yng ngwaelod handbag.[61]

Mae rhywioldeb a bywydau rhywiol y cymeriadau yn rhywbeth cymhleth tu hwnt. Efallai mai'r elfen hon a wnaeth i'r adolygydd feddwl am opera sebon. Ond mae yna gyfoeth i'r drafodaeth ar rywioldeb, a chwarae ar sut mae iaith yn llunio ein dealltwriaeth o rywioldeb. Enghraifft dda o hyn yw'r disgrifiad o Gwawr, cariad cyfrinachol a phriod Gwern, yn ffonio llinell ffôn ryw. Mae'n werth dyfynnu yn helaeth:

> Un tro, yn ôl y sôn, daethai trydanwr ifanc lysti i floc o fflatiau tal ar gwr y ddinas; un o'r tyrau ffalig rheini sy'n ymestyn fry i grafu pen pellaf y groth a elwir yn fydysawd. Ei waith yno oedd adnewyddu'r gwifrau gan fod deiliaid y fflatiau wedi bod yn cwyno ers meitin nad oedd rhyw lawer o wmff yn eu cysylltiadau trydanol. Yr hyn a ganfu wrth bob drws agored ar ei fore cyntaf ar y job oedd gwragedd bronnog a di-sbarc, nad oeddent wedi cael cyflenwad boddhaol ers blynyddoedd. Dros gyfnod o sawl ymweliad aeth o fflat i fflat, yn unioni'r diffyg gyda'i ddwylo medrus. Gyda gwŷr y gwragedd oll allan yn gweithio, a'r cyfryw wragedd oll yn awchu am gael ail-orseddu'r golau llachar yn eu bywydau llwyd, gorchwyl hawdd a phleserus i'r gŵr ifanc oedd gofalu bod cyflenwad egnïol yn cyrraedd pob soced yn yr adeilad. Pawb i gael ei damed. Dyna ei arwyddair.
> O dipyn i beth, daeth yr arwr ifanc â goleuni newydd i bob twll a chornel o'r hen adeilad a daeth penllanw'r geiriau mwys pan ddaeth yr hen sbercyn sbwncllyd i gyffiniau'r *penthouse suite*. Yno y trigai Brenhines y Gwyll ac nid oedd honno wedi cael bylb o unrhyw rym i oleuo ei byd ers blynyddoedd. Bu bron i'n harwr, druan, â chwythu

ei ffiws yn lân (neu'n frwnt!) wrth wthio mwy o amps i soced yr hen fodan nag oedd yn dda iddi. Doedd dim digon i'w gael i'r hen ast ac yn y diwedd bu'n rhaid i'r dyn ifanc ddianc gyda'i drowsus yn llaes o gylch ei fferau a'i declynnau oll yn llaes a blinedig yn ei ddwylo.

Taflodd Gwawr y ffôn oddi ar y gwely ar ôl darfod. Hen bethau sâl, anghelfydd oedd y storïau ar y llinell honno. Peth prin oedd pornograffi da y dyddiau hyn. Rhyw hen rythu naïf oedd y stwff modern 'ma. Nid dim i gymryd eich amser trosto. Dyheai am gael uniaethu â'r arwresau trwy lafoerio'n werthfawrogol dros wefusau gor-sgleiniog ac ysai am gael gwynto'r lafant a'r melyster rhad a ddrewai wely trythyllwch go iawn.[62]

Mae hwn yn ddychan amlwg ar ieithwedd llinellau ffôn a phornograffi tebyg. Mae hefyd yn sylw cymdeithasol ar hollbresenoldeb deunydd pornograffig, ac mae'n amlwg fod Gwawr wedi hen arfer â gwrando ar straeon o'r fath, sy'n dangos rhywbeth inni o'i chymeriad (yn nes ymlaen cawn wybod am ei phrofiadau rhywiol arbrofol gyda Gwern). Ond mae hi hefyd eisiau delfrydu rhyw. Nid yw'r math yma o bornograffi sy'n seiliedig ar eiriau mwys a iaith bob dydd yn cyffroi Gwawr. Gwell ganddi feddwl am ryw mewn termau mwy rhamantaidd. Yn y darn uchod, tynnwyd y *mystique*, y gorfoledd a'r cynildeb o ryw a'i ddinoethi'n brofiad hurt a diramant o bwrpasol. Ond pornograffi un yw erotiaeth y llall; mae'n dibynnu ar farn, rhagfarn a mympwy yr unigolyn. Ac mae rhywioldeb pob cymeriad yn *Llosgi Gwern* yn wahanol i'w gilydd.

Mae Gwawr yn cyferbynnu'n llwyr â Miri: mae Gwern ei hun yn cymharu'r ddwy yng ngŵydd Gwawr: Miri sy'n 'ennill' – mae ganddi hi 'ddoethuriaeth' ar Gwern tra bod Gwawr ar y lefel ysgol feithrin. Â Gwern yn ei flaen i ddweud wrth Gwawr:

> Fel y deudish i gynna, roedd y ddau ohonan ni'n gwbod hyd a lled 'yn perthynas fach din-boeth ni o'r dechra'. 'Dan ni'n ôl efo geiria ysgol feithrin, yn tydan? Y geiriau bach mawr y mae pobl ar 'u cythlwng am dipyn o ryw i fod yn gyfarwydd â nhw. Cont. Coc. Ffwc. Llyo. Blew. Cym on! Rho help llaw i mi! Siawns na fedri di feddwl am ambell air bach dethol dy hun.[63]

Yn y termau hyn y mae Gwern yn meddwl am ryw gyda Gwawr, ac mae'n defnyddio hynny fel ffordd o'i sarhau. Brifo Gwawr, yn gorfforol, yn ystod eu gemau S&M, ac yn feddyliol, trwy ei eiriau sarhaus, yw nod Gwern. Mae'n diraddio'u perthynas trwy ddefnyddio geiriau a ystyrir yn 'frwnt' i ddisgrifio'u perthynas. Ieithwedd wahanol iawn sydd gan Gwawr ei hun, er enghraifft: 'Ynysoedd oeddynt. Pobl. Cenhedloedd. Planedau dirifedi'r nos. Ynysoedd yn croesi at ynysoedd eraill. Er mwyn goresgyn. Er mwyn cenhadu. Yn Ddwynwen. Ac Enlli. Ac yn "Werddon fawr".'[64] Nid oes dim yng ngeiriau Gwern fel geiriau sy'n aflan – y cyddestun sy'n cyfleu'r sarhad. Maes y gad yw'r gwely i Gwern. Yno y caiff arddangos ei oruchafiaeth – a goruchafiaeth dynion. Treisiodd Gwern Miri, ac am flynyddoedd fe orfododd hi i eillio'r blew rhwng ei choesau, fel symbol o'i darostyngiad hi i'w ddyheadau ef. Erbyn i Miri ddychwelyd at ei gŵr ar ôl iddynt wahanu, mae Miri wedi tyfu'r blew yn ôl, ac am fisoedd, gwrthyd gael rhyw gyda'i gŵr. Myn Miri ennill grym yn yr ymgiprys rhwng y ddau, gan roi tolc i *ego* Gwern. Mae'r newidiadau yn y berthynas rhwng y ddau yn cyd-ddigwydd â newidiadau cymdeithasol, wrth i Gwern golli ei swydd. Tua'r un adeg, mae Miri yn cael swydd newydd ar ôl blynyddoedd o fod yn wraig tŷ. Ar un ystyr gellid darllen y nofel hon fel darlun o batriarchaeth yn dirywio, a'r canlyniad dinistriol i hunaniaeth un dyn, sef Gwern. Eto i gyd, gyda Miri y mae cydymdeimlad yr awdur.

Yn yr un nofel, ceir trafodaeth fer ar sut y mae'r cyfrwng yn cyfleu'r neges, sydd eto yn ymwneud â pherthynas iaith a rhywioldeb. Mae Rheinallt, cyn-gariad Mari, merch Gwern a Miri, yn ceisio adfer eu perthynas, ac yn defnyddio pob cyfrwng posib i gyfleu'r neges: llythyr, negeseuon peiriant ateb ffôn, ffacsiau (trueni i'r nofel hon gael ei hysgrifennu cyn i e-bost lwyddo i afael ar gymaint o bobl – hwyrach y byddai hynny wedi esgor ar drafodaeth feithach).

> Druan o Rheinallt, tybiai Mari! Nid enynnai'r un ymateb. Rhyw rwgnach diflas oedd ei ymbiliadau. Dyna i gyd. Sawl gwaith yr oedd yn rhaid iddi ddweud wrtho nad oedd ganddi fwriad yn y byd i fynd yn ôl ato? Nid oedd amlhau dulliau cyfathrebu yn gwneud deall ronyn yn haws. Os rhywbeth, roedd perygl i leisiau fynd yn aml-oslef wrth gael eu hatgynhyrchu'n aml-gyfryngol. Âi negeseuon heddiw yn niwlog mewn modd nad oedd modd i siarad plaen, wyneb-yn-wyneb, y gorffennol ei wneud.
> Dyna pam fod perthyn wedi mynd yn anos. Am nad oedd cyfathrebu'n syml mwyach.[65]

Un eironi ychwanegol yn y paragraff uchod yw mai Mari sy'n

meddwl fod perthyn wedi mynd yn anos, Mari, sy'n mynd ati i gael perthynas rywiol gyda brawd ei thad, Gwydion. Mae'r berthynas losgachol hon yn llywio cryn dipyn ar ddigwydd y nofel yn nes ymlaen. Bu Mari yn ei lygadu yn gynharach yn y nofel, ond daw Aled Islwyn â ni ar ein pennau i mewn i'r sefyllfa drwy nodi ar gychwyn yr adran sy'n disgrifio'r tro cyntaf i'r ddau garu: 'Roedd Mari wedi sylweddoli ers sbel nad cymwys fyddai iddi fynd i'r gwely gyda'i hewythr.'[66] Yr eironi, wrth gwrs, yw mai yn llythrennol y golyga hi hynny, ac felly mae'r ddau yn caru yn erbyn wal. Mae'n amlwg fod hon yn berthynas afiach, a arwyddir yn nes ymlaen gan blentyn marwanedig Mari a'i hewythr. Mae'r elfen o losgach yn amlwg iawn: 'Rhaid mai rhyw fel hyn oedd wrth fodd ei mam. Gyda'i thad! Gyda'i thad! Gyda'i thad! Roedd y ddelwedd yn un ry arswydus i fod yn gysurus. Ac yn un rhy gref i'w dileu o'r darlun heb frwydr.' [67] Ond nid y weithred rywiol yn unig sy'n cyfleu'r llosgach. Mae holl ffordd Mari o feddwl am y profiad yn cyfleu rhyw fath o losgach hollbresennol ehangach, rhyw obsesiwn afiach am wreiddiau ac am deulu sydd wedi mynd o chwith:

> Gwyddai Mari fod iddi wreiddiau. Yn y tir. Yn y tylwyth. Roedd hi ei hun yn un o'r teulu nawr. Gallai gyrraedd ei chalon drwy'r cydio hwn. Ac fe'i carodd ef erioed. Hwn a'i ddirgelion. Hwn a'i faw. Hwn a'i fudandod. Ymhell cyn bod iddi fod nac enw, roedd hi wedi ei garu. Am mai brawd ei thad ydoedd. Am fod hyn i fod. Cymuno â ffynhonnell pob griddfan oedd y caru hwn. Cyrraedd gwaelod pwll pob poen. Holl ffrwgwd caru'r oesau yn fflyff ar y siwmper waith a wisgai ef, yn gynnes, bras a thrwchus. A hithau'n cydio'n dynn. Gan herio siffrwd tawel y cyndeidiau i bwffian eu llawenydd yn gyfeiliant ei war.[68]

Yn ddiddorol iawn, o holl nofelau Aled Islwyn, hon yw'r fwyaf 'traddodiadol' ei chefndir: hynt a helynt gwahanol aelodau o deulu o ffermwyr yn ardal Arfon. Gallai fod yn gefndir i nofel gan Kate Roberts. Ond gwahanol iawn yw ymdriniaeth Aled Islwyn â'r pwnc. Try popeth ar ei ben gan greu byd aflan o gymdeithas a chymuned glòs, a throi perthyn yn rhywbeth anghynnes. Diddorol yw nodi sylw'r awdur mai 'pethau peryglus iawn'[69] yw traddodiadau. Yn y nofel hon, pethau peryglus iawn yw gwreiddiau hefyd.

Ar un ystyr, nofel am Gwern yw hon, am bersonoliaeth sy'n cael ei siglo i'w gwraidd gan nifer o bethau: colli ei wraig (am gyfnod), colli ei swydd, a cholli ei le fel 'penteulu' (yn ei feddwl ef), i'w frawd, Gwydion. Fel yn achos *Sarah Arall,* nofel am bersonoliaeth ar chwâl ydyw. Ond mae perthynas Mari a Gwydion yn taflu cysgod tywyll dros yr holl nofel. Fel nifer o nofelau eraill Aled Islwyn, mae'n nofel sy'n gadael blas cas yn y geg, a theimlad annifyr ym mêr eich esgyrn. Yn yr ystyr honno, mae hi felly yn nofel lwyddiannus a phwerus.

Gellid disgrifio arddull Aled Islwyn hefyd fel un bwerus. Mae'n amlwg fod beirniaid ar waith Aled Islwyn yn rhannu'n ddwy garfan: y rhai sydd yn hoff o'i arddull, megis Jane Edwards, John Rowlands a Sioned Elin Davies, a'r rhai sydd yn teimlo fod ei arddull yn fwrn ar y darllenydd. I Sioned Elin Davies, yr arddull arbennig hon – brawddegau byrion, di-ferf, delweddau cryfion yn llawn awgrymiadau seicdreiddiol – sy'n ei osod ar wahân i'w gyfoedion.

> Ar ei gorau mae arddull ddelweddol Aled Islwyn yn rhoi boddhad esthetaidd, yn cyfoethogi deallusrwydd y darllenydd tra'i bod ar yr un pryd yn darlunio sefyllfaoedd anghynnes, anesmwyth. Caiff y delweddau eu gwau i'w gilydd yn gelfydd ond yn gynnil, fel nad ydynt yn llethu'r darllenydd.[70]

Dyma yn sicr yw ei arbenigedd fel llenor. Ar y llaw arall, gall yr arddull fod yn llethol ar adegau, megis yn y nofel *Os Marw Hon . . .* Mae'n debyg mai dyma nofel leiaf llwyddiannus Aled Islwyn, er iddo'i disgrifio fel y fwyaf personol iddo ef yn nhermau syniadau a themâu. Cafodd ei beirniadu am fod yn rhy astrus, yn nhermau plot ac yn nhermau arddull.

Nofel dditectif o fath yw hi. Yn fras, mae'n olrhain hanes Dafydd Aaron Skinner, ditectif yn Llundain, yn ceisio darganfod beth a ddigwyddodd i'w chwaer, y bardd Lleucu Llwyd, a fu farw o dan amgylchiadau amheus. Ar ei daith ddarganfod, mae'n rhaid i Dafydd dwrio i'w gefndir ef a'i rieni (a'i lys-rieni a'u teuluoedd), ac i'r byd llenyddol Cymraeg. Dechreua'r nofel yn addawol ac mae'r stori yn afaelgar, ond ar adegau, fe â'r darllenydd ar goll yng nghanol darnau athronyddol y nofel, ac yng nghanol arddull Aled Islwyn ar ei mwyaf astrus, er enghraifft:

> Ergyd carreg ac mae Dafydd yn lladd Goliath. Mae'r tir yn anodd i'w aredig. Ac mae'r saer maen yn naddu. Cerdd. Cerdd arall. Mwy o'r Ysgrythurau. Mwy o amaethu. Mwy o angau. A'r mwyaf o'r rhain (o ddigon, o ormod!) oedd Angau.[71]

Beth sydd yn digwydd yn y paragraff uchod? Mae'n debyg fod yr awdur yn chwarae â'i ddarllenwyr, a dychanol yw naws llawer iawn o'r nofel, ond weithiau, mae'r ffin yn denau iawn rhwng dychan a nonsens, er enghraifft:

> Daethai Rhiannon yn ddolen rhyngddo a'i orffennol ei hun. Roedd hi'n ysgolhaig ymchwilgar. Yn ddadansoddwraig lew. Hi oedd yr ymchwilydd digondom a allai anturio'n saff yn ffwrch y geiriau.[72]

Mae Aled Islwyn yn gadael i'r darllenydd wybod ei fod yn chwarae gemau â nhw trwy gyfeiriadau hunanymwybodol megis trwy gyfeirio at ein 'harwres' yn y testun. Ar un achlysur, mae Dafydd yn cydnabod mai mewn llyfr y mae e'n byw.[73] Dro arall, ceir sylw fel hyn, sy'n rhyw fath o nodyn gan yr awdur i'r darllenydd:

> Saesneg oedd iaith y sgwrs hon, wrth reswm, er i'r hyn a ddywedodd pawb hyd yma gael ei gofnodi yn yr iaith a siaredid ar y pryd. Daeth yn bryd cyfieithu am fod gafael afrealaeth yn tynhau a grym purdeb yn cynyddu.[74]

Un broblem gyda'r nofel hon yw, os jôc yw hi, weithiau mae'n teimlo fel pe bai'r jôc yn cael ei chwarae ar y darllenydd, ac nid yn cael ei rhannu. Mae hyn yn drueni oherwydd, ar adegau, mae dychan Aled Islwyn yn finiog iawn. Brithir y nofel â darnau doniol iawn, ac â sylwadau deifiol iawn ar y byd llenyddol yng Nghymru. Gwelir yr awdur ar ei orau wrth gyfuno'r ddau: '"Brwydr arall o'n blaena," parhaodd y darlledwr/pwyllgorddyn/gweinyddwr/ysgolhaig. (Cymwynaswr/godinebwr/storïwr/llyfrbryf. Rhiannon oedd yr un a wyddai fod y rhestr, wrth gwrs, yn ddiddiwedd.)'[75] Mae yna greadigaethau gwych ymysg y cymeriadau, er enghraifft, Brenda Lloyd, y Saesnes o'r Saeson sydd eto yn codi gwên gyda sylwadau fel hyn ar ddewis Lucy Lloyd i arddel ei henw barddol, Lleucu Llwyd: '"That sounds delightfully Celtic," ebe Brenda'n ddilornus. "You all seem to enjoy playing these little jokes."'[76] Unwaith eto, cawn syniad go dda am farn Aled Islwyn ar draddodiad ac yn arbennig, ar y traddodiad llenyddol yng Nghymru. Meddai Lleucu Llwyd wrth sôn am y bobl sy'n hoff o'i cherddi caeth:

Yr holl athrawon a phregethwyr 'na . . . y bobl fach, drefnus, caeth i'w swyddi a'u morgais? Ti fynnodd 'mod i'n cystadlu. Wyt ti wedi 'ngwneud i'n un â'r rheini? Y Cymry caeth i'r drefn sy'n dyheu am un gerdd dda i'w gollwng nhw'n rhydd a rhoi anfarwoldeb iddyn nhw · yng nghyfrol y *Cyfansoddiade*?[77]

Ar ôl marwolaeth Lleucu, ceir ffrae ynglŷn ag awduraeth ei cherddi: datblyga'r hanes i fod yn brif stori'r newyddion Cymraeg ar y teledu. Diddorol yw nodi i Aled Islwyn gwyno mewn erthygl yn *Llais Llyfrau* fod nofelwyr yn is eu statws yng Nghymru na beirdd.[78] Stori am farddoniaeth, nid am nofel, sydd yn cyrraedd y wasg yn *Os Marw Hon . . .*, wedi'r cyfan.

Ond tybed a all yr awdur wneud hwyl am ei ben ei hun, hefyd? Yn *Llosgi Gwern*, dywed Gwern fod cael cymeriadau hoyw 'yn orfodol mewn nofela Cymraeg y dyddia hyn'.[79] Gan fod Aled Islwyn wedi cynnwys cymeriadau hoyw ym mhob un o'i nofelau bron, mae rhagfarn Gwern hefyd yn dangos yr awdur yn cyfeirio yn ysgafn at ei waith ei hun.

Efallai mai fel dychanwr y mae Aled Islwyn ar ei orau, a gall fod yn broffwydol. Yn *Cadw'r Chwedlau'n Fyw*, clyw Lois ddwy actores Gymraeg yn siarad Saesneg â'i gilydd, ac wrth ddefnyddio gair Cymraeg, yn dweud na allent feddwl am air *'proper'*: 'Druan o Gethin! Ymgyrchai dros iaith nad oedd hyd yn oed yn cynnwys *proper words!'*[80] Er mai dyddiau cynnar ydoedd ar y cyfryngau torfol Cymraeg pan gyhoeddodd Aled Islwyn ei nofel yn 1984, roedd wedi gweld ymhell.

Nofelau cyfoethog yw nofelau Aled Islwyn. Nofelau anwastad hefyd: gall wneud i'r darllenydd chwerthin yn uchel ar un dudalen, ac erbyn y nesaf, eisiau taflu'r llyfr o'r neilltu mewn rhwystredigaeth. Mae'n nofelydd sy'n gofyn am gryn dipyn o amynedd a dyfalbarhad gan ei ddarllenwyr, ac am dipyn o waith meddwl hefyd. Mae'n eironig i'w waith gael ei gymharu ag operâu sebon. Mae gwylio opera sebon yn waith hawdd iawn, nid oes galw am lawer o waith meddwl gan y gwylwyr ar y cyfan.

Gellid disgrifio nofelau Aled Islwyn yn nhermau pryd o fwyd yn cynnwys llawer o gyrsiau amrywiol. Cychwynnodd gyda theisen addurnedig a melys (gorfelys?), sef *Lleuwen*. Gyda phob nofel, ychwanegodd ragor o gyrsiau, rhai yn felys ac yn gain, eraill â blas chwerw ac anghyfarwydd arnynt, ac yn anos i'w treulio. Cymerodd amser i baratoi pob cwrs, ac at ei gilydd, creodd bryd cyfoethog ac amrywiol sy'n aros yn y cof am amser hir. Ni fydd, fodd bynnag, at ddant y sawl sydd am lowcio'i fwyd yn sydyn.

Nodiadau

[1] Jane Edwards, 'Gymry, Dyma Lenor', *Barn* (Gorffennaf/Awst 1977), 273–4.
[2] Aled Islwyn, *Lleuwen* (Y Bala, 1977).
[3] Am *Sarah Arall* (Caerdydd, 1982) yn 1980.
[4] Aled Islwyn, *Unigolion, Unigeddau* (Llandysul, 1994).
[5] Gw., er enghraifft, adolygiad Emyr Hywel ar *Os Marw Hon . . .*, *Y Faner* (2 Tachwedd 1990), 14.
[6] Aled Islwyn, *Ceri* (Caerdydd, 1979).
[7] Gw., Sioned Elin Davies, 'Nofelau Aled Islwyn', Traethawd MA, Prifysgol Cymru Bangor, 1992.
[8] Meddai Menna Elfyn am y nofel *Sarah Arall*, 'dyma chwalu am byth y syniad mai dim ond merched all ysgrifennu am ferched'. 'Menna Elfyn yn Chwilio Pac Aled Islwyn', *Llais Llyfrau* (Haf 1990), 4.
[9] Gw., Marged Dafydd, 'Crafu Sgerbwd Hen Gân', *Y Faner* (21 Rhagfyr 1984), 18.
[10] Gw., 'Menna Elfyn yn Chwilio Pac Aled Islwyn'.
[11] 'Trwy Lygaid Ffeministaidd' yn *Sglefrio ar Eiriau*, gol. John Rowlands (Llandysul, 1992), 22–41.
[12] Aled Islwyn, *Unigolion, Unigeddau*.
[13] Aled Islwyn, *Cadw'r Chwedlau'n Fyw* (Caerdydd, 1984), 42.
[14] Ibid., 47.
[15] Ibid., 41.
[16] Ibid., 73.
[17] Aled Islwyn, *Lleuwen*, 19.
[18] Ibid., 139.
[19] Ibid., 209.
[20] Angharad Tomos, *Yma o Hyd* (Talybont, 1985).
[21] Angharad Tomos, *Wele'n Gwawrio* (Talybont, 1997).
[22] John Rowlands, 'Aled Islwyn', *Llais Llyfrau* (Gaeaf 1980).
[23] Sioned Elin Davies, 'Nofelau Aled Islwyn', 26.
[24] 'Aled Arall: Portread o Awdur y Flwyddyn', *Golwg* (8 Mehefin 1995), 26.
[25] 'Peth Peryg yw Llyfr', *Barn* (Ebrill 1997), 43.
[26] Richard Crowe, 'Llên y Cymry, Hoyw, (Try)loyw?', *Taliesin*, 93 (Gwanwyn 1996), 63–79. Cyfeiria at *Maurice* E. M. Forster a *The Well of Loneliness* gan Radclyffe Hall fel dwy enghraifft amlwg.
[27] Aled Islwyn, *Lleuwen*, 16.
[28] Ibid., 107.
[29] Ibid., 18.
[30] Aled Islwyn, *Llosgi Gwern* (Llandysul, 1996), 110.
[31] Ibid., 112.
[32] Ibid., 137.
[33] 'Mae arna'i ofn fod y nofel safonol ar wrywgydiaeth yng Nghymru yn dal i chwilio am awdur. Yn sicr mi fethodd Aled Islwyn ei gyfle,' meddai John Stevenson mewn adolygiad ar *Pedolau Dros y Crud*, *Y Faner* (26 Medi 1986), 14.

[34] Gw., 'Menna Elfyn yn Chwilio Pac Aled Islwyn'.

[35] Gw., Richard Crowe, 'Llên y Cymry, Hoyw, (Try)loyw?'.

[36] Aled Islwyn, *Pedolau Dros y Crud* (Llandysul, 1986), 93.

[37] Gw., Richard Crowe, 'Llên y Cymry, Hoyw, (Try)loyw?'.

[38] Aled Islwyn, *Pedolau Dros y Crud*, 94.

[39] Ibid., 124.

[40] Aled Islwyn, *Unigolion, Unigeddau*, 13.

[41] Yn yr un modd, ystyrir 'hiraeth' yn gysyniad Cymreig am nad oes gair cyfatebol yn Saesneg.

[42] Aled Islwyn, *Unigolion, Unigeddau*, 14.

[43] Aled Islwyn, *Llosgi Gwern*, 161.

[44] 'Aled Arall: Portread o Awdur y Flwyddyn', 26.

[45] John Rowlands, 'Aled Islwyn', 15.

[46] Richard Crowe, 'Llên y Cymry, Hoyw, (Try)loyw?', 69.

[47] Aled Islwyn, *Lleuwen*, 8–9.

[48] Ibid., 138.

[49] Ibid., 183.

[50] Aled Islwyn, *Sarah Arall*, 85.

[51] Ibid., 119.

[52] Ibid., 120.

[53] Aled Islwyn, *Cadw'r Chwedlau'n Fyw*, 59.

[54] Ibid., 115.

[55] Ibid., 153.

[56] Aled Islwyn, *Unigolion, Unigeddau*, 102.

[57] Aled Islwyn, *Cadw'r Chwedlau'n Fyw*, 256.

[58] Adolygiad gan Mihangel Morgan, *Barn* (Medi 1996).

[59] John Rowlands, 'Y Corff Mewn Llenyddiaeth', *Taliesin*, 96 (Gaeaf 1996), 15.

[60] Aled Islwyn, *Llosgi Gwern*, 139.

[61] Ibid., 40.

[62] Ibid., 59–60.

[63] Ibid., 64.

[64] Ibid., 75.

[65] Ibid., 92.

[66] Ibid., 152.

[67] Ibid.

[68] Ibid.

[69] 'Menna Elfyn yn Chwilio Pac Aled Islwyn', 5.

[70] Sioned Elin Davies, 'Nofelau Aled Islwyn', 99.

[71] Aled Islwyn, *Os Marw Hon . . .* (Llandysul, 1990), 60.

[72] Ibid., 78–9.

[73] Ibid., 119.

[74] Ibid., 147.

[75] Ibid., 85.

[76] Ibid., 51.

[77] Ibid., 102.

[78] Aled Islwyn, 'Gair am Eiriau', *Llais Llyfrau* (Gaeaf 1995), 5.

[79] Aled Islwyn, *Llosgi Gwern*, 110.

[80] Aled Islwyn, *Cadw'r Chwedlau'n Fyw*, 53.

4

Un Peth 'di Adrodd Stori, Peth Arall 'di Adrodd Stori Wir: Nofelau Dafydd Huws

GWENLLÏAN DAFYDD

Er i nofel gyntaf Dafydd Huws gael cryn sylw (yn bennaf oherwydd iddi gael ei dramateiddio ar gyfer y teledu), prin fu'r sôn am ei ail (a honno'n haeddu llawer mwy). Yn gyn-athro Cymraeg, ysgrifennodd yr awdur hwn golofnau radio a theledu dan yr enw Charles Huws a chynhyrfodd Gymry Caerdydd gyda dyddiadur hanesion Goronwy Jones – y Dyn Dwad a ddaeth i Gaerdydd o Gaernarfon heb barch at 'ddiwylliant' Cymraeg dosbarth canol y ddinas. Cyhoeddwyd yr hanesion hyn yn *Dyddiadur Dyn Dwad* (1978).[1] Dilyn hanes bywyd Goronwy ymhellach a wneir yn ei ail nofel, sef *Un Peth 'Di Priodi Peth Arall 'Di Byw* (1990).[2]

Ymddangosodd *Dyddiadur Dyn Dwad* yr un pryd â fflyd o nofelau byrion eraill, a'r ansoddair 'dinesig' oedd y cyswllt amlwg rhyngddynt oll; nofelau megis *Bob yn y Ddinas* gan Siôn Eirian,[3] *Bodio* gan Hefin Wyn,[4] gyda *Bingo!* a'i dinas dienw gan Wiliam Owen Roberts yn ymddangos yn 1985.[5] Mae gweithiau Twm Miall hefyd yn aml yn cael eu cymharu â'r casgliad hwn, er na chyhoeddwyd *Cyw Haul* tan 1988, na *Cyw Dôl* tan 1990.[6] Cyferbynna'r cefndir dinesig ynddynt â'r cysyniad traddodiadol mai un hanfodol wledig oedd llenyddiaeth Gymraeg (gweler, er enghraifft, erthygl Wiliam Owen Roberts 'Traddodiad y Ffordd Osgoi' yn *Golwg* (14 Rhagfyr 1989), 19). Nid Caerdydd yn y 1970au yw'r unig debygrwydd rhwng y nofelau byrion hyn: ceir ynddynt ymdeimlad cyffredinol o ddibwrpasedd bywyd, gydag un diwrnod yn ymlwybro'n ddiddigwydd i'r llall a byd y cymeriadau yn llawn diflastod lle na wneir fawr ddim ond diota a mercheta. Gellid dadlau eu bod yn estyniad neu'n ddwysâd ar y thema o ddiffyg ystyr mewn llenyddiaeth Gymraeg, gydag Enid Jones, er enghraifft, yn trafod y diffyg ystyr hwn fel 'cyflwr ôl-fodern' yn *Bingo!*, *Dyddiadur Dyn Dwad*, *Cyw Dôl*, *Bodio* a *Bob yn y Ddinas*.[7] Dyma gyflwr o lawn sylweddoli abswrdiaeth *la vie quotidienne* a dinodedd ein byw, a defnyddiodd C. P. Magill y gair 'Kafkaesque' i'w ddisgrifio: 'with its association of being left in a maze of corridors leading nowhere, of impotence in face of unintelligible forces, of beating our heads against invisible walls.'[8] Eithr rhaid pwysleisio mai'r *cyflwr* a'r portread o'r cymeriadau sy'n ôl-fodern yn y gweithiau a restrir gan Enid Jones, ac nid y gweithiau yn eu cyfanrwydd (ac eithrio *Bingo!*).

Byd dinesig Caerdydd yw cefndir *Un Peth 'Di Priodi Peth Arall 'Di Byw* yn ogystal, a'r hyn sy'n ei gwahaniaethu hi – a *Dyddiadur Dyn Dwad* hefyd – oddi wrth y nofelau eraill uchod yw'r hiwmor cryf sy'n cael ei gyflwyno law yn llaw â'r diflastod a'r diffyg cyfeiriad. A'r hyn sydd wedyn yn gwahaniaethu nofel gyntaf Dafydd Huws oddi wrth ei ail yw'r dyfnder teimlad a'r dwyster a geir o dan wyneb yr hiwmor yn yr ail nofel. O'u cymharu, byw o un noson i'r llall yn arwynebol a wnaed yn *Dyddiadur Dyn Dwad* heb fawr o le i deimladau, ond yn yr ail nofel cawn Goronwy'n poeni'i enaid pwy yw ei dad naturiol, cawn awgrym o dorcalon Pegi Wyn yn sgil triniaeth Goronwy ohoni, a chawn ing Gwenan yn torri i lawr i grio wrth iddi fod eisiau 'dod mas' am ei rhywioldeb. O ystyried hyn, a ellir cyfiawnhau'r feirniadaeth mai ffwlbri hunangyfeiriol a hunanddychanol yw *Un Peth 'Di Priodi Peth Arall 'Di Byw*, ac nad yw'n ddim ond chwarae gwamal ag iaith a sefyllfaoedd comig? 'Trio sgwennu nofel glyfar,' fel yr haerodd Meg Elis yn ei hadolygiad ar y nofel?[9] Ai comedi yn unig yw nofel lle ceir brawddegau fel a ganlyn?

> Ond nos Sadwrn odd hi heno, noson ora'r wythnos, y noson ma pawb call allan yn selibretio'r ffaith bo nhw wedi syrfeifio wythnos arall. (17)

> Ond o'n i'n teimlo'n uffernol ddiawledig o isal, teimlo bod 'y mywyd i ddim gwerth ei fyw. (21)

Nid yw'r doniolwch ond yn dwysáu'r difrifoldeb ganwaith, ac fel y dywed Goronwy ei hun: 'Petha siriys dwi'm yn deud, ond os na chwerthwch chi ma hi wedi cachu arnoch chi, chwadal hogia Lerpwl' (54).

Gwrthod elfennau trasig a phesimistig moderniaeth y mae ôl-foderniaeth yn gyffredinol, 'in the conclusion that if one cannot prevent Rome burning then one might as well enjoy the fiddling that is left open to one,' yn nelwedd hynod fywiog Jeremy Hawthorn.[10] Dyma'r ymdeimlad sy'n sicr yn treiddio drwy *Un Peth 'Di Priodi Peth Arall 'Di Byw*, a'r agwedd chwareus sydd ynddi yn un nodedig ôl-fodern. Wrth sôn am ei waith creadigol ei hun esbonia David Lodge, mewn cyfweliad ag Ioan Williams yn *Taliesin*, pam ei fod ef mor hoff o gomedi: 'Felly rwy'n credu mai sgwennu comedi oedd y modd y rhyddhawyd fi gyntaf o gaethiwed y nofel realaidd, oherwydd y cyfle a gawn i ddefnyddio *pastiche* a pharodi a chyd-ddigwyddiadau eithafol ac yn y blaen.'[11] Â David Lodge yn ei flaen i nodi fod comedi a metaffuglen (sef ffuglen sy'n sylwi ar ei phrosesau ei hun) yn rhan o'r ymwybydd-iaeth feirniadol ôl-fodern, ac yn wir mae'r chwerthin a'r gwamalrwydd sy'n llethu *Un Peth 'Di Priodi Peth Arall 'Di Byw* – o'r chwarae ar eiriau, y cyd-ddigwyddiadau a'r sefyllfaoedd doniol – oll yn sylwadau ar y byd cyfoes sydd ohoni. Dyna'r chwarae ag iaith, er enghraifft, sydd yn britho'r nofel i gyd. Ai clyfrwch geiriol yn unig sydd yma ynteu a oes adlewyrchiad o'r theorïau iaith cyfoes sy'n amau'r berthynas rhwng y gair a'r gwrthrych y mae'n ei ddynodi? Yn nofel Vladimir Nabokov, *Pale Fire*, ceir y term *'lexical playfields'* (hynny yw, 'mannau chwarae geiriol'),[12] ac yn wir y mae'r nofelydd hwn o Rwsia yn aml yn ecsbloetio'r ffaith fod bwlch enfawr yn llawn amwysedd yn ymagor rhwng yr arwyddwr a'r arwyddedig. Ceir tipyn o chwarae ar y cysyniad hwn o 'amwysedd hanfodol geiriau'[13] yn y rhan fwyaf o'r gweithiau Cymraeg ôl-fodern, megis Pererin Byd yn *Seren Wen ar Gefndir Gwyn* yn crio am ei fod newydd golli deg mul allan o'i un ar bym-theg gwreiddiol, a Gwern yn dweud wrtho:

> 'Paid â llyncu mul eto'r babi mawr,' meddwn i'n colli mynadd hefo fo.
> 'Sgin i'r un i sbario,' medda fynta. [14]

Ac mae *Un Peth 'Di Priodi Peth Arall 'Di Byw* yn gyforiog o chwarae tebyg ar ystyr lythrennol ac ystyr awgrymog geiriau, a dyma ychydig o enghreifftiau'n unig: 'Mi steddon ni yn y lolfa – lle bydd pobol yn gneud lol, ia?' (140); 'Roish i gic i'r radio yn erbyn y wal nes o'dd hi'n wirioneddol weiar-les' (20); 'Diwadd ar be, sgwn i, ydi diwedd-ïo?' (70). Ffordd o dynnu sylw at ddeunydd crai llen-yddiaeth ac at amwyster geiriau yw hyn oll: 'word play, usually puns or anagrams, which call the reader's attention to the fact that this text is made up of words, words which are delightfully fertile in creative suggestiveness.'[15]

Deillia hiwmor y nofel hefyd o'r ffaith fod 'coes ganol' Goronwy wedi nogio a'r meddyg yn rhoi diagnosis mai 'sioc ddiwylliannol' (82) sy'n achosi'r broblem, sef hiraeth Goronwy am Gaernarfon a'r 'hogia'. (Rhoddodd y cymeriad Ben Bach ystod ehangach arall i'r mater drwy nodi fod impotens Goronwy yn cyfeirio at gyflwr y genedl a'i hymateb i broblem y mewnlifiad (60).) Nid jôc yn unig yw ei broblem gan y gellir gofyn beth neu pwy yn union yw'r 'hogia' hyn y mae Goronwy wastad yn dyheu am eu cwmni? 'Hogia ydi pobol 'dach chi'n medru gneud efo nhw. Pobol sy ddim yn newid, ddim yn llancio, ddim yn trïo rhoid eu hunen yn rwbath nad ydyn nhw ddim' (55). Ai dyheu am ryw ddelfryd o fyd sefyd-log anghymhleth y mae Goronwy? Fel y trafodir yn y man, mae hunaniaeth Goronwy yn sicr yn cael ei chwalu yn ei fyd newydd, a'r cyfyng-gyngor y mae'n ei wynebu – gyda'i waith creadigol a'i fywyd priodasol – yn ei orfodi i ailystyried mor amhosibl yw'r fath ddelfryd o sefydlogrwydd: 'Oes 'na obaith o gwbwl i rywun bara'n un o'r hogia mewn lle fatha hwn?' (168) Adlewyrchir yr ansefyd-logrwydd a deimla Goronwy yn ei fywyd oddi mewn i'r naratif ei hun, a hynny yn bennaf drwy gyfrwng y dryswch a grëir yn sgil rôl y Lone Ranger.

Awduron ac adroddwyr

Am y rhan fwyaf o *Un Peth 'Di Priodi*, adroddir y nofel yn y person cyntaf gan Goronwy Jones, ac yntau'n adrodd hanes blwyddyn gyntaf ei briodas â Siân Arianrhod. Ond mae'r bennod gyntaf un, o dan y teitl 'Denig rhag ei dynged' (7), yn arddangos presenoldeb lefel 'uwch' o adrodd oherwydd safbwynt y trydydd person ('*ei* dynged'), a hefyd oherwydd ffurf y naratif fel sgript ddrama. Ailymddengys yr ail adroddwr hwn yn y bennod 'Sblash!' (104), ac er ein bod yn dal i ddilyn hanes Goronwy – ei hanes yn cael ei achub o Afon Taf gan Rocky Regan – adroddiad ail-law drwy bapurau newydd a gawn, yn ogystal â thrwy lygaid yr ail adroddwr (er bod hwn hefyd yn adrodd yn y person cyntaf yn awr). Ceir ychydig o hanes personol yr ail adroddwr hwn, wrth iddo ddatgelu ei fod yn awdur sy'n chwilio am syniad am ffilm ac yn cyfaddef mai prin yw'r awen a'i fod yn cael trafferth cael ysbrydoliaeth. Yr hyn sy'n cymhlethu lefelau'r nofel yw'r ffaith nad yw Goronwy yn amlwg yn gymeriad a grëwyd gan yr ail adroddwr hwn (megis a geir yn amlwg, er enghraifft, yn nofel John Fowles, *The French Lieutenant's Woman*, lle mae'r adroddwr yn pendroni'n agored ynglŷn â ffawd ei gymeriad).[16] Yn nofel Dafydd Huws mae'r ddau adroddwr fel petaent yn bodoli ar yr un lefel ontolegaidd, er bod awgrymiadau (megis yr ail adroddwr yn penderfynu ymyrryd ym mywyd Goronwy) fod ganddo fwy o rym yn nigwyddiadau'r stori nag sydd gan Goronwy. Yna, ymgorfforir yr ail adroddwr yn stori Goronwy fel petai yn ddim ond cymeriad arall, yn ddyn sy'n gwisgo masg ac yn prynu peint i Goronwy yn Tŷ Nant – a'r enw a bennir arno gan Goronwy yw'r 'Lone Ranger'. Awgrymir yn gryf mai *persona* o Dafydd Huws ei hun yw'r cymeriad hwn (megis llun o'r awdur ar y cefn â barf a'r Lone Ranger yn 'llyfu ffroth y *Brains* 'ddar ei fwstash' [123]). Ffordd hollol amlwg o atgoffa'r darllenydd o bresenoldeb awdur ar waith a'i awdurdod digamsyniol dros y gwaith, ac yn ei sgil ei weithred yn *creu*'r plot a'r cymeriadau, yw ei ymddangosiad fel cymeriad yn y testun ei hun. Yn wir, mae amlder ymddangosiad *persona*'r awdur mewn llenyddiaeth ôl-fodern a'r sioe a wneir o'i bresenoldeb wedi tyfu'n ystrydeb bron, ac fe'i hystyrir bellach fel un o *topos* ysgrifennu ôl-fodern.[17] Ymddengys 'John Fowles' yn ei nofel *The French Lieutenant's Woman*, 'Kurt Vonnegut' yn *Breakfast of Champions*[18] ac 'Alasdair Gray' yn *Lanark*,[19] a 'Mihangel Morgan' mewn dwy stori o'i eiddo, sef 'Y Chwilen' a 'Claddu Wncwl Jimi'.[20] Fel y rhan fwyaf o'r *personae* hyn, mae'r Lone Ranger hefyd fel petai yn cymryd y rôl awdurol o reoli – yn union fel yr adroddwyr hollwybodus yn y confensiwn realaidd a'u hystyriai eu hunain fel duwiau ar eu byd – ond y mae ei hollwybodusrwydd ef yn fwy o barodi na derbyniad syml o'r adroddwr hollwybodus, traddodiadol, a hynny oherwydd y chwarae ar eiriau, a chwarae gyda chymeriadau a chyda'r darllenydd.

Un parodi amlwg yw parodïo'r cysyniad traddodiadol fod awdur (ei ddaliadau a'i fywyd) yn 'cuddio' y tu ôl i'w waith, ac wrth 'ddarllen' y testun yn ofalus fe ellid dod o hyd iddo. Nid Dafydd Huws yr awdur yw'r Lone Ranger, dim ond *persona* ohono sy'n ein rhybuddio rhag ceisio dod i 'adnabod' awdur drwy ei waith. Yn ei ymddangosiad mae'n pwysleisio – yn baradocsaidd – ei wir absenoldeb; yn ei roi ei hun i mewn er mwyn disodli ei bresenoldeb, ys dywed Patricia Waugh: 'The more the author flaunts his or her *presence* in the novel, the more noticeable is his or her *absence* outside it.' [21] Mae'r sgwrs ganlynol yn trafod y ffaith fod y Lone Ranger yn gwisgo masg ac mae'n ddadlennol tu hwnt ynglŷn â'r cysyniad o awdur yn 'cuddio' y tu ôl i'w gymeriadau:

> 'Ti'm yn nabod *fi*, nag wyt?' mo.
> 'Fysa'n help tasa ti'n tynnu'r masg 'na!' me fi'n meddwl bo fo ar ei ffordd i barti ffansi-dres ne rwbath.
> 'Dim ond wrth wisgo masgia medra i fynegi'n hun,' medda fo.
> 'Ti'n edrach fatha blydi Lone Ranger!' me fi.
> 'Galw fi'n be tishio,' medda fo wedyn. 'Gin i ddigon o ffug-enwa fel ma hi.'
> Mylliwr go iawn os gwelish i un rioed. (120)

Diddorol yma yw sylw Shari Benstock yng ngolau hyn: 'It is a cliché that authors of fiction rely on narrative personae to veil or mask their presence and to distance the personal motive for the creative act from the creation itself – that is to belie authority.'[22] Y 'masg' yw'r gair allweddol yma, ac mae nofel Laurence Sterne o'r ddeunawfed ganrif, *Tristram Shandy*, hefyd yn pwysleisio mai chwarae'r rôl a roddwyd iddo gan yr awdur yn unig y mae'r adroddwr, yn union fel cymeriadau eraill. Fe wnaed hyn gan Sterne drwy gael yr adroddwr i'w gyflwyno ei hun fel clown, ac ys dywed Inger Christensen:

> Tristram, then, does not in any way figure as Sterne's *alter ego*; on the contrary, it is emphasized that he has a part to play like the other characters of the novel. He only wears a somewhat special mask, that of the narrator.[23]

Dramateiddir rôl y Lone Ranger fel adroddwr yn *Un Peth 'Di Priodi* dro ar ôl tro drwy dynnu sylw cyson at ei 'fasg' – drwy nodi ei fod yn gwisgo masg yn y lle cyntaf (a'n hatgoffa ohono bob tro y gelwir ef yn 'Lone Ranger'), yn ogystal â chwarae â'r enw ei hun. Er enghraifft '"Dwi'n ffed-yp ar gael yn iwshio!" medda fi wrth y

Masked Man. "Ma'n iawn i chdi: Tonto fan hyn sy'n cael yr agro!"' (236).

Cyferfydd Goronwy â'r Lone Ranger, felly, ac maent yn dod i gytundeb y bydd Goronwy'n ysgrifennu'r straeon, a'r llall yn ysgrifennu'r sgript (gan mai straeon ar gyfer y teledu ac nid nofel oedd y bwriad cyntaf). Ond beth yw'r gwahaniaeth yma rhwng 'ysgrifennu' a 'sgriptio', ac yn bwysicach fyth, 'gwirionedd' pa adroddwr a geir yn *Un Peth 'Di Priodi Peth Arall 'Di Byw*? Codir cwestiynau ynglŷn â'r adrodd, gan amlygu sut mae adrodd yn y person cyntaf yn gonfensiwn cyfeiliornus, neu, yn hytrach, mae'n dangos sut mae derbyn unrhyw fersiwn fel y 'gwir' (boed yn 'wirionedd' ffuglennol neu beidio) yn gamarweiniol. Fel y gwelir yn nofel Gareth Miles, *Trefaelog*,[24] camarweiniol yw'r ddyfais o'r trydydd person diduedd, ac mae'r nofel hon gan Dafydd Huws yn gwneud yr un fath gyda'r person cyntaf, gan brofi nad oes gwahaniaeth rhyngddynt yn y bôn. Er bod *Un Peth 'Di Priodi* yn cael ei hadrodd ar y cyfan yn y person cyntaf gan Goronwy, mae rôl a phresenoldeb y Lone Ranger a'i weithredoedd o olygu yn arddangos yn glir nad proses syml ac uniongyrchol yw ysgrifennu nofel. Unwaith eto, nodwedd ôl-fodern yw defnyddio gwahanol lefelau o adroddwyr ac mae'r dryswch sy'n codi yn sgil hyn yn siglo ffydd y darllenydd yn 'realiti' a 'gwirionedd' y byd a bortreedir. Yn aml defnyddir ail gyfrwng i gymysgu'r bydoedd ontolegaidd, a rhai yn llawer mwy cymhleth nag eraill, megis yn nofel William Vollman, *You Bright and Risen Angels*, mae'r adroddwr cyntaf yn bwydo'r testun i mewn i'r cyfrifiadur, ond mae ail adroddwr yn goruchwylio'r gwaith ac nid oes modd o gwbl i'r darllenydd wahaniaethu rhwng gwaith y ddau.[25] Yn wir, gellir cymharu'r sefyllfa yn *Un Peth 'Di Priodi Peth Arall 'Di Byw* hefyd â nofel John Barth, *Giles Goat-Boy*,[26] gan fod yr amrywiaeth o olygyddion yn y nofel Americanaidd hefyd yn amlygu cymaint o fwlch sydd rhwng testunau gwreiddiol a'r darllenydd, sydd yn adlewyrchiad, wrth gwrs, o'r modd y mae 'realiti' ei hun bellach yn dod inni wedi'i hidlo a'r gwirionedd wedi'i ystumio: 'Plygu rom bach ar y gwir er mwyn y stori!' ys dywedodd y Lone Ranger (247). Ar ben hyn, mae'r *ddwy* lefel o adrodd yn annibynadwy yn *Un Peth 'Di Priodi*, sef amheuaeth nad yw Goronwy yn adrodd stori 'wir', a rhan ymyrrol y Lone Ranger yn golygu'r straeon hyn.

Mae dibynadwyaeth Goronwy Jones fel adroddwr a dilysrwydd ei stori yn cael eu drwgdybio yn sgil amryw o bethau, megis y paragraff canlynol sy'n awgrymu fod safbwynt Goronwy efallai yn dibynnu mwy ar adroddiadau o'r papurau newydd nag ar ei gof: 'O'n i wedi gneud pnawn da o waith yn torri darna allan o papur [sic] newydd ac yn sgwennu'n helyntion efo Rocky Regan cyn i mi'u anghofio nhw pan ddoth Siân i mewn' (132). Er bod Goronwy fel petai'n adrodd hanes ei fywyd ei hun, mae ein hyder yn niffuantrwydd y stori honno yn cael ei siglo i raddau helaeth yn sgil hanes un o'i 'fêts', sef Twm Talsarn. Megis y cwestiwn sy'n hydreiddio *Dirgel Ddyn* ynglŷn ag Ann Griffiths, a yw Twm Talsarn yn bodoli 'go-iawn' yn y byd ffuglennol hwn ynteu ai ffrwyth dychymyg Goronwy ydyw? Caiff Goronwy ei herwgipio gan Twm Talsarn, ac yntau bellach wedi ymgnawdoli'n blismon cudd sy'n cyhuddo Goronwy o fod yn un o Feibion Glyndŵr. Fel y cyhudda Siân, ei wraig, ymddengys fod Goronwy wedi dwyn y busnes o greu storïau i'w galon, ac wedi 'creu' Twm Talsarn a'r herwgipiad er mwyn cael stwff ar gyfer stori. '"Stori yw stori, Gogs!" medda hi. "Ti'n mynd â'r busnes ysgol brofiad hyn yn rhy bell"' (216). Yn wir, mae'r holl stori yn swnio'n amheus o felodramatig a stereo-teipiedig, megis y paragraff canlynol lle sonnir am ei herwgipiad:

O'n i'n ista ar gadar mewn rŵm efo dim ond un bylb moel yn ei goleuo hi, efo 'nwylo wedi clymu tu nôl 'y nghefn . . . Pan agorish i gil yn llygad o'dd Twm wrthi'n sgwennu rwbath ar ei ddesg. O'dd o'n gwisgo het Trilby ar ei ben a hen facintosh fudur at ei draed fatha fydda gin yr hen go yn ei lunia de-mob stalwm. (193)

Ar ben hyn, mae'r ffaith fod Twm Talsarn yn gwybod am ofnau a meddyliau preifat Goronwy ynglŷn â'i hanes â Pegi Wyn a'i ofn mai Twm Coc Aur yw ei dad naturiol yn dwyn isymwybod Goronwy i mewn i'r holl stori, 'Be wydda Twm Talsarn am betha mor breifat â hyn, dyna be o'n i isho wbod' (201). Wedi dychwelyd adref ar ôl bod ar ffo, mae Siân yn ei gyhuddo o ddychmygu'r cyfan, gan ddweud am Twm Talsarn '"So fe i gal, odi fe?"' (216), ac mae hi'n esbonio nad oes neb o'r enw Thomas Williams-Parry (enw nad yw'n dangos llawer o ddychymyg ar ran Goronwy, o ystyried iddo ddweud mai o Dal-y-Sarn y deuai!) yn gweithio i Heddlu De Cymru. Mae'r holl stori ynglŷn â Twm Talsarn a'r herwgipio, felly, yn ymddangos fel dim ond dychymyg Goronwy er mwyn cael ychydig o gynnwrf yn y stori, ac na ddigwyddodd 'go-iawn'. *Mise-en-abyme* yw hyn, wrth gwrs, yn deillio o'r ffaith mai ffuglen yw'r nofel ar ei hyd, gan nad yw Goronwy yn ddim ond dychymyg Dafydd Huws, yn union fel nad yw Twm Talsarn yn ddim ond dychymyg Goronwy yntau. Ni ellir derbyn stori Goronwy fel y 'gwirionedd', ac fe atgyfnerthir hyn mewn ffordd hollol wahanol drwy gyfrwng rôl y Lone Ranger a'r cwestiwn: stori pwy ydyw mewn gwirionedd?

'Ysgrifennu'r sgript' yw swyddogaeth swyddogol y Lone Ranger yn ôl y cytundeb gwreiddiol rhyngddo ef a Goronwy, ond pan benderfynir ysgrifennu nofel hefyd newidir ei rôl i fod yn olygydd. Ond mae gradd ei ymyrraeth olygyddol yn anodd ei hasesu, fel mae'r dyfyniad canlynol yn ei arddangos i'r dim. Adroddwyd hanes y twmpath dawns yn y person cyntaf gan Goronwy, a ninnau, wrth gwrs, yn cymryd yn ganiataol fod y digwyddiadau yno, megis siarad â Hywel Gwynfryn a meddwi'n rhacs, yn 'wir', hynny yw, fe ddigwyddodd i Goronwy 'go-iawn' (yn y cyd-destun ffuglennol, wrth gwrs) a derbyniasom hynny oherwydd nad oedd gennym unrhyw sail i'w amau a'n bod wedi rhoi ffydd yn agosatrwydd yr adrodd yn y person cyntaf. Ond roeddem ar fai i gymryd hyn yn ganiataol, ac yn dilyn y sgwrs ganlynol rhwng Goronwy (yr adroddwr) a'r Lone Ranger (y golygydd) yn ddiweddarach yn y nofel, gorfodir ni i sylweddoli nad yw adrodd yn y person cyntaf yn golygu nad oes 'awdur' sydd â'i gynlluniau ei hun ar gyfer ei gymeriadau:

> 'Be dwi wedi neud ydi trïo padio dipyn bach ar y plot . . .'
> 'Ddim dyna be ddigwyddodd yn y Twmpath Dawns,' me fi.
> 'Naci, dwi'n gwbod,' mo. 'Romansho dipyn 'de. Plygu rom bach ar y gwir er mwyn y stori!'
> Dyma fi'n dechra bodio'n wyllt drw'r pejis a ffendio peth uffar o betha na nesh i mo'u sgwennu o gwbwl! O'n i'n dechra teimlo fatha nesh i ar *Raleigh* Heddwyn Gwenidog ar allt Twthill stalwm – owt o blydi control, ia! (247)

Yn dilyn y sylweddoliad hwn fod golygyddiaeth y Lone Ranger yn peri newid ac ystumio ar y stori, mae Goronwy yn llyncu mul ac yn ffraeo â'r Lone Ranger: 'Gyn belled ag o'n i yn y cwestiwn oedd y stori yn gorffan yn fanna' (249). Drwy weddill y nofel y Lone Ranger sy'n adrodd, ond y cwestiwn mawr yw, wrth gwrs, os yw ef wedi golygu a newid popeth i'r fath raddau, onid ef sy'n siarad drwy'r cwbl beth bynnag, er yn cuddio tu ôl i lais Goronwy? A sylwer eto ar y gair 'masgau' yn y dyfyniad hwn:

Ond, dyffeiaf unrhyw un i ganfod yr union fan ble y codais i'r masgau ar ôl Goronwy Jones. Euthum ati mor gydwybodol â phosib gan gadw'n driw i arddull ac yn wir i deimladau a syniadau yr awdur i'r graddau yr oedd hynny'n berthnasol. Bûm yn dwys ystyried ei gwynion ynghylch penderfyniadau golygyddol ond bernais mai cadw at y cynllun gwreiddiol oedd orau. (253)

'Yli. Yr unig beth dwi'n neud efo'r nofal ydi golygu,' medda fo a dechra dangos y dosier tew 'ma o ffotocopis i mi . . . 'Dwi 'di dechra gweithio ar yr hannar cynta deud gwir,' mo. 'Patsho fyny yma ac acw lle dwi'n teimlo bod y stori'n sigo ychydig, ne roid gair o eglurhad lle dwi'n meddwl bo chdi chydig bach yn astrus.' (247)

Ond nid yw hyd yn oed goruchafiaeth y Lone Ranger ar y digwyddiadau mor hawdd a syml â hynny chwaith, oherwydd wedi cael y llawysgrif yn ôl drwy'r post gan Goronwy, dyma a ddywed y golygydd: 'Bu'r awdur wrthi'n cymysgu'r tudalennau fel nad oedd dichon bellach didoli ei fersiwn ef oddi wrth fy fersiwn diwygiedig i, ac yn anffodus nid oedd byth wedi'i gorffen chwaith' (253). Pwy yw adroddwr *Un Peth 'Di Priodi Peth Arall 'Di Byw*, felly? Ai stori Goronwy ynteu stori'r Lone Ranger ydyw? Ac er mai Dafydd Huws yw'r awdur, wrth gwrs, onid yw lefelau adrodd annibynadwy'r stori wedi codi amheuaeth hyd yn oed ynglŷn â'i rôl yntau? Faint o'r nofel sy'n stori wreiddiol gan Dafydd Huws a faint a newidiwyd arni gan olygyddion allanol, fel y gwnaeth y Lone Ranger â stori Goronwy? Dyma bwnc sydd dan sylw Jeremy Hawthorn yn ei ddiffiniad ef o'r 'awdur' yn *A Concise Glossary of Contemporary Literary Theory*:

A textual critic such as Jerome C. McGann (1983) has drawn attention to the gap between the author seen as sole creator of the work, and the real process of literary composition involving negotiation between historically located individual author and a range of other individuals and institutions – publishers, editors, censors, collaborating friends, critics, and so on. [27]

Er y siglo ar 'realiti' hanesion y nofel, ceir yma hefyd ddefnydd ôl-fodernaidd iawn o ddogfennau ffug-hanesyddol sydd ar yr wyneb fel petaent am gryfhau 'gwirionedd' yr hyn a ddywedir, pethau megis dyfyniadau o bapurau newydd (megis yr 'erthygl' am Rocky Regan yn achub Goronwy Jones o afon Taf (109)), cyfeirio at bobl a llefydd 'go-iawn' a chyfeirio rhyngdestunol at *Dyddiadur Dyn Dwad*. Ond defnydd eironig yw hyn sy'n barodi ar y pwyslais ar adlewyrchu 'realiti' mewn nofelau realaidd yn ogystal â bod yn fodd i bwysleisio ffuglenoldeb y gwaith. Dyfais arall a ddefnyddir yn y nofel hon i dynnu sylw at ffuglenoldeb y testun yw'r tynnu sylw at y teitlau ar gyfer y penodau. Dyma Goronwy, er enghraifft, yn ein hatgoffa mewn un man mai'r Lone Ranger sy'n 'meddwl am y teitlau myll 'ma' (232):

> '*Ffw Jung a Freud Reis* dwi 'di galw'r stori ddwutha 'ma,' medda fo a thynnu pejan wedi'i phrintio allan o ryw brosesydd geiria. Y fo o'dd yn meddwl am y teitla myll 'ma, rhag ofn i chi feddwl bod o unrhyw beth i neud efo fi. O'dd o'n meddwl bo fo'n glyfar, ond o'dd hi'n amlwg na fedra'r con' dwl ddim sbelio Chinese. (232)

Nid yn unig y mae trafodaethau o'r fath ynghylch enwau'r penodau a'r defnydd o deitlau rhodresgar eto'n pwysleisio'r ffaith fod awdur ar waith yma ac yn cyfeirio at ei awdurdod ef dros ei ddeunydd ond y maent hefyd yn dwyn sylw hunanymwybodol at statws y llyfr fel print ac fel confensiwn o raniadau ffug, ac yn rhan o'r chwarae ôl-fodernaidd ar ffurf y nofel a chonfensiwn y naratif. Yn ôl David Lodge, y tro hwn yn *The Art of Fiction*, nid oes raid ond crybwyll y gair 'pennod' i dynnu sylw at broses gyfansoddol y nofel ac at ei threfniant testunol: 'We tend to take the division of novels into chapters for granted, as if it were as natural and inevitable as the division of the discourse into sentences and paragraphs. But of course it is not.'[28] Modd arall y mae nofel Dafydd Huws yn siglo 'realiti' y byd mae'n ei greu yw drwy gael cymeriadau yn darllen a beirniadu'r testun ei hun. Mae tad-yng-nghyfraith Goronwy (sy'n aelod o Gymdeithas Lenyddol Rhiw-beina) yn datgan, er enghraifft, fod y gymdeithas wedi bod yn trafod gwaith Goronwy:

> 'Wel, ni wedi bod yn astudio Ellis Wynne o'r Lasynys yn ystod y tymor a wyddoch chi bo fynte'r ceidwadwr a'r clerigwr ag o'dd e yn defnyddio maswedd a chabledd at ddibenion dychan yn gwmws run modd â Gronw!' (148)

Mae cymeriadau yn darllen y gwaith yn wir yn mynd yn rhan annatod o'r plot wrth i Siân hefyd ddarllen yr hyn a ysgrifennwyd cyn belled gan Goronwy, ac mae hyn yn codi ffrae wrth iddi gyhuddo ei gŵr, 'Sa i'n ddim byd yn hon [y nofel] ond tipyn o niwsans ar gyrion dy brobleme di!' (243). Ac mae hyd yn oed Goronwy yn ymwybodol o 'lefel' arall y tu hwnt i'r byd ffuglennol: 'Y trwbwl efo sgwennu straeon ydi bo 'na rywun yn mynd i'w darllan nhw – a dyna pryd ma petha'n mynd yn flêr 'de' (242).

Hunanymwybyddiaeth o'r broses o greu

Mae'r themateiddio hwn o'r broses o ddarllen drwy gynnwys darllenwyr fel beirniaid, ac yn aml eu cyplysu â'r weithred hunanymwybodol o ysgrifennu, yn tynnu sylw amlwg at gydgyfrifoldeb y darllenydd yn y broses o greu. A chan fod y darllenydd yn gydweithredwr yng nghread 'ystyr' y testun, mae'r testun o'r herwydd yn symudol drwy'r amser – *proses* ydyw, nid cynnyrch – ac nid oes un 'ateb' neu 'ystyr' benodol iddo. Ceir ymwybyddiaeth amlwg o'r broses hon o greu ffuglen yn *Un Peth 'Di Priodi Peth Arall 'Di Byw*. Yn y lle cyntaf, ceir ymwybyddiaeth sylfaenol o'r broses ymarferol o ysgrifennu – sef rhoi geiriau ar bapur:

> Un peth nesh i fanijo neud drw hyn i gyd oedd cario mlaen i weithio ar yn stori. Nabio beiros a dipyn o bapur ffwl's cap o'r *Stationery Dept.* a nelu am Victoria Park a sgwennu yn y tŷ bach twt 'na sgynnyn nhw ar ben y sleid. (212)

Ar ben hyn gofynnir inni hefyd wylio'n llythrennol beth sy'n gysylltiedig â chreu nofel, yn dechnegol ac yn ddamcaniaethol, wrth i Goronwy Jones orfod 'byw' y digwyddiadau. Oherwydd hyn, ceir yr argraff fod y stori yn digwydd ar hap a damwain llwyr, ac yn hollol ddibynnol ar y digwyddiadau ym mywyd Goronwy, ac mai ei 'fywyd' ef yw'r straeon: 'Dyna'r lle'r o'n i'n cael yn hambygio bob siâp gin bob math o bobol i roid cnawd ar esgyrn y straeon 'ma, a'r cwbl o'dd o'n neud [y Lone Ranger] o'dd ista ar ei din yn eu troi nhw'n ddrama' (232). Dangosir eto hunan-gyfeiriadaeth y nofel a'i hymwybyddiaeth o'r cysylltiad rhwng y weithred o greu'r stori a'r stori ei hun mewn sgwrs rhwng y Lone Ranger a Goronwy:

'Reit ffwr-â-chdi 'ta . . .' mo. 'Lle ma'r stori'n mynd o fan hyn, 'ta?'
'Sut ti'n disgwl i mi wbod?' me fi. ''Di o'm 'di digwydd eto, nadi?'
(131)

Enghraifft fwy amlwg sy'n cymysgu bywyd 'go-iawn' Goronwy â
stori'r nofel yw pan fo ei rieni-yng-nghyfraith (neu'r 'Outlaws' yn
ei eiriau ef!) wedi dod draw am swper, ac yn ei holi sut y mae ei
waith yn mynd yn ei flaen: 'O'n i ar fin deud wrthyn nhw 'mod i'n
styc am stori ond pan ddoth gwynab blewog George Cooks rownd
drws mi dagodd Seimon ar ei broffiterols a mi symudodd y stori'n
ei blaen rêl boi' (149). Dyma ddangos y nofel fel proses o greu, gan
adlewyrchu pwyslais metaffuglen ar y *broses* yn hytrach na'r
cynnyrch terfynol. Neu fel y dywed Roland Barthes yn ei erthygl
'The Death of the Author': 'there is no other time than that of the
enunciation and every text is eternally written *here and now*.'[29] Mae
Shlomith Rimmon-Kenan yn ystyried enghreifftiau fel hyn fel
modd hunangyfeiriol o ddangos pwysigrwydd y weithred o
ysgrifennu mewn llenyddiaeth ddiweddar a hynny oddi fewn i
gyd-destun y cwestiwn o beth yw 'realiti': 'Modern self-conscious
texts often play with narrative levels in order to question the
borderline between reality and fiction or to suggest that there may
be no reality apart from its narration.'[30]

Gwelir yr hunanymwybyddiaeth o adrodd a chreu stori ar waith
hefyd yng nghyfarwyddiadau'r Lone Ranger i Goronwy ynglŷn
ag adeiladu plot a diweddgloeon, ac a adroddir yng ngeiriau
dihafal y Cofi ei hun:

> Stalwm pan o'n i'n ifanc, o'n i'n deud wrth bawb ar y bejan gynta
> pam o'n i'n sgwennu stori, ond yr ordors gesh i gin y boi 'ma fan hyn
> o'dd i ddal petha'n-dôl er mwyn effaith dramatig. 'Make 'em laugh,
> make 'em cry,' mo. 'But above all make 'em wait!' Idiot a hannar, sa
> chi'n gofyn i fi. (112–13)

Eto, mewn ffordd, meddylfryd modernaidd yw hyn, gan fod
metaffuglen ei hun yn rhoi mwy o bwyslais ar beidio â datgelu o
gwbl, a'r gweithiau yn aml yn anwybyddu dyhead y darllenydd
am gael diweddglo cryno a thaclus, gan nad yw hynny yn y pen
draw yn ddim ond confensiwn. Y nofel ôl-fodern fwyaf nodedig
am gwestiynu'r confensiwn hwn yw *The French Lieutenant's Woman*
gan John Fowles, a'r tri diweddglo ar wahân yn gwneud i'r

darllenydd sylweddoli pa mor wneuthuredig yw diweddgloeon crwn. Yn wir, ceir rhai gweithiau yn parodïo diweddgloeon realaeth drwy glymu pob llinyn yn ormodol daclus – megis yn *The White Hotel* gan D. M. Thomas, lle mae hyd yn oed y gath golledig yn dod adref[31] – ac yn wir fe gyhuddwyd *Dirgel Ddyn* o ordaclusrwydd ar y diwedd wrth i Mr Cadwaladr sicrhau fod ei holl gydnabyddion yn cael arian, megis beirniadaeth Jane Edwards ar y Fedal Ryddiaith yn Eisteddfod Genedlaethol 1993.[32] Mae'r defnydd o ddiwedd anorffenedig er mwyn amlygu i'r darllenydd sut y mae ef neu hi yn *disgwyl* i bopeth ddisgyn i'w le yn daclus yn y diwedd i'w ganfod yn *Y Pla* yn ogystal, fel yr esbonia Ioan Williams:

> Mae'n amlwg bod Wil Roberts am i'w ddarllenwyr ddysgu rhywbeth am y profiad o ddiodde' siom a rhwystredigaeth chwilfrydedd.
> Dyden ni ddim yn cael gwybod pwy yw'r dyn sy'n dod 'nôl i Ddolbenmaen ar ôl dyddiau'r Pla ac yn hawlio mai ef yw arglwydd y lle. Mae'n gadael i Salah Ibn al Khatib ddiflannu i dywyllwch y goedwig i grwydro am byth yn nychymyg y darllenwyr. [33]

Ond parodi ar natur nofelau realaidd o adael pawb yn gyfforddus eu byd a phob dirgelwch a phoendod wedi eu datrys – yn bennaf drwy briodas, marwolaeth ac arian yn cael ei etifeddu gan berthynas coll – yw hyn, ac ys dywed Terry Engebretsen wrth drafod nofel Kathy Acker, *Kathy Goes To Haiti*, ac sy'n wir hefyd am *Un Peth 'Di Priodi Peth Arall 'Di Byw*, 'In good postmodern fashion the novel is left unresolved'.[34] Mae'r ffaith fod *Un Peth 'Di Priodi Peth Arall 'Di Byw* yn anorffenedig yn un allweddol iawn, gan mai'r nofel yw bywyd Goronwy Jones. Mae adroddwr y sgript ddrama ar ddechrau'r nofel yn ein hatgoffa o arwyddocâd hyn yng nghyswllt bywyd ffuglennol Goronwy: 'Roedd meddwl ar ddiwedd y nofel yn boen enaid iddo, yn stwmp gwirioneddol ar ei stumog. Ni feddai Goronwy ar ddychymyg: yr unig beth a sgwennodd erioed oedd yr hyn oedd yn digwydd iddo' (8). Dyma ffuglenoldeb ôl-fodernaidd ar ei orau, sef pwysleisio nad oes gan gymeriadau fywyd 'arall' y tu allan i gloriau'r llyfr; ymdeimlad y mae Awen yn nofel Angharad Tomos, *Titrwm*, yn ei deimlo i'r byw:

> Rwy'n dechrau amau a fu inni ffurf arall erioed, ac a ydym yn bod y tu allan i'r llinellau hyn. Titrwm, ydyn ni'n fwy na geiriau ar bapur?

Ai llythrennau yn dod o bin awdur yw'r cyfan? Nes i rywun agor y clawr a'n darllen, oes yna ystyr o gwbl i'n bod? Caf ias weithiau wrth feddwl na fuon ni byw. Beth os mai dim ond cymeriad mewn stori wyf?[35]

Ansicrwydd ynglŷn â hunaniaeth

'Be wyddoch chi be ydi neb?' (11)

Mae'r pwyslais ar ffuglenoldeb yn rhan o'r amheuaeth ynglŷn â hunaniaeth sefydlog, gyda ffuglen ôl-fodern yn cyflwyno cymeriadau anghyswllt ac amhendant sy'n aml yn teimlo yn anghyfforddus neu ar goll yn y byd hwn. Mae Mr Cadwaladr yn *Dirgel Ddyn*, er enghraifft, yn ei leisio fel a ganlyn: 'Ar fy ffordd i'r dref, er gwaethaf fy ymdrech i fod yn llawen, teimlwn yn ddieithr ac yn ysgaredig oddi wrth bawb a phopeth arall, fel Catherine Deneuve yn ffilm Roman Polanski *Repulsion*.'[36] Dyma'r ansicrwydd y mae Goronwy yn ei deimlo hefyd, er enghraifft:

> 'O'n i'n darllan yn *Reader's Digest* am ryw foi ar ei ffarm yn Texas ychydig o flynyddoedd yn-dôl oedd wedi diflannu i nunlla wrth gerdded draws cae . . .' medda fi . . . 'Dwi'n teimlo run peth yn hun yn y bryf-ddinas 'ma. Bob dydd ma 'na dipyn bach chwanag ohona fi'n diflannu.' (175)

Dyma weld colli ymwybyddiaeth ddiysgog o hunaniaeth fel hanfod real a hunangynhwysol, gan yn hytrach ei ddatganoli a'i broblemeiddio; fel y dywedwyd, er enghraifft, am waith yr Americanwr, Donald Barthelme: 'And the most striking feature of all his stories . . . is the absence of the *subject*, of a stable, confident self.'[37] A chael cyfyng-gyngor â'r hunan yn wir y mae Goronwy, nid yn unig gyda'r symud i dref wahanol, i ddosbarth cymdeithasol gwahanol, ond hefyd ar ddechrau'r nofel mae'n methu dod o hyd i waith ac yn y 'rôl-rifyrsal' mae'n aros gartref i lanhau'r tŷ ac yntau wedi'i 'fagu mewn ardal lle na'r dynion sy'n gwisgo'r trowsus' (46). Mae hyn oll yn creu problemau ynglŷn â'i 'fi': 'Bob hyn-a-hyn dwi'n codi ar yn ista yn gwely a chymryd golwg iawn ar yn hun yn y gwydyr. Jest i neud siwr na fi ydw i' (16). Mae pawb o'i 'fêts' hefyd yn newid i fod yn ddosbarth canol, a'r newidiadau hyn oll yn ei fywyd sy'n peri'r ansicrwydd am ei hunaniaeth, fel y gwelir oddi wrth y drafodaeth â Siân, ei wraig:

> 'Mae'n rhaid i ni gyd newid.'
> 'Dwi 'di newid cymaint dwi'n dechra colli nabod ar yn hun!'
> me fi. (56)

Stori fer sy'n rhoi portread tebyg iawn o gymeriad yn cael cyfyng-gyngor gyda'i hunaniaeth yw stori Mihangel Morgan, 'Y Chwilen', yn ei gyfrol *Saith Pechod Marwol*. Amlygir yma hefyd nad yw hunaniaeth rydd a sefydlog yn ddim ond darlun gwneuthuredig y mae cymdeithas a'i strwythurau ffug wedi ein cyflyru i'w gredu. Ar ddechrau'r stori, mae Vic yn berson sydd wedi ei dwyllo i gredu fod ganddo reolaeth lem dros ei fywyd; mae'n ddibynnol iawn ar ddefodau ac ar arferion bychain bywyd (megis dim ond un gwpanaid o goffi ar y tro a'i holl drugareddau â 'label') sy'n creu darlun o sicrwydd ac o hunaniaeth sefydlog ac sy'n ei amddiffyn rhag sylweddoli ei ddiffyg rheolaeth ar ei dynged. Daw'r ddibyniaeth hon ar drefnusrwydd ei fywyd beunyddiol i'r amlwg wrth iddo gael ei daflu oddi ar ei echel yn sgil ei gyfarfyddiad sydyn, a byr, â'r dyn â'r siôl ar ei ben. Mae chwilfrydedd Vic yn troi'n obsesiwn llawn-amser yn cael effaith andwyol arno. Mae ei gariad yn nodi ei fod wedi newid yn syfrdanol (59), ac nid oes gan Vic reolaeth dros y merched yn y swyddfa bellach wrth iddynt barhau â'u siarad heb gymryd sylw ohono (63). Mae ei weledigaeth bersonol ef ynglŷn â bywyd hefyd yn newid:

> Roedd e'n mynd i chwilio am y dyn anffurfiedig. Ni wyddai pam ond roedd y nod hwn bellach yn bwysicach iddo na'i holl drugareddau labeledig, yn bwysicach na'i dŷ, yn bwysicach na Seraffina ac yn bwysicach na'i waith a'i gyflog hyd yn oed. (64)

Drwy wyro'r mymryn lleiaf oddi wrth ei rigol feunyddiol, mae hunaniaeth Vic yn mynd ar chwâl, gan ddangos yn glir pa mor frau yw'r cysyniad hwnnw mewn gwirionedd. Dengys hefyd pa mor ddibynnol y mae person ar y darlun o 'hunan' – rhywbeth a ystyrir yn sicrwydd diamheuol, ond o'i siglo (megis Vic yn ailgyfeirio holl bwrpas ei fywyd) fe ddadlennir nad yw; yn y pen draw, yn ddim ond cysyniad sydd wedi'i lunio.

Yn hanes Goronwy yn nofel Dafydd Huws ceir dadrithiad tebyg

wrth i hunaniaeth ein harwr hefyd gael ei siglo, er mai priodi yw'r catalydd yn ei achos ef. Ar ddechrau'r nofel cawn Goronwy yn pendroni am ei fywyd newydd, ac yma ceir ganddo'r gair 'panicio':

A fanna nesh i ddechrau panicio go iawn. O'n i wedi sylwi o'r munud gnesh i seinio'r llyfr yn festri'r capal na fysa petha byth run fath – y byswn i'n gorod newid – ond roedd nadu dyn cael lysh ar nos Sad a gneud iddo fo wrando ar ryw *Italian lovers* yn nadu y tu hwnt i jôc, doedd? (17–18)

Mae o'n cyfeirio ato'i hun yn ei stad briodasol fel 'caneri mewn caets' (64), ac yn gweld y briodas fel diwedd ar ei ryddid:

.Blaw bod Donna Bronna Balŵns wedi baglu ar slab rhydd a tynnu sylw dreifar y bys 'nw, fysa 'nhraed i'n dal yn rhydd, bysan? (241)

Hiraeth mawr ar yr hogyn am y dyddia da pan oedd 'y nhraed inna'n rhydd, ia? (130)

A'i gysyniad ef o ryddid oedd haf 1976 pan oedd 'llond yn walat o gyflog wsnos, pac o gardia yn 'y mhocad a wîc-end gyfa o 'mlaen. Duw a ŵyr lle landiwn i na pha hwyl fyswn i'n gael. Bywyd grêt, ia?'(155) Yr hyn a roddodd ymdeimlad o sicrwydd ei fyd i Goronwy oedd ei 'ryddid' i fynd i'r dafarn i gael diod, ond dim ond delfryd oedd hyn. Twyllo'i hunan yr oedd gan mai'r gwirionedd yw fod ganddo broblem â'i 'lysh': '"Ti'n gaeth iddo fe!" me Siân' (19). Yn union fel y gellid dadlau fod Mr Cadwaladr yn *Dirgel Ddyn* yn gaeth i'w freuddwyd o 'Ann Griffiths' (a'r enw yn awgrymu dibynadwyaeth ehangach ar Fethodistiaeth a chrefydd), ac fel roedd Vic yn y stori 'Y Chwilen' yn gaeth i'w ddefodau beunyddiol, felly hefyd yr oedd Goronwy yntau yn gaeth i'r boddhad yr oedd yn ei gael mewn diod. Dyfynna Goronwy Roald Dahl i geisio cyfiawnhau ei ddibynadwyaeth ar alcohol, gan fod yr awdur Saesneg wedi dweud fod whisgi yn rhoi 'faith, hope and courage' (173). Ac wrth golli'r ffydd a'r gobaith a ddaw o yfed yn drwm, ac wrth i'w gyflwr priodasol ddatguddio twyll ei ymdeimlad o hunan sefydlog drwy amharu ar ei 'rŵtin', mae'n rhaid i Goronwy chwilio mewn man arall am gysur i anghofio'i gyflwr dynol. Mae'n hynod ddadlennol fod problem impotens Goronwy yn diflannu wedi iddo gael gwaith ysgrifennu gan y Lone Ranger a hefyd pan fo'i fywyd yn dechrau llenwi â gweithredu gwleidyddol gyda Chymdeithas yr Iaith ac yn erbyn apartheid De Affrica. Mae ei brysurdeb bellach yn dechrau cuddio unrhyw ansicrwydd o'i hunaniaeth, ac yntau'n dechrau setlo i mewn i'r bywyd dosbarth canol. Fe gymerodd amser i Goronwy ddod i dderbyn system a rhigol gwahanol o lenwi bywydau gweigion ac o osod patrwm 'ystyr' newydd ar ei brofiadau – nid un o ddiota a chwarae cardiau ond yr un dosbarth-canol o drafod yr 'Ideal Home Exhibition'.

> Cael job i ffendio'i draed ar ôl priodi'n uwch na'i stad, ia. (119)

> Ella bo fi'n anniddig 'y myd, yn cael job i ddŵad i delera efo byd o'dd â'i ben i lawr ond Arglwydd bach! To'n i ddim isho colli'r fodan nag o'n? (170)

Ac yn y cyfaddefiad hwn o bwysigrwydd ei wraig yn ei fywyd dyma awgrym bychan efallai mai cariad a rydd ystyr i fywyd, cysur na chawn mohono yn y gweithiau ôl-fodern Cymraeg eraill.

Law yn llaw â'r dadrithio o'r cysyniad o hunan sefydlog, codir cwestiynau ynglŷn â'r cysyniad o dynged a rhyddid yn aml yn y gweithiau ôl-fodern, sef yr ofn fod popeth wedi ei drefnu ac nad oes dim rheolaeth gennym mewn gwirionedd. Dyna Awen yn *Titrwm*, er enghraifft, yn dymuno ailddechrau ei bywyd a'i stori, ond fe ŵyr yn iawn nad y hi sy'n ysgrifennu'r stori: 'Petai ond yn bosib inni gychwyn ar ddalen lân ac ail 'sgwennu storïau. Fedrwn i ddim, maen nhw wedi eu cyfansoddi cyn ein bod, ac nid ni sydd yn llywio'r inc. Mae ei staen, fel gwaed, yn annileadwy' (108-9). Nid cyd-ddigwyddiad yw'r ffaith fod y gweithiau hynny sydd ag ymdeimlad cryf o ffuglenoldeb hefyd yn cynnwys cyfeiriadau lu at y cysyniad o ddiffyg rhyddid a'r cwestiynu ar dynged. Mae hyn yn wir, er enghraifft, am stori Mihangel Morgan 'Y Chwilen', ac nid cyd-ddigwyddiad chwaith yw'r ffaith fod *persona* o'r awdur yn ymddangos yma hefyd yr un pryd â'r ymdeimlad cryf gan Vic fod rhywun arall yn rhedeg y sioe:

> Ofnai'i fod yn colli'i bwyll, ei fod yn mynd yn wallgof i ddechrau, ond yn fwy na hynny cawsai'r teimlad rhyfedd ei fod yn byped, neu'n gymeriad mewn stori yn hytrach, ac mai lleisiau cymeriadau eraill yn y stori honno oedd lleisiau'r ysgrifenyddesau y bu'n gwrando

arnynt, fel petai rhyw lenor ar ryw lefel arall yn ysgrifennu'r cyfan ar ei fympwy. Teimlai nad oedd ganddo reolaeth dros ei symudiadau na'i dynged, a bod y cyfan yn dibynnu ar y llenor. (64)

'Rhyddid' yw'r gair a ailadroddir eto yn y stori, ond yn eironig iawn gwneir hynny bron ar yr un gwynt â sôn am 'gynllun yr awdur' (64), ac mae presenoldeb gweledol yr awdur yn ymddangosiad *persona* Mihangel Morgan yn y caffe yn dad-wneud holl sicrwydd Vic ei fod yn 'rhydd'. Adlewyrcha holl amheuaeth Vic gred ôl-foderniaeth mai myth a grëwyd oedd y cysyniad a bortreedir gan realaeth o 'hunan' fel unigolyn unigryw y mae ei dynged, ei feddyliau a'i gredoau yn rhyddid dilyffethair: 'Efallai bod Seraffina yn iawn wedi'r cyfan a'i fod wedi breuddwydio am y dyn, neu ai ei ddychmygu a wnaeth e – neu ynteu ai syniad a blannwyd yn ei ben gan y llenor ydoedd?' (70)

Yn yr un modd, mae'r sylwadau bychain yn *Un Peth 'Di Priodi Peth Arall 'Di Byw* sy'n atgyfnerthu rôl 'allanol' ac awdurdodol y Lone Ranger ym *mhersona*'r awdur, oll yn codi'r cwestiwn ynglŷn â rhyddid Goronwy. Megis, er enghraifft, yn nheitlau rhai o'r penodau: 'Denig rhag ei dynged', 'Caethiwed' a 'Does dim pris ar ryddid'. Cyflwynir ni i'r thema hon o ryddid yn y bennod gyntaf un, gyda'r geiriau poenus o wir ar dudalen gyntaf un y nofel wrth i adroddwr anhysbys yn y trydydd person drafod Goronwy: 'Roedd wedi dechrau poeni o ddifri yn ddiweddar ynglŷn â'i allu i reoli dim ar ei fywyd ei hun' (7). Ymhellach, wrth aros i'w basport gael ei archwilio yn y maes awyr, dawnsia gŵr ifanc o Ddwyrain yr Almaen heibio gan weiddi'n hapus: ' "You are so free!" meddai wrth y Cofi Gwalltgoch. "You are so free!" ' (10) Ac mae ateb Goronwy dan ei wynt, 'Dyna be wyt ti'n feddwl,' yn dadlennu cyfrolau, yn enwedig gan ei fod yn syllu ar y llawysgrif yn ei gês – sef hanes ei fywyd – ar yr un pryd. Ar ôl y cyfarfyddiad â'r Lone Ranger, a'i fyd yn troi er gwell, dyma a ddywed Goronwy: ' "Gneud i chdi feddwl bo 'na rywun i fyny fanna'n edrach ar yn hola ni yndi?" me fi' (118). Ond anarferol tu hwnt yw'r ymdeimlad hwn fod y 'rhywun i fyny fanna' yn un clên; mae pesimistiaeth mewn bywyd ymddangosiadol ddibwrpas yn rhoi brawddegau fel a ganlyn inni yn llawer amlach: 'O'n i'n dechra meddwl bo 'na ryw jincs arna fi, ryw fath o Wembley Voodoo ne rwbath' (232). Ac eto:

'Pwy bynnag grëws y byd 'ma,' medda Stan Crossroads yn y New Ely stalwm, 'alle fe byth a chreu rhech mewn ffatri bys!'

A mi oedd 'na adag pan fyswn i'n cytuno i'r carn efo fo. Ar hyd 'y mywyd gesh i ddim byd ond un siom ar ôl y llall. Un munud 'dach chi'n canu 'Mae'r darnau yn syrthio i'w lle' efo Dafydd Iwan yn Clwb Tan Bont a'r munud nesa ma'r jig-so i gyd ar lawr achos bod ryw ddiawl wedi ysgwyd ych bwr' chi. Pan fydda i yn y felan – bob nos Sul fel arfar – fydda i'n teimlo i'r byw bod 'na rwbath i fyny fancw sy'n barod i wllwng llond trol o gachu ar ych pen chi bob tro ceith o jans. (26)

Sylwodd ei dad-yng-nghyfraith, sef Seimon fab Jona, hefyd ar yr ymdeimlad hwn yng ngwaith Goronwy, gan ofyn iddo a oedd wedi darllen Kafka gan ddatgan fod ei storïau 'yn dangos cymhlethdod erledigaeth go arw' (218).[38] Mae'r ymdeimlad tebyg o ffuglenoldeb a geir gan brif gymeriad nofel Kurt Vonnegut, *Breakfast of Champions* (1975), sef Kilgore Trout, yn cael ei sianelu i'r un cyfeiriad, sef bod awdur yn rheoli'r cwbl: ' "all I can think of is that I'm a character in a book by somebody who wants to write about somebody who suffers all the time" ' (241). Anesmwythyd ynglŷn â bod yn gaeth oddi fewn i drefniant rhywun arall neu oddi fewn i systemau na ellir dianc ohonynt yw hyn. Ei eithafrwydd, wrth gwrs, yw caethiwed oddi fewn i iaith – sef tynged unrhyw gymeriad mewn llyfr, fel y teimla Goronwy ei hun: 'cwbwl dwi'n neud ydi deud hi fel doth hi ond os nag oes gynnoch chi hawl i ddewis ych geiria, faint o blydi rhyddid sgin ddyn druan ar ôl?' (248)

Mise-en-abyme hynod ddyfeisgar yn wir yw fod perthynas Goronwy â'i fywyd personol – yn garwriaethol, â'i wraig a chyda'i broblem o geisio uniaethu â diwylliant Caerdydd – yn cael ei hadlewyrchu yn ei waith creadigol (yn ei berthynas â'r Lone Ranger, y problemau o greu'r gwaith a'i dderbyniad terfynol). Nid yn unig y mae 'rhyddid' Goronwy yn y fantol yn sgil ei briodas (fel y dyfynnwyd eisoes) ond mae rôl y Lone Ranger hefyd yn adlewyrchiad o'i gaethiwed. Yn y lle cyntaf, cafwyd yr awgrym gan y Lone Ranger o'i ran hollol weithredol ef yn y stori ac ym mywyd Goronwy (sy'n nodi diffyg rheolaeth Goronwy ei hun ar ei fywyd): 'Penderfynais ymyrryd. Penderfynais y dylai'n llwybrau gwrdd unwaith yn rhagor: roedd hi'n bosib y gallwn ei helpu' (111). Amlygir yr awdurdod hwn gan y Lone Ranger ymhellach fyth drwy chwarae â'r cysyniad traddodiadol fod cymeriadau'n rheoli eu gweithredoedd eu hunain, fel y ceisia'r Lone Ranger daflu'r llwch i'n llygaid:

Yr oedd Goronwy, chwedl hithau, yn hapusach o'r hanner erbyn hyn ynglŷn â'i ryddhau. Efe o'i ben a'i bastwn ei hunan oedd wedi mynnu mynd i Sbaen: beth, wedi'r cwbwl, oedd yr ots am ddiweddglo nofel ag yntau eisoes wedi setlo ei dynged ei hun? (254)

Ond gwyddom yn iawn nad Goronwy sydd â'r gair olaf ynglŷn â'i dynged o bell ffordd, a geiriau'r Lone Ranger fel petaent yn barodi ar eiriau Eigra Lewis Roberts ynglŷn â rôl yr awdur yn ei herthygl 'Creu Nofel': 'Dylai allu sefyll o'r tu allan gan adael i'w gymeriadau eu hachub neu eu collfarnu eu hunain drwy eu geiriau a'u gweithredoedd.'[39] Fe'n hatgoffir yma eto am nofel John Fowles, *The French Lieutenant's Woman*, ac yn enwedig am y drydedd bennod ar ddeg enwog lle cawn yr adroddwr yn ymson ynglŷn â'i rôl ef a rôl ei brif gymeriad, Charles, a'i eiriau yn hynod o debyg i rai'r Lone Ranger:

It is not only that he has begun to gain an autonomy; I must respect it, and disrespect all my quasi-divine plans for him, if I wish him to be real . . .

The novelist is still a god, since he creates . . .; what has changed is that we are no longer the gods of the Victorian image, omniscient and decreeing; but in the new theological image, with freedom our new principle, not authority.[40]

A gellir ystyried y dyfyniad am Goronwy yn mynd i Sbaen dan yr un golau â'r hyn a ddywedodd Mahmoud Salami wrth drafod y cymeriad Sarah o nofel John Fowles: 'But her freedom is illusory because we already know that the narrator himself is the one who *allows* this freedom to exist.'[41] Cymharodd John Fowles yr awdur â Duw uchod, a cheir awgrym tebyg mewn trafodaeth fer rhwng Goronwy a Ben yn *Un Peth 'Di Priodi Peth Arall 'Di Byw*. Mae'r cyfeirio a'r chwarae ar ddwy lefel – sef cymharu'r awdur a'i gymeriadau â Duw a'r byd – yn ddadlennol tu hwnt:

'Wel, 'na fe,' medda Ben. 'Sneb o ni'n gwbod be sy o'n blaene ni, twel. Dibynnu be sy wedi sgwennu yn y Dwyfol Lyfyr Mawr, on' dyw e?'

'Pwy lyfr mowr?' me fi.

'Syniad yw e,' medda Ben. 'Bod y *sgript* wedi'i sgwennu cyn bo ni'n neud dim byd.'

'Gin pwy 'lly?'

'Wel, gan y *Creawdwr*, yndefe?' (245; fy mhwyslais i.)

Mae amwyster y gair 'Creawdwr' gan Ben Bach yn fendigedig, ac mae'n syniad sy'n cyfateb i'r hyn a ddywed Patricia Waugh wrth drafod Muriel Spark, awdures sydd â rhyddid ei chymeriadau yn thema gyson iawn ganddi hithau hefyd: 'For Spark, freedom is limited to self-conscious role-playing because in fiction characters are trapped within the novelist's script, and in "reality" people are part of the book written by the hand of God.'[42] Atseinia'r gair 'sgript' union eiriau'r Lone Ranger ynglŷn â'i rôl ef yn gynharach yn y nofel, sydd eto'n codi'r cwestiwn ai golygydd yn unig yw'r Lone Ranger: '"Yli, Gron," mo. "Gad i mi roid 'y nghardia i gyd ar bwr'. Fyswn i wrth 'y modd cydweithio efo chdi. Chdi'n sgwennu'r straeon – fi'n sgwennu'r sgript. Be ti'n ddeud?"' (123) Gellir codi amheuaeth bellach am rôl y Lone Ranger yn y nofel drwy gyfeirio at eiriau Ambrose o'r nofel *Melog* gan Mihangel Morgan lle mae'r gair 'sgript' eto yn hollbwysig:

> Dwi'n gwpod beth mae pobl yn mynd i'w weud cyn iddyn nhw'i weud e. Wel, mae'n hawdd neud. Ry'n ni i gyd yn darllen sgriptiau'r Duw yn yr awyr, ry'n ni i gyd yn llefaru geiriau Esperanteg y Llenor Mawr yn y Nef.[43]

Mae rôl y Lone Ranger felly yn un sydd fel petai'n adlewyrchu rôl y 'Llenor Mawr yn y Nef'. Yn wir mae'r thema hon o gwestiynu rheolaeth dyn ar ei dynged – neu ei ddiffyg – yn un nodweddiadol ôl-fodern, ac fe'i ceir hefyd yn y nofel *Bingo!* gan Wiliam Owen Roberts. Dyma, er enghraifft, eiriau Branwen Jarvis yn ei hadolygiad o'r nofel wrth iddi drafod bywyd y prif gymeriad dienw:

> Digwyddiadau ydynt nad oes ganddo yn y pen draw reolaeth drostynt. Ond fel arfer mewn ffars, er gwaetha'r ymdeimlad a geir o ddiffyg rheolaeth dyn ar yr hyn sy'n digwydd iddo, ceir gollyngdod mewn doniolwch a chwerthin.[44]

A thra nad yw nofel gyntaf Wiliam Owen Roberts yn caniatáu'r fath ddihangfa, mae nofel Dafydd Huws ar y llaw arall yn sicr yn rhoi 'gollyngdod mewn doniolwch a chwerthin'.

Nodiadau

1. Dafydd Huws, *Dyddiadur Dyn Dwad* (Pen-y-Groes, 1978).
2. Dafydd Huws, *Un Peth 'Di Priodi Peth Arall 'Di Byw: Nofel Goronwy Jones* (Talybont, 1990).
3. Siôn Eirian, *Bob yn y Ddinas* (Llandysul, 1979).
4. Hefin Wyn, *Bodio* (Llandysul, 1979).
5. Wil Roberts, *Bingo!* (Pen-y-Groes, 1985).
6. Twm Miall, *Cyw Haul* (Talybont, 1988); *Cyw Dôl* (Talybont, 1990).
7. Enid Jones, 'Y Ddelwedd o Gymru yn y Nofel Gymraeg o Ddechrau'r Chwedegau hyd at 1990', Traethawd Ph.D. Prifysgol Cymru, Aberystwyth, 1997, 394ff.
8. C. P. Magill, *German Literature* (Oxford, 1974), 150.
9. Meg Elis, 'Dyrnu ar Ddrws Caeëdig', adolygiad ar *Un Peth 'Di Priodi Peth Arall 'Di Byw*, *Barn* (Rhagfyr/Ionawr 1990/1991), 83. Ceir adolygiadau eraill ar y nofel gan John Rowlands, yn *Llais Llyfrau* (Gaeaf 1990), 11–12, a Marcel Williams, yn *Golwg* (6 Medi 1990), 23. Gw. hefyd Martin Huws, 'Dyn Dwad ac Athro'n Mynd', *Golwg* (14 Medi 1989), 20.
10. Jeremy Hawthorn, *A Concise Glossary of Contemporary Literary Theory* (London, 1992), 110.
11. Ioan Williams, 'Holi David Lodge', *Taliesin* (Haf 1993), 80.
12. Vladimir Nabokov, *Pale Fire* (London, 1962), 261.
13. Jane Aaron, 'Darllen yn Groes i'r Drefn', yn John Rowlands (gol.) *Sglefrio ar Eiriau* (Llandysul, 1992), 65.
14. Robin Llywelyn, *Seren Wen ar Gefndir Gwyn* (Llandysul, 1992), 36.
15. Linda Hutcheon, *Narcissistic Narrative: the Metafictional Paradox* (New York & London, 1980), 101.
16. John Fowles, *The French Lieutenant's Woman*, argraffiad cyntaf 1969, argraffiad Triad & Granada (London, 1981), 348.
17. Brian McHale, *Postmodernist Fiction* (London & New York, 1987), 213.
18. Kurt Vonnegut, *Breakfast of Champions* (London, 1973).
19. Alasdair Gray, *Lanark: A Life in Four Books*, argraffiad cyntaf 1981, argraffiad Picador (London, 1985).
20. Mihangel Morgan 'Y Chwilen' yn y gyfrol *Saith Pechod Marwol* (Talybont, 1993); 'Claddu Wncwl Jimi' yn y gyfrol *Tair Ochr y Geiniog* (Llandysul, 1996).
21. Patricia Waugh, *Metafiction: the Theory and Practice of Self-Conscious Fiction* (London & New York, 1984), 134.
22. Shari Benstock, 'At the Margin of Discourse: Footnotes in the Fictional Text', *PMLA* 98, 2 (March 1983), 205.
23. Inger Christensen, *The Meaning of Metafiction* (Bergen, 1981), 16.
24. Gareth Miles, *Trefaelog* (Caernarfon, 1989).
25. William Vollman, *You Bright and Risen Angels* (London, 1988).
26. John Barth, *Giles Goat-Boy* (London, 1966).
27. Jeremy Hawthorn, *A Concise Glossary of Contemporary Literary Theory*, 11. (Jerome C. McGann, *A Critique of Modern Textual Criticism* (Chicago, 1983).)

[28] David Lodge, *The Art of Fiction* (London, 1992), 163.

[29] Roland Barthes, 'The Death of the Author', *Image-Music-Text* (cyfieithiad Stephen Heath) (London, 1977), 145.

[30] Shlomith Rimmon-Kenan, *Narrative Fiction: Contemporary Poetics* (London, 1983), 94.

[31] D. M. Thomas, *The White Hotel* (Harmondsworth, 1981; argraffiad 1983).

[32] Jane Edwards, Beirniadaeth y Fedal Ryddiaith yn *Cyfansoddiadau a Beirniadaethau Eisteddfod Genedlaethol Cymru, De Powys: Llanelwedd* (Llys yr Eisteddfod, 1993), 99.

[33] Ioan Williams, 'Y Pla yn Lledu', adolygiad ar *Pestilence* yn *Golwg* (2 Mai 1991), 20.

[34] Terry Engebretsen, 'Primitivism and Postmodernism in Kathy Acker's *Kathy Goes to Haiti*', *Studies in the Humanities* 21, 2 (December 1994), 117.

[35] Angharad Tomos, *Titrwm* (Talybont, 1994), 145.

[36] Mihangel Morgan, *Dirgel Ddyn* (Llandysul, 1993), 16.

[37] Maurice Coutier & Regis Durand, *Donald Barthelme* (New York, 1982), 33.

[38] O roi'r dyfyniad yn llawn ehangir y cyd-destun a'n hatgoffa o awgrym Ben Bach fod impotens Goronwy'n cyfeirio at gyflwr y genedl – y tro hwn cymherir 'rhyddid' Goronwy â chyflwr Cymru: '"Mae'r ddwy stori hyn yn dangos cymhlethdod erledigaeth go arw," mo. "Chi'n uniaethu gyda chyflwr y genedl. Chi'n gaeth. Chi dan warchae. Chi'n cael ych sarhau. Chi ar ffo. Chi'n cael ych erlid am ych daliadau. Chi *yw* Cymru Sydd!"' (218).

[39] Eigra Lewis Roberts, 'Creu Nofel', yn Geraint Bowen (gol.) *Ysgrifennu Creadigol* (Llandysul, 1972), 69.

[40] John Fowles, *The French Lieutenant's Woman*, 86.

[41] Mahmoud Salami, *John Fowles's Fiction and the Poetics of Postmodernism* (London & Toronto, 1992), 118.

[42] Patricia Waugh, *Metafiction*, 119.

[43] Mihangel Morgan, *Melog* (Llandysul, 1997), 182.

[44] Branwen Jarvis, adolygiad ar *Bingo!* yn *Llais Llyfrau* (Haf 1985), 12.

5

Y Dychymyg Dilechdidol: Ffuglen Gareth Miles[1]

JERRY HUNTER

Ar 23 Medi 1997 anerchwyd Undeb yr Annibynwyr Cymraeg gan awdur o Farcsydd. Pregethodd 'Yr Efengyl yn ôl Marx' i'r gynull-eidfa Gristnogol, gan ddyfynnu rhai o adnodau mwyaf adnabyddus yr ysgrythur honno, megis 'dyn sy'n gwneud crefydd' ac 'opiwm y werin-bobl ydyw [crefydd]'.[2] Ond nid ymosod ar y traddodiad Cristnogol Cymreig oedd ei fwriad y diwrnod hwnnw. Talodd deyrnged i'r grym diwylliannol a oedd gan Ymneilltuaeth yng Nghymru yn ystod ei blentyndod:

> Nid wyf yn meddwl y buaswn yn awdur proffesiynol oni bai am arholiadau llafar ac ysgrifenedig Henaduriaeth Sir Gaernarfon, Eglwys Bresbyteraidd Cymru. Er na fuaswn wedi cyfaddef hynny wrth fy nghyfoedion, dros fy nghrogi, byddwn yn mwynhau dysgu adnodau soniarus, annealladwy, ac ymdrwytho yn yr Ysgrythurau.[3]

Aeth ymlaen wedyn i ddisgrifio'r boddhad a gafodd yn ddiweddar drwy gydweithio â'r mudiad Cymorth Cristnogol. Gorffennodd ei anerchiad drwy dynnu sylw at y tir cyffredin sydd gan sosialwyr anffyddiol a llawer o Gristnogion yng Nghymru a thrwy annog Cristnogion i ymuno ag ef a'i debyg i 'gydweithio yn yr un mud-iad, er mwyn trawsnewid cymdeithas o'r bôn i'r brig'.[4]

Mae'n debyg i ambell un a oedd yn y gynulleidfa honno gael sioc.

Gareth Miles oedd y Marcsydd hwn, dramodydd ac ymgyrchydd gwleidyddol a enillasai enw iddo'i hun fel sosialydd digymrod-edd. (Cyd-)awdur *Sosialaeth i'r Cymry*,[5] sef maniffesto Mudiad Gweriniaethwyr Cymru a *Cymru Rydd, Cymru Gymraeg, Cymru Sosialaidd*.[6] Hwnnw oedd yn talu teyrnged i'r traddodiad Crist-nogol Cymreig ac yn erfyn ar y capeli i ymuno â mudiadau sosialaidd ar drothwy dyfodiad y Cynulliad.

Ac mae'n debyg i rai aelodau o'r gynulleidfa honno gasglu fod y Marcsydd yn dechrau dofi, ei fod wedi glastwreiddio'i ddaliadau gan glosio at garfan o bobl y buasai'n eu gweld yn ideolegol atgas mewn dyddiadau cynharach. Ond gellid dehongli anerchiad Gareth Miles mewn modd gwahanol, sef ymdrech i roi cysyniad Marcsaidd ar waith: yr hyn a gynigiodd Gareth Miles i Undeb yr Annibynwyr oedd gwahoddiad i ymuno mewn proses ddilech-didol.

Mae dilechdid neu ddialecteg – *dialectics* – yn gysyniad Marcs-aidd ag iddo linach hir a chymhleth. Hanfod Marcsiaeth yw'r modd y dehonglir hanes a chymdeithas, y daliad mai'r gwrthdaro rhwng buddiannau gwahanol ddosbarthiadau cymdeithasol yw'r hyn sy'n ffurfio hanes a chymdeithas. Yn ôl Karl Marx a Friedrich Engels, strwythur *dilechdidol* sydd i hanes a chymdeithas; hynny yw, mae'r grymoedd sy'n eu ffurfio yn ddeinamig ac yn ymrafael â'i gilydd.[7] Eithr nid Marx ac Engels oedd y meddylwyr cyntaf i ddefnyddio'r cysyniad. Dyma'r modd y mae Marcsydd arall o Gymro, Raymond Williams, yn olrhain y llinach athronyddol:

For Kant, dialectical criticism showed the mutually contradictory character of the principles of knowledge when these were extended to metaphysical realities. For Hegel, such contradictions were sur-passed, both in thought and in the world-history which was its objective character, in a higher and unified truth: the dialectical pro-cess was then the continual unification of opposites, in the complex relation of parts to a whole. A version of this process – the famous triad of thesis, antithesis and synthesis – was given by Fichte. It was then in Marxism that the sense of dialectic to indicate a progressive unification through the contradiction of opposites was given a specific reference in what Engels called dialectical materialism.[8]

Gellir gweld y broses ddilechdidol fel modd o weithio *thesis* a'i *antithesis* yn erbyn ei gilydd mewn ymrafael adeiladol sy'n cyn-hyrchu'r *synthesis*. Ond fel y noda Raymond Williams, mae rhai theorïwyr yn gweld y broses yn fwy cymhleth, fel ymdrech i ganfod cydfodolaeth grymoedd gwrthwyneb heb ddileu'r naill na'r llall gan gydnabod fod dau rym sy'n ymrafael â'i gilydd ill dau yn cynnwys elfen o wirionedd.[9] Felly, wrth ddweud fod y Marcsydd anffyddiol Gareth Miles yn cynnig cydweithio â'i gydwladwyr Cristnogol mewn dull dilechdidol, yr awgrym yw hyn: mae'n cydnabod gwirionedd a gwerth cymdeithasol rhai agweddau ar rymoedd sydd yn wrthwyneb i rai o'r daliadau y mae ef yn eu gweld fel gwironeddau cymdeithasol. Ac wrth gwrs, nid y theori ond yr arfer ohoni oedd ganddo dan sylw yn ei anerchiad; cydweithio oedd ei nod, ymgyrraedd at ryw fath o synthesis adeiladol a fydd yn rym gwleidyddol positif yng Nghymru'r dyfodol.

Mae'r broses ddilechdidol hefyd yn chwarae rhan bwysig yn unig nofel Gareth Miles, *Trefaelog* (1989).[10] Fel y nododd John Rowlands, mae'r nofel hon yn '[c]ynnig dehongliad o Gymreictod diwedd yr ugeinfed ganrif'.[11] Mae'r nofel yn gyfrwng iddo ddehongli'r gwahanol weddau ar Gymreictod cyfoes gan archwilio hefyd y ffactorau hanesyddol sydd wedi ffurfio hunaniaeth gymhleth y Cymry. Rhydd Gareth Miles bortread o blethwaith ideolegol deinamig sy'n cynnwys grym diwylliannol Ymneilltuaeth, agweddau ceidwadol ar genedlaetholdeb Cymreig a sosialaeth.

Mae prif gymeriad y nofel, Gerwyn Ifan, yn ymgorfforiad o'r broses ddilechdidol; mae wedi'i eni i deulu sy'n ieuo Ymneilltuaeth a sosialaeth ac mae wedi'i dynghedu i gyfryngu rhwng gweddau ceidwadol ar genedlaetholdeb Cymreig a daliadau asgellchwith ar hyd ei oes. Disgrifir taid Gerwyn fel 'chwarelwr o sosialydd duwiol a garai holl lith y *Northern Star*, y *Daily Herald* a'r *Reynolds News* . . . yn ogystal ag eiddo'r Wasg Gymraeg, yr Ysgrythurau a llên esboniadol yr Enwad'.[12] Mae'n gyfuniad o'r hen Gymru ymneilltuol a'r sosialaeth a oedd yn newydd ar y pryd; mae ganddo orwelion diwylliannol a gwleidyddol sydd wedi'u ffurfio gan gydweithrediad y ddau rym. A thynged tad Gerwyn fu iddo berffeithio ideoleg y taid: 'troes sosialaeth gyntefig, foesolegol Arfon yn arf miniog, hyblyg er deall hanes a dadansoddi cymdeithas.'[13] O'r llinach hon y daw Gerwyn Ifan, arwr y nofel; mae'n etifedd i ddau draddodiad, yn ffrwyth ieuad rhwng diwylliant capelgar gogledd Cymru a sosialaeth danbaid.

Bildungsroman ideolegol yw *Trefaelog*; mae'n dilyn datblygiad Gerwyn Ifan wrth iddo ymrafael mewn gwahanol ffyrdd â gwahanol agweddau ar Gymreictod a chenedlaetholdeb. Fel y dywed John Rowlands, dehongli Cymreictod cyfoes yn anad dim yw'r hyn a wna Gareth Miles yn y nofel. Ac yn hynny o beth, nid yw'r nofel yn sylfaenol wahanol i lawer o weithiau eraill ganddo. Mae'n debyg mai fel dramodydd yr adwaenir Gareth Miles yn bennaf, a cheir adleisiau clir o'i ddramâu yn ei nofel. Ar y lefel arddulliol, mae'n ddramodydd ag iddo glust am dafodiaith a rhythmau sgwrs bob dydd, sgìl sy'n esgor ar ddeialog afaelgar yn y nofel. Ac ar y lefel thematig, mae portreadu'r ymrafael rhwng gwahanol weddau ar genedlaetholdeb yn nodweddu'i ddramâu hefyd. Er enghraifft, yn *Diwedd y Saithdegau* (1983) mae methiant Refferendwm 1979 yn gefnlen hanesyddol i'r dramodydd archwilio hunaniaeth wleidyddol ei gymeriadau yn ei herbyn:

> Gwenda: Wt ti'n siarad fel Tori.
> John: Cenedlaetholwr ydw i. Mi wyddos di hynny.
> Gwenda: Cenedlaetholwr Torïaidd ar y naw.
> John: Cenedlaetholwr sy'n cal i siomi'n amal iawn gin 'i
>   gydwladwyr – run fath â chdi.[14]

Nid *Trefaelog* oedd cyrch cyntaf Gareth Miles i fyd ysgrifennu creadigol y tu allan i faes y ddrama lwyfan. Dechreuodd dorri'i ddannedd llenyddol yn rhifynnau cynnar *Tafod y Ddraig*. Mewn cyfraniadau i'r *Tafod* megis 'Llythyrau'r Cwîn' yr amlygodd ei allu i ysgrifennu dychan miniog a ffraeth am y tro cyntaf. Mae ei gyfrol gyntaf o straeon byrion, *Cymru ar Wasgar* (1974), yn arddangos datblygiad y cyfuniad hwnnw o hiwmor a gwleidyddiaeth.[15] Fel y mae teitlau rhai o'r straeon hyn yn awgrymu – 'Cymro ar Wasgar', 'Paham yr wyf i'n Aelod o Blaid Cymru' – roedd Gareth Miles wrthi'n barod yn dehongli Cymreictod a chenedlaetholdeb ar ffurf ffuglennol.

Dengys y gyfrol gynnar hon un broblem a gafodd sosialaeth Gymreig wrth dorri ei dannedd. Clawr y llyfr yw cartŵn sy'n dangos merch ifanc nad yw'n gwisgo dim ond ei dillad isaf yn gwahodd rhyw ddyn i mewn i'w thŷ o'r stryd – darlun, mae'n debyg, o'r puteindy a ddisgrifir yn narn cyntaf y gyfrol, 'Stori Cen'. Atgyfnerthir y ddelwedd weledol hon gan dudalennau olaf y llyfr sy'n hysbysebu llyfryn gan Gareth Miles ac Elwyn Ioan, *Pelydr Ll*. Yna ceir cartŵn a ddarlunia ferch ifanc siapus yn gwisgo dillad isaf du; mae hi wedi'i chlymu ac mae'n syllu'n syn ar blismon sy'n ei chyfarch fel 'Nyrs Blodeuwedd!' A hynny mewn cyfrol y mae broliant ei chlawr yn tynnu sylw at ddaliadau sosialaidd ei hawdur: Cymru Rydd, Cymru Gymraeg, Cymru Sosialaidd . . . Cymru Rywiaethol! A bod yn deg â'r awdur, dylid pwysleisio'r cyd-destun hanesyddol a nodi fod hyn yn gwbl nodweddiadol o'r oes. Er nad yw lledaenu delweddau o ferched y gellid eu disgwyl mewn ffilmiau *Carry On* tra'n hyrwyddo agenda sosialaidd yn ddim amgenach na rhagrith amlwg heddiw, nodweddid y chwith yng Nghymru – ac ym Mhrydain – yn y 1960au a'r 1970au gan ddallineb paradocsaidd i'r fath ragrith.

Yn ffodus ddigon, ffotograff o'r awdur yn unig a geir ar glawr ei ail gasgliad o straeon byrion, *Treffin* (1979).[16] Mae'r straeon hyn yn canolbwyntio ar yr un grŵp o gymeriadau, pedwar cenedlaeth-olwr ifanc sydd yn rhannu tŷ mewn tref ffuglennol ddiwedd y 1960au. Yn nhyb cyhoeddwyr y gyfrol, Gwasg y Lolfa, roedd digon o debygrwydd a chysondeb rhwng y straeon unigol i farchnata'r gyfrol fel nofel.[17] Mae'r enw Treffin yn dra ystyrlon; tref-ar-y-ffin yw lleoliad y straeon hyn. Mae Elwyn, Islwyn, Dafydd a Morus yn byw ar y ffin rhwng Cymru a Lloegr; maent hefyd yn byw ar y ffin rhwng yr hen Gymru a'r Gymru newydd.

Gwelir hyn yn glir iawn yn 'Teulu Bach Nant Oer', stori gyntaf y gyfrol (neu bennod gyntaf y nofel, o dderbyn ystryw farchnata'r Lolfa). Digwyddiad cyffredin a chredadwy yw craidd y stori hon – 'gwrthdrawiad' tenantiaid a'u landledi.[18] Ond dyfais yw'r ymrafael oesol rhwng landlord a thenant, cyfrwng i drafod yr ymrafael rhwng dwy genhedlaeth a dau fydolwg oddi mewn i'r Gymru Gymraeg. Mae'r cyd-letýwyr a'u landledi, Mrs Oliver, i gyd yn wreiddiol o Sir Gaernarfon, ac felly er ei bod wedi'i lleoli yn 'Nhreffin' mae'r stori hon yn trafod y gwrthdaro rhwng yr hen a'r newydd oddi mewn i ffiniau diwylliannol gogledd-orllewin Cymru. Yn y darlun o'r hen gapelwraig ariangar ceir portread dychanol o ragrith a methdaliad moesol. Er mwyn ceisio ei dar-bwyllo i drwsio to'r tŷ mae'r pedwar Cymro ifanc yn ysgrifennu llythyr miniog ati:

> rhoesoch addewid pendant y câi'r to ei atgyweirio 'yn o fuan rwan'. Trist yw gorfod cofnodi na chadwyd yr addewid hon, yn enwedig gan fod yr un a'i gwnaeth yn aelod mor amlwg o un o gapeli'r ardal. Os mai dyma beth yw Cristnogaeth – torri addewidion a gorfodi'r tenantiaid i fyw mewn amgylchiadau nad ydynt yn deilwng o

anifeiliaid, yna nid yw'n syn fod cymaint o sôn y dyddiau hyn fod crefydd ar drai.[19]

Caiff Mrs Oliver hithau siom mai *Cymry* sydd yn rhoi'r fath drafferth iddi. Dywed yn ei syndod fod y pedwar wedi rhoi problemau iddi na chafodd eu tebyg gan ei lojars eraill dros y blynyddoedd, a hynny er ei bod hi wedi lletya 'Seuson, Gwyddelod, Blacs, pob siort'.[20]

Er ymdrin â gwahanol weddau ar Gymreictod a'r gwrthdaro rhwng gwahanol genedlaethau, stori ddoniol yw 'Teulu Bach Nant Oer' yn anad dim. Mae Mrs Oliver yn greadigaeth ddigrif wych; mae'n chwarae'r hen ddynes eiddil a'r deigres ariangar bob yn ail. Mae ymddygiad y pedwar yn destun hiwmor hefyd wrth iddynt hwythau bendilio rhwng eu hymddygiad ffwrdd-â-hi-a-thynnu-coes arferol a'u hymdrechion i ymbarchuso yng ngŵydd Mrs Oliver.

Cymysgu hiwmor ysgafn â thrafodaeth feirniadol ar 'yr hen ffordd Gymreig o fyw' – dyna a geir yn straeon *Treffin*. Mae 'Y Tad a'r Mab' – fel y mae'r teitl yn ei awgrymu – yn edrych o'r chwith ar y berthynas rhwng y cenedlaethau. Drwy hap a damwain caiff y Cymry ifainc ddatgelu rhagrith yr hen do unwaith eto wrth ddysgu fod tad parchus un o'i gyfeillion, y Prifardd Berwyn Jones, yn dipyn o ferchetwr. Cyfrwng y sylweddoliad yw gêm y maent yn ei chwarae: aros dros nos mewn gwesty a meddwi'n rhacs dan ffugenwau megis W. J. Gruffydd, Gwynfor Evans a Saunders Lewis. Mae'n fformiwla am hwyl eithaf diniwed wrth i dafarnwyr diarwybod ddweud pethau fel:

> Your friend, Mr. Saunders Lewis must have had a hell of a night last night . . . He's looking absolutely ghastly, and he seems to think his name is David Pugh.[21]

Mewn modd tebyg, mae'r stori 'Hen Wynebau' yn dychanu parchusrwydd traddodiadol Gymreig. Datgelir tua diwedd y stori fod Haydn Wyn Davies, 'offeiriad yn yr Eglwys yng Nghymru', yn siarlatan sydd wedi bod yn dwyn arian pawb.[22] Mae'n werth nodi fod y cymeriad hwn yn fraslun ar gyfer y cymeriad Haydn yn *Diwedd y Saithdegau*. Yn wir, wrth gymharu *Cymru ar Wasgar* a *Treffin* â gwaith diweddaraf Gareth Miles, gwelir mai darnau prentis ydynt mewn sawl ffordd. Ar y cyfan, brasluniau yw'r straeon hyn, *sketches* sy'n dechrau archwilio'r themâu y caiff eu trafod ar ffurf fwy datblygedig mewn gweithiau fel *Diwedd y Saithdegau* a *Trefaelog*. Gellir dweud yr un peth am arddull y gweithiau; er eu bod yn ymddangos yn gymharol ddiniwed o safbwynt ei waith diweddarach, mae deialog afaelgar Gareth Miles yn gyrru'r straeon cynnar hyn yn eu blaenau gan sicrhau eu bod yn ddarllenadwy iawn.

Mae un stori, 'Cenhadon Hedd', yn wirioneddol afaelgar yn fy nhyb i, ac felly'n codi uwchlaw hwyl ysgafn gweddill y gyfrol. Fe ddaw'r heddlu i holi Dafydd am ei weithgareddau dros Gymdeithas yr Iaith Gymraeg gan geisio'i gysylltu ag Alun ap Rhisiart, aelod o'r *'Patriotic Front'*. Mae'r gwahanol weddau ar genedlaetholdeb radicalaidd yn ymgysylltu â gwrthdaro personol wrth i'r stori ddatblygu. Gan arddel 'dull di-drais' Cymdeithas yr Iaith, mae Dafydd yn ymwrthod â dulliau treisgar y *'Front'* a'r *FWA* (*Free Wales Army*). Ac oherwydd cyfuniad o'r gwahaniaeth ideolegol hwn a dulliau effeithiol yr heddlu o'i groesholi, mae Dafydd yn ildio ac yn rhoi gwybodaeth bwysig i'r heddlu. Crëir tyndra dramatig ardderchog wrth i'r darllenydd weld y delfrydwr ifanc yn gwingo, yn ysgwyd ac yn ildio yn wyneb tactegau'r awdurdodau. Dyna drobwynt dramatig cyntaf y stori.

Daw'r ail uchafbwynt wrth i Dafydd ymwroli a gwrthod tystiolaethu yn erbyn Alun yn y llys:

> 'Na i ddim tystiolaethu yn erbyn cenedlatholwyr erill mewn llys Seisnig be bynnag ydyn nhw, a be bynnag ma nhw wedi 'neud . . . Waeth be mae nhw wedi 'neud. Achos mi wn i bod Llywodraeth Lloegr wedi gneud petha gwaeth o lawar.[23]

Ac wrth gymryd ei safiad ideolegol mae Dafydd yn ei beryglu'i hun; mae'r arolygydd, John Lewis Roberts, yn bygwth mynd ag ef o flaen y llys.

Ceir y tro dramatig olaf pan ddaw cyfaill Dafydd, Morus, i'w achub. Mae Morus ychydig yn wahanol i brif gymeriadau eraill *Treffin*. Mae Dafydd a'i gyd-letywyr eraill yn athrawon ifanc sy'n wleidyddol gyfrifol (gan eu bod yn ymgyrchu dros yr Iaith ac yn y blaen) ac yn anghyfrifol yn eu bywydau personol. Ar y llaw arall, mae Morus yn hŷn ac mae'n gweithio i gwmni fferyllol; ceir yr argraff ei fod yn llai blêr na'i gyfeillion ifanc ac, fel y dywed ef ei hun, mae hefyd yn llai gweithgar yn wleidyddol. Ond oherwydd y gwahaniaethau hyn mae'n troi mewn cylchoedd cymdeithasol gwahanol, gan gynnwys cylch cymdeithasol yr arolygydd. Ac mae'n gwybod manylion personol amdano y gall eu defnyddio i'w flacmelio a sicrhau na fydd Dafydd yn cael ei ddwyn i'r llys:

> Gwranda John . . . gin i feddwl mawr o'r boi yna, a'r rhei sydd efo fo. Faswn i'n lecio tasa gin i'r gyts i neud be ma nhw'n neud, ond sgin i ddim. Ond mi wn i ma nhw sy'n iawn. Felly dwi ddim isio i ddim byd ddigwydd iddyn nhw, yn enwedig hwn yn fan hyn, sy'n fêt arbennig. Ffeins, wsnos ne ddwy, ne fis yn y clinc, – O.K. – ond dim byd mawr. Ti'n dalld.[24]

Cynhwysa 'Cenhadon Hedd' ddyfnder a chymhlethdod nas ceir yn y straeon eraill. Rhydd inni gip ar y delfrydwr ifanc ar ei eiliad wan yn ogystal â phortread o ddyn cyffredin nad oes ganddo'r 'gyts' i weithredu'n wleidyddol yn camu'n ddistaw ond yn effeithiol i'r llwyfan wleidyddol.

Yn 'Cenhadon Hedd' mae Gareth Miles yn gosod bywydau unigolyddol ei gymeriadau yng nghanol plethwaith ideolegol y Gymru fodern. A dyna'n union a wna yn ei nofel, eithr ar ffurf fwy datblygedig o lawer. Nofel hanes yw *Trefaelog* mewn gwirionedd, nofel am hanes diweddar Cymru. Mae dilyn bywyd ei phrif gymeriad, Gerwyn Ifan, yn fodd i'r awdur strwythuro trafodaeth ar 30 mlynedd o hanes y wlad, o 1959 hyd 1989. Datblygiad cronolegol clir sydd i'r stori, ond nid yw'n nodi pob un flwyddyn mewn dull dyddiadurol-fanwl; cyfleir rhawd amser drwy gyfuno *vignettes* ynysig â darnau esboniadol academaidd eu naws sy'n llenwi'r bylchau rhyngddynt. Fel y gellid disgwyl, blynyddoedd pwysig yn hanes Gerwyn – ac yn hanes y genedl – yw canolbwynt y *vignettes* storïol.

Mae Gerwyn Ifan wedi'i eni'n gaeth i hanes Cymru; ei dynged yw byw bywyd personol sydd ynghlwm wrth drobwyntiau hanes ei wlad. Mae carlam gwyllt amseryddol y stori felly'n oedi o gwmpas 1969 a'r Arwisgiad, 1979 a methiant y Refferendwm, a'r 1980au cynnar a'r ymdrech dros y sianel Gymraeg. Mae Streic y Glowyr ac ymgyrchoedd gwleidyddol y tu hwnt i'r ffin megis Greenham Common hefyd yn gerrig milltir pwysig.[25] Yn wir, mae'r digwyddiadau hyn yn gymaint rhan o'r nofel â'i chymeriadau. Epig hanesyddol yw *Trefaelog*, 'clamp o banorama', ys dywed John Rowlands.[26]

Er bod ei harddull ar y cyfan yn weddol realaidd, rhydd y cysylltiad organig rhwng bywyd Gerwyn a bywyd Cymru naws chwedlonol i'r nofel. Er enghraifft, mae Gerwyn a Dyddgu yn caru am y tro cyntaf ddiwrnod yr Arwisgiad yn 1969.[27] Mae o leiaf un o'r ddau yn colli'i wyryfdod ar yr achlysur hwn; dyma golli diniweidrwydd personol gan adleisio'r dadrithiad a gafodd rhai cenedlaetholwyr ifainc gan y croeso brwd a roddwyd i'r tywysog yng Nghymru. Ac mae hyn yn digwydd ddeng mlynedd yn union ar ôl golygfa agoriadol y nofel – y 'Prolog' – pan wêl Gerwyn Dyddgu Kyffin – a'r tu mewn i fyd Trefaelog – am y tro cyntaf. Mae'r ddau beth yn digwydd yn ystod 'Garddwest' Trefaelog, parti blynyddol y Kyffiniaid. Ychwanega'r fath ofodi amseryddol at naws chwedlonol y nofel; mae strwythur y nofel felly'n adleisio'r modd y mae nifer o chwedlau Celtaidd canoloesol yn datblygu fesul Calan Mai.

Mae 'Ail Lyfr' y nofel yn ymagor yn y flwyddyn 1980, gyda Gerwyn Ifan yn ddarlithydd ifanc yng Nghaerdydd ac yn byw gyda'i gariad, Ffran, newyddiadurwraig Americanaidd a ddaeth i Gymru i sylwebu ar Refferendwm 1979. Mae perthynas Gerwyn a Ffran yn hollbwysig am nifer o resymau. Hi – ac nid yr un o'r ddwy ferch o'r Kyffiniaid y caiff Gerwyn berthynas â hwy – a fydd yn wraig i Gerwyn yn y diwedd. Hyhi hefyd fydd yn cofnodi hanes ei gŵr; fel y dysgwn yn yr 'Epilog', Ffran yw cyfrwng naratifol y nofel ei hun. Saernïwyd y berthynas hollbwysig hon yn ystod blwyddyn y siom, 1979. Yn debyg i ddilyniant Iwan Llwyd, 'Gwreichion', mae'r nofel yn darlunio'n chwedlonol atgyfodiad personol o ludw methiant cenedlaethol y Refferendwm.[28]

'Porth Mawr Trefaelog' yw delwedd lywodraethol y nofel. Fe'i cyflwynir yn syth bin yn y frawddeg gyntaf:

> Ar ryw brydnawngwaith teg o haf hirfelyn, tesog, yn 1959, stelciai dau hogyn yng nghyffiniau Porth Mawr Trefaelog, ger pentref Llanfair-Glyn-Maelog, a saif ychydig filltiroedd i'r dwyrain o'r ffin rhwng yr hen Sir Ddinbych a'r hen Sir Gaernarfon.[29]

Mae cymal cyntaf y frawddeg hon, sy'n adleisio'r Bardd Cwsg, yn fodd i ddychanu'r ystrydebau barddonol sy'n trwytho telynegion Rhamantaidd llenyddiaeth Gymraeg. Dyma ddechreuad sy'n deilwng o nofel a drafoda'r ymrafael rhwng yr Hen Gymru a'r Newydd. Rhydd yr ieithwedd Ramantaidd gyfarwydd naws sy'n gamarweiniol ysgafn hefyd. Fel y 'Prolog' ei hun, disgrifia olygfa sy'n gyforiog o ddiniweidrwydd plentyndod wrth i Gerwyn ac

Emyr sleifio heibio i Borth y Plas i gael cip ar y parti. Ac mae'r diniweidrwydd telynegol hwn yn wahanol iawn i natur swmp y nofel.

Eto, mae darlun agoriadol y Prolog yn cyflwyno delwedd sy'n awgrymu beth fydd natur y stori: dau blentyn yn sleifio heibio i Borth Mawr Trefaelog. Mae'n borth i fyd newydd; saif Gerwyn ar drothwy Cymru newydd tra'n wynebu darlun atyniadol o orffennol ei wlad. Pwysleisir cyflwr trothwyol Gerwyn – a hanes Cymru – mewn sawl ffordd ar ddechrau'r nofel. Enwir y pentref, Llanfair-Glyn-Maelor, a stad Trefaelog yn yr un frawddeg: dyma gyflwyno'r ddau fyd, y ddau ddosbarth cymdeithasol, y bydd Gerwyn yn ceisio cyfryngu rhyngddynt weddill ei oes. Arwyddocaol hefyd yw lleoliad y pentref; saif yn ymyl y ffin rhwng 'yr hen Sir Ddinbych a'r hen Sir Gaernarfon', rhwng y gorllewin gwledig a'r dwyrain diwydiannol.

Cyfyd Y Porth ym mrawddeg gyntaf 'Llyfr Cyntaf' y nofel hefyd:

> Naw mlynedd, pedwar mis ac ychydig ddyddiau ar ôl y noswaith hudolus o haf pan ddychwelodd o Arddwest Trefaelog yn wyn ei fyd ond â'i seren tan gwmwl, teithiai Gerwyn Ifan – fel y galwai [Gerwyn *Evans*] ei hun erbyn hynny – heibio'r Porth Mawr mewn Austin A35 du.[30]

Mae drws symbolaidd Y Porth yn ymagor ar ddyddiau Prifysgol Gerwyn. Mae wedi ennill gradd dosbarth cyntaf yn y Gymraeg ac mae bellach yn fyfyriwr ymchwil yn Aberystwyth. Erbyn hyn mae wedi ymuno â Chymdeithas yr Iaith a Phlaid Cymru ac mae'n cael hwyl wrth 'beintio'r byd yn wyrdd'. A throes yr Evans yn Ifan; wrth Gymreigeiddio'i enw dengys fod ei hunaniaeth bersonol yn datblygu lawlaw â'i ymwybyddiaeth wleidyddol.

Yn ogystal ag arwyddo rhediad amser, mae'r Porth Mawr wrth gwrs yn cynrychioli mynediad diriaethol i fyd y Kyffiniaid. Prif stori y nofel ar lefel bersonol Gerwyn yw'r modd y mae byd y Kyffiniaid yn ei lygad-dynnu. Mae Sgweiar hynaws Trefaelog, Goronwy Kyffin, yn ymddangos yn dad benthyg i Gerwyn ar yr adegau pan fo'n ymgecru'n gas â'i dad ef ei hun. Mae dwy ferch hynaf y Sgweiar, Dyddgu ac Angharad, yn ei ddenu mewn ffordd arall. Ac mae cenedlaetholdeb y Sgweiar yn cynnig math o ideoleg sy'n wahanol i'r hyn a etifeddodd Gerwyn gan ei dad a'i daid.

Fel yr awgrymwyd eisoes, genir Gerwyn i deulu sy'n cyfryngu'n ddilechdidol rhwng Ymneilltuaeth a sosialaeth. Mae'n ŵyr i 'chwarelwr o sosialydd duwiol' ac yn fab i Tom Evans, dyn a 'droes sosialaeth gyntefig, foesolegol Arfon yn arf miniog, hyblyg er deall hanes a dadansoddi cymdeithas'.[31] Fe ymgorffora Gerwyn fath o Gymreictod sydd wedi'i ffurfio gan gydweithrediad y ddau rym ac sy'n ddiwylliannol wydn o'r herwydd. Ond Llafur yw plaid Tom Evans; mae'n genedlaetholwr o sosialydd ond mae'n perthyn i blaid a oedd yn cyson anwybyddu anghenion cenedlaethol y Cymry.

Gorchwyl Gerwyn ar hyd ei oes yw datrys penbleth ideolegol ei dad drwy gyfryngu'n ddilechdidol rhwng sosialaeth a chenedlaetholdeb. Ac yr ochr arall i Borth Mawr Trefaelog y mae Goronwy Kyffin, aelod selog o Blaid Cymru, cenedlaetholwr digymrodedd. Ymgorfforiad o genedlaetholdeb ceidwadol, Saunders Lewisaidd, yw Goronwy Kyffin. Mae ei geidwadaeth, ei uchelwriaeth a'i Gatholigiaeth yn atgas gan Tom Evans ac yntau'n fab i chwarelwr ac yn cynrychioli gwedd ddyneiddiol sosialaidd ar y traddodiad ymneilltuol Cymreig. Ymrafael rhwng y ddau ddyn a'r ddau fydolwg yw'r tyndra ideolegol sy'n gyrru'r stori yn ei blaen. Ar ddechrau'r nofel, ar ôl cyflwyniad cyntaf Gerwyn i fyd y Kyffiniaid, mae'i dad yn gwylltio gan gloi'r Prolog â geiriau proffwydol: 'Wel dyna'r tro ola'r eith y cena bach yn agos i Drefaelog! Ma hynny'n ben-dant!'[32] Mae'n broffwydoliaeth dyngedfennol, a hynny, wrth gwrs, am iddi gael ei phrofi'n anghywir. Yn ogystal â syrthio am ddwy ferch hynaf Sgweiar Trefaelog, caiff Gerwyn ei lygad-dynnu gan foneddigeiddrwydd a gwleidyddiaeth ramantaidd-geidwadol Goronwy Kyffin. Dyma'r swyn amlweddog a ddisgrifir yn goeglyd gan Ffran fel 'that old Trefaelog magic'.[33]

Patriarch hoffus yw Goronwy Kyffin, hen ŵr bonheddig sy'n trin y gweithwyr ar ei ffarm 'fel teulu'. Mae garddwest flynyddol y Sgweiar yn fath o *conspicuous consumption* a rennir yn ernes o'r cyfoeth a rennir er budd y gymuned leol. Ymddengys yn enghraifft fodern o'r berchentyaeth uchelwrol a ddyrchafwyd gan Saunders Lewis.[34] Saunders Lewis, mewn gwirionedd, yw'r bwgan sy'n ymrafael am enaid gwlatgarol Gerwyn Ifan. Gwleidyddiaeth Saunders Lewis yw gwleidyddiaeth Goronwy Kyffin. Fel y trafodir yn fanylach isod, mae'r modd y darlunia Gareth Miles yr ymrafael rhwng daliadau Goronwy Kyffin a daliadau Tom Evans dros enaid gwleidyddol Gerwyn yn alegori ar gyfer yr ymrafael rhwng y chwith a'r dde oddi mewn i'r Mudiad Cenedlaethol.

Mae grym hanesyddol teulu Trefaelog yn dal Gerwyn gymaint ag unrhyw beth arall. Mae'n fyfyriwr ymchwil yn astudio Beirdd yr Uchelwyr, ac – fel cynifer o fyfyrwyr ymchwil Adran y Gymraeg Aberystwyth – 'Noddwyr y Beirdd' yw testun ei draethawd. Yn Sgweiar Kyffin caiff Gerwyn ymgnawdoliad cyfoes o'r uchelwyr canoloesol y mae'n eu hastudio. Fel hyn y mae Goronwy yn cyflwyno hanes ei deulu i Gerwyn:

'Roeddan ni'n griw digon cymeradwy, ar y cyfan, yn yr Oesoedd Canol . . . Arwain cymdeithas, noddi'r Beirdd, gwarchod buddianna'r Eglwys, ac yn y blaen. Ac mi ymladdon ni ar yr ochor iawn yn Rhyfeloedd Glyndŵr. Ond ar ôl y Deddfau Uno, neu Ddeddfau Ymgorffori Cymru yn Lloegr, fel y dylid 'i galw nhw, mi aethon ar y goriwaered, fel y rhelyw o'n dosbarth . . . Pellhau oddi wrth y tenantiaid, prynu tai yn Llundain a threulio'r rhan fwya o'r flwyddyn yno, ymseisnigo . . . Mi wyddoch chi'n iawn be ddigwyddodd.'
'Mi fu Cymru heb arweinwyr am ddwy ganrif!'
'Oherwydd i 'nosbarth i gefnu ar eu dyletswydd tuag at eu pobol.'[35]

Fel Saunders Lewis, adfer y math hwn o arweiniad yw nod Goronwy Kyffin. Er gwaethaf ei ddaliadau a'i fagwraeth sosialaidd, mae hud y Kyffiniaid yn ormod i'r cenedlaetholwr ifanc ar y dechrau. Fe â'n fardd teulu Trefaelog yn ogystal ag yn gariad i Dyddgu, ac, yn ddiweddarach, i Angharad. Mae'r wedd bersonol yn adlewyrchu'r wedd gymdeithasol-hanesyddol: ni all Gerwyn wrthsefyll merched y teulu; ni all chwaith wrthsefyll pwysau hanesyddol y teulu – wedi'r cwbl, roedd un o gyndeidiau Goronwy 'yn un o gadfridogion Owain Glyndŵr'.[36] Ac mae'r modd y cysylltir y teulu â Glyndŵr yn gynnar yn y nofel yn rhagweld y rhan y bydd yr efeilliaid, Hywel ac Angharad, yn ei chwarae yn hanes 'Byddin Owain', adlewyrchiad ffuglennol amlwg o'r mudiad Meibion Glyndŵr.

Hywel, unig fab ac etifedd y teulu, sydd yn ymgorffori'r drwg yn y caws ceidwadol. Ar ôl ei ddyddiau ifanc radicalaidd ym Myddin Owain fe dry'n Dori rhonc. Pan syrth Goronwy Kyffin yn wael, trosglwyddir y stad a'r ffatri laeth deuluol i grafangau Thatcheraidd ei fab. Rhydd ef elw uwchlaw pob ystyriaeth arall, ac mae'n dechrau diswyddo'r gweithwyr y buasai ei dad yn eu trin 'fel teulu' gydol ei oes. Mae metamorffosis Hywel yn gyfan gwbl ganolog i ergyd ideolegol y nofel: er bod Goronwy Kyffin ynddo'i hun yn gymeriad tra hoffus sy'n llawn ewyllys da, ni ellir dibynnu ar ewyllys da ambell unigolyn. Ni ellir dibynnu ar fympwy personol; rhaid wrth sylfaen wleidyddol gywir. Cam bychan ydyw o genedlaetholdeb ceidwadol i geidwadaeth Thatcheraidd, dyna'r hyn y mae datblygiad – neu ddirywiad – Hywel yn ei enghreifftio.

Mae'r modd y mae Hywel yn gwrthryfela yn erbyn ei dad gan wyrdroi'r busnes teuluol yn gywasgiad alegorïaidd o'r modd y darluniwyd esblygiad hanesyddol cymdeithas gan Karl Marx. Yn ôl Marx, mae cymdeithas yn esblygu drwy wahanol gyfnodau, o'r drefn lwythol i ffiwdaliaeth, i gyfalafiaeth, i sosialaeth ac yn y blaen.[37] Mae trosglwyddo ffatri laeth Trefaelog o Goronwy Kyffin i'r mab yn enghreifftio'r newid rhwng y drefn ffiwdal a chyfalafiaeth; cywesgir esblygiad cymdeithas i'r eiliad hanesyddol unigol sy'n gwahaniaethu rhwng dwy genhedlaeth o'r un teulu. Mae dulliau'r hen uchelwr yn diflannu dan gynlluniau'r Tori ifanc. Gellir cymharu *Trefaelog* â nofel Wiliam Owen Roberts, *Y Pla*: dwy nofel hanes; dwy nofel Farcsaidd; dwy nofel Gymraeg a gyhoeddwyd ar ddiwedd y 1980au.[38] Ac mae Wiliam Owen Roberts hefyd yn trafod y newid rhwng y drefn ffiwdal a chyfalafiaeth.

Ac yn y cyswllt hwn, gellir hefyd gymharu *Trefaelog* yn fuddiol iawn â nofelau Islwyn Ffowc Elis, *Cysgod y Cryman* ac *Yn Ôl i Leifior*.[39] Trafod newidiadau yn economi amaethyddol Cymru a wna'r nofelau hyn hefyd, wrth i'r hen Ryddfrydwr, Edward Vaughan, drosglwyddo'i ffarm i'w fab, Harri, y comiwnydd ifanc sy'n troi'r busnes teuluol yn fferm gydweithredol. Mae cynllun Hywel Kyffin ar gyfer Trefaelog yn ddrych gwyrdroëdig i freuddwyd sosialaidd Harri Vaughan; symud diwydiant amaethyddol Cymru o grafangau cyfalafiaeth yw breuddwyd Harri Vaughan tra bod etifedd Trefaelog yn symud ffarm ei deulu ef i'r cyflwr cyfalafol.

Gan fod Islwyn Ffowc Elis a Gareth Miles ill dau wedi ymdrechu i bortreadu datblygiadau hanesyddol ac ymrafael ideolegol ar gynfas eang, nid yw'n syndod fod y ddau nofelydd wedi'u beirniadu am beidio â rhoi digon o sylw i'w cymeriadaeth.[40] Fel y mae sawl beirniad wedi'i nodi, mae cymeriadau Islwyn Ffowc Elis yn ystrydebau i raddau helaeth: Edward Vaughan, yr hen ffermwr cefnog; Harri Vaughan, y gŵr ifanc penboeth ar frys i newid y byd; Karl y sant, y Cristion perffaith. Ar wahân i Greta Vaughan yn y dilyniant, dau ddimensiwn yn unig sydd i'r rhan fwyaf o'r cymeriadau benywaidd yn *Cysgod y Cryman* ac *Yn Ôl i Leifior*; fel y mae

Delyth George wedi dweud, 'baglau' i Harri Vaughan yn unig yw'r rhan fwyaf o'r merched.[41]

Yr un modd, wrth adolygu *Trefaelog* mae John Rowlands â'i lach ar ddiffygion cymeriadu'r nofel: 'Fy meirniadaeth bennaf ar y nofel, fodd bynnag, yw nad yw wedi peri imi ymboeni o gwbl am rawd yr un o'r cymeriadau.'[42] Dysgwn ar ddiwedd y nofel mai Ffran yw'r adroddwraig a'i bod wedi ysgrifennu hanes Gerwyn Ifan fel ymdrech i dalu teyrnged i'w cariad hwy. Mae *Trefaelog* felly'n cloi â disgrifiad Ffran o'u perthynas:

> Gerwyn Ifan oedd yr unig ddyn y cefais berthynas 'o ddifri' ag ef nad oedd am imi fod yn fam nac yn ferch iddo ef ac nad oedd am fod yn dad nac yn fab i mi.
> Cymar ydoedd. Cymar am oes . . .[43]

Ond fel y noda John Rowlands, nid yw'r darllenydd yn dyst i rym y berthynas hon; 'Pam felly na lwyddodd i gyfleu . . . peth o'r cariad hwnnw i'r darllenydd?'[44] Fe ddaw y diweddglo emosiynol hwn yn syndod i'r darllenydd gan nad yw'r stori wedi datblygu mewn modd a fyddai'n sylfaen i'r fath ddatganiad.

Eto, rhaid cyflyru casgliad John Rowlands fod 'y cyfan yn ddiangerdd'.[45] Ceir yn y nofel gyffyrddiadau emosiynol grymus, yn enwedig yn y modd y darlunnir perthynas Gerwyn â'i rieni. Rhydd y nofel bortread cynnil o ddeinamig teuluol, o dad a mab nad ydynt yn gallu mynegi'u cariad at ei gilydd yn iawn, tad a mab sy'n ymgecru'n aml tra bod y fam yn rhyw led-liniaru chwithdod eu perthynas gyda'i phrysurdeb cartrefol. Pan ddaw Gerwyn adref o'r brifysgol dros wyliau'r Nadolig:

> Safodd y tad a'r mab am ysbaid hir yn gwenu'n fud ar ei gilydd, gan na feddent ddull arall o fynegi eu hoffter. Turiai Megan Evans ymhlith y llwyth ar y sedd gefn.
> 'Peidiwch â sefyll ill dau'n fan'na fel ryw *mutual admiration society,*' meddai. 'Helpwch fi i gario rywfaint o'r geriach 'ma i'r tŷ!'[46]

Mae'r dadlau rhwng Gerwyn a'i dad yn ganolog i'r nofel; dyma gyfrwng i'r nofelydd drosglwyddo llawer o sylwadau gwleidyddol tra'n gosod y gwrthdaro rhwng gwahanol weddau ar Gymreictod yng nghyd-destun gwrthdaro rhwng dwy genhedlaeth y teulu. Ac mae'r cyfrwng hwn yn effeithiol oherwydd y modd y mae Gareth

Miles yn cymeriadu'r tad a'r mab – hynny a'i ddawn i ysgrifennu deialog. O ganlyniad, plethir yr ymrafael gwleidyddol ynghyd â thynnu coes a dibynfentro cecrus y ddau gymeriad; mae'r sylwebaeth gymdeithasol-wleidyddol felly'n rhan annatod o berthynas tad a mab, perthynas sy'n fythol droedio'r ffin denau rhwng tynnu coes a dadlau'n gas. A thrafod y Kyffiniaid, yn amlach na pheidio, yw'r hyn sy'n cynnau'r tân. Er enghraifft, adeg yr arwisgiad caiff Gerwyn wahoddiad i blas Trefaelog:

> 'Mi fuo 'na amser,' meddai, 'pan oedd Sgweiar Kyffin yn frenhinwr rhonc, fel 'i fistar, Mistar Saunders Lewis.'
> 'A mi fuo 'na amsar pan fydda'r Blaid Lafur wedi lladd ar syrcas fel hon yn lle'i threfnu hi!'
> Aildaniodd Tom ei getyn yn hamddenol.
> 'Ma petha wedi newid, tydyn?' meddai mewn goslef resymol.
> 'Y Blaid Lafur wedi newid, 'dach chi'n feddwl!'[47]

Mae'r portread o garwriaeth Gerwyn a Ffran yn weddol 'ddiangerdd', fel y noda John Rowlands, ond mae Gareth Miles yn darlunio effaith ideolegau ar unigolion – a'r gwrthdaro rhwng unigolion oherwydd gwahaniaethau ideolegol – mewn modd angerddol iawn. Camp Islwyn Ffowc Elis yn *Cysgod y Cryman* a'i dilyniant yw'r modd y mae'n darlunio symudiadau ideolegol yng nghefn gwlad Cymru. A dyna hefyd gamp *Trefaelog*. Y gwrthdaro rhwng gwahanol ideolegau, ac nid y gwrthdaro rhwng unigolion, yw'r hyn sydd dan sylw yn *Trefaelog*. Gellir dweud ei bod hi'n nofel sgematig, fod y modd y mae'r gwahanol gymeriadau yn cynrychioli gwahanol weddau ar genedlaetholdeb Cymreig yn fecanyddol, ond mae'r diffyg hwn hefyd yn rhinwedd. O'i darllen fel traethawd ffuglennol ar ddatblygiad y mudiad cenedlaethol a Chymreictod yn ystod ail hanner yr ugeinfed ganrif gwelir gwir gamp y nofel.

Ac yn wir, er defnyddio cymeriadau i ymgorffori gwahanol safbwyntiau ideolegol, mae'r nofel yn bwrw golwg feirniadol ar yr awydd i gategoreiddio pobl. Yn y Prolog, mae'r ddau fachgen ifanc yn gwylio Garddwest Trefaelog gan ddosbarthu'r gloddestwyr yn dwt: 'Dosbarthodd y cochyn y rhain yn "Saeson," "Cymry" a "Gweision-a-Morynion".'[48] Dyma ragweld thema a ddaw yn amlwg yng nghorff y nofel, sef anallu aelodau'r dosbarth uchel i weld aelodau'r dosbarth gweithiol fel dim byd ond gweithwyr, anallu'r meistri i weld eu gweithwyr fel unigolion, fel pobl. Wedi iddo fynd yn wael, mae Goronwy Kyffin yn gorfod trosglwyddo rheolaeth Trefaelog i'w fab, ond nid yw'n rhy wael i osgoi dadlau â Hywel ynghylch ei gynlluniau cyfalafol ar gyfer trawsnewid y busnes teuluol:

> 'Os oedwn ni ormod, mi eith yr hwch drw'r siop, Nhad! . . .'
> 'Heb falio gormod sut yr effeithith hynny ar yr ardal?'
> 'Mi fydd hitha ar 'i helw . . .'
> 'Na'r gweithwyr!'
> 'Mae'n bryd inni ddechra trin y gweithwyr fel gweithwyr!'
> ''I trin nhw fel dynion, Hywal – dyna fu'n safbwynt i erioed.'
> 'Naci, 'Nhad. Rydach chi'n mynd ymhellach na hynny ac yn mynnu 'u trin nhw fel aeloda o'r teulu!'[49]

Ond er ei holl ewyllys da, mae Goronwy Kyffin yntau'n dangos dallineb ei ddosbarth. Wrth gwrdd â Deiniol, cariad ei ferch ieuengaf, Mwyndeg, am y tro cyntaf mae'n meddwl mai un o'i weithwyr ydyw:

> 'Dadi – dyma Deiniol!'
> 'Deiniol?' ebe'r Penteulu a chraffu ar wyneb y llanc. 'Er pryd ydach chi'n gweithio yn Nhrefaelog, machgan i? Deudwch wrtha'i pwy ydi'ch tad a mi cofia'i chi!'
> 'Dadi! *Deiniol*!'[50]

Yr awgrym yw fod gwisg ac ymddygiad Deiniol – ac yntau'n llanc dosbarth-gweithiol o'r Cymoedd – yn peri i'r Sgweiar ei ddosbarthu'n syth bin fel 'gweithiwr', nid fel rhywun â chysylltiadau personol â'i deulu ef. Er ei fod yn trin ei weithwyr yn dda, nid yw'n wir yn eu gweld fel 'aelodau o'r teulu'; trosiad yw'r ymadrodd hwnnw, modd o ddisgrifio agwedd yr hen uchelwr mwyn at y gweithwyr hynny sy'n cynnal sylfeini economaidd ei berchentyaeth. Mae'n amlwg ei fod, ar lefel reddfol, yn gwahaniaethu'n haearnaidd rhwng 'gweithwyr' a 'theulu'.

Mae'r ymgysylltu rhwng ideolegau ac unigolion yn ganolbwynt i rym emosiynol y nofel. Yr hyn a wna Gareth Miles yn y rhan fwyaf o'i weithiau creadigol yw gosod dyheadau unigolion oddi mewn i fatrix o ideolegau, sefydliadau a phatrymau cymdeithasol. A chyfyd ambell fflach emosiynol wrth i'r cymeriadau unigol stryffaglu oddi mewn i'r matrix cymhleth hwn, fel y gwelir ym mherthynas Gerwyn a'i dad. Mae cenedlaetholdeb sosialaidd ei dad a chenedlaetholdeb ceidwadol Goronwy Kyffin yn ymrafael dros ei enaid gwleidyddol, ac ni all Gerwyn Ifan gyfryngu'n effeithiol rhwng y ddau fath o genedlaetholdeb cyn dysgu gweld heibio i bersonoliaeth atyniadol Goronwy Kyffin ei hun. Dysgu gweld heibio i Borth Mawr Trefaelog a phopeth y mae'n ei gynrychioli – dyna'i orchwyl; gweld mai diffygiol a phwdr yw seiliau deallusol a moesol gwleidyddiaeth y Sgweiar *er ei fod ei hun yn unigolyn hynaws*. Ac fe ddaw Gerwyn erbyn diwedd y nofel i weld y Kyffiniaid – er gwaethaf eu holl rinweddau ymddangosiadol – fel 'Adweithwyr Trefaelog', chwedl ei dad.[51]

Mae hyn, wrth gwrs, yn golygu ymwrthod â'r wedd Saunders Lewisaidd ar genedlaetholdeb Cymreig. Fel yr awgrymwyd eisoes, Saunders Lewis yw gwir fwgan y nofel. Fel y dywed Tom Evans, ef yw 'mistar' Goronwy Kyffin: 'Mi fuo 'na amser,' meddai, 'pan oedd Sgweiar Kyffin yn frenhinwr rhonc, fel 'i fistar, Mistar Saunders Lewis.'[52] Ar yr wyneb, mae hyn yn darllen canoloesoldeb Saunders Lewis a tu chwith allan; dylid disgrifio'r Sgweiar Kyffin fel 'meistr' uchelwrol y bardd/llenor/gwleidydd. Ond daw gwleidyddiaeth a gwerthoedd Goronwy Kyffin o grombil deallusol Saunders Lewis; ef yw meistr ideolegol y Kyffiniaid.

Pwysleisir y cysylltiad rhwng Goronwy Kyffin a Saunders Lewis dro ar ôl tro yn y nofel. Nid yw myfyrgell y Sgweiar yn ddim amgenach nag allor i Saunders Lewis a'r holl werthoedd a goleddwyd ganddo:

> hongiai Grist croeshoeliedig ar un o'r parwydydd a ffoto mawr, wedi ei lofnodi, o'r Tri a losgodd yr Ysgol Fomio ar bared arall; ac o fewn hyd braich i'w ddesg, ceid dwy silffaid o glasuron Cymraeg, hen a diweddar.[53]

Tra'n trafod methiant Refferendwm 1979 â Gerwyn, mae Goronwy Kyffin yn dyfynnu cerdd Saunders Lewis, 'Marwnad Syr John Edward Lloyd'; mae'r modd y 'mae Saunders yn mynegi profiad y Cenedlaetholwr o Gymro' yn gyfrwng iddo yntau fynegi'i siom.[54] Disgrifia ef yr ymgyrch llosgi tai haf fel 'gwallgofrwydd unigolyddol' gan ddefnyddio un o allweddeiriau beirniadol Saunders Lewis.[55]

Hyd yn oed ar ei wely angau mae Goronwy Kyffin yn dyfynnu Saunders Lewis.[56] Ac yn y cywydd marwnad y mae Gerwyn yn ei ganu i'r Sgweiar mae'n cofnodi – yn unol â dymuniad yr ymadawedig – y cysyniad a ddyrchafwyd gan Saunders Lewis, perchentyaeth:

> af â'i enw ar f'union
> i bob plwy' o Fynwy i Fôn
> a chwedlau degawdau'r gwarth
> i dewi'r cigfrain diarth,
> yno i'w herio â hiraeth
> am berchen-tŷ y Gymru gaeth.[57]

Yn wir, y ffaith fod Gerwyn Ifan yn ysgrifennu traethawd ymchwil ar noddwyr y cywyddwyr – pwnc wrth fodd calon Saunders Lewis – yw'r hyn sy'n ei ddwyn i sylw'r Sgweiar yn y lle cyntaf. Fe ddaw'r wedd fwyaf atgas ar ideoleg Saunders Lewisaidd Goronwy Kyffin i'r amlwg wrth iddo ddadlau â Gerwyn ynghylch Rhyfel Cartref Sbaen:

> 'Ond roedd Saunders a Bebb a Daniel yn credu – ac rydw i'n dal i gredu – mai'r bygythiad pennaf i wareiddiad Cristnogol y Gorllewin ydy Comiwnyddiaeth.'
> 'Mwy o fygythiad na Ffasgaeth a Natsïaeth?'
> 'Disgyblion y Diafol oedd Hitler a Mussolini, does gen i ddim amheuaeth ynglŷn â hynny, ond mae dihirod felly, welwch chi, yn eu ffyrdd gwyrdroëdig eu hunain, yn cydnabod daioni tragwyddol y Duwdod, tra bod Comiwnyddiaeth anffyddiol yn gwadu bodolaeth Da a Drwg, fel pwerau ysbrydol yn y bydysawd.'[58]

Mae'n methu â chondemnio Ffasgaeth yn llwyr, a hynny oherwydd fod Ffasgwyr amlwg y ganrif wedi arddel allanolion Cristnogaeth tra bod Comiwnyddion amlwg wedi ymosod yn fileinig arni.

Tra'n awgrymu fod Kyffiniaid Trefaelog wedi'u patrymu ar 'Wynneiaid Garthewin, "noddwyr" Saunders Lewis', mae John Rowlands yn cwyno fod 'hyn yn achos syndod gan nad yw teuluoedd o'r fath yn rym yn y Gymru Gymraeg bellach, ac felly fod pwynt y nofel yn cael ei wanhau i raddau'.[59] Hynny yw, mae'n nofel realaidd sy'n darlunio hanes diweddar Cymru mewn modd manwl – y manylder hwnnw yw un o'i phrif rinweddau – ac felly mae'r ffaith ei bod yn anodd i'r darllenydd gredu fod y fath deulu yn bod yn tanseilio effaith y nofel. Fe â John Rowlands ymhellach:

> wrth gwrs fod creu Trefaelog yn fodd i bwysleisio'r elfen draddod-iadol, geidwadol, adweithiol a fu mor flaenllaw yng nghenedlaetholdeb Cymru dan arweiniad Saunders Lewis . . . ond i mi mae'n glastwreiddio cyfoesedd y stori . . . [ac yn] erthylu'i hergyd chwyldroadol.[60]

Gellir ategu hyn gan nodi fod y Kyffiniaid hyd yn oed yn llai credadwy na'r hyn a geid drwy greu fersiwn cyfoes o deulu Garthewin gan mai Cymraeg yw unig iaith eu haelwyd hwy.

A chan fod Saunders Lewis ei hun yn fyw yn ystod y rhan fwyaf o'r cyfnod a drafodir yn y nofel, cyfyd problem arall: pe bai unigolyn fel Goronwy Kyffin yn byw yng Nghymru yn oes Saunders Lewis, buasai'r ddau yn ffrindiau pennaf! Er bod y 'ffoto mawr, wedi ei lofnodi, o'r Tri a losgodd yr Ysgol Fomio' yn awgrymu fod y ddau wedi cyfarfod, nid yw Saunders Lewis ei hun yn ymddangos yn gymeriad yn y nofel. Pe buasai Trefaelog yn bodoli, buasai Saunders Lewis ei hun yn ymwelydd cyson â'r Plas. Mae'r nofel felly'n syrthio'n ysglyfaeth i brif fagl y nofel hanes; mae ymdrin â chyfnod hanesyddol – gan gynnwys rhai ffigurau hanesyddol – mewn modd ffuglennol yn peri problemau anorfod o ran creu stori sy'n gredadwy mewn modd realaidd. O'i hanfod, mae'r nofel hanes yn *genre* sy'n troedio ffin denau a pheryglus rhwng ffuglen a ffaith. Mewn brawddeg, mae cynrychioli Saunders Lewis drwy gyfrwng Goronwy Kyffin yn pylu realaeth y nofel.

Eto, fel yr awgrymwyd eisoes, ni raid darllen *Trefaelog* fel nofel hollol realaidd. Gellid ei darllen fel alegori am y frwydr rhwng y chwith a'r dde oddi mewn i'r mudiad cenedlaethol. Yn wir, mae'r agweddau chwedlonol ar y stori a drafodwyd uchod yn estyn gwahoddiad i'w darllen yn y modd hwn. Yn hytrach na cheisio dychmygu Tom Evans a Goronwy Kyffin fel dynion cig-a-gwaed yn cerdded tiroedd gogledd Cymru, gellir llawn werthfawrogi'r ddau gymeriad drwy eu gweld fel ymgorfforiadau o ddwy ideoleg. Ac mae'r ideolegau hyn yn wrthwyneb i'w gilydd tra ar yr un pryd yn gorgyffwrdd â'i gilydd. Rhydd cenedlaetholdeb Cymreig ryw fath o dir cyffredin iddynt; maent yn rhannu'r awydd am weld y genedl yn cyrraedd ei photensial fel cenedl.

Troedia Gerwyn Ifan y tir neb ideolegol hwn rhwng y wedd geidwadol a'r wedd sosialaidd ar genedlaetholdeb. Mae'n pendilio rhwng y ddwy cyn ochri'n derfynol â chenedlaetholdeb sosialaidd. Ond nid yw'n dileu'r hyn y mae Trefaelog yn ei ymgorffori'n gyfan gwbl; mae'r darlun olaf o genedlaetholdeb Cymreig sy'n aros ar ddiwedd y nofel yn ffrwyth y dilechdid y mae Gerwyn Ifan yn ei gynrychioli. Er dewis y wedd sosialaidd a sicrhau'i pharhad drwy hawlio'i fyfyriwr, Deiniol Haslett, yn etifedd ideolegol iddo, mae Gerwyn hefyd yn cyfamodi â rhai agweddau ar geidwadaeth ddiwylliannol Goronwy Kyffin.

Gwelir hyn ym mherthynas newidiol Gerwyn â gwaith beirdd yr uchelwyr, ffynhonnell ganoloesol y gwerthoedd y mae Goronwy Kyffin yn eu coleddu. Cofier mai ymchwil Gerwyn ar y cywydd-wyr yw'r hyn sy'n ei ddwyn i sylw'r Sgweiar am y tro cyntaf. Ond wedi cwblhau'i draethawd Ph.D. ar 'Noddwyr y Beirdd yn Arfon', mae'n cefnu'n sinigaidd ar y cywyddwyr gan farnu mai 'hacs diawen oedd yn giamstars ar raffu ystrydeba gwenieithus am ddihirod ariannog' oeddynt.[61] Ond wedyn mae'n derbyn 'comis-iwn' Goronwy i ganu cywydd marwnad iddo gan helpu'r Sgweiar i adael cofnod llenyddol o'i werthoedd yn unol â dulliau hanes-yddol yr hen uchelwriaeth:

'Rydw am ichi gyfansoddi cywydd marwnad imi, Gerwyn, a'i adrodd o wrth lan y bedd, yn f'angladd i. Cywydd fydd yn atgoffa 'mhlant i o'r gwerthoedd rydw i wedi'i coleddu gydol f'oes, ac wedi methu mor druenus, yn achos dau ohonyn nhw, o leia, i'w ca'l nhw i'w harddel . . . Mi allwch chi sicrhau fod y gwerthoedd hynny, a Phenteulu ola Trefaelog i wneud ymdrech i'w cynnal nhw, yn ca'l 'u claddu efo'i gilydd efo mymryn o urddas.'[62]

Wrth gydsynio mae Gerwyn yn cydweithio â Goronwy Kyffin i gladdu'i werthoedd â 'mymryn o urddas' llenyddol. Mae'n claddu'r dyn a'i werthoedd ond mae'n sicrhau y bydd cofnod testunol ohonynt yn goroesi. Er ei sosialaeth, mae Gerwyn yn cydsynio i gyfranogi o'r grymoedd diwylliannol a gysylltir â chenedlaetholdeb ceidwadol Goronwy Kyffin. Ef sydd yn creu'i gofnod llenyddol.

Dyma'r dilechdid ar waith; 'a progressive unification through the contradiction of opposites'.[63] Mae ymsymud ideolegol y nofel yn gadael y darllenydd â darlun sy'n cydnabod gwirionedd a gwerth cymdeithasol rhai agweddau ar yr union genedlaetholdeb ceidwadol y mae'n gweithio yn ei erbyn. Yn yr un modd, er gweithio i ddinoethi methdaliad moesol rhai agweddau ar wleidyddiaeth Saunders Lewis a thanseilio sylfeini deallusol ei genedlaetholdeb unigryw ef, nid yw'r nofel yn ceisio tanseilio grym diwylliannol ei gynnyrch llenyddol. Mae'r dyfyniadau o farddoniaeth Saunders Lewis a ddaw o enau Goronwy Kyffin yn taro deuddeg; maent yn mynegi profiadau Gerwyn fel cenedlaetholwr fel y maent yn mynegi profiadau Goronwy, ac nid yw'r ffaith fod Gerwyn yn symud i'r chwith yn newid hynny.[64]

Er bod Hywel, yr anghenfil cyfalafol, yn llwyddo i ladd Gerwyn yn y diwedd, mae'r arwr yn gadael Deiniol Haslett, ei fab maeth ideolegol, ar ei ôl. Ac mae'n gwbl arwyddocaol fod Deiniol yn priodi Mwyndeg, yr ieuengaf – a'r fwynaf – o blant Goronwy Kyffin. Mae hi'n amddiffyn daliadau'i darpar ŵr yn wyneb ymosodiadau'i theulu gan ymffrostio mai '[c]enedlaetholwr a sosialydd ydi o!'[65] Hi yw'r Kyffin cyntaf i goleddu sosialaeth. Mae'r nofel yn cloi, felly, gyda phortread o genhedlaeth newydd sy'n ieuo cenedlaetholdeb, sosialaeth a llinach ddiwylliannol Goronwy Kyffin. Cydblethir y gwahanol elfennau hyn mewn modd dilechdidol gan greu darlun delfrydol o Gymreictod y dyfodol.

Nodiadau

[1] Cyfieithiad yw'r teitl o deitl llyfr Martin Jay, *The Dialectical Imagination: A History of the Frankfurt School and the Institute of Social Research 1923–50* (Llundain, 1973).
[2] Cyhoeddwyd yr anerchiad ar ffurf erthygl: Gareth Miles, 'Yr Eglwysi a Gwleidyddiaeth', *Taliesin* 101 (Gwanwyn 1998).
[3] Ibid., 77.
[4] Ibid., 86.
[5] Robert Griffiths a Gareth Miles, *Sosialaeth i'r Cymry* (Aberystwyth, 1979).
[6] Gareth Miles, *Cymru Rydd, Cymru Gymraeg, Cymru Sosialaidd* (Aberystwyth, 1972).
[7] Karl Marx, *Grundrisse der Kritik der politischen Ökonomie [1857–8]* (Berlin, 1953), a *Das Kapital: Kritik der politischen Ökonomie [I]* (Hamburg, 1867).
[8] Raymond Williams, *Keywords: A Vocabulary of Culture and Society* (Llundain, 1976), 107.
[9] Gw. hefyd Martin Jay *The Dialectical Imagination*.
[10] Gareth Miles, *Trefaelog* (Gronant, 1989).
[11] John Rowlands, adolygiad ar Trefaelog, *Llais Llyfrau* (Gaeaf 1989), 9.
[12] Ibid., 29.
[13] Ibid.
[14] Gareth Miles, *Diwedd y Saithdegau* (Caernarfon, 1983), 20–1.
[15] Gareth Miles, *Cymru ar Wasgar* (Talybont, 1974).
[16] Gareth Miles, *Treffin* (Talybont, 1979).
[17] Yn ôl yr awdur, roedd ef yn gweld y gyfrol fel casgliad o straeon byrion ond roedd staff Y Lolfa yn meddwl y byddai nofel yn gwerthu'n well; gohebiaeth bersonol â Gareth Miles (Ebrill 1999).
[18] Gareth Miles, *Treffin*, 11.
[19] Ibid.
[20] Ibid., 16.
[21] Ibid., 38.
[22] Ibid., 80.
[23] Ibid., 54.

24 Ibid., 58.
25 Gareth Miles, *Trefaelog*, 138.
26 John Rowlands, adolygiad ar *Trefaelog*, 9.
27 Ibid., 77.
28 Enillodd 'Gwreichion' y Goron i Iwan Llwyd yn Eisteddfod Genedlaethol 1990; gw., *Cyfansoddiadau a Beirniadaethau Eisteddfod Genedlaethol Cwm Rhymni* (1990).
29 Gareth Miles, *Trefaelog*, 9.
30 Ibid., 27.
31 Ibid., 29.
32 Ibid., 23.
33 Ibid., 142–3.
34 Gw. Saunders Lewis, *Braslun o Hanes Llenyddiaeth Gymraeg* (Caerdydd, 1932), ac ysgrif ganddo ar Dafydd Nanmor yn *Y Llenor* (1925).
35 Gareth Miles, *Trefaelog*, 39.
36 Ibid., 18.
37 Gw. Karl Marx, *Grundrisse der Kritik der politischen Ökonomie*, a *Das Kapital: Kritik der politishen Ökonomie [I]*.
38 Wiliam Owen Roberts, *Y Pla* (Llanrwst, 1987).
39 Islwyn Ffowc Elis, *Cysgod y Cryman* (Llandysul, 1953), ac *Yn Ôl i Leifior* (Llandysul, 1956).
40 Gw. y bennod ar Islwyn Ffowc Elis yn John Rowlands, *Ysgrifau ar y Nofel* (Caerdydd, 1992).
41 Delyth George, *Islwyn Ffowc Elis* (Caernarfon, 1990), 50–7.
42 John Rowlands, adolygiad ar *Trefaelog*, 9.
43 Gareth Miles, *Trefaelog*, 206.
44 John Rowlands, adolygiad ar *Trefaelog*, 9.
45 Ibid.
46 Gareth Miles, *Trefaelog*, 28.
47 Ibid., 34–5.
48 Ibid., 12.
49 Ibid., 154.
50 Ibid., 141.
51 Ibid., 71.
52 Ibid., 34–5.
53 Ibid., 39.
54 Ibid., 101.
55 Gw., Saunders Lewis, *Williams Pantycelyn* (Llundain, 1927; ail argraffiad, Caerdydd, 1991).
56 Ibid., 164.
57 Gareth Miles, *Trefaelog*, 165. Iwan Llwyd biau'r cywydd.
58 Ibid., 68.
59 John Rowlands, adolygiad ar *Trefaelog*, 9.
60 Ibid., 9.
61 Gareth Miles, *Trefaelog*, 155.
62 Ibid., 163.
63 Raymond Williams, *Keywords*, 107.
64 Gareth Miles, *Trefaelog*, 101 a 164.
65 Ibid., 152.

6

'Glywi di 'nghuro?': Agweddau ar Nofelau Angharad Tomos 1979–1997

JANE AARON

Mae cwpled o waith T. H. Parry-Williams yn symud fel ysbryd aflonydd trwy nofelau Angharad Tomos. Caiff ei ddyfynnu yn *Hen Fyd Hurt* (1982)[1] ac yn *Yma o Hyd* (1985),[2] ac mae'n ganolog i'r nofel *Titrwm* (1994). Cychwynna'r nofel honno gyda'r geiriau, 'Glywi di 'nghuro? Rwy'n curo, o mor ysgafn, ar ffenestr dy fod. "Tyred a gwrando, mae'r diferion glaw'n diflasu disgwyl clywed cynnwrf yn y coed."' Yn nawfed bennod ar hugain y nofel cawn ddehongliad o'r hyn y mae'r dyfyniad yn ei olygu i Awen, adroddwraig fyddar y stori:

> Sut sŵn mae glaw yn disgyn yn ei wneud? Mi fydda i'n dyfalu'n aml. Sŵn poen ydyw. Does dim sy'n fwy poenus na diferion glaw yn disgwyl yn y coed. Maen nhw'n llonydd ac yn dal eu gwynt. Maent yn disgwyl, disgwyl yn anniddig, ond does dim yn digwydd. Does dim cynnwrf. Ac wrth brofi'r siom eithaf, a chyda'r ochenaid mwyaf ingol yn y byd, disgynnant, a diflannu'n ddim . . . Hwn yw'r sŵn tristaf yn y byd.[3]

Cynigiwyd *Titrwm* ar gyfer cystadleuaeth y Fedal Ryddiaith yn Eisteddfod Genedlaethol 1993 dan y ffugenw 'Y sŵn', mewn modd a dynnai sylw at y paragraff uchod ac at bwysigrwydd cwpled T. H. Parry-Williams i'r nofel.

Ymateb yn uniongyrchol i eiriau'r bardd yn hytrach nag i sŵn glaw go-iawn mae Awen yma. Oherwydd ei bod yn fyddar, mae wedi arfer byw a bod ym myd llyfrau, a gwrando ar eu lleisiau hwy. Yn 'Dwy Gerdd' mynegir gan y bardd ei argyhoeddiad mai gwag a diystyr yw ei fodolaeth, 'a'm bywyd nid yw fyw'. Ond nid yw ei eiriau yn cyffroi ei wrandawr, nac yn ennyn unrhyw ymateb:

> ni'th ddychrynir: ni ddychrynwyd neb
> Ohonoch eto. Felly y bu erioed.
> Tyred a gwrando, mae'r diferion glaw'n
> Diflasu disgwyl clywed cynnwrf yn y coed.[4]

Gwêl y bardd ei gynulleidfa fel meidrolion wedi hen arfer â hanner byw, ac yn fodlon 'llithro i'r llonyddwch mawr yn ôl' heb gorddi'r dyfroedd. Ond mae Awen yn uniaethu â'r diferion glaw, a'u dyhead am ryw gyffro, rhyw storm, i'w cipio o'r canghennau cyn iddynt syrthio, a'u taflu i mewn i fwrlwm bywyd unwaith yn rhagor. Eithr go brin fod gan ddafnau o law y nerth a'r gallu i godi corwynt, pa mor ysol bynnag y dyhead a'r disgwyl: ymddengys mai syrthio a diflannu fydd eu tynged, gan adael dim o'u hôl ond sŵn trist eu disgyn.

Dyma'r hunllef sy'n dychwelyd dro ar ôl tro yn ffuglen Angharad Tomos, yr hunllef o weld y diwedd yn dod a methu â symud bawd na throed i'w atal. Diymadferthedd yw gelyn pennaf pob un o'i harwresau, eu diymadferthedd poenus hwy eu hunain, a di-ymadferthedd y gymdeithas o'u cwmpas, yn wyneb pob ymgais i'w dychryn o'u trwmgwsg a'u deffro i sylweddoli'r tranc sydd ar fin eu goddiweddyd. Y bwgan sy'n eu parlysu yw'r Dim Mawr – marwolaeth, ac nid yn unig marwolaeth anochel yr unigolyn meidrol, ond hefyd marwolaeth fygythiol ond osgoadwy y genedl Gymreig ac iaith a diwylliant y Cymry Cymraeg. Yn *Hen Fyd Hurt* dyfynnir geiriau T. H. Parry-Williams yng nghyswllt diymad-ferthedd y Cymry yn wyneb tranc eu cenedl, yn hytrach nag yng nghyswllt *angst* y meidrolyn. I Heulwen, adroddwraig y nofel honno, mynegiant yw'r cwpled o'i diflastod ar ôl iddi fethu â chreu cynnwrf o brotest yng Nghaernarfon, yn erbyn ymweliad y Tywysog Siarl â'r dre. Ond er bod Heulwen yn anobeithio, erys ei llais yn y nofel yn gryf tan y diwedd, mewn modd sy'n nodwedd-iadol o adroddwragedd Angharad Tomos. Defnyddiant bob arf sydd gan yr iaith Gymraeg i'w gynnig iddynt – dychan, synwyrus-rwydd, hiwmor, her, cyfaredd, a llu o ddyfyniadau a chyfeiriadau llenyddol cyfoethog – er mwyn i'w cynulleidfa flasu'r iaith i'r byw a theimlo beth fyddai i'w cholli. Fel Deborah yr Hen Destament maent yn proffwydo gwae, ac yn galw 'Deffrowch, deffrowch fy mhobl', gan guro ar ddrws cydwybod eu darllenwyr.

Gan fod Angharad Tomos yn ei diffinio ei hun yn y lle cyntaf fel ymgyrchydd ym mrwydr yr iaith Gymraeg yn hytrach nag fel llenor, a chan na ddechreuodd gyhoeddi ei gwaith tan ar ôl i ganlyniadau'r refferendwm ar ddatganoli yn 1979 enbydu'r frwydr honno, nid yw taerineb ei nofelau yn erbyn diymadferthedd tybiedig eu cynulleidfa yn syndod. Ond ers iddi gyhoeddi ei nofel ddiweddaraf, *Wele'n Gwawrio*, yn haf 1997, y mae rhywfaint o gynnwrf wedi ysgwyd rhigolau bywyd gwleidyddol a diwylliannol Cymru, ac wedi newid i raddau ein syniad o'i dyfodol tebygol. Priodol felly, efallai, yw edrych ar ei gwaith hyd yn hyn yng nghyd-destun hanes Cymru rhwng y ddau refferendwm ar ddatganoli. Mae creu fframwaith hanesyddol o'r fath hefyd yn gymorth i osgoi'r broblem gyfarwydd honno ynghylch sut i daflu llinyn mesur o gwmpas gwaith awdur sydd ar ganol ei gyrfa ac yn debygol o ddatblygu mewn ffyrdd amhosibl eu gwybod.

Ym mherfeddion catalog cyfrifiadurol Llyfrgell Genedlaethol Cymru ceir cofnod sy'n categoreiddio'r nofel *Wele'n Gwawrio* dan y pennawd *Death Fiction*.[5] Er bod y categori yn un annisgwyl – ymddengys fod catalogwyr y Llyfrgell wedi creu *genre* ffuglennol newydd – nid yw'n anaddas, efallai, fel disgrifiad o nofelau Angharad Tomos yn eu crynswth hyd yma. Gellir honni mai marwolaeth, neu yn hytrach y teimlad hunllefus hwnnw o fod yn un o'r meirw byw, yw pwnc ei ffuglen o'r cychwyn cyntaf. Yng ngolygfa gyntaf y gyfrol gyntaf i'w chyhoeddi ganddi, sef *Rwy'n Gweld yr Haul*, casgliad o draethiadau a enillodd iddi Fedal Lenyddiaeth Eisteddfod yr Urdd yn 1981, sleifiodd merch fach lawn bywyd i wely ei rhieni un ben bore er mwyn cael 'rhannu'r bore gyda rhywun arall'.[6] Ond cysgu'n drwm yr oedd ei rhieni. 'Be' sydd haru bobl fawr yn cysgu mor hir?' galarai'r plentyn, gan wybod na châi ddechrau'r diwrnod go-iawn heb eu cydweithrediad hwy. Yn ei gwsg, rhoddodd ei thad ei fraich fawr drosti, gan ei phinio'n sownd i'r gwely. Teimlai hithau'r caethiwed i'r byw; dechreuodd ofni 'na wnaiff neb byth godi ac mai fel hyn y byddwn ni, tri yn y gwely, tan ddiwedd y byd'. Yna'n sydyn mae'r cloc larwm yn canu a'r oedolion yn dechrau stwyrian: 'mae'n amser codi a 'dw i'n rhydd.'[7]

Eithr dim ond dechrau ar yrfa o gaethiwed ar ôl caethiwed mae adroddwraig *Rwy'n Gweld yr Haul;* yn y penodau dilynol, wrth iddi heneiddio, dygir hi o 'Gaethiwed Plentyn' i gaethglud 'Ieuenctid', 'Crefydd', 'Pechod', 'Carchar' a 'Mynegiant'. Plesiwyd un o feirniaid y gystadleuaeth, sef Dafydd Elis Tomos, gan y bennod 'Caethiwed Carchar' yn enwedig: roedd 'yn rhagori ar lawer o waith cyhoeddedig yn *genre* llên carchar-dros-yr-iaith,' meddai.[8] Nid yw natur argyhoeddiadol ei disgrifiad o fywyd carchar yn syndod o gofio mai deunaw oed oedd Angharad Tomos pan welodd y tu mewn i garchar Holloway y tro cyntaf, yn 1976,[9] a'i bod yn hen gyfarwydd â charchardai Lloegr erbyn 1981. Ond nid y carcharorion yn unig sy'n gaeth yn y bennod hon: ynddi disgrifir y Cymry fel cenedl o'r meirw byw a barlyswyd gan gynllwynion y sefydliad Seisnig a chyfalafiaeth fyd-eang. Yn ôl adroddwraig y testun, dechrau deffro o'r newydd yr oedd yr henwlad pan ataliwyd ei datblygiad: "Roedd 'na "Hen ymyrryd ym môn miaren" a "hiraeth geni ym mherth y gwanwyn". Fe ddaru Nhw synhwyro hyn a chwistrellu chwyn laddwr arnom. 'Roeddem ni'n araf ddihoeni ac 'roedd ein hadenydd yn pydru.'[10] Cyfeiriad sydd yma, yn ôl pob tebyg, at atgyfodiad gwleidyddol a diwylliannol Cymru a'r Gymraeg yn y 1960au a'r 1970au, deffroad a oedd, erbyn 1981, wedi ei beryglu gan ganlyniadau refferendwm 1979.

Mewn cyfweliad â Gwyn Erfyl a ddarlledwyd ar S4C yn 1984, mae Angharad Tomos yn sôn am y ffordd y trawsnewidiwyd ei gogwyddion gwleidyddol gan siom canlyniadau'r refferendwm hwnnw. Gwnaeth iddi edrych ar hanes Cymru yn nhermau gwrthdaro dosbarth, yn ogystal ag yn nhermau'r frwydr dros Gymru rydd. 'Roedd y mudiad cenedlaethol wedi bod wrthi am hanner can mlynedd yn rhoi ei bropaganda i'r dosbarth canol,' meddai wrth Gwyn Erfyl,

> yna pan roddwyd hwnnw i bleidlais, yn naturiol roeddech chi'n mynd i gael rhyw 10 y cant, sef y dosbarth canol Cymraeg yna'n ymateb yn ffafriol, a'r 90 y cant o'r Cymry nad ydyn ni wedi cymryd sylw o'u buddiannau nhw o gwbl, yn adweithio yn erbyn.[11]

Yma mae'n ei chynnwys ei hun ymhlith y Cymry Cymraeg dosbarth-canol y cyfeirir atynt gan ei 'ni', ond yn sylweddoli, fel y sylweddolodd arweinwyr Cymdeithas yr Iaith yn gyffredinol yn ystod y 1980au, fod yn rhaid brwydro dros ffyniant cymdeithasol ac economaidd cymunedau dosbarth gweithiol a di-Gymraeg Cymru yn ogystal, os yw Cymru a'r Gymraeg i oroesi. Yr un yw gelynion yr iaith a gelynion y dosbarth gweithiol, sef

diffyg gwaith a diffyg system economaidd i gynnal pobl yn yr ardaloedd Cymraeg a phobl yn yr ardaloedd di-Gymraeg fel ei gilydd; diffyg cynllunio strategol o blaid y Gymraeg ac o blaid y bobl sy'n byw yng Nghymru – hynny ydy, coloni o Loegr ydyn ni o hyd.[12]

Ceir adlewyrchiad clir o'r safbwyntiau hyn yn nofel nesaf Angharad Tomos, sef *Hen Fyd Hurt*, y gwaith a enillodd iddi Fedal Lenyddiaeth Eisteddfod yr Urdd am yr eildro yn 1982.

Gellir dadlau i Angharad Tomos ddarganfod ei llais fel llenor yn y nofel gynnar hon. Gyda'i dychan gwatwarus ar sefydliadau'r dosbarth canol Cymraeg, megis Prifysgol Cymru, ei hymagwedd agos-atoch ond eto herfeiddiol tuag at y darllenydd, a'r gwead cyfoethog o ddyfyniadau llenyddol sy'n ymdroi trwy'r gwaith, mae i arddull y testun hwn ryw fywiogrwydd heintus sy'n nodweddiadol o'r mwyafrif o'i gweithiau. Nid yw'n arddull dosbarth canol, er yr holl ddyfynnu llenyddol; mae defnydd ei hadroddwragedd o dafodiaith, a'u hystum garw, ffwrdd-â-hi, yn sialens i unrhyw syniad uchel-ael o'r hyn sy'n weddus i fynegiant llenyddol. Nid yw chwaith yn arddull draddodiadol fenywaidd; nid oes ynddi arlliw yn y byd o'r gwyleidd-dra a'r goddefgarwch sy'n ystrydebol yn gysylltiedig â'r fenyw. Yn fwriadol neu beidio, gwnaeth Angharad Tomos dro da â'i chwiorydd wrth fabwysiadu'r fath arddull; ar lefel mynegiant a thôn y llais, rhyddhawyd yr awdures Gymraeg oddi wrth weddillion rhagfarnau a disgwyliadau patriarchaidd gan ei hesiampl.

Ei harddull yn anad dim arall sy'n gyfrifol am hiwmor a ffresni *Hen Fyd Hurt*. Ond mae themâu'r nofel yn ddifrifol ddigon, ac roeddynt yn rhai perthnasol iawn i Gymry'r 1980au, yn enwedig i'r Cymry dosbarth gweithiol a di-Gymraeg. Diweithdra yw un o brif bynciau *Hen Fyd Hurt*; ar ôl gyrfa ddisglair fel myfyrwraig ym Mhrifysgol Cymru, mae Heulwen, adroddwraig y nofel, yn ei darganfod ei hun ar y clwt, 'heb ddim i fyw er ei fwyn'. Mae'n ymwybodol iawn mai ond un ystadegyn mewn cyfanswm o dri miliwn ar y dôl yw hi: mae Thatcheriaeth mewn grym, ac mae niferoedd y di-waith yn prysur luosogi, heb fawr obaith am newid eu stad. Mynegir teimladau yr ifainc segur – heb eu profi ond yn barod wedi eu dyfarnu'n ddi-werth – yn effeithiol yn y nofel hon. Nid oes i Heulwen swyddogaeth yn y byd, na dim achos penodol i'w chodi o'i gwely bob bore. Mae bodloni â diymadferthedd yn troi'n demtasiwn ddyddiol dan yr amgylchiadau hyn:

> Y peth cyntaf a wnaf ar ôl deffro yw ceisio mynd yn ôl i gysgu. 'Roedd hi'n braf cysgu, yr oedd fel petawn wedi marw. Byddai'n braf cael marw – gwneud dim byd heb fod yn ymwybodol o hynny . . . Y gwely yw arch y di-waith. Yn hwn fe'u claddwyd yn fyw.[13]

Polisïau ariannol Thatcher, a'u deunydd o ddiweithdra, yw'r fraich ormesol sy'n pinio'r ferch yn gelain ar ei gwely yn y nofel hon. Hiraethai Heulwen am i 'rywbeth ddigwydd' – rhyw 'gynnwrf yn y coed'; byddai hyd yn oed profiad arteithiol o boenus yn well na'r diddymdra hwn. 'Fe hoffwn blymio i fôr o wydr a chlywed y pinnau'n suddo i'm cnawd' meddai;[14] o leiaf byddai'r boen yn ei hatgoffa ei bod yn fyw. Yn y cyflwr hwn, ac fel petai mewn ateb i'w gweddi, gelwir arni gan lais arallfydol, llais Llywelyn y Llyw Olaf, i ysgwyddo baich poen hanesyddol y Cymry, ac i ymwregysu i'r gad. Ond, ar ei phen ei hun ac yn ddihyder, nid yw'n hawdd iddi ddarganfod pa fodd i weithredu'n effeithiol, ac nid yw ei rhwystredigaeth ond yn cynyddu.

'Tynged yr Iaith', darlith radio Saunders Lewis, yw'r cloc larwm sy'n ei deffro o'r diwedd i sylweddoli ei sefyllfa'n llawn. Un bore swrth arall, wedi ei methiant i amddiffyn cam Llywelyn, daw'n ymwybodol ei bod yn gwrando ar ailddarllediad radio o'r ddarlith, i ddathlu ei hugainmlwyddiant. Ond mae'r larwm hwn erbyn hyn wedi bod yn seinio am genhedlaeth heb ennyn digon o 'gynnwrf', ac mae llais Saunders Lewis yn taro'i chlust fel llais cyhuddgar o'r bedd: 'Yr oedd fel llais cwynfanus yn ceisio dod allan o arch . . . Yr oedd fel deryn corff yn deor gwae . . . Yr oedd yn canu'r gloch, yn seinio'r utgorn olaf.'[15] Nid yw'r Cymry wedi llwyddo i'w hysgwyd eu hunain o'u trwmgwsg marwaidd, er eu rhybuddio, ac mae hithau, Heulwen, hefyd wedi bradychu'r alwad. O dan bwysau'r fath bwn o euogrwydd, mae ei rhwystredigaeth yn cyrraedd penllanw, ac mae'n llythrennol yn ei thaflu ei hun trwy 'fôr o wydr', hynny yw, trwy ffenestr. Ond nid yw'r weithred eithafol hon hyd yn oed yn ddigon i'w rhyddhau, a chaiff ei hun ar ddiwedd y nofel yn ymfodloni mewn ysbyty meddwl, wedi rhoi fyny ceisio brwydro yn erbyn 'hen fyd hurt'.

O'r cychwyn cyntaf, felly, ceir yng ngwaith Angharad Tomos gyfuniad o ofnau yn ymwneud â diymadferthedd gorfodol: ofn yr unigolyn na chaiff gyfle i ddefnyddio'i egnïon yn llawn ac mai rhyw bydru byw fydd ei hanes, a'r ofn nad oes dyfodol i'r Cymry wedi 1979 ond bod yn dystion i farwolaeth araf eu hiaith, eu diwylliant a'u cenedl. Yn ei gwaith mae dwy ran y cyfuniad – tynged yr unigolyn a thynged yr hil – yn atgyfnerthu ei gilydd. Cynyddir rhwystredigaethau gwleidyddol a phersonol arwresau'r nofelau gan eu hymwybyddiaeth o'u diffyg grym fel unigolion a breuder bywyd. Ar yr un pryd dyfnheir eu dealltwriaeth wleidyddol o'r modd y mae system drahaus yn gweithio – ac yn parhau mewn grym – gan eu profiad fel unigolion o'r demtasiwn i ildio'r frwydr, a bodloni yn swrth ar hanner byw. Yn eu mynegiant o ddiflastod y demtasiwn hon, mae arwresau Angharad Tomos yn lleisio profedigaethau'r Cymry dosbarth-gweithiol yn ystod y 1980au, yn ogystal â'r Cymry Cymraeg dosbarth-canol. Maent hefyd yn adlewyrchu radicaliaeth draddodiadol y werin Gymreig, oherwydd yn hwyr neu'n hwyrach daw rhyw 'gloc larwm' i'w deffro o'u diflastod a'u gyrru yn ôl i'r gad unwaith eto, i brotestio a gweithredu yn erbyn anghyfiawnder eu sefyllfa.

Er mwyn cynnal gweithredoedd o'r fath, mae'n rheidrwydd ar yr unigolyn i ddarganfod cyfeillion a chwmnïaeth o'r un farn wleidyddol ag ef neu hi; fel y dengys stori Heulwen, mae'n amhosibl herio grymoedd y sefydliad yn effeithiol heb gefnogaeth. Yn amlwg, roedd eisiau eneidiau hoff cytûn ar Heulwen yn ei hunigrwydd llethol, a mudiad i'w hysbrydoli a rhoi pwrpas a hyder iddi. Y mudiad a ddaeth i fodolaeth dan ddylanwad darlith Saunders Lewis yw'r ateb i'w hanghenion, ac mae Blodeuwedd, adroddwraig nofel nesaf Angharad Tomos, *Yma o Hyd*, yn gwybod hynny i'r dim. *Yma o Hyd* yw'r 'nofel a gafodd gam'. Dan y ffug-enw 'Her', cyflwynwyd hi i gystadleuaeth y Fedal Ryddiaith yn Eisteddfod Genedlaethol Llanbedr Pont Steffan yn 1984, ond profodd yn ormod o her i'r beirniaid. Cyflwynwyd y wobr i nofel John Idris Owen, *Y Tŷ Haearn*, nofel na ellir dweud amdani ei bod wedi cynhyrfu unrhyw ddyfroedd. Yn y pwt o feirniadaeth ar *Yma o Hyd* a geir yn *Cyfansoddiadau a Beirniadaethau* yr Eisteddfod honno, siarsiwyd yr awdures i roddi 'sylw arbennig i'r priodoldeb o safoni'r iaith lafar', a disgrifiwyd ei nofel fel 'dyddiadur merch o Gymraes sydd wedi'i charcharu am ei gwrthryfel yn erbyn safonau ei rhieni'.[16] Cyflewyd safonau a rhagfarnau'r Cymry Cymraeg dosbarth-canol yn dra effeithiol gan y feirniadaeth hon. Dim ond oherwydd i Robat Gruffudd, Gwasg y Lolfa, ddwyn perswâd ar Angharad Tomos i gyhoeddi'r gwaith – heb safoni'r iaith – yr ymddangosodd *Yma o Hyd* mewn print.[17] Ond wedi ei hymddangosiad llwyddodd i fynd dan groen ei darllenwyr, mewn modd a'i gwnaeth yn amlwg nad nofel am wrthryfel personol llances yn erbyn ei rhieni oedd hon. Dyfarnwyd hi yn ddiwedd-arach yn un o nofelau Cymraeg pwysicaf y degawdau diwethaf. Yn ôl M. Wynn Thomas, '*Yma o Hyd* is one of the best Welsh books, in either language, to have appeared for quite a time',[18] ac i John Rowlands mae *Yma o Hyd* yn 'llyfr sy'n ysol berthnasol i Gymru diwedd yr ugeinfed ganrif,' cymaint felly fel na ddylid ei drafod fel nofel o gwbl: llais y gydwybod genedlaethol ydyw, yn hytrach na ffuglen.[19] Ond go brin y gellir gwneud heb ymdriniaeth ohono mewn cyfrol ar y nofel Gymraeg ddiweddar.

Gweithredwraig ymroddedig ym myddin Cymdeithas yr Iaith Gymraeg yw Blodeuwedd, sydd dan glo yng ngharchar y Sais trwy gydol y nofel. Ond gweithred annibynnol, heb fod yn gysyllt-iedig ag unrhyw ymgyrch dros yr iaith, yw achos ei chaethiwed y tro hwn: mae wedi rhacsio siop, mewn adwaith anarchaidd i'w rhwystredigaeth yng 'ngharchar' dof y byd Cymraeg dosbarth canol, ac wedi mwynhau ei rhacsio hefyd. Ar ôl i'w rhieni ei hachub yn erbyn ei hewyllys o'i charchariad diwethaf trwy dalu'r ddirwy, teimlai Blodeuwedd i'r byw ddiflastod rhigolau dibwrpas ei dyddiau. 'Ron i'n codi yn y bore,' meddai,

> yn bwyta 'mrecwast, cinio a swper, ac yna'n mynd yn ôl i gysgu. A rhwng prydau mi ddaru mi ailddechrau glanhau'r tŷ, golchi llestri, mynd i siopa, mynd am dro, mynd i gyfarfodydd, gwylio teledu, darllen, sgwennu llythyrau, darllen papur, a phob dim arall mae Cymry Cymraeg yn eu gwneud rhwng prydau. A dyma fi'n meddwl yn sydyn, 'mae na fwy i fod yn Gymro na hyn'.[20]

Gweithred sy'n cyffelybu â gweithred Heulwen yn ei thaflu ei hun trwy'r ffenestr yw difetha'r siop, ond fod adroddwraig Angharad Tomos y tro hwn yn troi ei rhwystredigaeth yn ddicter yn erbyn nwyddau gwneuthuredig cyfalafiaeth, yn hytrach na chlwyfo'r hunan. Mae'r ymateb yn un iachach, ar un olwg, ond nid yw'n ymateb traddodiadol fenywaidd; yn ôl yr hen ystrydebau y gwryw yn hytrach na'r fenyw sy'n fwy tebygol o weithredu'n dreisiol er mwyn rhoi mynegiant i'w rwystredigaeth. Nid yw chwaith yn ymateb nodweddiadol ddosbarth-canol; fel y dengys hanes terfysgoedd gweithwyr de Cymru yn ystod degawdau cyntaf yr ugeinfed ganrif, yn draddodiadol gweithred ddosbarth-gweithiol yn erbyn y bwrdeiswyr bychain yw difetha siopau.

Mae Blodeuwedd yn gymeriad tipyn mwy caled a heriol na Heulwen felly, a'r hyn sydd wedi ei chaledu yw ei haddysg y tu mewn i Gymdeithas yr Iaith. Mewn cynhadledd yn 1996 ar fasnach arfau Prydain, disgrifiodd Angharad Tomos y modd y ffurfiwyd ei meddylfryd hithau gan ei hymroddiad i'r Gymdeithas. 'Mae fy holl brofiad gwleidyddol i yn deillio o wleidyddiaeth uniongyrchol Cymdeithas yr Iaith,' meddai;

> mae bod yn rhan o fudiad felly am dros ugain mlynedd yn gallu effeithio'n drwm ar sut ydych chi'n gweld y byd. Mae o'n rhannol gyfrifol am ffurfio y weledigaeth sydd gennych chi am y byd ac am gymorth i gynnal y weledigaeth honno.[21]

Dysgodd ei bod yn 'rhan o sustem oedd yn cynnal un o'r Llywodraethau mwyaf treisiol yn y byd' ac mai'r unig gwestiwn o bwys i daeogion y gyfundrefn honno oedd 'ydyn ni am fod yn dawedog, neu ydyn ni am godi llais?' Yn yr un modd mae arwres *Yma o Hyd* wedi dysgu ei fod yn rheidrwydd arni hithau i godi ei llais yn erbyn y fath gyfundrefn, a gweithredu. Er mwyn gwneud hynny, medd Blodeuwedd, rhaid 'Tanio'r hunan. Rhoi'r peth mewn cyddestun oesol. Holi be sy'n beryg o ddigwydd os *na* wna i rywbeth. Creu ofn yn yr hunan am hyn. Disgyblu'r hunan yn llym.'[22]

I weithredwraig mor ymroddedig â Blodeuwedd, mae bod mewn carchar – yn eironig – yn rhywfaint o ryddhad. Llonyddwch gorfodol sydd dros dro yn rhoi egwyl i'w chydwybod yw'r carchar iddi ar gychwyn y nofel, 'canol llonydd' o'r hwn y gall ymgyrchydd dros yr iaith greu cyffro yn ôl yng Nghymru heb iddo orfod symud bawd na throed. Fel y dangosodd yr holl lythyrau yr oedd Blodeuwedd wedi arfer eu derbyn yn ystod ei charchariadau blaenorol, mae'r ffaith fod 'rhywun yn y carchar drosom ni' yn ddigon o her ynddi'i hun i gythryblu cydwybod y dosbarth canol Cymraeg, a'i sbarduno, os nad i'r gad, yna o leiaf i'r Swyddfa Bost. Yn wir, i Blodeuwedd mae bod mewn carchar yn demtasiwn debyg i demtasiwn y gwely i'r di-waith. 'Dwi'n licio clywed sŵn y drws yn cau'n glep a 'ngadael i'n gwbl ddiymadferth,' meddai: 'Mae o'r peth agosa, dybiwn i, i glywed caead arch yn cau arnoch, a gallu meddwl, "Diolch byth, dyna'r syrcas yna drosodd".[23] Unwaith eto, felly, cawn yn y nofel hon fynegiant o'r dyhead am lonyddwch yn nhermau yr awch am angau.

Y 'cloc larwm' sy'n deffro adroddwraig Angharad Tomos y tro hwn o'i hanner-bodlonrwydd swrth yn 'arch' y carchar, ac yn ailgynnau holl danbeidrwydd ei hysbryd radicalaidd, yw'r newydd am ddyfodiad taflegrau niwclear yr Unol Daleithiau i gomin Greenham, er gwaethaf safiad gwersyll y merched yn eu herbyn. Daw Blodeuwedd i wybod am gyrhaeddiad y taflegrau yn sydyn ar radio'r carchar, ac mae'r sioc yn ddigon i'w hysgwyd o'i goddefolrwydd, a'i gyrru i redeg yn wyllt mewn protest trwy goridorau plasau'r brenin.[24] Yn ôl y nofel, yr un grym sy'n gyfrifol am y bygythiad niwclear hwn a'r bygythiad i oroesiad Cymru, sef y 'Bwystfil', y drefn Brydeinig a'i hen imperialaeth filwrol a gafodd atgyfodiad yn ystod blynyddoedd teyrnasiad Thatcher. Mae dallineb a byddarwch y jygarnot hwn i bob protest yn ei erbyn yn deffro yn Blodeuwedd 'y teimlad mwya dychrynllyd o orchfygaeth'. 'Dwi 'di troi yn sombi,' meddai, 'Dwi run fath ag oen bach yn disgwyl tu allan i'r lladd-dy. Dyna sut betha ydan ni'r Cymry bellach . . . Gwnewch rywbeth i mi cyn bellad â bod ddim rhaid i mi sefyll ar fy nhraed fy hun ac ymladd. Hen genedl fasocistaidd ydan ni bellach. Wedi cael ein llyncu'n llwyr.'[25] Gwêl Gymru fel 'caits' neu arch o wlad, a'i thrigolion oll yn sombis na ellir eu cyffroi, a rhaid iddi redeg er mwyn profi, os ond iddi hi ei hunan, fod yna un Gymraes o leiaf nad yw eto wedi cyrraedd stad y marw byw. Unwaith eto, diffyg cynnwrf ei chyd-Gymry yn wyneb eu tranc fel cenedl yw'r gwir garchar yn y nofel hon, ac mae'n dân ar groen Blodeuwedd. 'Sgin i ddim gymaint o ofn gweld diwedd Cymru ag sydd gen i o orfod byw drwy'r broses,' meddai: 'Achos proses ddychrynllyd ydi gorfod gwylio rhywun yn marw.' [26] Dyma'r rheswm, wrth gwrs, dros awch angau adroddwragedd Angharad Tomos; mae'n naturiol teimlo y byddai'n haws marw eich hunan na chael eich gorfodi i wylio gwrthrych eich cariad yn marw. Ac yn ôl diweddglo cryf a dylanwadol *Yma o Hyd*, heb ryw ddeffroad, rhyw 'gynnwrf yn y coed', dim ond 'cerdded am hydoedd at ein tranc' sydd o flaen y genedl Gymreig.[27]

Yn nofel nesaf Angharad Tomos, bod yn dyst i daith unigolyn yn 'cerdded am hydoedd at ei thranc' yw swyddogaeth yr adroddwraig. Yn llythrennol, y 'broses ddychrynllyd' o 'wylio rhywun yn marw' yw thema *Si Hei Lwli*, nofel arobryn y Fedal Ryddiaith yn

Eisteddfod Genedlaethol Bro Delyn yn 1991. 'Y daith' oedd testun y gystadleuaeth, a thaith olaf yr hen fodryb Bigw a geir yn y nofel, ei thaith lythrennol yng nghar ei nith Eleni i ymweld â bedd ei rhieni, a'i thaith drosiadol i'w bedd ei hun. Ond nid cymeriad dof, methedig, yw Bigw, er ei henaint a'i hanabledd corfforol; mae iddi 'ryw styfnigrwydd anghyffredin, rhyw ddiawledigrwydd . . . Roedd yn parhau i frwydro, a diystyrai'n sarrug bob ymgais i'w helpu nes gorfodwyd hi i'w dderbyn'.[28] Er bod Bigw yn ddibriod ac yn ddi-blant, mae ei nith yn dod i sylweddoli – ac i ddathlu – y ffaith ei bod wedi mwynhau dogn teg o fwrlwm ac o gynnwrf bywyd. Mae Bigw wedi byw, 'wedi goroesi'r blynyddoedd, drwy ryfeloedd a heddwch, galar a llawenydd, trychinebau a buddugoliaethau, gorthrymder a gorfoledd'. Hi sydd yn arwain Eleni yn eofn ymlaen i'r dyfodol tywyll ar ddiwedd y nofel, yn holl gadernid 'gwytnwch ei chymeriad, a'i hysbryd gwâr'.[29]

Yn niweddglo gorfoleddus y llyfr hwn ymddengys fod colyn angau wedi ei dynnu unwaith ac am byth. Mae gorffennol Bigw yn fyrlymus fyw ym mhresennol Eleni ac yn ei disgrifiad o'r daith, ac ni all amser na meidroldeb ddifa fflam ei bodolaeth. Ac nid yn unig Bigw fel unigolyn sy'n goroesi yn y testun ond hefyd yr hen gymunedau Cymraeg y bu hi'n aelod ohonynt. Wrth iddynt deithio, mae Eleni, yn ei chydymdeimlad cynyddol â Bigw, yn dechrau edrych ar y tirlun o'u cwmpas, ac ar ymddygiad y bobl y maent yn eu cyfarfod ar hyd y ffordd, trwy lygaid yr hen wraig. Mae'n sylwi fod pethau wedi newid, ac nid er gwell. Caiff Bigw ei drysu gan y priffyrdd newydd cyflym sy'n torri ar draws ei chof am ei hen gynefin, ac mae Eleni hefyd yn ddig yn erbyn y newidiadau. Ar gyfer 'pobl ddiarth' yr adeiladwyd y priffyrdd, meddai,

> pobl nad ydi pentrefi ar y ffordd yn golygu dim iddyn nhw . . . Ond am y bobl leol, mae eu holl hanes hwy yn hen ffurf y pentrefi hyn. Ar hyd yr oesoedd, anghenion a ffordd o fyw eu cyndeidiau sydd wedi gwneud yr ardal yma yr hyn ydyw. I rai mannau, mae yna arwyddocâd arbennig.[30]

Estronwyd Bigw a'i chenhedlaeth oddi wrth eu cynefin eu hun gan y newidiadau, mewn modd sydd yn dangos yn glir nad buddiannau'r cymunedau lleol Cymreig oedd yn bwysig i'r cynllunwyr llywodraethol. Ond wrth fynnu mynd â'i modryb yn ôl i'w man arwyddocaol arbennig hi, sef bedd y rhieni, ac wrth fod yn dyst i'w chryfder ar y daith honno, mae Eleni yn gweithredu yn erbyn rhuthr diwreiddiau y ffordd newydd o fyw.

Yn yr un modd, mae presenoldeb Bigw wrth ei hochr hefyd yn deffro Eleni i sylweddoli hurtrwydd rhai o'r ffurfiau newydd o fasnachu. Yn naturiol ddigon, fe hoffai Bigw fod wedi gallu dewis blodau i'w rhoi ar fedd ei rhieni ei hun, a thalu amdanynt, ond yn y garej 'PDH – Pawb Drosto'i Hun' lle mae Eleni'n prynu'r blodau, rhaid talu â cherdyn yn lle arian, ac embaras yng nghyd-destun y gwerthiant slic, annynol, fyddai presenoldeb yr hen wraig. 'Beth ydi'r ysfa yma i geisio ei gwneud yn ddiangen i bobl ymwneud â'i gilydd?' synfyfyriai Eleni, a 'be ydi'r pwynt iddyn nhw ber-ffeithio'r System a chymryd blynyddoedd i ddyfeisio peiriannau sy'n arbed yr holl amser 'da chi'n ei gymryd i lenwi siec, os ydach chi'n mynnu dod â'ch hen fodryb naw-deg-rwbath allan efo chi i ddewis bloda?'[31] Ar adegau fel hyn, mae safbwynt gwrthdystiol Eleni yn erbyn y modd y mae systemau cyfalafiaeth fyd-eang yn dieithrio pobl oddi wrth ei gilydd yn gwneud i'w llais swnio'n debyg iawn i leisiau protestgar arwresau nofelau blaenorol Angharad Tomos. Ac wrth gwrs mae ei phrotestiadau ynghylch y modd yr estronir trigolion pentrefi Cymru oddi wrth eu cynefin gan y fath newidiadau yr un mor berthnasol i bentrefi dyffryn-noedd y de ag y mae i'r pentrefi gogleddol lle magwyd Bigw. Ond wrth frwydro ymlaen, a chadw gafael dynn ar ei hunan-barch, mae Bigw yn cael goruchafiaeth ar yr holl ddyfeisiau hyn sy'n ei llethu, ac felly, erbyn diwedd y nofel, yn ymbersonoliad o oroesiad yr hen gymunedau gwâr.

Eto i gyd, mae yna dristwch sylfaenol ym mherfeddion y nofel hon. Wrth iddi frwydro drwy ei blynyddoedd olaf mewn cartref henoed, yr hyn a boenai Bigw fwyaf oedd y modd y mynnai pawb o'i chwmpas anwybyddu yr hyn a'i hwynebai, a gwrthod trafod marwolaeth. 'Er mai ar yr echel honno yr oedd bywyd y Cartref yn troi, ni fynnai neb gydnabod hynny,' cwynai Bigw: 'roeddynt fel petaent yn credu y caent lonydd oddi wrtho cyhyd ag y gwadent ef.'[32] Nid rhyw atebion mawr i ddirgelwch marwolaeth yr oedd ar Bigw eu heisiau, dim ond y cysur o'i drafod ag eraill ac felly lleihau tipyn ar faich ei hunigrwydd wrth iddi orfod byw trwy'r broses. Mae'n dyheu am 'unrhyw beth a fyddai'n torri ar draws y cynllwyn ofnadwy yma o beidio ag ynganu'r gair, heb sôn am siarad amdano.'[33] Er bod Eleni yn ystod eu taith yn synhwyro'r awydd hwn yn Bigw, eto nid yw'n magu digon o blwc i siarad yn uniongyrchol â hi am realiti ei sefyllfa. Yn rhy hwyr, ar ôl yr angladd, mae'n teimlo'r bai: 'Mae 'na euogrwydd dwfn yn pwyso ar 'ysgwyddau i nawr,' meddai, ond ar y pryd 'am ryw reswm dirgel, fedrwn i ddim gwneud fy hun drafod y mater.'[34] Ymddengys mai ymdrech i wneud yn iawn am ei distawrwydd yw'r weithred o gofnodi hanes y daith a dathlu dyddiau olaf Bigw. Wrth iddi barablu ei ffordd trwy'r testun yn *Si Hei Lwli*, mae Eleni yn suo ei modryb yn ei chwsg olaf trwy ateb ei dyhead am sgwrs go-iawn am y broses o farw.

Er bod y cyd-destun yn wahanol, yr un yn y bôn yw poen Bigw â phoen Blodeuwedd yn *Yma o Hyd*. Fe fu'n rhaid i Blodeuwedd hefyd fyw mewn unigrwydd trwy broses a ymddangosai iddi fel un o farwolaeth, marwolaeth yr hunaniaeth Gymreig, a'i chyd-Gymry fel petaent am anwybyddu'r sefyllfa a gwrthod ei thrafod. Yn wyneb canlyniadau refferendwm 1979 yr oedd eisiau ffydd i gredu fod unrhyw fath o ddyfodol Cymreig yn bosibl i'r Cymry a wrthododd sylfaen gyfansoddiadol i'w hunaniaeth. Ymddengys eu bod yn hytrach wedi dewis marwolaeth o'u gwirfodd, ac yn fodlon syrthio'n ddi-stŵr i ebargofiant, fel defnynnau glaw T. H. Parry-Williams. Ymgais i greu cyd-destun a fydd yn gweithio yn erbyn y difodiant bygythiol hwn yw nofel nesaf Angharad Tomos, ac ynddi defnyddir rhai o'r un syniadau ynghylch sut i goncro angau a ddarganfyddwyd gan Eleni yn *Si Hei Lwli*. Trawsnewidiwyd dealltwriaeth Eleni o fywyd a phersonoliaeth ei modryb gan yr ychydig destunau brith a adawodd Bigw ar ei hôl, megis y pwt o neges oddi wrth ei chyfaill – *'don't get drunk on your twenty-first!'* – a gadwyd yn ofalus gan yr hen wraig am dros ddeg a thrigain o flynyddoedd.[35] Cynorthwywyd ei nith gan y manylion hyn i roi genedigaeth newydd yn ei thestun i fyd go-iawn Bigw. Mewn modd cyffelyb, er ar raddfa dipyn yn ehangach, nod Awen, adroddwraig *Titrwm* (1994), yw cyflwyno i'r genhedlaeth sydd i ddod 'cyfrin achau' ei hil, er mwyn rhoi bywyd newydd i'r hen orffennol a cheisio sicrhau Cymreictod y dyfodol. Yn achos yr hil, ei hanes, ei thraddodiadau, ei mythau, a'i llên, yn ogystal wrth gwrs â'i hiaith, yw arch y cyfamod, sy'n gwarchod ei gorffennol.

Mae'n rheidrwydd ar Awen, sy'n feichiog o ganlyniad i drais mewnfudwr o Sais, i drosglwyddo i'w phlentyn yr etifeddiaeth a fydd yn ei wneud yn Gymro, er mai cymysg fydd ei waed. Ond mae'n ymwybodol iawn o'r dylanwadau eraill fydd yn pwyso arno, ac o ansefydlogrwydd unrhyw hunaniaeth:

Beth fyddi di wedi'r geni? Mi fyddi megis inc ar flaen y pin hwn, yn cael dy dywys, ac yn gallu gadael dy ôl . . . Un llyfr bychan yw dy fywyd mewn 'stafell gyforiog o lyfrau mewn llyfrgell nad yw'n darfod . . . Diferion ydym yn cael ein hadnewyddu mewn cyfrolau newydd.[36]

Yn y nofel hon, adfywiad yr hen destunau mewn testunau newydd yw llinyn bogail yr hunaniaeth Gymreig cyn i Gymru gael ei geni'n llawn fel cenedl annibynnol. Bwydir Titrwm yn y groth â hanesion a mythau y Cymry, nid yn gymaint er mwyn iddo ddod i adnabod hanes ei gyndeidiau a'i gyn-neiniau, ond er mwyn creu fframwaith i'w hunaniaeth ef ei hun. Fel Heulwen *Hen Fyd Hurt* a Blodeuwedd *Yma o Hyd*, mae Awen yn ymwybodol iawn o arwyddocâd gwleidyddol ei thrallod personol: wedi ei hamddifadu o'i llais, a'i huno trwy rym yn erbyn ei bodd i'r Sais, mae'n ymgorfforiad o gyflwr ei hil.

Ond mae llais Awen yn gwbl wahanol i leisiau blaenorol nofelau Angharad Tomos. Ni cheir ynddo yr hiwmor a'r dychan a oedd yn nodweddu ymosodiadau Heulwen a Blodeuwedd ar gydwybod eu cyd-wladwyr. Llais barddonol yr hen gyfarwydd yw llais y ferch fud a byddar, llais llyfrau a llais y synhwyrau, a rhyw fyd hanner mythologol, yn hytrach na byd cyfoes Heulwen, Blodeuwedd ac Eleni, yw ei byd. Yn ogystal, fel y dadleuodd Gwenllïan Dafydd yn ei hysgrif ddiweddar ar *Titrwm*, mae ei llais yn ddigamsyniol yn llais benywaidd.[37] 'Awen' yw ei henw, a bod yn 'Awen' ac yn symbyliad i'r dyfodol sydd eto i'w eni yw ei phwrpas; yn draddodiadol cysylltir rôl o'r fath â dylanwad benywaidd. Cyfarwydd benywaidd iawn yw hon, a synwyrusrwydd ei geiriau, a'i gallu i gyfleu emosiynau yr hen arwresau a natur gylchog llinyn bywyd, sydd yn bwysig iddi, yn hytrach na ffeithiau moel yr hen hanesion. Er – neu yn hytrach oherwydd – ei phrydferthwch barddonol, nid yw arddull *Titrwm* yn cynnig yr un her i'r Cymry Cymraeg dosbarth canol ag y mae arddull y nofelau blaenorol – gan gynnwys *Si Hei Lwli*. Mae'r gwrthgyferbyniad rhwng llais y nofel hon a lleisiau y gweddill o'i ffuglennau i oedolion yn dangos yn glir yr hyn sydd yn wir unigryw ynghylch llais mwy nodweddiadol Angharad Tomos.

Serch hynny, mae'r un pethau yn hanfodol bwysig i Awen ag i arwresau eraill Angharad Tomos, er y gwahaniaeth yn y mynegiant. Wrth gwrs, mae parhad yr hil Gymreig, a'r iaith a'r diwylliant

Cymraeg yn bwysig iddi; yn ogystal, y mae ganddi hithau hefyd ddiddordeb arbennig yn ystyr marwolaeth. Saer yw tad Awen wrth ei alwedigaeth, ac ef yw gwneuthurwr eirch meirwon ei gymuned: o'i phlentyndod cynnar, felly, mae ei ferch wedi arfer byw gyda'r syniad o feidroldeb. Yn ei monolog i'w phlentyn, mae'n cyfleu yr un syndod â Bigw ynghylch tuedd eraill i anwybyddu gwirionedd mor sylfaenol. Ond yn y nofel hon peth cadarnhaol yw'r ymwybyddiaeth o feidroldeb o'r cychwyn cyntaf. Mae'n dwysáu'r ymdeimlad mai gwyrth a rhyfeddod yw bywyd ei hun yn y bôn. Meddai Awen wrth Titrwm:

> Fe'n genir mewn modd rhyfeddol, ac mae pob eiliad o'n bywydau yn ymestyniad o'r rhyfeddod gwreiddiol hwnnw. Ymhen y rhawg, a hwnnw'n ddyddiad annelwig, annisgwyl, anhysbys, fe dderfydd ein bywydau'n ddisymwth a dyna fydd ein diwedd yma. Dyna'r rhyfeddod eithaf.
>
> Eto, drwy gydol ein bywydau . . . llwyddwn i anwybyddu rhin y rhyfeddodau hyn bron yn llwyr. Gwell gennym ailadrodd defodau cyffredin undonog bob dydd, a chadw popeth rhyfeddol hyd braich . . . A ninnau wedi ein bendithio â synhwyrau i ymdeimlo â'r gân arall, pam ydyn ni'n ein caethiwo'n hunain i fod yn undonog?
>
> Dydw i ddim eisiau trosglwyddo i ti gyffredinedd diflas ein byw, Titrwm. Rydw i am i ti ganu'r gân arall.[38]

Ac wrth gwrs mae marwolaeth hefyd yn sylfaenol i stori y nofel *Titrwm*: oherwydd iddo dreisio ei chwaer, lleddir y Sais diarth, Eli Guthrie, gan Durtur, brawd Awen. Trwy gydol yr amser y mae'n traethu'r testun, mae Awen yn disgwyl, nid yn unig enedigaeth ei phlentyn, ond hefyd y bygythiad y bydd yr enedigaeth honno yn ei olygu i fywyd ei brawd, gan y bydd yn datgelu i'r heddlu fod gan un teulu yn y gymdogaeth reswm da dros ddial ar Eli Guthrie. Fe all genedigaeth y plentyn olygu angau i'r brawd. Mae beichiogrwydd Awen yn barod wedi danfon Durtur ar ffo o'r gymdogaeth; mae'n 'farw' i bob pwrpas iddi hi a'i rhieni bellach, a hynny oherwydd fod genedigaeth ar ddigwydd.

Marwolaeth a genedigaeth, a'r naill yn ddibynnol ar y llall. Gellir dadlau mai dyma hefyd un o brif themâu nofel ddiweddaraf Angharad Tomos, *Wele'n Gwawrio*, a enillodd iddi Fedal Ryddiaith yr Eisteddfod Genedlaethol yn 1997. Gosodwyd y nofel hon ar drothwy'r Mileniwm; mae ei digwyddiadau'n cymryd lle rhwng dydd Nadolig 1999 a 5 Ionawr 2000. Er mwyn cystadlu am y Fedal, mae'n rhaid fod Angharad Tomos wedi gorffen y gwaith cyn gwanwyn 1997, hynny yw, cyn etholiad cyffredinol 1997 ac wrth gwrs cyn y refferendwm ar ddatganoli yn y mis Medi dilynol. Adeg y disgwyl oedd adeg ysgrifennu'r nofel, ond llwyddodd *Wele'n Gwawrio* i broffwydo canlyniad yr etholiad cyffredinol yn gywir: y Blaid Lafur sydd mewn grym yn San Steffan yn y nofel hon. Nid yw'r nofel yn ceisio gwneud datganiad mor glir ynghylch tynged addewidion y Blaid Lafur i gynnig rhywfaint o hunanreol-aeth i Gymru; yn yr unig gyfeiriad at y Cynulliad a geir yn y nofel, dim ond sôn a wna adroddwraig y nofel, Ennyd Fach, fod 'y bargeinio gwirion am sut assembli sy'n ddigon diwerth a saff i'w chael' o hyd yn mynd yn ei flaen – sylw a allai fod yn wir pe bai Cymru wedi cael Cynulliad neu beidio.[39] Eto i gyd, mae gwahan-iaethau dirfawr wedi digwydd yn y Gymru a bortreedir yn y nofel hon, o'i chymharu â Chymru 1985 *Yma o Hyd*.

Ar yr wyneb ymddengys mai cymeriad tebyg i Blodeuwedd *Yma o Hyd* yw Ennyd Fach, ond ei bod bymtheng mlynedd yn hŷn; fel Blodeuwedd mae'n aelod selog o Gymdeithas yr Iaith, a'i bywyd o hyd wedi ei reoli gan anghenion y mudiad. Ond mae newidiadau sylfaenol wedi digwydd yn ei hymagwedd; nid yr un Blodeuwedd mohoni bellach. A gellir dadlau fod y newid-iadau hyn yn adlewyrchu'r newidiadau ym mywyd Cymru yn gyffredinol yn ystod degawd olaf yr ugeinfed ganrif. Ennyd Fach yw'r gyntaf o adroddwragedd Angharad Tomos nad yw'n unig. Roedd Heulwen, Blodeuwedd ac Awen pob un ohonynt yn ysol unig, ac er bod gan Eleni gwmni ei modryb, gŵyr y darllenydd o gychwyn *Si Hei Lwli* mai byw yng nghof Eleni yn unig y mae Bigw. Ond mae criw o gyfeillion brith yn amgylchynu Ennyd Fach, ac yn wynebu pob rhan o'r daith gyda hi, hyd yn oed y daith i'r bedd. Wrth dynnu sylw at berthnasedd y nofel hon i Gymru'r 1990au, disgrifiodd un o feirniaid cystadleuaeth y Fedal Ryddiaith hi fel nofel 'am gyfeillgarwch, am y closrwydd sy'n tyfu rhwng pobl yn ymgyrchu at yr un nod.'[40] Ym mis Awst 1997, ar ganol yr ymgyrch i ennill y bleidlais dros y Cynulliad, ymddangosai yn wir fod y Cymry, am unwaith, yn gallu cyd-dynnu. Gydag ymgeiswyr Llafur a Phlaid Cymru yn rhannu'r un llwyfannau ac yn siarad ag un llais ledled y wlad, roedd closrwydd go-iawn rhwng gwahanol garfannau yr ymgyrch. Yn *Wele'n Gwawrio* mae'r pwyslais ar gwmnïaeth hefyd yn newid y math o hiwmor a geir yn y testun. Mae'r nofel yr un mor ddoniol â ffuglennau blaenorol Angharad Tomos, ac eithrio *Titrwm*, ond nid yw ei hiwmor y tro hwn yn dibynnu cymaint ar lais dychanol yr adroddwraig; mae'r ddeialog rhyngddi a'i chyfeillion, a'r gwrthdaro chwareus rhyngddynt, hefyd yn elfennau pwysig yn natur ogleisiol y nofel.

Yn ogystal â'i hunigrwydd, un arall o nodweddion amlycaf Blodeuwedd oedd ei hymwybyddiaeth boenus o'r Saeson a'u 'Bwystfil' o system lywodraethol, eithr go brin fod sôn am Saeson o gwbl yn *Wele'n Gwawrio*. Yn hytrach, yr hil a gaiff ei chyferbynnu â'r Cymry yn y nofel hon yw'r Gwyddelod: Gwyddel oedd cyngariad Ennyd Fach, ac yn ystod y nofel mae hi a'i chyfaill Her yn mwynhau diwrnod i'r brenin yn Nulyn. Cadarnhaol a buddiol iawn yw'r berthynas rhwng y Cymry a'r Gwyddelod yn *Wele'n Gwawrio*, yn hollol i'r gwrthwyneb i berthynas ddifaol y Cymry â'r Saeson yn *Yma o Hyd*. Ymddengys fod gafael y Sais ar ymwybyddiaeth y Cymry, a'i heffaith niweidiol ar eu hunan-barch, yn barod wedi llacio'n arw iawn; erbyn hyn uniaethu â chyd-Geltiaid rhydd sy'n bwysig i'r Cymry. Wrth gwrs, fel gweithredwyr dros y Gymdeithas, mae gan Ennyd Fach a'i chyfeillion o hyd eu gelynion, ond nid y Saeson yn uniongyrchol mohonynt mwyach ond y gelynion mewnol – y Cymry sydd wedi derbyn eu tynnu i mewn i system llywodraeth Loegr, ac wedi colli eu radicaliaeth gysefin. Ar gychwyn y nofel disgrifir gyda hiwmor brotest yn erbyn yr Ysgrifennydd Cartref, sydd ar ymweliad yn y gymdogaeth. Sosialydd o Gymro yw 'Komi', a'i lysenw yn dynodi ei gomiwnyddiaeth gynnar, ond sosialydd mewn enw yn unig ydyw erbyn hyn, nid mewn ysbryd. Cyfarfu Ennyd Fach ag ef yn gyntaf yn ystod protestiadau'r Gymdeithas dros achos streic y glowyr yn 1984–5. Y pryd hynny yr oedd Komi 'ar dân dros achos y gweithwyr' ac roedd 'argyhoeddiad o'r fath yn fêl ar hormonau' Ennyd Fach a'i chyfeillion. Ond

> collodd o beth o hynny er mwyn cael ei ethol i'r Senedd, ac yna mi waredodd ei hun o'r cyfan drwy gael ei dynnu i'r Canol . . . Roedd o wedi crafu cymaint, roedd hi'n syndod bod rhywbeth yn weddill ohono.[41]

Un o bwdls 'Llafur Newydd' yw Komi, ac mae'r disgrifiad o'r newid yn ei agwedd wleidyddol yn broffwydoliaeth ddigon teg o'r newidiadau a ddaeth yn amlwg ym mhlaid Lafur Lloegr ar ôl haf 1997. Ar yr un pryd mae presenoldeb Komi yn y testun hwn yn fodd i atgoffa'r darllenydd o ymroddiad Cymdeithas yr Iaith i achos y glowyr yn ystod y streic fawr, a'r ffordd y crëwyd pontydd y pryd hynny rhwng radicaliaid yr iaith a'r mudiad llafur Cymreig. Ac roedd y closio newydd hwnnw yn arwydd o'r ymdeimlad o undod dan orthrwm rhwng Cymry Cymraeg y gogledd a sosialwyr Cymreig y de a arweiniodd at fuddugoliaeth drwch-blewyn refferendwm 1997.

Yna, yn hollol sydyn, heb rybudd yn y byd, mae Ennyd Fach yn syrthio'n farw, yng nghanol y testun ac ar drothwy'r mileniwm. Gan fod marwolaeth wedi gweithredu fel trosiad a thema wleidyddol mor aml o'r blaen yn nofelau'r awdures hon, ysgogir y darllenydd i ofyn, pwy neu beth sydd yn marw fan hyn? Nid Cymru na'r Gymraeg, mae'n amlwg, ond eto mwy efallai nag Ennyd Fach ei hun. Os yw Ennyd Fach yn cynrychioli unrhyw beth yn y testun hwn, mae'n cynrychioli'r hen radicaliaeth Gymreig. Hi yw'r un ymhlith ei chyfeillion sy'n mynnu gwthio ymlaen, yn erbyn dirmyg, embaras, diflastod a blinder, gyda'r hen fusnes amhleserus o greu protest dorfol gyhoeddus. Hi sydd yn troedio o dŷ i dŷ yn yr ymgais i gael yr hen sowldiwrs at ei gilydd i fynychu rali a sefyll yn y bwlch unwaith eto. Mae'n gweithredu yn nhraddodiad y gwrthryfelwyr cenedlaetholaidd, Anghydffurfiol, sosialaidd ac ieithyddol a fu'n brwydro ymlaen trwy hanes Cymru oddi ar ddyddiau Llywelyn ein Llyw Olaf. Ond heb lywodraeth Loegr fel y gelyn allanol y mae natur radicaliaeth Gymreig a'i ffordd o weithredu yn anorfod yn mynd i newid yn sylfaenol. Yn *Yma o Hyd* gallai Blodeuwedd ddweud wrth ei chynulleidfa Gymreig y dylasent i gyd fod 'yng ngharchar y Bwystfil' oherwydd mai'r 'arall', y Sais, oedd yn rheoli; os am fod yn driw i'w Cymreictod yna roedd yn rhaid gwneud gwrthsafiad a derbyn eu bod 'wastad ar y tu fas' i'r sefydliadau a lywodraethai drostynt. Ond y Cymry sy'n rheoli'r Cymry yn *Wele'n Gwawrio*, ac er yr ymddengys fod rhai ohonynt wedi anghofio eu harddeliadau radicalaidd nodweddiadol Gymreig a throi'n Saeson i bob pwrpas, eto mae'r berthynas â grym wedi newid yn sylfaenol. Wrth i'r Gymru newydd gael ei geni gyda chanlyniad refferendwm 1997, mae'r hen ffordd Gymreig o wrthdystio yn marw.

Nid yw hyn yn destun galar go-iawn, wrth gwrs, yn wyneb boddhad yr enedigaeth, ac mae'n drawiadol cyn lleied o alaru sydd ar ôl Ennyd Fach yn y nofel. Mae'n llawer iawn haws bod yn Gymro neu'n Gymraes yn *Wele'n Gwawrio* nag ydyw yn *Yma o Hyd*. Mae'r hen bwn o ddyletswydd ac euogrwydd wedi syrthio oddi ar ysgwyddau'r cymeriadau bron yn gyfan gwbl; dim ond Ennyd Fach sydd o hyd, am ennyd fach arall, yn eu cario yn y nofel hon, nes ei bod hithau hefyd yn dod i ben. Ond nid yn unionsyth, gyda marwolaeth ei chorff, chwaith. Wrth i Ennyd syrthio'n farw, mae *Wele'n Gwawrio* yn cymryd naid sydyn i fyd y *genre* lenyddol realaeth hud. Caiff Ennyd fyw yn ei hymwybod am ychydig ddyddiau ar ôl ei marwolaeth, er nad yw'n medru symud gewyn. Yn llythrennol yn awr yn un o'r meirw byw, mae'n dyst i ymateb ei rhieni a'i chyfeillion i'w marwolaeth, ac mae'n protestio – tan y diwedd! – yn frwd ac yn ddifyr yn erbyn y modd di-chwaeth a gorffurfiol yr ymdrinnir â'i chorff. Cysylltir realaeth hud, fel *genre*, â llên De America, ac ymgais awduron y cyfandir hwnnw i broffwydo yn eu ffuglen ddyfodol gwleidyddol gwell i'w gwledydd.[42] Yn enwedig dan ysgogiad y teitl, diau fod y mwyafrif o ddarllenwyr *Wele'n Gwawrio* wedi tybio fod y nofel yn mynd i arwain at ddiweddglo lle bydd Ennyd Fach yn cael gweledigaeth o ddyfodol newydd Cymru – gweledigaeth o gopa'r Wyddfa, efallai, lle y cymerir hi gan ei chyfeillion, a hithau erbyn hyn wedi bod ddyddiau'n farw. Ond nid hynny sy'n digwydd. Yn hytrach, yr hyn sydd o'r diwedd yn gwawrio ar Ennyd Fach yw gwirioneddau'r ffydd Gristnogol. Fel un o 'feirw'r mileniwm' caiff ras arbennig a thröedigaeth Gristnogol ar y funud olaf, yn y bedd. Ymddengys oddi wrth yr ymateb i *Wele'n Gwawrio* na phlesiwyd rhai o'r adolygwyr gan y diweddglo hwn.[43] Ac eto, os derbyniwn y syniad fod Ennyd Fach yn cynrychioli'r hen draddodiad o radicaliaeth Gymreig fel y bu yn hanesyddol dan lywodraeth Loegr, mae ei diwedd yn briodol ddigon. Seinir yr un hen emynau yn ei chlustiau hi yn y bedd ag a ganlynodd gymaint o hen rebels hanesyddol Cymru ar eu taith olaf, ac mae'r un hen addewidion yn ei chysuro ag a'u cysurodd hwy. Mae'n ymgorfforiad i'w heiliadau olaf o nodweddion hanesyddol mwyaf cyffredinol yr hen draddodiad sydd yn awr yn dod i ben ar enedigaeth y Gymru newydd.

Go brin y byddai Blodeuwedd *Yma o Hyd* wedi disgwyl diweddglo fel hyn i'w holl ofnau ynghylch marwolaeth. Ond ar un achlysur yn y nofel honno mae Blodeuwedd yn dechrau dyfalu sut beth fyddai hi i fyw mewn gwlad fwy rhydd. Eithr ofni y mae y pryd hynny na fyddai'r fath ddyfodol yn fêl i gyd, heb achos i frwydro drosto. 'Be gebyst mae pobol yn Lloegr yn 'i wneud efo'u hamser – trwy'r dydd, bob dydd,' meddyliai.

Be sy'n eu gyrru nhw? Oes na rywbeth? Be sy'n peri i'r olwynion droi o ddydd i ddydd? Mae'n anodd meddwl sut fywyd ydi bywyd mewn cenedl rydd. Yr ofn sydd yng nghefn y meddwl wrth gwrs ydi y bydda fo'n fywyd boring iawn.[44]

Trwy'r defnydd o Iwerddon yn hytrach na Lloegr fel y gwrthbwynt i Gymru, llinierir ar yr ofn hwnnw hefyd yn *Wele'n Gwawrio*. Yn ystod eu diwrnod o wyliau yn Nulyn mae Her, un o gyfeillion Ennyd Fach, yn rhoi mynegiant afieithus i'w theimlad fod 'ein bywyd ni, Ennyd – y bywyd ffantastig 'ma rydan ni'n ei fyw yr eiliad hon – yn fwy gwerthfawr na dim'.[45] 'Mi fyddai Her yn mynd drwy ddŵr a thân dim ond er mwyn y mwynhad o fod yn fyw,' meddai Ennyd Fach am ei chyfaill.[46] Mae'r enw Her wrth gwrs yn arwyddocaol; dyna ffugenw awdur *Yma o Hyd*, ond 'her' newydd a gynigir i'r darllenydd erbyn hyn. Rebel twymgalon sy'n mynnu byw wastad ar y tu fas i strwythur dosbarth cymdeithasol Prydain ac i drefn cystadleuaeth gyfalafol yw'r cymeriad Her yn *Wele'n Gwawrio*, ond nid yw'n rebel o'r un patrwm ag Ennyd a Blodeuwedd. Ni orlwythir hi gan hanes pruddglwyfus ei hil, ac nid yw'n meddwl yn nhermau marwolaeth. Rhyddid, nid baich, yw ei Chymreictod iddi.

Trwy'r fath bortreadau cynigir yn nofelau Angharad Tomos batrwm ar gyfer radicaliaeth newydd y Cymry rhydd, a dengys y bydd rôl i'r rebel, ac i awduron radicalaidd, yn y gyfundrefn honno hefyd. Ond beth bynnag a ddaw o'i llaw yn y dyfodol, diau y bydd nofelau Angharad Tomos rhwng 1979 ac 1997 o leiaf yn goroesi fel ymgnawdoliad byw o'r hyn a ddigwyddodd yng Nghymru rhwng y ddau refferendwm, a'r datblygiadau a esgorodd ar eu canlyniadau gwahanol.

Nodiadau

[1] Angharad Tomos, *Hen Fyd Hurt* (Talybont, 1982), 57.

[2] Angharad Tomos, *Yma o Hyd* (Talybont, 1985), 36.

[3] Angharad Tomos, *Titrwm* (Talybont, 1994), 110.

[4] T. H. Parry-Williams, 'Dwy Gerdd', *Cerddi: Rhigymau a Sonedau* (Llandysul, 1931), 15.

[5] Gw., dan 'Angharad Tomos/*Wele'n Gwawrio*/Chwilio: Awdur/Newid Cyfeiriad'. 'Ni cheir gweithiau eraill ar y pennawd yma', meddai'r catalog am *Death Fiction*.

[6] Angharad Tomos, *Rwy'n Gweld yr Haul* (cyfrol arobryn Cystadleuaeth y Fedal Lenyddiaeth yn Eisteddfod Genedlaethol Urdd Gobaith Cymru, Dyffryn Teifi a'r Cylch, Aberystwyth, 1981), 7.

[7] Ibid., 8.

[8] Ibid., 5.

[9] Gw., Angharad Tomos, 'Mast y Palas Grisial' yn Gwilym Tudur, *Wyt Ti'n Cofio?: Chwarter Canrif o Frwydr yr Iaith* (Talybont, 1989), 133.

[10] Angharad Tomos, *Rwy'n Gweld yr Haul*, 24.

[11] Gwyn Erfyl (gol.), 'Angharad Tomos', *Credaf: Cyfrol o Sgyrsiau yn Seiliedig ar y Gyfres Deledu a Gynhyrchwyd ac a Gyflwynwyd gan Gwyn Erfyl* (Caerdydd, 1985), 108.

[12] Ibid., 111.

[13] Angharad Tomos, *Hen Fyd Hurt*, 12–13.

[14] Ibid., 15.

[15] Ibid., 58.

[16] John Fitzgerald, Dafydd Ifans a Rhiannon Davies Jones, 'Beirniadaeth y Fedal Ryddiaith', *Cyfansoddiadau a Beirniadaethau Eisteddfod Genedlaethol Llanbedr Pont Steffan a'r Fro* (Llys yr Eisteddfod, 1984), 104–5.

[17] Gw., Angharad Tomos, 'Teipio i Newid Cymru', *Golwg* (10 Medi 1992), 20.

[18] M. Wynn Thomas, *Internal Difference: Twentieth-Century Writing in Wales* (Cardiff, 1992), 163.

[19] John Rowlands, *Ysgrifau ar y Nofel* (Caerdydd, 1992), 289.

[20] Angharad Tomos, *Yma o Hyd*, 15–16.

[21] Angharad Tomos, 'Gweithredu Di-drais yng Nghymru', yn Dewi Eurig Davies, Angharad Tomos a Dewi W. Thomas, *Torri'r Cylch Cythreulig* (Cymdeithas y Cymod yng Nghymru, 1996).

[22] Angharad Tomos, *Yma o Hyd*, 61.

[23] Ibid., 7.

[24] Gw., ibid., 107.

[25] Ibid., 108.

[26] Ibid., 119.

[27] Ibid., 128.

[28] Angharad Tomos, *Si Hei Lwli* (Talybont, 1991), 85.

[29] Ibid., 143 ac 144.

[30] Ibid., 35.

[31] Ibid., 52–3.

[32] Ibid., 111.

[33] Ibid., 113.

[34] Ibid., 114.

[35] Ibid., 118.

[36] Angharad Tomos, *Titrwm*, 20–2.

[37] Gw., Gwenllïan Dafydd, '*Titrwm* Angharad Tomos: Nofel Hunangyfeiriol', *Tu Chwith* 6 (1996), 102.

[38] Angharad Tomos, *Titrwm*, 91–2.

[39] Angharad Tomos, *Wele'n Gwawrio* (Talybont, 1997), 84.

[40] Marion Eames, yn *Cyfansoddiadau a Beirniadaethau Eisteddfod Genedlaethol Meirion a'r Cyffiniau* (Llys yr Eisteddfod, 1997), 117.

[41] Angharad Tomos, *Wele'n Gwawrio*, 41–2.

[42] Gw., am ddehongliad o swyddogaeth wleidyddol realaeth hud, neu 'magic realism', yn llên De America, Doris Sommer, 'Irresistible Romance: the Foundational Fictions of Latin America', yn Homi K. Bhabha (ed.), *Nation and Narration* (London, 1990), 71–98.

[43] Gw., er enghraifft, Katie Gramich, 'Dewr . . . a Dof', *Golwg* (30 Hydref 1997), 19.

[44] Angharad Tomos, *Yma o Hyd*, 99–100.

[45] Angharad Tomos, *Wele'n Gwawrio*, 85–6.

[46] Ibid., 142.

7

Greddf, Crefft a Thir Neb:
Agweddau ar Waith Eirug Wyn

T. ROBIN CHAPMAN

Prin fod angen ysgrifennu hyn o ymdriniaeth. Dywedodd Hafina Clwyd y cyfan yn dwt mewn beirniadaeth ar y Fedal Ryddiaith pan soniodd am 'ddychymyg rhemp' Eirug Wyn. Hydreiddir ei waith gan ddeuoliaeth gythruddol. Nid oes awdur tebyg iddo am greu hollt ym meddwl darllenydd rhwng dicräwch beirniadol ar y naill law a'r mwynhad amheuthun o ymgolli mewn stori ar y llall. Amheuwn ei grefft tra'n edmygu ei reddf. Gall ysgrifennu'n anystwyth ond deil yn un sy'n creu darluniau yn y dychymyg ac yn goglais yr awydd am wybod beth sy'n mynd i ddigwydd nesaf. Ef yw cynrychiolydd amlycaf a lladmerydd croywaf meddylfryd na all Cymru gynulliadol troad yr unfed ganrif ar hugain fforddio bod hebddi. Erbyn hyn, ef yw un o'r ychydig lenorion y gellir dibynnu arno i gynhyrchu nofelau hawdd eu darllen, amherffaith ar lawer ystyr, ond diamheuol ddifyr a dyfeisgar. Mae gwir berygl iddo ddod yn drysor cenedlaethol er ei waethaf.

Ei gynefin oedd Cymru scatolegol Eirwyn Pontshân, Peter Goginan, *Englynion Coch* a thudalennau *Lol*: y cyfuniad od hwnnw o *Private Eye* a chardiau post glan-môr y daeth yn olygydd arno yn 1986. Dyma wlad y merched bronnog, tinboeth a'r dynion bach, boliog; gwlad trôns a chwydu a chwrw ewynnog, lle mae pob plismon yn slob, pob cynghorydd sir yn llwgr a phob academydd yn siwd hunandybus. Gwlad yw Lolia lle mae ffasiynau'r 1970au

---

(mewn dillad a moesau) yn dal i deyrnasu, sy'n gwawdio cyfryngis a *cool* a chywirdeb gwleidyddol. Siaredir Loleg yno: cala a choc oen, cachu a chotsen, sesh a rhechan a rafins. Mae'n ofni estroniaid ac yn drwgdybio uchelgais: gwaeth ganddi na'r Sais hyd yn oed yw brodorion rhy uchel eu cloch. Nid yw'n arddel credo economaidd: ffieiddia gyfalafiaeth; jôc yw sosialaeth a rhagrith yw cenedlaetholdeb. Mae'r oll yn felltigedig.

Mae dychan yn diweddu trwy droi yn ei unfan: mae'r gwrthrychau'n newid, ond nid felly'r dull o'u trin. Ei ben draw anorfod yw sinigiaeth hollgofleidiol am fod hadau ei ddinistr ei hun ynddo. Eto i gyd, ysgogwyd y fenter ddychmygus hon gan gymhelliad yr un mor ddiffuant – a diniwed, yn wir – â dim a wnaed gan O. M. Edwards yn y *Cymru* coch nac Islwyn Ffowc Elis yn *Wythnos yng Nghymru Fydd*. Yr enw anffasiynol ond priodol ar y cymhelliad hwnnw i weld beiau ac i sôn amdanynt, yw cymwynasgarwch. Mae'r gair yn taro'n chwithig, ond fe lawnsiwyd *Lol* – a daeth Eirug Wyn yn etifedd, yn gyfrannwr ac yn gynheilydd iddo – am resymau egwyddorol ddigon. Bwriadwyd ef yn rhannol, gellid tybio, yn adwaith yn erbyn gorddifrifoldeb Cymdeithas yr Iaith, eithr fe'i crewyd hefyd yn ateg iddo. Wrth dynnu sylw at focheidd-dra'r Gymru gyfoes, cais *Lol* dynnu sylw at ei breuder. Mae Lolia'n afiach am fod y Gymru y mae'n ddrych ohoni'n clafychu. Y tu ôl i'r ymagweddu a'r crechwenu, yr un pryder sy'n hydreiddio Lolia, *Western England* Islwyn Ffowc Elis ac 'Er Mwyn Cymru' O. M. Edwards. Gwlad dan warchae yw. Mae bradwyr ar bob tu.

*   *   *

Dyma wlad *Magniffikont* (1982), y casgliad o gerddi anllad – a digrif iawn, gyda llaw – a gyhoeddwyd dan y ffugenw Derec Tomos yng Nghyfres Beirdd Answyddogol y Lolfa yn 1982. Mae'r clawr yn cyhoeddi'n dalog i'r llyfr gael ei wahardd gan y Cyngor Llyfrau Cymraeg. Gwrthodwyd grant iddo a gwrthodwyd ei ddosbarthu.

Hawdd gweld pam. Emyn o fawl i wendidau dynol yw'r cyfan: ceir pennill i ddolur rhydd y bardd ei hun yn null 'Y Llwynog' Williams Parry, penillion i aelodau seneddol Torïaidd y dydd, un arall yn ensynio fod marchog o Athro Cymraeg wedi'i weld yn prynu llyfrau budr. Cyffelybir Tywysoges Cymru ar eni ei phlentyn cyntaf i 'heffer frenhinol yn disgwyl llo'. Hwyliogrwydd hallt sydd yma. Nid oes arwyr ond Meibion Glyndŵr, 'bechgyn dewraf Cymru', sy'n 'llosgi tai y saeson [sic]' a'r Arlywydd Galtieri, a heriodd yr Ymerodraeth Brydeinig yn y Falklands. Erbyn diwedd y gyfrol, mewn breuddwyd, gwêl y bardd ei angau ei hun. Bydd yn fodlon yn uffern, medd ef, os gall gredu y bydd darllenydd yn agor y gyfrol rywbryd yn y dyfodol:

> Daw proc i'w galon, ac os clyw
> am eiliad sgrechiad olaf bardd
> a'i hyrddiededig [sic] gri,
> lle methodd llawer arall,
> llwyddais i. (24)

Ailymddangosodd cymeriad Derec Tomos yn yr hunangofiant byrlymus, picarésg, *Myfi Derec* (1983). Ailadroddir ynddo, rhwng sôn am gampau alcoholaidd a rhywiol, graidd hanes y lledgyfeirir ato yn y llinell agoriadol: 'Bastard ydw i ac ym Mangor, nid Sir Fôn y'm ganed.' Dyma Enoc Huws, siopwr cydwybodol, deddfol Daniel Owen, wedi ei fwrw ar ei ben i ail hanner yr ugeinfed ganrif. Llyfrau am y cysylltiad cyfrin rhwng etifeddiaeth a hunaniaeth yw'r ddau. Storïau ydynt i'w darllen o chwith, megis. Pan ddatgelir mai Capten Trefor yw tad Enoc, gorfodir y darllenydd i ailgloriannu ei gymeriad yng ngoleuni'r darganfyddiad hwnnw. Yn yr un modd, nid yw personoliaeth Derec yn ddealladwy ond yng nghyd-destun y cwmni y mae'n rhan ohono erbyn diwedd y llyfr. Y digwyddiadau ymddangosiadol ddigyswllt rhwng ei eni a'i gyffes sy'n ei fowldio. Bod cyfansawdd yw ef, sy'n dysgu bod yn ddyn trwy efelychu'r modelau (digon gwael yn aml) y daw ar eu traws.

Yn ddiarwybod iddo'i hun, mae'n debyg, roedd Eirug Wyn wedi taro ar themâu cynhaliol ei waith aeddfetach. Un yw'r cysyniad Parry-Williamsaidd mai clytwaith yw cymeriad, peth y gellir ychwanegu ato a thynnu oddi wrtho. Fe'i ceir ar ei fwyaf eithafol ym mhersonoliaeth hollt 'Robat John Da' a 'Robat John Drwg' yn *Smôc Gron Bach* (1994), yn y darlun o Elvis Presley'n etifeddu enaid ei efaill marwanedig yn *Elvis: Diwrnod i'r Brenin* (1996), yn wyneb y clown dienw yn syllu i'w lygaid ei hun yn y dorf a grybwyllwyd eisoes, ac i ddibenion afieithus ac iasol yn Wang-Ho, arwr *Blodyn Tatws* (1998).

Thema gysylltiedig yw grym adnewyddol a chwyldroadol – bron na ddywedid iachaol – rhyw i gyflawni ac i ddilysu cymeriad.

Mae elfen rywiol ym mhob un o lyfrau Eirug Wyn, ac fel arfer mae'n dynodi trobwynt yn hanes y prif gymeriad neu'n tynnu cymeriad ymylol i ganol y naratif. Addysg rywiol Derec gan ei diwtor Danielle yw'r gwrthglawdd rhwng ei blentyndod yn Leicester a'i ddychweliad i Gymru; mae cyfathrach annhebygol·Padi a Tracey'n arwain yn y pen draw at ddatrys dirgelwch y llofruddiaeth yn *Smôc Gron Bach*; un noson orffwyll gyda merch ifanc sy'n cymell Tecwyn Eleias yn *Lara* (1995); yn *I Dir Neb* (1999), mae holl droeon yr hanes yn dirwyn o berthynas waharddedig Catrin ac Evan. Mae'r iaith a ddefnyddir i ddisgrifio rhyw hefyd yn arwyddocaol: 'ymollwng', 'profiad ar ôl profiad gwefreiddiol', 'storm o garu', 'Fel dau anifail. Yn plannu. Yn gwthio. Yn brathu. Yn cyffwrdd'. Peth gwyllt, greddfol – ac annisgwyl yn amlach na heb – ydyw, sy'n dinoethi cymeriadau y naill i'r llall yn llythrennol ac yn ffigurol. Peth yw i'w brofi yng ngwres y foment ac i bendroni uwchben ei arwyddocâd a'i oblygiadau maes o law.

Gwrthbwynt i ryw yw angau. Yn yr un modd ag y datblygir cymeriadau trwy brofiadau rhywiol, pennir eu hunaniaeth hefyd gan farwolaeth y rhai sydd bwysicaf ganddynt, ac mae'n werth nodi mor dynn y mae'r naill yn dilyn ar sodlau'r llall. Cyll Derec ei nain yn sgil ei brofiadau gyda Danielle; troir byd Wang-Ho ben i waered gan farw ei nain yntau, Cedora, yn *Blodyn Tatws* toc wedi iddo gychwyn perthynas â Gwenllïan. Yn wir, rhed colled a chwalfa deuluol trwy'r llyfrau fel llinyn arian. Sylwyd eisoes ar fagwraeth amddifad Derec, ac fe ailadroddir yr un amgylchiadau droeon ym mywyd cymeriadau eraill. Arddangosir yr un atyniad at bosibiliadau artistig anghyflawnder yn y gweithiau aeddfetach. Fe'i pwysleisir yn hanes y berthynas rhwng mam a mab yn *Elvis*, yn yr hanes am fab marw Tom Bach Saer sy'n gosod y cywair emosiynol i *Smôc Gron Bach*. Yn y chwedl foesol am greugarwch, *Blodyn Tatws*, etifedda Wang-Ho gyfoeth ei deulu ond fe'i hamddifedir o'u dylanwad. Egyr *I Ble'r Aeth Haul y Bore?* (1997) â genedigaeth, ond lleddir y newyddanedig erbyn diwedd yr un bennod, gan greu'r pegynu moesol sy'n cynnal gweddill y nofel. Rhed angau'n llinyn arian trwy *I Dir Neb*.

Roedd yr ymchwil am hunaniaeth a ysgogodd *Myfi Derec* yn adlewyrchiad hefyd o benbleth artistig yr awdur ei hun. Bod cyfansawdd yw Derec Tomos/Eirug Wyn yntau, creadigaeth ddirprwyol, sy'n dangos dawn ddynwaredol ddiamheuol, ond sydd eto'n ysgrifennu mewn llais benthyg.

Yn *Y Drych Tywyll* (1992), ei gyhoeddiad cyntaf dan ei enw ei hun, mae Eirug Wyn fel pe bai am ail-greu ei fyd dychmygus o'r cychwyn, gan ei ailddiffinio ei hun yn y fargen. Nid yw'n syndod fod a wnelo cynifer o'r straeon â'r trobwyntiau dadlennol hynny pan fo cymeriad fel petai'n camu y tu allan iddo'i hun, gan gael golwg freiniol arno'i hun fel y bydd eraill yn ei weld. Dyma'r carcharor dienw yn 'Addysg Bellach', er enghraifft, yn sylweddoli nad yw'n ddigon dewr i herio anghyfiawnder; Derec Morgan yn 'Tshop Tshop' yn sylweddoli, er llawenydd iddo, fod fasectomi wedi ei gynysgaeddu â statws arwr nad oedd yn berchen arno tra oedd y gallu i genhedlu ganddo; 'Rasmws' yn lladd ei wraig gyda chyllell ar ôl dioddef ei sarhad yn ddi-gŵyn ers blynyddoedd; Jaco'r Clown yn llythrennol yn ei weld ei hun yn y dorf wrth berfformio. Ond y datblygiad mwyaf rhagor Derec Tomos yw diddordeb yng nghyfansoddiad meddyliol ac emosiynol plant. Yn 'Y Newid', mae Elidir Huws, bachgen a 'edrychai . . . bob amser fel angel bach, newydd ei sgwrio'n lân i gystadlu yn un o eisteddfodau'r Urdd' yn cael ei orfodi i gusanu Ann Tremlyn ar sedd ôl bws ysgol. Caiff gurfa gan yr athro am ei drafferth. Erbyn diwedd y stori, mae'r chwydd ar ei wyneb angylaidd wedi troi'n arwydd o'i ddelwedd newydd ohono'i hun: 'Yn sglein y bws sylwodd gyda boddhad fod y marc ar ei foch wedi codi'n hyll. Gwenodd ar ei lun.'

Ni cheir enghraifft fwy trawiadol o'r duedd hon i ddatgelu'r anweledig na'r stori gyntaf: 'Y Ras', sef hanes cenhedlu plentyn, HBD. Bob yn ail â sgwrs y fam a'r tad rhwng beichiogi a geni HBD, ceir sylwadau'r darpar fod dynol ei hun ar wyrth a hap ei fodolaeth:

> Doedd gan HBD ddim syniad pwy oedd o, na pham yr oedd o, am un munud ar ddeg wedi hanner nos, yn un o'r miliynau oedd yn y ras. Trwy reddf yn unig fe wyddai am y daith o'i flaen . . . Gwyddai hefyd y gallai fod yn un o'r miliynau na chyrhaeddai, ond ei nod heno, neu'r bore yma yn hytrach, oedd cyrraedd yr ŵy. (7)

Mae'n cyrraedd, wrth gwrs: ni fyddai stori hebddo. Crisielir yn y stori hon neges y casgliad trwyddo: fe'n cenhedlir ar antur; damwain yw ein geni; ymdrech yw bodoli; cystadleuaeth yw byw. Cynnyrch chwant a gweision greddf ydym, ond ein bod yn magu unigolyddiaeth trwy weithredu.

Peth arall a ganiataodd Eirug Wyn iddo'i hun yn y casgliad oedd tynerwch. Unwaith eto, mae'r cysyniad o ddarllen o chwith yn ganolog. Yn 'Liwsi', llwythir hanes noson mam yng nghwmni ei merch ag arwyddocâd wedi deall fod Liwsi'n un o'r plant a gladdwyd dan y slág yn Ysgol Pant-glas, Aberfan. Hanes geni Iesu mewn cyd-destun cyfoes yw 'Tri Ŷm Ni'. Ysgrifennir 'Pan Oeddwn Fachgen' yn ieithwedd heintus *Un Nos Ola Leuad* Caradog Prichard. Nid yw'n gwneud fawr mwy na rhaffu pytiau am ddamwain mewn chwarel, sglefrio ar afon rewedig, claddu nain a drygau gyda chymdogion, ond ceir digon yno i gyfleu byd a gollwyd am byth. Cyfrwng oedd *Y Drych Tywyll* i Eirug Wyn ddangos rhychwant ei ddawn lenyddol; ar yr un pryd, cododd gwestiynau ynglŷn â'i allu i greu a chynnal cymeriadau a sefyllfaoedd mewn ffordd estynedig.

*　　　*　　　*

Atebwyd y cwestiynau hynny'n rhannol yn nofel gyflawn gyntaf Eirug Wyn, *Smôc Gron Bach* (1994). Mae'r dechrau'n afaelgar: caiff ffermwr ei fwrdro gan ddieithryn ar gefn beic modur, sydd wedyn yn gwthio'r pastwn a ddefnyddiodd i fôn clawdd. Yna, mewn dull teledol, mae'r darlun yn toddi, yn tywyllu ac yn ailoleuo:

> O edrych ar y stryd o bell, gallech daeru mai darlun ydoedd a dynnwyd gan blentyn ym mlynyddoedd cynnar yr ysgol gynradd – pedwar tŷ mewn rhes, gyda dwy ffenest lofft, ffenest barlwr i lawr y grisiau, a drws ffrynt i bob un. Roedd hanner can llath dda o ardd gefn yn perthyn i'r pedwar, gardd betryal, a rhyw fath o gut ym mhen draw pob un. (7)

Ac o edrych ar y pwt hwn o gyflwyniad i gorff y nofel, gellwch fod yn weddol hyderus mai dyma nofelydd sydd am chwarae'n ddiogel o ran saernïaeth a phlot. Mae cwmpas y peth mor rhagosodedig â gêm *Cluedo*: hyn a hyn o amrywiadau posibl; hyn a hyn o ddeilliannau. O ran strwythur, ymdebyga fwy i ffars na dim arall, lle mae afradlondeb ymddangosiadol yn celu cynildeb. Megis wrth wylio ffars hefyd, caiff y darllenydd ei hun mewn safle breintiedig. Caiff fynd trwy ddrws ffrynt pob un o'r tai i gwrdd â'r preswylwyr; caiff gip ar ambell lofft, ac erbyn y diwedd, yn ddiau, gall fod yn bur ffyddiog y bydd rhywbeth wedi digwydd mewn o leiaf un o'r cutiau. Mae cytundeb dealledig yma rhwng yr awdur a'i gynulleidfa. Bydd y nofel yn gweithio ar ddwy lefel gyfochrog. Y plot fydd datrys dirgelwch y llofruddiaeth, eithr craidd diddordeb y llyfr fydd ymwneud trigolion y tai hyn â'i gilydd.

Mwy diddorol na dim yn yr ymgais gyntaf hon i ysgrifennu nofel, felly, yw safle'r awdur parthed ei greadigaethau. Cyn eu cyflwyno'n unigol, dywed hyn:

> Heddiw . . . gan danbeitied y gwres, byddai angen artist go ddawnus i dynnu llun y tai pan oedd haul poeth y dydd yn araf oeri tua'r gorllewin, ac yn cochi ffenestri'r tai yn bowld i gyd. Roedd o fel petai'n mynnu atgoffa'r trigolion o glwyfau eu bywyd beunyddiol drwy sblashio gwaed hyd ffrynt eu tai, a'r gwaed hwnnw yn araf geulo fel y diflannai'r haul dros y gorwel.
>
> Ond doedd y rhan fwya o breswylwyr Crychlyn Uchaf yn poeni'r un ffeuen am na machlud, na chlwyf na cheulo. Roedden nhw wedi gweld y cyfan ganwaith o'r blaen a doedd dim rhamant na lledrith yn perthyn iddo. (8)

Mae'r ddau baragraff yn ddadlennol oherwydd y neges gymysg sydd ynddynt i'r darllenydd. Ar y naill law, mae'r awdur yn ei gyhoeddi ei hun yn hollwybodus. Ar y llall, mae'n cyfyngu ar ei swyddogaeth (ac yn ei gaethiwo ei hun yn y fargen) trwy amddifadu ei gymeriadau o unrhyw ymwybod o'u safle eu hunain. Neges ymhlyg y ddelwedd yw fod popeth a welir ac a glywir yn y nofel o hynny allan wedi'i hidlo drwy ridyll awdurol, ac er efallai y bydd modd i'r darllenydd gydymdeimlo â'r cymeriadau, camp ddychmygus fydd ymuniaethu. Y canlyniad yw fod yr awdur yn ysgwyddo baich nid yn unig y traethiad ond hefyd y cyfrifoldeb am lywio agwedd ei gynulleidfa at y cymeriadau. Gwendid cariad yw: gorofal am ffrwyth ei ddychymyg.

Hyn, mae'n debyg, sy'n egluro dau wendid technegol yn *Smôc Gron Bach*. Y cyntaf yw tuedd i ddweud yn lle bodloni ar ddangos. Weithiau ceir un frawddeg o ddweud yn goleddfu ac yn adleisio brawddeg ddangosol, fel hyn: 'Rhwbiodd ei ddwylo gyda'i gilydd. Dyna ran gynta'r cynllun wedi'i chwblhau' (48); neu 'Llyncodd ei boer. Doedd o ddim yn siŵr ble i gychwyn' (104). Ar brydiau, mae'r cyd-chwarae rhwng dangos a dweud yn ymestyn dros sawl brawddeg. Dyma Harri Nantlle-Roberts, er enghraifft, yn ymweld â'i fam:

> 'A sut mae Siani?'
> Doedd Harri ddim yn siŵr iawn sut i ateb ei chwestiwn. Gwyddai ei

fam fod ei briodas wedi bod ar fin chwalu sawl gwaith, ond go brin ei bod wedi clywed y straeon diweddara amdano. Chwarae'n sâff oedd y peth gorau felly.

'Tydan ni ddim yn gweld llawer ar ein gilydd y dyddiau yma.'

'Petha ddim yn dda felly?'

Ysgydwodd Harri ei ben. (96)

Mae rheolaeth y traethydd ar y tyndra rhwng mam a mab yn boenus o effeithiol, a'i glust am ddeialog yn ddi-feth. Mae deunydd stori fer yma. Y broblem yw llenwi'r gwagle rhwng y pytiau digyswllt o sgwrs. Yn hytrach na dangos gweithredoedd a chofnodi sgwrs, gan adael i'r rheini gyfleu'r tensiwn, myn yr awdur drafod cymhellion.

Problem gysylltiedig yn deillio o'r gorawydd yma i reoli naratif a deialog yw cwestiwn llais. Pwy, er enghraifft, biau'r sylw yn nwy frawddeg olaf y paragraff hwn, yr awdur ynteu'r cymeriad?

Edrychodd Harri ar yr wyneb caled, creithiog. Roedd dau lygad glas, llonydd yn rhythu arno. Na, mwy na rhythu. Roedden nhw'n ei dyllu. (88)

Ac eto, lle mae lleisiau Alun, y Prif Arolygydd a'r awdur yn ymdoddi:

Edrychodd Alun yn syn ar y Prif Arolygydd. Doedd o ddim yn deall y peth o gwbl. Pwy ar wyneb y ddaear fyddai am niweidio'i dad? Ond dyna ddeudodd y Prif Arolygydd. Dwy ergyd. Y naill ar ei wegil a'r llall ar ei ben, a'r ddwy wedi eu taro gydag erfyn caled, a doedd dim amheuaeth nad oedden nhw wedi cael eu taflu yn hollol fwriadol. (35)

Beirniadaeth annheg yw gweld bai ar awdur am beidio ag ysgrifennu llyfr arall, ond mae'n anodd osgoi'r casgliad fod potensial yn *Smôc Gron Bach* nas gwireddwyd. Mae strwythur y gwaith – lle mae sawl stori'n cydredeg a chyd-weu trwy'i gilydd, ynghyd â safle hollwybodus yr awdur – yn creu posibiliadau eironi a allai fod wedi cyfoethogi'r gwaith. Dewisodd yr awdur yn hytrach ddilyn llwybr mwy unionsyth, ac yn y pen draw efallai nad drwg o beth hynny chwaith. Rhinweddau mawr y nofel yw haelioni ei bortreadau, a naws dwymgalon sy'n goroesi'r cynllwynio a'r twyll.

Ar un ystyr, gosododd Eirug Wyn dasg lai uchelgeisiol iddo'i hun gyda *Lara* yn 1995. Nofel dynnach a ran techneg a duach o ran cynnwys yw hi ac iddi un prif gymeriad, y ditectif preifat Tecwyn Eleias. Saif Tecwyn yn olyniaeth anrhydeddus Spade a Spillane: gŵr 'uwchlaw emosiwn' ac 'yn fasdad diegwyddor' yn ei dyb ei hun, ond un sydd eto wedi ymddiswyddo o'r heddlu ar fater o egwyddor. Dan ddwylo Eirug Wyn, try helfa arferol y ditectif am lofrudd merch ifanc yn ymchwil am hynny o deimlad sydd heb ei wasgu ohono yntau gan ofynion ei swydd. Adwaenai Lara. Cafodd un noson o garu yn ei chwmni, a hynny sy'n rhoi min ar ei awydd am ddal y sawl a'i lladdodd.

Er ei hysgafned, mae *Lara* yn rhagori ar *Smôc Gron Bach* am fod Eirug Wyn wedi creu cymeriad gwirioneddol amwys yn Tecwyn. Os yw'n ennill ein cydymdeimlad, gwna hynny yn rhinwedd ei weithredoedd, ac nid oherwydd ymyrraeth lawdrwm gan ei grëwr. Nofel y dangos ac nid y dweud yw hi. Gŵyr yr awdur ddigon am gonfensiynau'r *genre* i beidio â dadansoddi gormod ar y tensiynau rhwng chwant a chydwybod, cyfrifoldeb proffesiynol a chwilfrydedd personol, eiddigedd rhywiol a hunanatgasedd o fod wedi ymwneud â merch a ystyrir yn butain. Nid yw'n cynysgaeddu Tecwyn â'r ddawn i ddatrys ei ddryswch, ac mae'r nofel ar ei hennill o'r herwydd. Caiff y stori fynd rhagddi.

Canolbwynt emosiynol *Gweledigaethau Myrffi* (1996) yw uchelgais. Rydym yn ôl yma ym myd Derec Tomos: yr un ddrwgdybiaeth o'r sefydliad (yn gymysg ag awch yr un mor daer i fod yn rhan ohono), yr un cynllwynio, yr un jôcs preifat a'r un obsesiwn â'r hyn yw bod yn llenor.

Nod Myrffi Caffri yw bod yn awdur drama fawreddog ac ennill iddo'i hun yr enw barddol Pesychiad Pell (rhaid cyfieithu'r enw i ddeall yr ergyd):

> gwelai, â llygaid ei ddychymyg, ei enw yn neonaidd binc uwch dorau Theatr Goffa Dorah Sleisacs (RIP), a thorf gwlltwraidd-wancus yn semtecsio'u cymeradwyaeth yn un ffrwydriad ffyrnig wedi gostwng llen. Hon fyddai drama y dramâu! Byddai'r areithiau ynddi'n tanio tinau torf. Geiriau'n clecian ac yn diasbedain yn ogofâu'r penglogau gweigion. Gwreng a bonedd yn codi a'u clywed, a gwlad yn codi oddi ar ei gliniau ac yn gorymdeithio'n dalsyth falch tua'r wawr wen olau . . . Byddai merched blonegog broniog sbriws yn gwlychu blwmer wrth ei weld ym mar y cyntedd a'u gwŷr (yr hen wêr), hen fyddin y Volvos a'r Mercs, yn ei holi ac yn siglo'i law fel petai'n hen bwmp dŵr, tra'n disgwyl iddo chwydu ei atebion parod i'w bwcedi budron. (7)

Rhwng peintiau a bwyd bar yng ngardd tafarn, mae'n bwrw iddi i ysgrifennu ei gampwaith. Ni chaiff, er hynny, fynd ymhellach na'r frawddeg agoriadol (lle mae hyd yn oed y cyfarchiad Lladin mawreddog yn anghywir) cyn syrthio i drwmgwsg meddw. Fe'i caiff ei hun mewn coedwig niwlog. Hanes ei ddringfa araf, boenus o gangen i gangen cyn deffro'n waglaw yw corff y stori. Yn y diwedd, nid yw wedi cyflawni dim. Chwedl yw hi am yr hyn nad yw'n digwydd.

Defnyddir y gair chwedl yma yn ei ystyr fwyaf manwl gywir. Mae teitl y gwaith yn cydnabod ei ddyled i Ellis Wynne, ond mae naws y cyfan yn debycach o ran gwead a meddylfryd i chwareu-garwch haenog *Breuddwyd Rhonabwy*. Soniwyd uchod am ymlyn-iad Eirug Wyn wrth blotio tynn wrth geisio cyfleu realaeth yn *Smôc Gron Bach* a *Lara*. Ar yr wyneb, ymddengys *Gweledigaethau Myrffi* am y pegwn â'i weithiau cynharach; eto efallai mai trwy synio amdani fel chwedl ac iddi gonfensiynau chwedl draddodiadol y mae deall pa mor ddiogel dan reolaeth awdurol y mae'r stori grwydrus, amlweddog hon mewn gwirionedd. Yn gyntaf, ceir y breuddwyd sy'n ffrâm i'r digwydd. Mae breuddwyd nid yn unig yn caniatáu a chyfreithloni digwyddiadau digyswllt, mae hefyd yn diogelu'r cymeriadau rhag canlyniadau'r digwyddiadau hynny. Os mai math o wregys diogelwch yn dynn am ganol y naratif yw'r breuddwyd, y llyw yw confensiwn yr ymchwil. Rhaid dringo o gangen i gangen. Gwneir hyn trwy gymorth cymwynaswyr ac yn nannedd rhai sydd am rwystro. Yn olaf, nod y cwbl yw'r wobr, sef cydnabyddiaeth ei gyd-lenorion. Metha Myrffi, ond eironi'r gwaith gorffenedig, wrth gwrs, megis yn achos *Myfi Derec*, yw fod yr ymchwil seithug wedi esgor ar y gyfrol ei hun.

A yw *Gweledigaethau Myrffi*'n destun ôl-fodernaidd? Yn sicr, mae'n destun hynod o debyg yn ei allanolion. Delweddir bywyd llenyddol Cymru'n goedwig niwlog, anhydraidd 'ddadstrwythur-aidd ac ôl-fodernaidd'; mae cymeriadau od ac anghymodlon yn gweu trwy ei gilydd; crëir sefyllfaoedd gyda'r bwriad o'u chwalu'n ddirybudd. Ar ben hyn, cymysgir ieithweddau, o dafodiaith Arfon i iaith y Beibl a geirfa delynegol T. Gwynn Jones, gan wneud Myrffi ei hun yn gymeriad ieithyddol-symudliw heb ganddo iaith ond ei allu i ddynwared y rhai o'i gwmpas. Mae gwrthrychau'r byd hwn yr un mor blith-draphlith â'r gyfeiriadaeth yn llamsachus. Dyma ben erlidiwr Myrffi, er enghraifft:

Eisteddai Gwialen Eurfin wrth y bwrdd brecwast yn llowcio'i Gorn Fflêcs. Chwipiai lwyaid ar ôl llwyaid o'r melyn-yd melys i'w hopran cyn eu crenshian, eu corddi, eu malu a'u llyncu. Yn beiriannol gyson codai a gostyngai'r llwy fel braich peiriant Platen Heidelberg yn argraffu Cofiant John Jones Tal-y-sarn, yn Wrecsam yn 1874.

'Dyddiau dyn sydd fel glaswelltyn,' sibrydodd wrtho'i hun gan gofio fod awr dienyddio'r llenor yn nesáu. Ond roedd sbonc yn ei galon y dyddiau hyn . . . Gafaelodd yn ei gasét personol a gwasgodd fotwm a siaradodd i'r meicrofeic.

'Cyfres y Cewri rhif 1000, Hunangofiant Gwialen Eurfin. Teitl: "Tollti'n Baw i Dwll Tin Byd"[.] Tudalen saith gant a chwech, paragraff newydd. Derbyniais lythyr arall gan Syr John Roberts-Williams yn ddolefus ymbil arnaf i ymgeisio i fod yn Angel Llên Cymru. (68–9)

Dyma destun llawer iawn mwy cymhleth, wrth reswm, na'r un a drafodwyd hyd yn hyn, ond nid yw cymhlethdod na chyweirnod cyfnewidiol o reidrwydd yn dynodi tuedd ôl-fodernaidd. Mae a wnelo ôl-foderniaeth â bwriad awdurol. Cred mewn ymwrthod â gwreiddioldeb ac mewn cymysgu cyweiriau yn enw perthynolaeth gelfyddydol. O graffu ar *Gweledigaethau Myrffi*, mae'n amlwg nad dyma a wneir nac a fwriedir. Mater yw hi'n hytrach o safbwynt technegol yr awdur parthed ei ddeunydd, mater o arddull rhagor ysgogiad. Mae *Gweledigaethau*'n hunanymwybodol gymhleth er mwyn gorfodi'r darllenydd i ddarllen yn wahanol. Y gwahaniaeth yw hwnnw a nododd Barthes rhwng testun 'darllenydd-ganolog' – 'readerly' yw'r cyfieithiad Saesneg arferol – lle caiff y darllenydd fwrw ymlaen gyda'r stori, a thestunau 'awdur-ganolog' ('writerly') lle newidir y pwyslais o gynnwys i broses, gan orfodi'r darllenydd i fod yn ymwybodol drwy'r amser ei fod yn darllen. Felly, yn y darn a ddyfynnwyd, estynnir ein darlleniad i gwmpasu mwyseiriau, cyfeiriadau Beiblaidd a chyfoes, iaith sathredig a ffugddyrchafedig, gemau adnabod a llu o groesdyniadau eraill, i gyd o fewn ychydig frawddegau. Nid yw yn ei hanfod mor wahanol â hynny i'r profiad o fodio trwy dudalennau *Lol* ar faes y Genedlaethol, gan ein llongyfarch ein hunain ar ein craffter ac ehangder ein gwybodaeth o'r Gymru gyfoes.

*   *   *

Ar sawl gwedd, ceir egin rhywbeth llawer mwy ôl-fodernaidd ei naws yn y 'ffeithlen' *Elvis: Diwrnod i'r Brenin* (1996). Ymgais fwriadol sydd yma i gymylu ffaith a ffuglen a braidd nad yw rhestr y pynciau y cyffyrddir â hwy'n darllen fel cynnwys llawlyfr i'r ôl-fodernydd cydwybodol: apêl celfyddyd boblogaidd, eilunaddol-iaeth, enwogrwydd, cyfrinachedd, y ffin rhwng y cyhoeddus a'r preifat, rhagrith a hunan-dwyll, gwerth dehongliad a dichonol-rwydd gwirionedd terfynol.

Unwaith eto, mae strwythur y naratif yn un hunangynhaliol, sef gwrandawiad llys yn erbyn Elvis Presley 'penwyn a gwargam' a gyhuddir gan Amser o bechodau yn erbyn ei safle ei hun fel Brenin Roc a Rôl. Wrth i'r stori ymagor ac i'r tystion gael eu galw, deuir i fath o gyfaddawd ynghylch gwir natur y 'llanc sgini o Tupelo' a ddaeth yn ffenomen ac eilun. Fe'i portreedir fel un wedi cyflawni pob uchelgais, heb 'ddim sialens ar ôl', yn araf ymddatod dan bwysau ei enwogrwydd ei hun, yn gaeth i gyffuriau a rhyw gwyr-droëdig, yn seicolegol glaf a hunanddinistriol. 'Roedd o,' medd un tyst, yn ymbalfalu am ddelwedd briodol, 'roedd o'n union fel pe baech yn taflu pêl ping-pong ar lawr caled. Roedd yn gwrthlamu i bob man. I bob cyfeiriad. Doedd o'n poeni dim am neb, nac ychwaith amdano fo'i hun.'

Tystiolaeth Elvis ei hun a geir yn nhraean olaf y llyfr. Gyda huodledd annodweddiadol ohono pan oedd yn fyw, edrycha'r Brenin dros ei gamp a'i gwymp:

> Rydych chi'n creu delwedd i chi eich hun, a rhaid i chi fyw eich
> bywyd cyhoeddus i gyd-fynd â'r ddelwedd honno . . . Erbyn y
> diwedd roedd fy oes gyfan i fel un diwrnod hir, hunllefus, a finna heb
> ddim rheolaeth arno fo. Dim rheolaeth arnaf fi fy hun, nac ar beth
> oedd yn digwydd i mi. (114, 123)

Gwelir y nodweddiadol ar ei gliriaf weithiau trwy chwyddwydr yr eithriadol. Oherwydd ei natur anghydryw, cynigia *Elvis* foddion arbennig i sylwi ar y cyneddfau gorau a salaf yng ngwaith Eirug Wyn. Fel yr awgrymwyd yn barod, mae cwmpas dychmygus *Elvis* yn eang ac amlweddog, achos llys yn gyfrwng pur addawol i amlygu'r cwmpas hwnnw, ac wrth ddewis cymeriad mor adnabyddus ag Elvis, camp yr awdur yw creu ar ben yr hysbys a'r cyfarwydd. Roedd cyfle di-ail yma i ysgrifennu hanes adolygiadol ar y naill law neu ffantasi ehedog ar y llall, ond ni lwyddwyd i wneud yr un o'r ddau yn argyhoeddiadol. Nid diffyg technegol pur mohono chwaith. Storïwr greddfol sydd yma, a fedd y ddawn i lithio, i ddal sylw, i beri troi'r dail; ond yn y pen draw, llyfr yw sy'n addo mwy nag y mae gobaith iddo'i gyflawni. Os bu pwnc erioed yn crefu am ymdriniaeth letach, dyma ef; eto mae rhywbeth yn atal y naratif, gan ei rhwystro rhag blodeuo, rhag awgrymu mwy nag a ddywed, rhag symud yn rhwydd o'r penodol at y cyffredinol. A phan geisir dadansoddi'r rhywbeth hwnnw, mae'n anodd osgoi'r casgliad fod a wnelo ef yn rhannol â gafael yr awdur ar ei bwnc ac i raddau hefyd â'i berthynas â'i gynulleidfa.

Gwreiddyn yr atalfa yw'r lleoliad. Wrth ddewis llys barn yn llwyfan i'r dweud, heb ddim yn digwydd y tu allan i'r llys ond yr hyn y sonnir amdano gan dystion, cyfynga'r awdur ei gyfryngau mynegiant i gyfres o areithiau a disgrifiadau. Y canlyniad yw cau'r drysau'n glep ar ymson, ar lif yr isymwybod ac, yn bwysicach na dim, ar y cyferbyniad rhwng y preifat a'r cyhoeddus sy'n elfen mor allweddol yn ei waith gorau. Cynefin Eirug Wyn yw'r dirgelleoedd a'r encilfeydd: aelwydydd a llofftydd, gweithdy Tom Bach Saer, ffau Wang-Ho, Tecwyn Eleias yn hel meddyliau wrth lyw ei gar, y munudau o dynerwch rhwng Chico a Haul y Bore yng nghanol cieidd-dra goresgyniad eu gwlad, Tir Neb ei hun. Yno y caiff cymeriadau eu cyfannu a'u chwalu. Dan sbotolau gwrandawiad llys, ni chaniateir y cysgodion dadlennol hyn.

Mae lleoli'r digwydd mewn llys barn hefyd yn cyfyngu ar y deunydd a drafodir. Priod waith llys yw ffeithiau, a diau i awdur *Elvis* baratoi ei achos yn drylwyr. Mae manylion gyrfa'r Brenin ar flaenau ei fysedd: ei fagwraeth yn Mississippi, ei gyfeillion bore oes, ei berthynas anghonfensiynol, a dweud y lleiaf, â Priscilla a *Moma*, y partïon gwyllt a'r diddordeb anghynnes braidd yn yr arallfydol. Gŵyr enwau'r pedwar ar ddeg o gyffuriau a ganfuwyd yn ei gorff adeg ei farw yn 1977 a gall draethu ar eu priodweddau. Ond mae'n gwestiwn a yw'r ffeithiau hynny a adroddir ac a ailadroddir (hyd syrffed weithiau) gan y cymeriadau yn gymorth i'r cyfanwaith. Y gwendid canolog yn *Elvis* yw fod gofynion y cyfrwng a ddewisir yn groes i ofynion y stori ei hun. Yn niffyg y cyfryngau mynegiant 'mewnol' a grybwyllwyd, gallasai anwybodaeth, boed ewyllysiol neu wirioneddol, fod o fantais aruthrol i awdur ac i'w ddarllenwyr hefyd.

Nid yw achos llys yn caniatáu tawelwch ymataliol, oherwydd, wrth wraidd y tyndra hwn rhwng gofynion y cyfrwng a gofynion y stori, mae gwrthdrawiad yr un mor real rhwng cynulleidfa greedig y rheithgor a'r barnwr a'r darllenwyr y bwriedir y llyfr ar eu cyfer. Diddordeb y naill yw clywed a chloriannu tystiolaeth – gorau po fwyaf ohoni a geir a pho amlaf yr eir drosti; cymhelliad y llall yw'r awydd dynol am wybod beth sy'n digwydd nesaf. Prin y gallai'r un testun ddiwallu'r ddau angen.

Testun, sylwer. Ar ei orau, gall Eirug Wyn dynnu'n hyderus ar dechnegau teledol neu ffilmig. Soniwyd eisoes am olygfeydd agoriadol *Smôc Gron Bach*, a theledol ei naws hefyd, fel y gwelir, yw llawer o *I Ble'r Aeth Haul y Bore?* ac *I Dir Neb.* Amlygiad yw *Elvis* o'r hyn na all nofel mo'i wneud o'i chymharu â ffilm. Nid cyfarwyddwr mo awdur. Gall greu delweddau, ond gorfodir ef i wneud hynny trwy eiriau, ac mae geiriau'n ufudd i ramadeg wahanol i ramadeg ffilm. Nid yw geiriau'n ddigon chwim i ganolbwyntio ar ddiferyn o chwys ar wefus uchaf diffynnydd, ar wynebau digyffro'r rheithgor yn rhes, ar ddogfen rhwng bysedd yr erlynydd, ac ar bensaernïaeth y llys, i gyd o fewn ychydig eiliadau. Rhaid dweud y cyfan. Mae'n debyg fod cnewyllyn drama bur effeithiol yn *Elvis: Diwrnod i'r Brenin*, ond mae anniddordeb olympaidd yn ei gadw rhag bod yn ffuglen afaelgar. Y gwacter yng nghalon *Elvis* yw'r gwacter bwriadol hwnnw ym mhob drama, sef safbwynt. Cymharer *Elvis* â llyfrau eraill am achosion llys, ac fe welir y diffyg dimensiwn. Yn *Y Dieithryn* Camus a *The Executioner's Song* Norman Mailer, gosodir digwyddiadau'r llys yng nghyd-destun digwyddiadau blaenorol sy'n hysbys i'r darllenydd; ffocws 'non-fiction novel' Truman Capote, *In Cold Blood*, yw cydymdeimlad yr awdur ei hun â'r cyhuddedig, a leisir gan y ditectif Al Dewey; a thrwy lygaid Scout, sy'n eistedd yn llythrennol yn yr oriel uwchben, y gwylir y prawf yn *To Kill a Mockingbird*.

Stori arall â sail hanesyddol iddi – gwedd hunllefus arall ar y Breuddwyd Mawr Americanaidd – yw *I Ble'r Aeth Haul y Bore?* (1997), sy'n adrodd hanes troi llwythau'r Indiaid o'u tir ar ganol y 1860au i greu lle i fewnfudwyr gwyn.

Byddai'n amhriodol cymharu *I Ble'r Aeth Haul y Bore?* â champwaith ymrwymedig Dee Brown, *Bury My Heart at Wounded Knee.* Edrycha Brown ar hanes y twyllo a'r cam-drin trwy wydrau cydwybod anesmwyth un a elwodd yn anuniongyrchol ar gyflafan y puro ethnig a fu ar orllewin America yng nghanol y bedwaredd ganrif ar bymtheg. Camp wrthgyferbyniol Eirug Wyn yma yw ei ymatalgarwch. Llwydda i osgoi temtasiynau parod sentiment a chenadwri trwy beidio ag ymyrryd yn yr hanes ac, yn fwy canmoladwy fyth, trwy beidio â thadogi doethineb drannoeth ar y digwydd. Awgrymir yn gryf fod cymaint o fiwrocratiaeth ag o fwystfileiddiwch y tu ôl i'r erchyllterau. Myn Washington y tir, a rhwng y milwyr a'u cydwybod am y moddion. A'r moddion yn gymaint â'r weithred ei hun sy'n mynnu sylw. Ar y naill law mae Dicks sadistaidd, sy'n ymhyfrydu yn yr helfa; ar y llall, ceir Kit Carson, a gais orfodi'r Navaho i adael er mwyn eu gwared rhag gwaeth triniaeth yn y dyfodol. Nofel yw sy'n ein hatgoffa pethau mor ddiddrama yn aml iawn yw trasiedïau i'r rhai sy'n eu dioddef. Dyma Kit, er enghraifft, yn cyrraedd gwersyll y Navaho ar fore'r ymfudo:

> Roedd Manuelito a'r llwyth i gyd yn sefyll yno'n dawel yn aros amdano. Roedd y crwyn wedi'u tynnu oddi ar y tipis a'u pacio'n ofalus, ond roedd ysgerbydau'r coed yn dal i sefyll. Crychodd Carson ei lygaid wrth nesáu. Roedd o wedi disgwyl i'r lle fod fel cwch gwenyn – pawb yn brysur yn paratoi, yn llwytho, yn pacio a chlymu, ond na . . . Safai pob un fel delw ger ei geffyl, ei asyn a'i geriach. Roedd pawb yn barod ers oriau. Roedd yna dawelwch hyll yn teyrnasu dros y Ceunant. Mil o bobl yn sefyll yn llonydd ac yn fud, a dim yn tarfu ar y tawelwch ond rhoch a gweryriad ambell geffyl, a chyfarthiad ambell gi digywilydd, ac roedd o, Kit Carson, yn marchogaeth i'w plith i'w hannog i adael eu tiroedd. (127)

Yr unig nodyn cras yw'r gair 'hyll'; mae gweddill y disgrifiad mor ddiemosiwn â datganiad gan Reuters. Pan geir angerdd a dicter a chydwybod anesmwyth, eiddo'r cymeriadau yw. Â'r paragraff a ddyfynnwyd ymlaen:

> Eu hannog tua'r man gwyn man draw. Fel yr âi yn nes atynt, teimlai Carson mai fo ei hun oedd angau, yn cripian i fyny'r dyffryn i gipio'r Navahos o'u cynefin. Y fo oedd yn gyfrifol. Y fo oedd yr un a losgodd eu cnydau – roedd o'n rhan o'r chwalu a'r dadfeilio oedd yma. Y fo oedd yn gyfrifol am y dagrau a lifai i lawr gruddiau'r merched a'r dynion a rythai arno'n awr. (127)

Nid yw'r ysgrifennu'n arbennig o gelfydd, efallai, ond mae ymglywed yr awdur â hydeimledd Kit yn ddidramgwydd.

Stori yw hi am y tyndra rhwng ufudd-dod a dyletswydd. Stori yw hi hefyd am werth therapiwtig pob trasiedi a wneir yn stori: 'fe ddaw stori Chiquito yn rhan o'n hanes a'n chwedloniaeth,' medd Chico wrth Haul y Bore ar ôl clywed am ladd ei fab a threisio'i wraig. 'Bydd plant i blant ein plant yn clywed, a bydd ein dioddefaint ni yn gysur i'r rhai y bydd yn rhaid iddynt ddioddef eto.'

Hon yw nofel fwyaf diymhongar Eirug Wyn, ei leiaf cwmpasog

a'i fwyaf llwyddiannus ar lawer ystyr hefyd. Gŵyr ei chyfyngiadau a'u parchu.

Yn yr un modd ag y mae Elvis yn ffeirio'i hunaniaeth am enwogrwydd a chyfoeth, rhybudd Ffawstaidd *Blodyn Tatws* (1998) yw'r golled a'r dadrithiad a ddaw o gyfnewid hunaniaeth am rym. Cymeriad 'heb enaid, ewyllys, cydwybod na theimladau' yw Wang-Ho, etifedd cwmni electroneg llwyddiannus. Cais ymgeledd mewn llenyddiaeth, 'yn dychmygu ffrindiau ac yn chwarae a byw sefyllfaoedd y byddai'n darllen amdanynt'. Ymuniaetha â Romulus a Remus yn eu hamddifadrwydd, gan dynnu llun ohonynt ar wal y cwpwrdd lle'r ymguddia, yn 'allor dragwyddol i bob Romulus a Remus yn y byd'. Gyda chymorth cyfrifiadur pwerus, NESTA, â ati i greu merch yn gwmni iddo. Methiant yw'r ymgais: cyll Wang-Ho ei gyfle i sefydlu perthynas â merch o gig a gwaed ym mherson Gwenllïan, ac yn y pen draw lleddir ef gan ei greadigaeth.

Saif *Blodyn Tatws* yn olyniaeth *2001: A Space Odyssey*, *Blodeuwedd* Saunders Lewis, a *Frankenstein*. Yr un yw'r diddordeb yn natur personoliaeth, perchenogaeth a chwestiwn cyfrifoldeb y crëwr tuag at y creedig, cwymp anochel yn sgil uchelgais. Ei man gwan yw nad yw'n meddu ar unoliaeth unionsyth y straeon hynny. Mae ei phlot yn rhy droellog a'i ffocws yn rhy wasgarog iddi allu elwa ar yr elfennau chwedlonol ffrwythlon sydd ynddi. Fe'n llygad-dynnir ormod yn un peth gan hiwmor ffarslyd y bennod agoriadol, gyda'i sôn am yr 'hudolus, lygatddu Cedora Hughes', Wing-Ha a'u mab Weng-Hi Greenham. Seilir yr holl bennod ar y dyb fod rhywbeth hanfodol ddigrif yn y cysyniad o ffoadur o Hong Kong yn ymgartrefu ym mherfeddwlad Sir Gaernarfon. Fe'n tywysir trwy ddyddiau cynnar eu busnes yn creu sglodion o faw ci, marchnata peiriant cynganeddu amlieithog, a throi maes awyr Dinas Nunlle yn awyrendy rhyngwladol. Cyflwynir Wang-Ho i'r hanes yn yr un modd, yn blentyn siawns: 'Ymhlyg yn siôl y newydd-anedig yr oedd nodyn (nad gweddus adrodd ei gynnwys yma), ond a dadogai beichiogrwydd [*sic*] ei fam ar Weng-Hi Greenham gyda gwahoddiad nid angharedig iddo wneud a fynnai ag ef.' Pan ddaw trobwynt y stori ar ddiwedd y bennod, prin fod disgwyl inni ddirnad ei arwyddocâd:

> Ond ow!
> Ow! Ow!
> A theirgwaith ow!

Un dydd melltithiwyd y teulu bychan â thrasiedi o faintioli pla moesesaidd. Tra oedd Wing-Ha a Weng-Hi yn arsyllu, o'u hofrennydd, ar y dichonoldeb o agor uned ficro-djips ddiwylliannol ar hen safle Cae'r Gors yn Rhosgafran bu damwain erchyll. Plymiodd yr hofrennydd i'r ddaear, ac wedi'r ddamwain honno doedd yna ddim Wing-Ha na Weng-Hi mwyach. Yn belen o dân, toddasant i'r ddaear ac esgynasant i'r Dyffryn Silicon mawr yn y nen, gan adael o'u holau fusnes llwyddiannus, ac etifedd breuddwydiol, dawnus a gwyryfol. (17)

Effaith hyn yw fod y stori fel pe bai'n ailgychwyn ar ddechrau'r ail bennod heb odid ddim yn weddill o'r bennod flaenorol ond enwau'r cymeriadau a fu'n gymaint o destun hwyl. Ceir newid cyfeiriad yn y plot a newid cywair yn yr ieithwedd. Troir Cedora'n nain fethedig mewn cadair olwyn, a chynysgaeddir ysbrydion y tad a'r taid â doethineb arallfydol. Mae hyd yn oed NESTA yn dechrau amlygu personoliaeth wahanol. O fod yn greadigol anarchaidd, try'r stori'n ansadiol o fewnblyg. Gorfodir y darllenydd i amau ei argraffiadau cynnar. Darllenir o hynny allan o ddau safbwynt, heb wybod yn iawn ai creadur comig ynteu trasig yw Wang-Ho am fod y stori o hyd yn tynnu'n groes iddi ei hun.

Yr hyn a geir yn *Blodyn Tatws* yw stori ddirgelwch wedi'i himpio ar gomedi ffantasïol. Gwendid y stori yw na sylweddolir hanfod y dirgelwch, sef marwolaeth Wing-Ha a Weng-Hi, oherwydd yr arddull goeg a ddefnyddir i'w ddisgrifio. *Whodunnit* yw heb i'r cwestiwn gael ei ofyn o gwbl. Cymerir bod y ddamwain yn offeryn hwylus i gyflwyno Wang-Ho. Canlyniad anuniongyrchol arall yr impio yw nad oes modd nithio prif rediad y plot o'r is-blotiau. Faint o bwys y dylid ei roi ar y bygythiad i chwalu'r cwt lle mae Wang-Ho'n gweithio, er enghraifft? A yw perthynas Wang-Ho â Gwenllïan yn hanfodol i weddill y stori? Pa mor allweddol yw Ron a John Preis a Parri? Yn wir, o gofio'r teitl, a ddylid cymryd Wang-Ho'n ganolbwynt i'r digwydd o gwbl? Mae angen canllawiau o'r fath ar y darllenydd oherwydd mae stori ddirgelwch, heb sôn am gyfanwaith artistig, yn gofyn diweddglo sy'n dirwyn yn rhesymolddealladwy o'r wybodaeth a gasglwyd. Rhaid gallu edrych yn ôl a gweld y llwybr igam-ogam trwy'r dryswch, eithr nid ensynir tan hanner ffordd trwy'r bennod olaf fod damwain y tad a'r mab a ddisgrifir gyda'r fath rialtwch yn ddim amgen na damwain. Fe dalai ddyfynnu'n o helaeth o'r paragraffau perthnasol. Mae Wang-Ho ar ei ffordd adref o gyfarfod llwyddiannus:

Dechreuodd ei feddwl yn gyntaf grwydro at Gwenllïan. Onid oedd wedi'i thrin fel bastard diegwyddor? . . . Do, fe ddefnyddiodd o Gwenllïan heb fawr sylweddoli'r effaith a gâi hynny arni hi. Yna, roedd yr ysbryd a godasai Parry yn y cwt. Ysbryd pwy? Gwenllïan? Ond onid oedd hi'n fyw ac yn iach? A nhwythau wedi cymodi? Ac eto, pa ferch arall fuasai'n ei gyhuddo o'i bradychu? A phwy oedd y Wing-Wong oedd yn mynd i fod yn waredwr dynoliaeth? A Parri yn ymosod arno gyda'r fath ffyrnigrwydd? Pwy oedd wedi bradychu pwy? Ymhellach, roedd llythyr Nain Cedora a'i rhybudd hithau am NESTA? Dyna'r trydydd rhybudd iddo'i dderbyn. Y cyntaf gan ei daid, yr ail gan ei dad, ac yn awr gan ei nain. Onid peiriant oedd NESTA wedi'r cwbl? . . . Wrth ddwys fyfyrio am bopeth, darlun du iawn a ddaeth i'w feddwl.

Beth petai NESTA wedi cynllunio damwain Wing-Ha a Weng-Hi? Beth petai hi'n fwriadol wedi mynd ati i lurgunio creadigaeth Blodyn Tatws i'w dibenion ei hun? Onid oedd hi, ar hyn o bryd, fwy neu lai yn rheoli pob agwedd ar weithgareddau'r cwmni? Petai ganddi was symudol . . .? Ond i ba bwrpas? Doedd bosibl bod dim o ffaeleddau'r natur ddynol yn perthyn i beiriant? . . . Trawodd ei droed yn ffyrnig ar y brêc. Doedd bosib? (185)

A dyma frêc go bendant ar y stori hefyd, a sgegfa arw i'r darllenydd. Rhethreg sydd yma i fapio'r trywydd trwy'r dryswch: ymgais *post hoc* i egluro a chyfiawnhau digwyddiadau yng nghorff y nofel nad oeddynt yn gliwiau gan na wyddid fod pôs i'w ddatrys. Fodd bynnag, wrth ddangos y trywydd, effaith cwestiynau Wang-Ho yw dangos pa mor amherthnasol yw cymaint o'r stori a ddarllenwyd. Twyllwyd y darllenydd ddwywaith drosodd: yn gyntaf trwy i'r awdur lapio un math o stori am stori arall, ac yn ail yn y *dénouement* hastus sy'n ei chloi.

Dywedwyd digon yng nghwrs yr ymdriniaeth hon i awgrymu fod Eirug Wyn ar ei fwyaf effeithiol pan fo ar ei fwyaf poblogaidd. Yng ngwaith gorau Eirug Wyn gwelir math o gynllwyn y mae'r darllenydd yn gyfrannog ohono, cytundeb y bydd ef yn adrodd stori o fewn rheolau a chonfensiynau ei ddewis ffurf ac y bydd y darllenydd o'i ran yntau yn dilyn troeon y plot gan wybod yn fras beth i'w ddisgwyl. Gafael y cyfarwydd a'r cysurus yw cyfrinach *Smôc Gron Bach, Lara* ac *I Ble'r Aeth Haul y Bore?*. Ni'n synnir ac ni'n siomir.

Nofel yn y traddodiad diogel hwn yw *I Dir Neb* (1999), gwaith mwyaf gorffenedig Eirug Wyn hyd yn hyn. Ni ellir cynnig braslun o'i chynnwys heb ddatgelu'r peirianwaith sydd ar gerdded ynddi. Hanes dau deulu o Sir Fôn adeg y Rhyfel Mawr sydd yma: Catrin a Tom Hughes Cae Cudyll ac Evan a Miriam Pritchard Tyrpeg Uchaf. Mae mab y naill deulu, Hugh Hughes, yn caru ag Elin, merch y Tyrpeg, ond mae perthynas rhwng Catrin ac Evan yn y gorffennol yn awgrymu'n gryf i'r darllenydd mai mab Evan yw Hugh, bachgen gwahanol iawn i'w frawd hŷn, Johnny. Rhwng tiroedd y ddau deulu ymestyn y llain o dir comin a rydd ei enw i'r gyfrol.

Gwëir stori o gwmpas y saith cymeriad hyn gyda gofal mathemategol bron am gyfatebiaethau, am ddeuoedd, ac am y tensiynau rhyngddynt. Nofel yw hi am anwybodaeth sy'n breintio'r awdur â golwg hollwybodus ar yr anwybodaeth honno. Ni waeth o ba gyfeiriad y deuir ati, ni waeth pwy sydd ar lwyfan y dweud a'r digwydd, mae popeth yn drymlwythog o eironi dramatig. Tynner llinell ar antur rhwng unrhyw ddau neu ddwy, ac fe welir y rhwydweithio cywrain. Dyma Elin a Hugh yn ailadrodd, yn ddiarwybod i'w gilydd, y berthynas waharddedig rhwng Catrin ac Evan; Johnny yn methu deall sut y cynysgaeddwyd ei frawd bach â dawn i ddenu merched nad yw'n berchen arni; Tom yn edliw i Hugh ei awydd i listio yn y fyddin ond eto'n cofio'n hiraethus am ei wrhydri ei hun yn Rhyfel y Boer; Miriam yn gwylio Hugh o bell a'i weld, er syndod iddi, 'yr un ffunud ag Evan pan oedd hwnnw'n was ifanc'.

Rhagflas o dwyll angheuol rhyfel yw twyll y ddwy aelwyd. Hudir Hugh gan ramant 'iwnifform smart . . . Ei fotymau a'i felt yn sgleinio yn yr haul, a'i 'sgidiau newydd yn gwichian fel moch wrth y tethi.' Cefna ar Elin ac aelwyd. Yn groes i'r disgwyl, mae Tom yn cydsynio. Abertha Hugh i'r ffosydd am na all gredu mai ei fab yw ac i osgoi pechod mwy ei berthynas ag Elin, a chychwyn y mab i Ginmel gan gredu 'o leiaf fe fyddai'n gwneud ei dad yn hapus'. Pan ddaw Hugh yn ôl wedi drysu, yn ddigriflun o ufudd-dod heb y gallu i ddweud mwy na 'Yesss sirr!' wrth y swyddogion sy'n plagio'i ddychymyg, o edefyn i edefyn mae'r we dynn a glymai'r cymeriadau wrth ei gilydd yn ymddatod. Mae'r elfennau ym mhersonoliaeth Hugh a chwalwyd yn nhir Ffrainc – ei hwyliogrwydd, ei groesni, ei styfnigrwydd, ei hunanhyder, ei awydd am brofiadau newydd – fel pe baent yn cael eu trosglwyddo i'r lleill. Mentra Elin i'r Coleg Normal i Fangor i'w hyfforddi'n athrawes. Etifedda Johnny Elin yn gariad ac yn wraig maes o law. Mae Miriam dawel, ddioddefus, yn sgil profiad rhywiol gorfoleddus ac adnewyddol gyda Johnny, yn magu digon o blwc i adael Tyrpeg

Uchaf. Llethir Tom gan euogrwydd, ac y mae'n marw. Daw'r llyfr i ben gyda Catrin ac Evan wedi'u huno. Diweddglo amodol sydd i'r stori. Ni ddysgir pwy yw tad Hugh, na hyd yn oed lle y bydd Catrin ac Evan yn byw:

> 'Be 'dan ni wedi'i wneud, Evan?'
> 'Tyrd o'r felan 'na wir dduwcs! Yli, mi awn ni i gerddad yr hen lwybrau. Mi gawn ni roi popeth tu ôl i ni, a dechrau cynllunio am 'fory a'r flwyddyn nesa'!'
> Gwenu a wnaeth Catrin. Problemau newydd i'w hwynebu yn y flwyddyn newydd oedd Huw a Johnny. Am rŵan, am heddiw o leiaf, roedd hi'n haeddu llonydd. Gafaelodd Evan yn ei llaw.
> 'Tyrd! Mi awn ni i gerdded Tir Neb, ac os byddi di'n lwcus . . .'
> Tynnodd hi ato a sibrwd yn ei chlust '. . . mi a' i â chdi i'r tŷ gwair!'
> (192)

Tir Neb Eirug Wyn yw Egdon Heath Hardy neu Glawdd Terfyn R. Dewi Williams: man amwys, diberchen, sy'n safle gwrthdaro a chymod yn ôl y galw ac yn echel i si-so stori'r ddau deulu droi arni. Yno mae Catrin yn ildio gyntaf i Evan. Elin i Hugh. Johnny i swyn Elin. Yno y gwêl Elin ei thad yng nghwmni Catrin maes o law, sy'n tanio'i hawydd am adael y cartref. Yn y Tir Neb cyfatebol rhwng ffosydd y ddwy fyddin y chwythir cof Hugh yn dipiau:

> Clywodd ffrwydrad i'r chwith iddo ac agorodd twll yn y ddaear. Chwibanodd darnau o shrapnel yn fileinig o agos i'w ben. Ceisiodd godi i'w hyrddio ei hun i dwll a dyna pryd y ffrwydrodd un o'r *shells* wrth ei ochr. Fe'i hyrddiwyd i'r awyr. Roedd o'n hedfan, hedfan fel aderyn bach. Roedd o o'r diwedd yn rhydd! Yn hedfan fry! Yna, roedd o'n disgyn. Disgyn i Dir Neb. (131)

Rhyw ddisgyn i dir neb gan dybio eu bod yn hedfan y mae cynifer o gymeriadau Eirug Wyn. Poblogir byd ei ddychymyg gan anffodusion gobeithiol: Haul y Bore, Tom Bach Saer, Lara, Elvis, Wang-Ho a Derec amddifad a Myrffi Caffri, i gyd yn plymio i'r llawr yn bentwr pendramwnwgl, pob un yn ildio i rym disgyrchiant y naratif heb sylweddoli hynny, gan adael ôl siâp-stori yn y pridd meddal.

Cyfrolau gan Eirug Wyn:

Magniffikont (Talybont, 1982).
Myfi Derec (Talybont, 1983).
Y Drych Tywyll (Talybont, 1992).
Smôc Gron Bach (Talybont, 1994).
Lara (Talybont, 1995).
Elvis: Diwrnod i'r Brenin (Talybont, 1996).
Gweledigaethau Myrffi (Groeslon, argraffiad preifat, 1996).
I Ble'r Aeth Haul y Bore? (Talybont, 1997).
Blodyn Tatws (Talybont, 1998).
I Dir Neb (Talybont, 1999).

8

Robat Gruffudd a'r Gweddill Ffyddlon

JOHN ROWLANDS

Yn annisgwyl braidd, fe awgrymodd D. Tecwyn Lloyd yn ei erthygl 'Y Nofelydd a'r Achos Mawr' dros ddeng mlynedd ar hugain yn ôl mai 'un arloesydd y mae arnom ei fawr eisiau ydyw nofelydd sy'n *gwrthod* credu dim (ond ei ddawn ei hun)'.[1] Ymateb yr oedd ar y pryd i nofel Islwyn Ffowc Elis, *Wythnos yng Nghymru Fydd*, gan ddadlau fod angen i bob gwir artist fynnu rhyddid i dorri dros dresi unrhyw uniongrededd ideolegol. Meddai ymhellach:

> I mi, y mae un sy'n son [sic] amdano'i hunan fel awdur Cristnogol neu gomiwnyddol neu genedlaethol neu wrth unrhyw 'fel' arall yn amhosibl, fel artist.[2]

Cyfaddefodd iddo ef ei hun gael ei ddenu gan 'Achos Mawr' y chwith wleidyddol yn y 1930au, a'i fod yn perthyn i'r to hwnnw a gredai mai 'brwydr oedd llenydda: nid mympwy ramantaidd i ymbleseru â hi',[3] ac wrth gwrs yr oedd eraill tua'r un adeg yn cyhwfan slogan Eric Gill, 'All art is propaganda'.[4] Daeth *engagement* neu ymrwymedigaeth yn swynair, a doedd wiw i'r llenor ymguddio yng nghragen 'Celfyddyd er mwyn Celfyddyd'. Ond daeth dadrithiad yn hanes D. Tecwyn Lloyd, a theimlai fod y gwir artist yn trosgynnu ideoleg, a dyna pam y credai mai nofel naïf oedd *Wythnos yng Nghymru Fydd*. Gorsymleiddio pethau yn enw rhyw genedlaetholdeb Cymreig monocrom a wnâi.

Bu'r farn yn pendilio o'r naill begwn i'r llall lawer gwaith cyn hynny ac wedyn. Penllanw rhamantiaeth oedd esthetiaeth a fynegwyd mor groyw gan Mallarmé pan ddywedodd wrth Degas nad â syniadau yr ysgrifennir barddoniaeth, ond â geiriau. I rywun fel Gareth Miles yn y 1960au, fodd bynnag, nid oedd chwydfa eiriol hunanfynegiannol o werth yn y byd a hithau'n ddydd o brysur bwyso ar yr iaith Gymraeg, felly amgenach lawer oedd ymuno ym mrwydr Cymdeithas yr Iaith.[5] Iddo ef nid oedd pin ysgrifennu'n drech na chleddyf wedi'r cwbl. Yr un oedd agwedd y Robat Gruffudd ifanc fel y cyfaddefodd yn *Llais Llyfrau*:

> Pan wnaeth Penri Jones a fi *Lol* gyntaf yn y Coleg 'roedden ni yn erbyn llyfrau, ac yn meddwl fod lot gormod o bobl yn gwastraffu eu hamser yn ysgrifennu a chyhoeddi yn lle gweithredu yn wleidyddol.[6]

Daeth y ddadl i'r wyneb eto rhwng R. M. Jones a Dewi Z. Phillips ynglŷn â'r hyn a alwyd yn ddidueddrwydd.[7] I R. M. Jones, nid oes y fath beth ag ysgrifennwr diduedd, gan fod didueddrwydd ynddo'i hun yn rhactyb beth bynnag. Âi ef yn groes i raen y meddylfryd hiwmanistaidd a fu'n teyrnasu er Oes Rheswm y ddeunawfed ganrif, os nad er cyfnod y Dadeni Dysg ei hun. Câi dyneiddwyr a dirfodwyr fel John Gwilym Jones drafferth i ymgodymu â'r syniad mai myth yw'r diduedd, fel y buasai rhagflaenwyr fel Williams Parry a Parry-Williams wedi ei gael pe wynebasid hwy â'r fath gysyniad.

Ond aeth R. M. Jones â'r ddadl ymhellach, ac awgrymu mai ymrwymedigaeth (wrth iaith, cenedl, crefydd a thraddodiad) yw'r gwrthglawdd rhwng llenyddiaeth Gymraeg a llenyddiaethau honedig fwy soffistigedig y byd Gorllewinol. Lle'r ildiodd y llenyddiaethau hynny i rymusterau modern ac ôl-fodern megis dirfodaeth a nihiliaeth a dirywiaeth, daliodd llenyddiaeth Gymraeg ei thir. Yn wir bu'n wyrdroadol wrth ymwrthod â negyddiaeth a chredu mewn pwrpas, sef yn y bôn bwrpas y traddodiad mawl.[8]

Gellir gweld ergyd ei ddadl yng nghyd-destun barddoniaeth Gymraeg, yn arbennig y dadeni cynganeddol, ond yng nghyd-destun y dadeni rhyddiaith, y term di-ddal y chwaraewyd ag ef fel â phêl oedd ôl-foderniaeth, a thybid mai rhywbeth llithrig a lliwgar, caotig ac anarchaidd oedd ôl-foderniaeth, gan greu'r argraff mai'r hyn a wnâi'r nofel Gymraeg ddiweddar oedd tynnu stumiau ar farddoniaeth wynepsyth y dadeni cynganeddol, a rowlio'n anghyfrifol i ganol tryblith llenyddiaeth y Gorllewin. Dyma'r hyn a alwodd R. M. Jones, gyda'i dynnu coes dihafal, yn 'gydymffurfio' â normau Ewropeaidd.[9] Iddo ef, y beirdd sy'n wyrdroadol, a'r nofelwyr yn gydymffurfiol. Wrth gwrs mae'n dibynnu o ble mae rhywun yn edrych ar yr olygfa. O'n lleoliad ni y tu mewn i'r diwylliant Cymraeg, mae pethau'n edrych yn hollol wahanol. Y nofelwyr sy'n mentro, yn anturio i feysydd newydd, a'r beirdd sy'n glynu wrth draddodiad. Eto, mae'r traddodiad hwnnw'n fyw, a phob newyddanedig yn cicio'i goesau'n rhydd o groth ei fam.

O ran y nofelwyr, nid mor hawdd yw eu gweld hwythau oll yn ôl-foderniaid chwaith. Mae traddodiad yn dyrchafu'i ben lliwgar yn eu gwaith hwythau hefyd, ar ffurf myth a hanes weithiau, neu trwy adleisiau cryfion rhyng-destunol dro arall. Er gwaetha'r carnifaleiddio brwysg, nid gemau hwyliog ond sylfaenol ddiystyr yw gweithiau Robin Llywelyn a Mihangel Morgan. Yn sicr mae agenda Marcsaidd Wiliam Owen Roberts ac un cenedlaethol/ grefyddol Angharad Tomos yn galw am ganiatáu gwneud ôl-foderniaeth yn derm llawer mwy paradocsaidd nag y'i hystyrir fel arfer. Nid yw ôl-foderniaeth Gymraeg yn troi cefn ar yr Achos Mawr wedi'r cwbl, er na fyn neidio ar ben bocs sebon ymfflam-ychol yr hen realaeth sosialaidd simplistig gynt. Nid T. E. Nicholas yw Wiliam Owen Roberts, ac nid Gwenallt mo Angharad Tomos.

Robat Gruffudd, efallai, fuasai un o'r rhai tebycaf i droi trwyn ar ffidlan ôl-foderniaeth tra bo Cymru'n llosgi. Llenor er ei waethaf yw ef rywsut. Wrth gwrs ei fod yn giw o frîd a bod disgwyl i gyw felly fagu adenydd llenyddol.[10] Gallesid yn yr un modd fod wedi disgwyl iddo droedio'r llwybr academaidd, ond nid oedd arwydd iddo ddymuno gwneud hynny o gwbl, o'i ddyddiau fel rebel o fyfyriwr ym Mangor hyd heddiw, ac o bosib mai ef fydd y lleiaf awyddus i weld ei waith yn cael ei drafod yn y gyfrol hon. Nid ffrwyth myfyrgell yw ei lenydda chwaith, gan mai gwrthryfelwr greddfol ac ymarferol fu ef. Ymwrthododd â'r gyrfaoedd ffasiynol i fyfyrwyr Cymraeg ei gyfnod, ac aeth ati i sefydlu busnes Cym-raeg mewn ardal Gymraeg. Gwasg y Lolfa yw'r galon sy'n curo ym mhentref Tal-y-bont yng Ngheredigion,[11] ac mae'i churiad yn gryf a bygythiol yn y byd cyhoeddi Cymraeg yn gyffredinol. Bu'n tynnu yma i lawr, yn codi draw; yn dryllio delwedd yr hen Gymru barchus, gydymffurfiol, gysetlyd, ac yn creu delwedd newydd o wlad hwyliog, ddiatalnwyd, nad yw'n malio botwm corn am gowtowio i neb, ac yn sicr nid i'r sefydliad Cymraeg na Phrydeinig.

Bu'r Lolfa'n chwyldroadol wrth dynnu blewyn o drwyn y sefydliad, ond bu'n geidwadol hefyd wrth ymwrthod â ffasiynau'r gwleidyddol gywir, yn arbennig yn achos Marcsiaeth a ffeminyddiaeth.

Mae'n wir i Robat Gruffudd gyhoeddi cyfrol o gerddi yn 1976, sef *Trên y Chwyldro* yng Nghyfres Beirdd Answyddogol y Lolfa,[12] ond roedd hi'n ganol-oed cynnar arno'n cyhoeddi'i nofel gyntaf, *Y Llosgi* (1986).[13] Erbyn hynny roedd wedi gwneud cyfraniad sylweddol fel cyhoeddwr, ac wedi bod yn ddraenen gyson yn ystlys y sefydliad – trwy'r cylchgrawn *Lol*, neu trwy'i arthio ar y Cyngor Llyfrau Cymraeg – felly dyma ymaflyd yn y cyfle i ddweud ei ddweud trwy gyfrwng nofel. Roedd hynny'n risg. A fyddai'r cenedlaetholwr pybyr a ffrewyll y prysur-bwysig yn lladd yr artist bondigrybwyll ynddo? A fyddai'n ysglyfaeth i ryw realaeth genedlaethol orsymleiddiedig a fyddai'n ei droi'n bropagandydd amrwd? Yn sicr nid ffetish oedd llenydda iddo ef, a go brin yr arddelai'r teitl artist beth bynnag. Nid awydd ymgodymu â rhyw fythol bethau tragwyddol oedd arno chwaith, fel petai'n un arall o bortreadwyr y natur ddynol oesol y bu llenorion yn ymbalfalu i'w chyfleu mewn geiriau ers canrifoedd. Na, roedd ganddo 'local habitation and a name', ac o gyfwng y presennol mewn man a lle penodol iawn yr ysgrifennai. Nid eiddo ef allu negyddol Keats i fod yn bopeth i bawb ac i newid ei liw fel cameleon yn ôl y galw. Yr oedd yn fwndel o ragfarnau – y peth peryclaf i awdur fod yn ôl y dyb draddodiadol. Ai'r hyn yr oedd yn mynd i'w wneud oedd creu sioe bypedau i ddifyrru'i ddilynwyr ond i greu crechwen yn y gynulleidfa soffistigedig?

Go wahanol i'r disgwyl oedd *Y Llosgi* pan ddaeth. Yr oedd rhai elfennau technegol, i ddechrau, yn milwrio yn erbyn llifeiriant y stori ei hun – er nad mewn modd garw, gwyrdroadol fel mewn rhai nofelau ôl-fodernaidd. Y stori yw'r peth o hyd, a chaiff rwydd hynt i fochio dros ei glannau heb ymyrraeth ormodol rhyw forglawdd awdurol. Gellir darllen y nofel o ran chwilfrydedd yn unig, am fod y cynllun yn ddigon grymus i foddio'r awch am wybod beth sy'n digwydd nesaf o hyd. Ond collir peth o gyfrwystra'r nofel os na sylwir ar yr elfen hunangyfeiriadol ynddi. Nid yw'n enghraifft o fetaffuglen bowld, ond mae'n tynnu blewyn o drwyn realaeth yn ddigon aml i danseilio'r *verisimilitude* yr ymddengys fod y nofel yn seiliedig arno. Rhyw chwarae mig ysgafn â'r darllenydd yw hyn, efallai, ac eto mae arwyddocâd i'r gêm hefyd. Fe'n gwneir yn ymwybodol mai llyfr y mae'r prif gymeriad, John Clayman, yn ei ysgrifennu ar gyfrifiadur ym Mhlas Nant y Durtur yw *Y Llosgi*. Yn y plas hwnnw y mae'r Gorfforaeth Gyhoeddi Genedlaethol – rhyw fath o Gyngor Llyfrau Cymraeg y dyfodol – a chaiff Clayman gyflog am ei lafur llenyddol. Dyna bwysleisio felly mai ffuglen sydd yma, nid ffaith, er bod y sefyllfa'n cael ei chymhlethu wrth i Clayman brotestio mai hanes gwir sydd ganddo:

> Rydw i wedi dechrau dweud pwy ydw i, ac wedi dechrau cyflwyno Alys. Rydw i wedi awgrymu bod gen i daith go bwysig drannoeth i Berlin. Roedd hyn i gyd yn wir. Yr unig broblem yw: mae'n darllen fel 'se fe ddim; fel petai'n rhyw fath o nofel. (15)

Wrth geisio dwys bwysleisio *nad* nofel yw hi, fe'i gwneir yn amlycach mai dyna'n union *yw* hi.

> Ond mae'r ffaith eich bod chi'n darllen y geiriau hyn yn profi 'mod i wedi gwneud mwy na sgrifennu: rwyf wedi bod mor hunandybus â chyhoeddi hefyd. Mae gen i uchelgais 'lenyddol'. Mi ga i bunt neu ddwy derbyniol iawn am y balchder hwn. (15)

Felly dyma'r prif gymeriad yn ei gondemnio'i hun o'i enau'i hun. Aeth ati i lenydda i gydymffurfio â'r system gyhoeddi gymorthdaliadol sy'n beiriant-cynnal-bywyd i lenyddiaeth Gymraeg y dydd. Nid yw llenydda'n broses 'naturiol' bellach gan mai grantiau sy'n sylfaen iddi. Cyfaddefa John Clayman mai'i brentisiaeth fel sgriptiwr y ffilm *The Magic Dragon*, ffilm cysylltiadau cyhoeddus gelwyddog y Cyngor Datblygu, a roddodd iddo'r hyder i lunio'r nofel: 'oni bai am y ffilm, er mor bitw ydoedd, go brin y buasai gen i'r hyder i daclo'r llyfr hwn' (22).

Ffuglen, felly, yw'r llyfr, er gwaetha'r protestio arwynebol, a gwaeth na hynny, propaganda amrwd. Mae Clayman yn teimlo y bydd ei waith yn plesio'r awdurdodau hefyd:

> Dyle John Prys [Cyfarwyddwr y Gorfforaeth Gyhoeddi Genedlaethol] lico'r paragraff yna! Yn anffodus, fel paragraffau gwych yn gyffredinol, nid yw'n cyfateb yn rhy dda i'r gwir. (98)

Gwerthu hynny o enaid sydd ganddo i'r diafol a wna. Y mae'n datgelu hynny'n ddigywilydd yn y nofel ei hun, pan ddywed fod John Prys wedi'i annog i gynnig am grant llenyddol:

> 'Cofiwch hynny, John: os daw awydd drosoch yn sydyn i sgrifennu'r

Nofel Fawr yna – rhowch ganiad i mi ac fe gewch y ffurflen gais gyda'r troad. Mae bwyd a llety hefyd yn gynwysedig os hoffech fyw yn y Plas ei hun.'
Wnes i ddim dychmygu na breuddwydio y dôi'r cyfle mor fuan – a dyma fi wedi gollwng y gath o'r cwd. Ie, yma, ar derfynnell [*sic*] ym Mhlas Nant y Durtur, yr ydw i'n chwysu i gyfansoddi'r geiriau yr ydych, fy narllenydd, yn eu darllen yr eiliad hon! (166)

Ond mae'r elfen fetaffuglennol yn ddaufiniog. Mae'n taro deuddeg cyn belled ag y mae rhan gynta'r nofel yn y cwestiwn. Person wedi'i brynu gan ei swydd yw Clayman, dyn o glai fel yr awgryma'i enw, ac mae'n actio rôl wasaidd y dyn 'PR' arwynebol a dienaid. Iawn yw i'r dyn hwnnw fynd yn was cyflog i'r Gorfforaeth Gyhoeddi Genedlaethol a llunio'i nofel ffug ar derfynell ym Mhlas Nant y Durtur, oherwydd un felly ydyw, rhagrithiwr digydwybod sydd wedi claddu'i ddelfrydau cynnar dan haen o blastig biwrocrataidd. Fe'i moldiwyd gan ei swydd, ac mae'n barod i bedlera unrhyw gelwyddau er mwyn ei besgi'i hun. Ond hwn yw'r union John Clayman sy'n graddol newid yn ystod y nofel. Hwn sy'n cael ei bigo gan ei gydwybod ac yn cael ei ddadrithio. Erbyn ei dröedigaeth ar ddiwedd y nofel mae'n edrych ar bethau mewn ffordd wahanol iawn. Os yw'r dyn newydd hwn yn adrodd ei hanes ar arch John Prys er mwyn ennill bloneg enwogrwydd llenyddol, yna nid yw wedi newid yn sylfaenol wedi'r cwbl. Ofnaf fod hyn yn tynnu'r gwynt o hwyliau'r nofel i ryw raddau, gan greu tyndra nad yw'n perthyn yn hanfodol i'r nofel beth bynnag.

Eto gellid dweud fod yr elfen fetaffuglennol, chwareus – ond chwerw'i harwyddocâd sylfaenol – mewn tiwn â naws y nofel yn gyffredinol, oherwydd dyna sy'n annisgwyl: fod Robat Gruffudd wedi ymwrthod â'r demtasiwn i greu cymeriad tebyg iddo ef ei hun, ac wedi dewis yn hytrach bortreadu ei antithesis, sef dyn cysylltiadau cyhoeddus sydd wedi gwadu'i egwyddorion a throi'n slaf i'r gyfundrefn. Dyn yw hwn sydd wedi colli golwg ar bob pwrpas i fywyd ac sy'n chwarae gydag ef fel y mae'n chwarae gyda delweddau, yn chwarae gyda merched, yn chwarae gyda geiriau ar y derfynell ym Mhlas Nant y Durtur, yn chwarae gyda thechneg y nofel hyd yn oed. Does dim sa'n perthyn i'r cymeriad hwn. Does dim gwaelod iddo. Mae'n byw yng ngogor oferedd ac ym mustl chwerwedd, ac eto'n ymddangosiadol mae'n ddigon bodlon ei fyd dan balfau cath uffern. Dihiryn, adyn, gwalch drwg,

hen gena – dyna yw yn ôl pob golwg. Bu'r Robat Gruffudd go-
iawn â'i lach arno ef a'i hil ers talwm byd. Ceir enghreifftiau o
hynny mewn llythyrau a mân erthyglau dros y blynyddoedd;
cafodd Bwrdd Datblygu Cymru Wledig neu Ddatblygu'r Canol-
barth – a math o olynydd i'r rheini yw Cyngor Datblygu Cymru y
nofel – sawl clustan gan gyfarwyddwr y Lolfa. Dywedodd ei hun
mai beirniadaeth ar bolisïau'r byrddau biwrocrataidd hyn oedd *Y
Llosgi*:

> Mae llawer o gymeriadau yn y nofel, ond y prif un yw nid person o
> gwbl, ond sefydliad dychmygol o'r enw Cyngor Datblygu Cymru
> sydd â'i bencadlys yn y Drenewydd. Yn nychymyg byw yr awdur,
> prif bwrpas y Cyngor yw nid 'Datblygu Cymru' o gwbl, ond cyn-
> orthwyo'r llywodraeth yn y dasg o ddenu Saeson i mewn er mwyn
> cynyddu'r boblogaeth.
>
> Cefais gryn sioc felly pan glywais Gadeirydd Datblygu'r Canol-
> barth yn brolio'n ddiweddar ar y teledu cystal yr oedden nhw'n
> llwyddo yn eu prif dasg o 'gynyddu poblogaeth y Canolbarth' . . .
> wrth gwrs, fi sydd heb ddeall: falle nad Canolbarth Cymru maen
> nhw'n feddwl o gwbl – ond Canolbarth Lloegr. Neu mewn geiriau
> eraill: Canolbarth Prydain.[14]

Os yw'r sefydliad yn bwdr, yna mae ei wyneb cyhoeddus, y
palwr celwyddau 'PR', John Clayman, yn llygredig hefyd. Ond sut
y gall casineb esgor ar nofel? Un peth yw casineb at sefydliad, peth
arall yw casineb at gymeriad. A'r ffordd berffaith o ddadffiwsio
teimladau felly yw gadael i'r cymeriad adrodd ei hanes yn y
person cyntaf. Fe all cymeriad, wrth gwrs, ei gasáu'i hun, a ffwlbri
o'r mwyaf fuasai haeru na all hunangasineb fod yn ddeunydd
nofel. Pwy yw'r biwrocratiaid beirniadol sy'n dyfeisio'r fath ddedd-
fau pitw? Ydyw, mae John Clayman yn groendew fel gwas y
gyfundrefn, ond yn groendenau ac archolladwy fel person, pan
nad yw wedi'i ddrygio'i hun ag alcohol neu wedi amgylchynu'i
ben â thrwch o wawn rhamantaidd. Ef yw'r dyn digydwybod y
mae cydwybod yn binnau mân drosto i gyd. Dyna sy'n ei wneud
yn amgenach na phenbwl, y cymeriad stoc y byddem wedi dis-
gwyl i Robat Gruffudd ei droi'n gocyn hitio. Yn nhermyddiaeth y
feirniadaeth ryddfrydig ddyneiddiol, mae'n gymeriad cymhleth,
yn gymeriad crwn, ac i'r graddau hynny mae hon yn nofel draddod-
iadol sy'n peri i rywun roi bys ar bỳls y prif gymeriad, a'i weld fel
dyn o gig a gwaed. Onid Gŵr Pen y Bryn ydyw? Cafodd hwnnw
dröedigaeth hefyd, a mynedfa i ryw fyd arall lledrithiol. Ond mae

John Clayman yn fwy soffistigedig nag ef, ychydig yn fwy eironig ei agwedd, a does dim byd yn lledrithiol ynglŷn â'r byd y mae ef wedi troi'i wyneb tuag ato ar ddiwedd y nofel. Mae rhywbeth yn hoffus ym mhydredd John Clayman. Mae'n hoff o bleserau o bob rhyw, yn hedonist digywilydd, ac eto'n ceisio creu dimensiwn ystyrlon i'w bleserau os gall. Nid cnychiwr cyfresol mohono wedi'r cwbl. Mae Alys yn fwy na storm o gnawd, oherwydd nid

> jest cnych o'n i moen . . . ro'n i moen Alys, ei Pherson, ei Chwmni. Ein Perthynas oedd y peth: yr Ing a'r Ecstasi . . . Dyn oeddwn i yn gaeth yng nghrafangau Affêr: rhyw fath o ddyn dall . . . [yn] actio'i dynged ar lwyfan Wagneraidd Affêr. (12–13)

Ond does dim byd mwy chwerthinllyd i'r person anghyfarwydd nag opera gan Wagner: mae mor wirion bost ag yr ymddengys criw o feddwon i berson sobr. Ac mae 'na rywfaint o chwerthin ym mhrif lythrennau'r dyfyniad uchod. Crafangu am ryw fath o ystyr y mae John Clayman mewn byd sy'n ddim ond tinsel – y tinsel y mae ef ei hun yn gorfod ei gynhyrchu'n ddyddiol er mwyn y sicrwydd o gael Gay yn wraig a chael byw gyda hi a'i ferch Lisa yn ei gartref 'desirable iawn yn Rosebriar Close' (14). Sylfaenol i'w weledigaeth ddi-weld yw fod 'y byd 'ma'n mynd i ffrwydro'n yfflon rhyw ddydd, ac nad oedd dim ar y ddaear nac yn y nef a wnâi flewyn o wahaniaeth' (18). Ef sy'n dweud nad yw'n wleidyddol ei fryd, ac mai sinic ydyw (18). Ac mae mor ingol ymwybodol (neu mor ysgafala ymwybodol ar yr wyneb) o ddiddymdra'i sefyllfa, o'i gachaduriaeth ddiedifar ei hun:

> 'Rwy'n rhyw fath o gachwr . . . Trïo dychmygu ydw i, sut basen i'n teimlo 'sen i'n credu'r pethau mae rhai pobl yn 'u dweud am y Cyngor . . . bod pawb sy'n gweithio yn y Cyngor yn rhyw fath o fradwr.' (39)

Mae unrhyw un sy'n gallu'i alw'i hun yn gachwr, neu'n gallu ystyried ei fod yn fradwr, yn bownd o deimlo cnofa edifeirwch, waeth faint o ddihidrwydd ymddangosiadol fo ar y masg y mae'n ei wisgo. Dyn y byd yw John Clayman ym Merlin, yn awyrgylch sgleiniog y Bristol Kempinski, yng nghynhadledd ddiegwyddor Eurecon, yn nhafarn y Zum Drei Bären, yng nghlwb trawswisgo

Romy-Hag lle mae popeth ben-i-waered a hylifol, ond er gwaetha'i orbrotestio, mae cornwydydd a chrach yn torri allan ar y croen dan y masg. Pan fydd pobl yn teimlo rheidrwydd i feddwl fel hyn, teimlir mai croes i'w honiadau ymwybodol y mae'u teimladau isymwybodol:

> Dyw pobol erioed wedi moen eu delfrydau mawr, eu hiwtopias hollgoncwerol. Llonydd, cysur, 'bach o sbort yw'r cyfan sy'n bwysig i bobol. Ac i mi. (94)

Ond nage wrth gwrs – nid hyd yn oed iddo ef. Er iddo gael ei gynhyrfu'n rhywiol gan y bachgen sy'n actio'r ddol Babwshka yng nghlwb Romy-Hag ym Merlin, nid yw'n ildio i'r rhyddid dilyffethair a gynigir yno, oherwydd yr ysfa am gaethiwed sy'n ei ddal – am gaethiwed Mynydd Fenws Alys, neu am y gwreiddiau ar fferm Braich Du ym Môn. Rhwng y rheini roedd Bangor. Nid lle yw Bangor i Robat Gruffudd, ond cyflwr, fel i gymaint o rai eraill, o ddyddiau Islwyn Ffowc Elis a Thriawd y Coleg hyd heddiw, ac fel y mae Aber a lleoedd eraill i genhedlaeth ar ôl cenhedlaeth. 'Mae 'na Fangor ym mywyd pawb, neu fe ddylai fod' (78). Wrth gwrs nad oes Bangor ym mywyd pawb, nac ym mywyd y rhan fwyaf o bobl. Nid i'r ferch o Benrhosgarnedd sy'n mynd i weithio i Woolworth's, nac i'r hogyn o Faesgeirchen sy'n syrthio o'r wagen addysgol i bwll y dôl. Dim ond i lond dwrn o bobl ifainc Bangor ei hun y mae 'na Fangor yn ystyr Robat Gruffudd. A dim ond i lai na llond dwrn o fyfyrwyr Bangor hyd yn oed, gan mai Saeson sy heb falio dam yw'r rhan fwyaf o'r rheini o ddigon. Bron nad yw Bangor yn gyflwr cyfriniol i'r dethol rai, cyfnod y breuddwydio, yr egwyddori, uwchben y Fenai neu mewn tafarnau. Ond fel llawer profiad cyfriniol mae'n rhywbeth annelwig a bron yn ddigynnwys, gan mai profiad emosiynol dyrchafol ydyw. Mae'n llawn rhamant a delfryd hefyd. 'Fel gwerin y gwisgem, fel gwerin y siaradem, fel gwerin y meddyliem' (78). Ond diystyr yw ystyr hynny, oherwydd swynair yw 'gwerin' heb unrhyw wir sylwedd yn perthyn iddo. Fe ŵyr y prif gymeriad hynny'n iawn, ac mae'n ei gyhuddo'i hun o'i enau'i hun unwaith eto: 'Yn griw dethol, deallusol a gwrthddemocrataidd, llwyr gredem ein bod yn werinol, gwrthddeallusol ac agored' (79). Gwrth-Seisnig ydyn nhw, wrth gwrs, ac fe'u gosodant eu hunain yn lladmeryddion dethol dros y werin datws fondichrybwyll, er na faliai honno fotwm corn am eu delfrydau.

Rhwystredigaeth ffrwydrol sy'n gyrru'r rhain, a chan nad yw gwên fêl yn gofyn fôt yn tycio dim, gweithredu uniongyrchol annemocrataidd yw'r unig ateb. Cafodd y tri gweithredwr eu taflu o'r Coleg, gan gynnwys Robyn a Meriel a ffurfiodd Delau, y cwmni gwneud cychod ffeibr gwydr. Cyrhaeddodd John Clayman yn rhy hwyr ar gyfer y weithred, ac felly bu'n rhyw fath o gachwr o'r cychwyn. Erbyn ei ganol oed a'i swydd fradwrus, nid cachu brics a wna ond dioddef o ddolur rhydd diadfer. Ond caiff gysur o sylweddoli nad yw Meriel yn berffaith chwaith. 'Mae gan hon ei gwendidau: styfnigrwydd; peth smygrwydd moesol; rhai mathau anarferol, ac anodd eu cornelu, o anonestrwydd; a chyffyrddiad o gymhleth y merthyr' (154). Er bod John yn gwneud ffetish o'r 1960au ac o gyflwr Bangor, mae'n cyfaddef hefyd mai sbort oedd y cyfan, ac Amser Da. I'r byd mawr yr aeth y rhan fwyaf o bobl wedyn, gan anghofio'r jolihoet. Ond er i Meriel a'i ffrindiau anghofio'r Amser Da, gafaelasant hwy'r lleiafrif bach yn y delfrydau a chael eu meddiannu gan Gyfiawnder a Chwyldro. Fawr ryfedd fod John yn teimlo bys Robyn yn ymestyn yn gyhuddgar tuag ato.

Mae yna yn y nofel garfan galetach a mwy digyfaddawd o lawer, sef Milwyr y Weriniaeth Gymreig, sy'n coleddu delfrydau syml a chlir ac unplyg, a'r rheini'n sylfaenedig yn y bôn ar sofraniaeth, sy'n 'hawl absoliwt ac yn dda ynddi'i hun' (70). Lleddir ar y Blaid Genedlaethol am wadu'r egwyddor sylfaenol hon. 'Heddiw, parabla'r parti hwn yn ffri dros bob hawl ond yr un sylfaenol, Sofrannol. Dadleuant dros hawliau merched, y di-waith, y Trydydd Byd, yr anabl, yr undebau, yr heddychwr, a'r dyn du' (70). Fe fydd y Weriniaeth Sofran Gymreig yn 'glanhau' Cymru o'i hestroniaeth. Ffrynt y Weriniaeth honno yw'r Milwyr, ac mae'u datganiad hwy yn diffinio'n glir pwy sy'n dderbyniol yn y Weriniaeth a phwy sy'n esgymun.

> Galwn yn Filwyr y Weriniaeth y nifer bach ohonom a ymdynghedodd i weithredu'n filwrol drosti. Galwn yn Gyfaill i'r Weriniaeth, a Darpar-Ddinesydd, un a fydd trwy air a gweithred wedi dangos ei fod yn derbyn Sofraniaeth Cymru a'i goblygiadau. Galwn yn Estron unrhyw un na fydd wedi dangos hyn. Galwn yn Elyn unrhyw un a fydd wedi gweithredu'n fwriadol yn erbyn amcanion y Weriniaeth . . . Galwn yn Fradwr . . . unrhyw un a weithredodd fel Gelyn ond a wyddai'n well . . . Ystyriwn bod Bradwr . . . yn euog o Deyrnfradwriaeth. (72)

Dyma griw hunanapwyntiedig sy'n gosod labelau ar bobl. Hwy yw'r *thought police* sy'n dweud sut y dylai pobl feddwl – ond golyga hynny nad oes hawl i feddwl yn rhydd, dim ond dilyn fformiwlâu. Mae hadau Ffasgaeth yma, boed honno ar y dde neu'r chwith. Dyma'r union fath o feddylfryd y mae llenorion Tsiec megis Vaclav Havel, Milan Kundera a Skvorecky wedi bod yn ymosod yn lew arno, a gwyddant hwy o brofiad am dotalitariaeth y Natsïaid ar y naill law a thotalitariaeth y Comiwnyddion ar y llaw arall. Hwn yw'r meddylfryd sy'n arwain at lanhau ethnig, at feithrin purdeb hiliol, ac mae'n elyniaethus tuag at unrhyw luosogedd, felly esgymuner hoywon, duon a phobl anabl. Dyma genedlaetholdeb ar ei ffieiddiaf. Gwelwyd hadau o'r fath yn gwreiddio mewn rhannau o'r hen Iwgoslafia, ac mewn parthau eraill o'r byd. Ond o ble yng Nghymru y daeth y syniadau hyn? Yn sicr nid oddi wrth Waldo neu J. R. Jones. Cafwyd cip arnynt yng ngwaith gwleidyddol Saunders Lewis, ond toddi a wnânt yn ei waith creadigol ar y cyfan, hyd yn oed mewn drama gyda theitl mor awgrymiadol â *Brad*. Wrth gwrs, mae Milwyr *Y Llosgi* yn gysgod o Fyddin Rhyddid Cymru neu Feibion Glyndŵr, ond maent yn perthyn yn ogystal i'r *BNP*, y Blaid Genedlaethol Brydeinig. Gwir y dywedai rhai fod y gymhariaeth yn annheg am mai amddiffyn cenedl fach sydd â'i chefn yn erbyn y wal a wna'r Milwyr, ond fod y *BNP* yn lladmerydd y bwli mawr. Mae hynny fel dweud ei bod yn iawn gweiddi 'Twll tin pob Sais' ond nid 'Taffy was a thief' am fod y sefyllfa rhwng y ddwy genedl mor anghyfartal. Eto hiliaeth yw hiliaeth boed o du'r Cosofariaid neu'r Serbiaid, y Cymry neu'r Saeson. Gwaeth fyth yw fod y Milwyr yn plismona meddyliau'r Cymry eu hunain. Nid yw bod yn Gymro yn ddigon da. Dim ond yr etholedigion sy'n achubedig. Fel y gwelsom, nid yw'r Blaid Genedlaethol yn gymeradwy, na'r Gorfforaeth Gyhoeddi (= Y Cyngor Llyfrau Cymraeg), ac yn sicr mae academwyr Cymraeg tu hwnt i adferiad.

> Doedd Robyn ddim yn hoffi darlithwyr. Roedd hyd yn oed y
> darlithwyr Cymraeg, yn ei farn e, yn euog o fradychu Cymru fel *lle*.
> Iddyn nhw, dimensiwn oedd Cymru: un agwedd ar fywyd oedd yn
> cynnwys agweddau eraill: cyflwr meddyliol goleuedig: nid lle ar fap,
> nid gwlad. (140)

Y cwestiwn yw: i ba raddau y mae'r nofel yn lleisio safbwynt y Milwyr? Testun deialogaidd yn hytrach na monologaidd yw *Y*

Llosgi, ac mae yna gôr o leisiau'n cordeddu drwy'i gilydd ynddi. Yn sicr mae prif ladmerydd y nofel yn byw ei fywyd yn ôl egwyddorion sy'n groes iawn i eiddo'r Milwyr, ac o'u safbwynt hwy Bradwr ydyw, un a wyddai'n well. Mae'n waeth, mewn ffordd, na'i fosys, am ei fod ef wedi bod trwy brofiad Bangor. Tebyg mai Gelyn yn hytrach na Bradwr yw McClarnan pan ddywed nad yw'n 'poeni dwy rech am yr iaith Gymraeg' (56). Mae Cymru wedi'i rhidyllu gan gyrff sy'n bwdr o'r bôn i'r brig, er eu bod yn honni gwasanaethu buddiannau Cymru – boed ym meysydd llenyddiaeth, diwylliant, teledu, twristiaeth, neu ddatblygu. Hunan-les yw'r huddug ymhob potes. Ac mae John Clayman yn slaf braf i'r system hon y mae gwyfyn a rhwd yn ei llygru. Drwy adael iddo ef fwrw'i fol wrth y darllenwyr, gan bendilio rhwng hunanfodlonrwydd ildiol a chydwybod friw, mae'r nofel mewn gwirionedd yn dangos gwegi'r byd bas y mae ef yn ymdrybaeddu ynddo, ac felly y Milwyr sy'n cynnig yr ateb amgen. Oes, mae yma broblem wirioneddol, a phan fo Robyn yn teimlo fel J. R. Jones gynt fod 'gwlad yn diflannu dan eich traed' (141), yna mae yna demtasiwn gref i achub y winllan rhag moch fel Clayman trwy ddulliau eithafol, digyfaddawd ac absoliwt. Hyd yn oed yn sefyllfa lleiafrif despret gall hyn greu haen o *Übermensch*. A dyfynnu W. B. Yeats:

> They must to keep their certainty accuse
> All that are different of a base intent . . .

Y geiriau hyn a ddyfynnodd Gwyn Thomas uwchben ei gerdd sarcastig chwerw, 'Tua'r Diwedd'.

> 'Y fi,' meddai fo
> (O fathau amrywiol)
> 'Dim ond y fi ydi'r unig Gymro
> Sy ar ôl.
> Mae pawb arall yn fradwr,
> Yn llyfwr a chachwr
> Neu (oedaf yma i boeri) yn dderbyniwr
> Un o grantiau Cyngor y Celfyddydau.
> Mae pawb wedi ildio i swynion estron
> Neu'n gaeth dan lywodraeth y Saeson.
> Pawb ond y fi.
>
> Does gen i fawr o feddwl o Gwynfor,
> Does gen i fawr i'w ddweud wrth D.J.

A fyddwn i ddim, o ddewis,
Yn dymuno canmol Saunders Lewis.
Ac rydw i'n, wir, erbyn rwan
Yn dechrau amau Dafydd Iwan.

Pwy sydd ar ôl ond fi fy hun
Yma, yn unig, yn genedl-un-dyn!'[15]

Wrth gwrs, mae yna ddwy ochr i bob ceiniog, os nad yn wir dair. Ai'r peth gorau, ar yr unfed awr ar ddeg, yw ildio a gadael i'n hiaith – a phopeth sydd ynghlwm wrthi – farw'n dawel a chael claddedigaeth barchus? Dyna oedd meddylfryd oes Fictoria, fel y tystia geiriau John Rhŷs yn 1871: 'Gan weled a chydnabod, fel yr ydym yn gwneyd, fod ein mam-iaith yn ymadael, gadawer iddi ymadael mewn heddwch. Fe wna pob Cymro hyny.'[16] Dros ganrif yn ddiweddarach mae yna adwaith ffyrnig ymysg lleiafrif yn erbyn yr agwedd gyfaddawdus honno. Ac yng ngwendid y presennol, codi llais a wna Robat Gruffudd yn erbyn trais difodiant. Nid ysgrifennu yn ei gadair freichiau gelfyddydol a wna ef ond curo'i figyrnau yn erbyn wal goncrid Philistiaeth yn ei rwystredigaeth. Serch hynny osgôdd i raddau y demtasiwn i bregethu pregeth y Milwyr yn amrwd trwy edrych ar bethau trwy lygaid môl-glafaidd John Clayman. Ond tröedigaeth a gaiff yntau, a hynny ar Ynys Môn dan ddylanwad y llabwst gwladaidd, Dic Braich Du. Dyma'r Cymro naturiol go-iawn, heb ei buteinio gan fateroliaeth yr ugeinfed ganrif, rhyw anwar nobl Rousseauaidd. Am wn i nad yw blerwch ei gartref, gyda'r hen geir wedi rhydu, yn cael ei ddyrchafu'n rhinwedd foesol. Gwrthod plygu i fiwrocratiaeth y byd modern a wna, a biwrocratiaeth yw *bête noir* y nofel, am ei bod yn tyfu'n ddiben ynddi'i hun ac yn esgor ar gloniau ohoni'i hun sy'n tagu rhuddin y peth byw. Fel hyn y mae Dic yn rhefru am weinyddiaeth: ' "Dyna'r unig ffor gei di warad â Saeson – sdopio'u syplei o bapur. Ân nhw nôl i Loegar am 'u bywyd. Be wnâi Sais heb 'i ffurflen?" '(262)

Mae tröedigaeth John Clayman mor ingol bob tamaid â thröedigaeth grefyddol. Mae'n ei gynhyrfu hyd waelod ei fod. Nid mater o fellten yn goleuo'r deall yw hyn, ond sylweddoliad mai twyll a chelwydd yw ei fywyd arwynebol foethus, ac nad yw'n bod mewn gwirionedd. Os Alys a losgodd ei gar, yna nid oedd yr Affêr Wagneraidd yn ddim ond rhith operatig.

Os yw'n wir, yr hunllef uffernol am Alys, yna dwy ddim yn bod fel person. Achos roedd yr hwyl, y rhyw, y gwin, yr anturiaethau, y swperau, y tynnu coes, y cyffyrddiadau tyner, yr eiliadau mwyaf cyfrinachol i gyd yn dwyll . . . mae popeth yn gelwydd a dwyf innau felly'n ddim. Hyn yw uffern, sef gwybod 'mod i'n ddim, cyn marw. (275)

Nos ddu yr enaid yn wir. Dyma ing dirfodol un sy'n tybio'i fod yn rhydd, ond sydd mewn gwirionedd wedi'i garcharu gan ei euogrwydd ei hun. Mae rhywbeth yn Sartreaidd yn ei sylweddoliad ei fod wedi gwrthod cario baich ei gyfrifoldeb. Nid mater o wleidyddiaeth syml mo hyn, ond rhywbeth sy'n cyffwrdd â nerf hanfodol ei fod. Y mae a wnelo â bod yn driw i'w hunaniaeth bersonol sydd ynghlwm wrth ei hunaniaeth genedlaethol. Wrth iddo ef werthu'i enaid i ddiawl materoliaeth mae'n cynllwynio i lofruddio Cymru ac yn cyflawni hunanladdiad yr un pryd, ond wrth wrthod cynnig y gwŷr cysylltiadau cyhoeddus ar ddiwedd y nofel, mae'n dangos yn glir ei fod wedi gweld y goleuni. Mae gan y *roman à these* hon, felly, neges gref. Dywed nad trwy beiriant-cynnal-bywyd Grant y bydd Cymru fyw, ond trwy ymroddiad digyfaddawd ei phobl er ei lles a'i ffyniant. I'w llusgo o'r gors ôl-hanesyddol rhaid i'w charedigion ddiosg ymaith bob ffug a meithrin unplygrwydd diffuant.

Mae difrifoldeb a diffuantrwydd y nofel hon yn ddiamwys, a hynny sy'n rhoi iddi dinc gorsymleiddiedig. Dic Braich Du sy'n crisialu hanfod Cymreictod ynddi, a cheir galwad i ymfyddino dros yr hanfod hwnnw. Ond peth lluosog a metamorffig yw Cymreictod, a chyfyngu ar ei amrywiaeth yw chwilio am ryw hanfod pendant. Ceisia *Y Llosgi* wynebu argyfwng hunaniaeth Gymraeg yn onest ac uniongyrchol, ond gyda ffyrnigrwydd un sydd ar ben ei dennyn. Diau y dywedir bod Cymru a'r Gymraeg ar ben eu tennyn ac mai yn ysbryd yr unfed awr ar ddeg yn unig y gellir trafod sefyllfa o'r fath. Yn wir, mae *Y Llosgi* yn gweld yr argyfwng Cymreig yng nghyd-destun rhyw armagedon byd-eang, ac nad brwydr gul dros y cornelyn hwn o'r ddaear sydd yma'n unig. Yn gyfeiliant i'r tyndra Cymru/*Wales* mae yma sôn am ymprydwyr gwrthniwclear a gwrth-Americanaidd yn ogystal ag ymgyrchwyr gwyrdd. Yr Alys arall, Aloise, sy'n lleisio'r anobaith global.

'Alla i ddweud wrthoch chi'r union ddydd, yr union eiliad bron, pan ddiflannodd gobaith . . . Ro'n i'n cerdded drwy arcêd siopa ym Mharis . . . ac . . . fe welais i'r poster anferth yma o long yn gadael harbwr. Oddi tano roedd y geiriau: "Llong Gobaith yn gadael Harbwr y Byd". Trôdd fy stumog . . . Golles i rywbeth y dydd hwnnw na ches i byth mohono'n ôl'. (108)

Ac mae'r Almaenwr, Bruno Trenkler, yn ymbalfalu am ystyr hefyd, ac yn rhyw fath o efaill i John Clayman, ond ei fod yn llawer mwy gwleidyddol soffistigedig, er mor annhebygol yw ei *scenario* o'r Trydydd Rhyfel Byd, a safle strategol Cymru yn hwnnw. Eto, sefyll dros beth yn union a wna yntau? Nid sefyll ond chwilio: ' "does dim pwynt byw os nad ydyn ni'n driw i ryw bethe, ond beth oedd y pethe, John, beth *oedden* nhw?"' (220) Efallai mai ychydig iawn sy'n gwybod yr ateb bellach, a bod y delfrydau wedi mynd yn siwrwd, a phawb wedi ildio i rymoedd y fall. Yng ngeiriau John Clayman: ' "rhyw Ha Bach y Diafol oedd ein how-fyw wythdegol i gyd, cyfle iddo Fe gael chwarddiad olaf am ein pennau cyn symud i mewn yn Derfynol â D fawr fel yn Diwedd"' (238). Gwaedd yng Nghymru yw *Y Llosgi* yn erbyn y diddymdra hwnnw.

*   *   *

Ddeng mlynedd yn ddiweddarach clywyd y waedd yn atseinio eilwaith yn *Crac Cymraeg* (1996).[17] Yma eto ceir Saeson cribddeiliog, diegwyddor (pobl felly yw hil Hors, fe ymddengys), sydd â'u bachau budron ar Gymru; a cheir hefyd wahanol raddau o Gymry – y gweision bach sy'n llyfu tinau'r Saeson, er mwyn arian, pŵer a safle, yna'r 'Cymry da' sy'n ddim amgen na chachwrs sy'n gysgod o'r lleill wedyn. Dafydd y prif gymeriad sydd hefyd yn fradwr, ond yn fradwr adferadwy, sy'n meddu ar y peth prin hwnnw – cydwybod; ond yr unig rai pur a digyfaddawd yn yr holl ddrama yw'r Milwyr sy'n dilyn eu hegwyddorion cenedlaethol i'r pen.

Fe honnir weithiau fod propaganda yn anorfod yn gorsymleiddio pethau, gan ymhoffi mewn categoreiddio, didoli'r defaid a'r geifr, a gwahanu'r du a'r gwyn. Roedd yn rhaid i Islwyn Ffowc Elis greu ei ddwy Gymru bosib yn *Wythnos yng Nghymru Fydd* yn nefoedd ac uffern. Mae'r Gwir yn syml, meddir, boed grefyddol neu wleidyddol. Rhydd y brif lythyren awdurdod diamwys iddo hefyd. Ond myga'r Gwir diamwys amwysedd y gwirionedd.

Yn y nofel hon mae Saeson busnes yn frîd arbennig. Rhoddir

cryn dipyn o sylw iddynt, a llawer o ofod i'w sgyrsiau cynllwyngar mewn tai bwyta crand uwch prydau moethus sy'n cael eu golchi i lawr gan win dethol. Mae bryd y bobl hyn ar ddefnyddio eraill er eu budd eu hunain, ar fowldio pobl fel clai. Byd plastig yw'r un a gyfleir, ac mae'r trafodaethau busnes yn hynod o *bland*. Diau mai adlewyrchu blandrwydd yw'r bwriad, mewn byd lle nad oes ond hunanoldeb a materoliaeth yn teyrnasu, a lle mae egwyddorion yn slwtsh, ond tuedda'r adrannau hyn o'r nofel i fod yn undonog a diliw am mai cymeriadau stoc a bortreedir, heb fawr eironi na hiwmor. Cythreuliaid mewn croen yw pobl fel Sam Smyth a Maurice Gregg, a defnyddiant bob tric dan-din i fanteisio'n ariannol ar Gymry diniwed a rhai heb fod mor ddiniwed. Ni ellir amau nad yw byd masnach wedi'i ridyllu gan lygredd o bob math, a bod y gallu i fanipiwleiddio gwahanol sefyllfaoedd bregus ac archolladwy yn ail natur i'r rhai sy'n rheoli'r byd hwnnw. Mae rhai o drafodaethau busnes *Crac Cymraeg* yn atgoffa rhywun am Gapten Trefor yn tylino Sem Llwyd yn *Enoc Huws*, ond heb y miniogrwydd a'r cyfrwystra sydd yn neialogau Daniel Owen. Nid oes yr un naws gadnoaidd yn perthyn i sgwrs Sam Smyth gyda Ken Cuttle yn Wolverley Court, er enghraifft.

Codi tai diangen yng nghefn gwlad y Gymru Gymraeg yw asgwrn y gynnen yn y nofel hon, gan hybu mewnlifiad estron i le yr arferid ei ystyried yn gadarnle'r diwylliant Cymraeg. Gwelwyd y ffenomen hon mewn sawl ardal yn ystod chwarter olaf yr ugeinfed ganrif. Fe sgrytiai llawer eu hysgwyddau a dweud nad yw hyn ond datblygiad anorfod ac nad yw'n ffrwyth unrhyw gynllwyn ymwybodol. Ond mae hynny cystal â dweud y dylai fod rhyddid i bobl grwydro dros ffiniau ac ymgartrefu lle mynnant, ac nid yw'r wladwriaeth fwyaf eangfrydig yn y byd yn caniatáu hynny. Gan nad oes gan Gymru senedd sofran, mae unrhyw glawdd terfyn rhyngddi a Lloegr wedi'i hen fylchu, a dim ond olion o Glawdd Offa sydd ar ôl. Gall pobl grwydro fel defaid i bori'i thiroedd, a'r unig rym sy'n cyfri yw grym y farchnad, sy'n gyfystyr â chaniatáu 'trecha' treisied, gwanna' gwaedded'. Mae cwmnïau fel Berry Homes yn *Crac Cymraeg* yn manteisio i'r eithaf ar hynny.

Ond â'r nofel ymhellach o dipyn na hyn, gan gyflwyno 'damcaniaeth gynllwyn', sy'n mwy nag awgrymu fod yr adran o fewn *MI5* sy'n gyfrifol am derfysgaeth fewnol yng Nghymru a'r Alban wedi mynd yn rhwystredig wrth fethu dal y Milwyr a'r llosgwyr tai, a'u bod felly yn defnyddio pŵer ehangach o lawer na'r un arferol trwy gael adrannau eraill y llywodraeth i'w helpu i fynd â'r maen i'r wal. Fel hyn y disgrifir y dacteg newydd:

denu'r terfysgwyr allan o'u tyllau trwy godi, neu fygwth codi, stadau anferth o dai mewn ardaloedd sensitif. Fe lwyddon ni, trwy Adran yr Amgylchedd, i gael cydweithrediad y Swyddfa Gymreig ac un datblygwr preifat. (236)

Nid yw hyn yn treisio hygoeledd o gwbl, ond y mae'r ffordd y trinnir yr ochr hon i bethau yn tueddu i fod yn ddienaid am mai manylu ar dactegau a wneir, gan drin y cymeriadau fel pypedau, heb wir gyffwrdd â chalon neb. Trafodir y cyfan fel gêm, a honno'n un dyngedfennol i Loegr yn ogystal â Chymru. Lle byddai llawer yn tybio mai yn anymwybodol y mae Saeson yn ffafrio Lloegr yn y pethau hyn, maentumia'r nofel fod cenedlaetholdeb Seisnig yn rhywbeth sinistr o ymwybodol, ac nad yw'r frwydr ideolegol yn erbyn Cymru yn fater pitw o gwbl. Dyma Dick Molineux: 'Y gêm – os ydyn ni'n credu unrhyw beth o gwbl – ydi parhad Lloegr. Ym mhob gêm, rwyt ti'n colli darnau . . . ond yn fwy sylfaenol na hynny: mae'n rhaid cael dwy ochr' (320). Mae yna ryfel rhwng Cymru a Lloegr, felly, a diawliaid yw'r Saeson wrth natur. Nid yn unig y cadfridogion yn nhyrau grym masnach a'r gwasanaethau cudd, ond hefyd y Saeson difeddwl sy'n byw yn *Wales* neu'n sathru'u traed twristaidd ar ei phrydferthwch. Mwlsyn o Sais sy'n cadw'r dafarn yn Llangroes, ac fe foderneiddiodd y lle gyda rhyw ffigiaris traddodiadol fel pedolau euraid. Ac nid yw'r hipis Saesneg sy'n mynychu'r lle yn aelodau llawn o'r hil ddynol – o leiaf yn nhyb Gwyn Tai, sy'n dal mai'r hen gymeriadau Cymraeg yw'r '"bobol real, nid y sothach yna sydd â phopeth ar yr wyneb"' (36). Ac fel hyn y myfyria Dafydd ar Saeson:

Wrth chwilio am dafarn heb ei sbwylio, sbwylio'r olygfa ei hun. Mor ddidostur yw ymchwil y Sais am yr *unspoilt*. Fe griba'r ddaear, fe sguba'r nef. Dringa fynyddoedd, gyrra mewn *Jeeps* 4-Trac ar draws parciau saffari, nofia'n borcyn yn y traethau puraf, pellaf. Ond dyw e byth yn hapus, mae 'na wastad rywle gwell a phurach a phellach. (86)

Hawdd casáu'r gelyn pan fo mor hawdd ei adnabod â hyn.

Ond mae yna hefyd elyn mewnol, wrth gwrs, a Lleng yw enw hwnnw. Nid yw bod yn Gymro yn gyfystyr â bod yn gadwedig o bell ffordd. Yn wir, pesgi ar y Gymraeg a wna swyddogion *Telewales*, y sianel deledu Gymreig, yn ogystal â'r cwmni cysylltiadau cyhoeddus Delw, y mae'i bennaeth celf, Jeff Mester, yn ddigon haerllug i ddweud, ' "Sgin i ffyc ôl yn erbyn yr iaith Gymraeg – na Swahili nac Urdu" ' (22). Afon o arian gleision yw'r Gymraeg i'r dosbarth-canol Cymraeg newydd, ac felly mae pobl fel Ellis, pennaeth Delw, i bob pwrpas yn byw bywyd Seisnig trwy gyfrwng y Gymraeg. Gall ef fod yn hyderus yn ei sgio a'i gnychu, am ei fod yn mynd gyda llif datblygiadau Bae Caerdydd, yn ymlacio yn nhafarn y Wharf gyda'i 'blawd llif plastig ar lawr' (25), a breuddwydio am Dŷ Opera – 'ac wedyn, pwy a ŵyr – y diemwnt: Senedd Gymreig' (28). Wltra-amheus yw unrhyw sôn am 'ddatblygu' Cymru yn y nofel hon, gan mai consesiwn llugoer, Laodiceaidd a sinigaidd o du Lloegr ydyw, os nad yn wir gynllwyn mwy sinistr o lawer i danseilio Cymreictod yn llwyr. Caiff asiantaethau fel Delw eu defnyddio i 'niwtraleiddio' grwpiau eithafol Gymreig oherwydd eu defnydd o'r Gymraeg a'u gallu i ennill ymddiriedaeth y Cymry Cymraeg, felly gall y Gymraeg ei hun fod yn eironig o fradwrus.

Yn nes adref mae'r 'Cymry da' sy'n poblogi'r Fro Gymraeg ei hun, y rhai sy'n eu cyfri'u hunain yn gydwybod Cymru ond nad ydynt fawr amgen na chŵn bach y sefydliad. Fel hyn y disgrifia Eddie hwy yn y dafarn: ' "Set y lownj – y Mob Cymraeg . . . yn yfed eu wisgis a'u *G&Ts* . . . Cymry mawr i fod, ond 'smo nhw'n aberthu dim" ' (90). Pobl capel ydynt yn amlach na pheidio, cyn-aelodau'r urdd, aelodau Plaid Cymru, ac yn y blaen, ond i Eddie, hwy bellach yw'r 'Mêsyns Cymraeg' (90) sydd ar fyrddau rheoli cwmnïau fel *West Coast Investments*, gan gyflawni hunanladdiad araf trwy hybu'r mewnlifiad. Perthyn i'r 'Mob Cymraeg Dosbarth Canol Uwch' (91) y mae pobl fel Alan Blaid. I Dafydd parasitiaid yw pob un wan jac ohonynt: 'Oedd Cymru am gael ei rhyddid mor hawdd, heb ddim gwrthdaro na dioddef na phoen – dim ond twf a thwf y dosbarth breiniol yma?' (94). Mae'u hagwedd gyfaddawdus yn dân ar groen Dafydd. Pan yw Deian a'i gymheiriaid yn cymedroli'r cynllun i ddatblygu Llangroes, maent yn ceisio dadlau mai lles Cymru sy'n eu cymell, a bod datblygu ar raddfa lai a than reolaeth Cymry yn llesol beth bynnag: ' "mae'n rhaid i Gymreictod symud ymlaen hefyd" ' (122).

Os yw Cymru wedi'i rhidyllu i'r fath raddau gan wahanol fathau o frad, pwy sy'n bur? Dim ond y Milwyr, fe ymddengys.

Nhw'n unig sy'n driw i'r Gymraeg, a nhw'n unig sy'n aberthu. Ond gan mai dim ond cip yn unig ar un ohonynt a gawn yn y nofel, anodd iawn yw barnu. Pragmatiaeth yw egwyddor y 'Cymry da', a chelfyddyd y posib yw gwleidyddiaeth iddynt, ond mae'r Milwyr fel pe'n artistiaid yr amhosib, wrth ymwrthod ag unrhyw gyfaddawd, a dilyn eu gweledigaeth i'w phen draw hunan-aberthol eithaf. Ni ofynnir y cwestiwn ym mha glorian y pwyswyd y weledigaeth honno. Yr argraff yw fod y Milwyr hyn wedi cael llond bol ar ddilidalio rhesymeg ac ar droedio gofalus fel cath ar gonion, a bod yr Achos a'r dulliau iddynt hwy mor olau â'r dydd. Ond sliwen sy'n llithro trwy'n dwylo yw'r unig Filwr a welwn yn y nofel hon. Rhyw ysbryd yn y cefndir ydyw, i'n hanniddigo â'i sicrwydd a'i ddiffyg cwestiynu. Gwyddom nad oes lle iddo 'ym Mhlaid iypïaidd Cymru, nac yn y Gymdeithas gyda'i phwyslais diwylliannol' (15), ac mae Dafydd yn ei weld 'fel Iesu Grist . . . Ai sant oedd e – neu fethiant, fel ef, yn chwilio am rywbeth i angori ei fywyd wrtho?' (20) Nid methiant, yn sicr, ond ysbrydolwr. Yng nghlwb Liberty's, adeg Eisteddfod Castell-nedd, mae'r Milwr wedi gwisgo fel merch ac yn dawnsio gyda Dafydd. Caiff yntau'r prof-iad gorfoleddus o fod ar uchelfannau'r maes, profiad gogoneddus o ymryddhad, o fod yn rhannu delfrydau'r Milwr, nes teimlo ias rywiol. 'Dyma'r profiad mwyaf cyflawn, erotig erioed: cyd-ddawnsio dros Gymru, Rocio i Ryddid. Does dim angen merch. Cyd-ddeall, cyd-ymladd dynion yw'r profiad dyfnaf i gyd, y mwyaf rhyddhaol' (293). Diau fod dynion yn cael codiad, nid yn unig pan yn '[d]diffun ymlaen bun', ond hefyd mewn sefyllfaoedd o rym, fel wrth ddrilio trwy goncrid, wrth farchogaeth Harley-Davison mewn siwt ledr, neu wrth ymaflyd codwm ac ymladd. Eto mae'n rhyfedd braidd fod un fel Dafydd, y mae'i flys am ferched yn ddihysbydd, yn ymhyfrydu fel hyn yng '[ngh]yd-ymladd dynion', a bod brwydro dros Gymru yn rhoi gwefr rywiol fwy cyflawn iddo na chnychu merch, ond efallai mai'r rheswm am hynny yw mai tipyn o siofinydd yw yn y bôn, ac mai deisyfu cnawd merch a wna, heb barchu'i phersonoliaeth, a'i fod yn ddis-taw bach yn dirmygu merched. Dydd yw'r eithriad, wrth gwrs, ond wedyn nid merch yw hi ond symbol. Mae'r Milwr yn cynnig delfryd sy'n trosgynnu popeth.

deallai'n reddfol mai hyn oedd nod pob ymdrech dros Gymru; bod pawb yn ei galon yn cytuno â'r Milwr; na allwch chi gael cenedl heb

Filwyr i'w hamddiffyn. *Pam nad oes neb yn onest? Mae mor amlwg, a chlir, a gwir.* (293)

Efallai fod y teimlad yn un gorawenus, ond go brin fod sylweddoliad Dafydd yn un amlwg a chlir. Greddfau cyntefig iawn sy'n ei gynhyrfu ef, ond greddfau nad ydynt ronyn yn llai real oherwydd hynny – nwyd rhywiol, wrth gwrs, a'r nwyd amddiffynnol i ymladd yn erbyn unrhyw elyn, a hynny hyd angau. Mae gan Dafydd edmygedd dihysbydd o John Powell Griffiths o Lansamlet a laddwyd wrth osod ffrwydron ym mhencadlys Berry Homes yng Nghaer, oherwydd hwn oedd yr un a oedd wedi'i 'dderbyn' ef yng nghlwb Liberty's ar nos Iau'r Eisteddfod: 'Y fath fraint arswydus a gawsai' (301). Yn ysbrydol, mae Dafydd ym mrawdoliaeth etholedig y Milwyr. Nhw, fe ymddengys, yw cydwybod y Gymru Gymraeg, a nhw sydd â'r hawl i weithredu ar ran y Gymru honno. Mae'u hateb i broblemau Cymru'n hunanamlwg, a does dim dadlau i fod:

> Fel petai'r byd heb wae
> Na dwyfol drasiedi.[18]

Ymhen hir a hwyr y cyrhaeddodd Dafydd fwlch yr argyhoeddiad. Ar ddechrau'r nofel, mae'i briodas yn rhacs, a'i benglog yntau 'angen spring-clin' (9). Gwir iddo fod yn weithgar gyda Chymdeithas yr Iaith yn ystod dyddiau coleg, a'i fod hyd yn oed wedi cael dirwy o dri chanpunt am ddringo mast teledu: 'mwy na digon o aberth, fe dybiai heddiw, dros sefydlu Telewales' (54). Bellach fe'i gwêl ei hun fel Cymro canol-y-ffordd sy'n mynd gyda'r lli, ond fod rhyw anniddigrwydd yn nwfn ei fod sy'n fwy poenus na'i ysgariad ac yn fwy arteithiol na dim yn ei fywyd personol. Dyma fel y mae'r anniddigrwydd hwnnw'n cael ei resymu ganddo:

> Yna'n sydyn, deallodd beth oedd yn ei boeni: Ofn Diwedd . . . Ofn Diwedd yw sail pob mudiad eithafol, parafilwrol neu grefyddol. Gall fod yn Ddiwedd Byd, Bywyd, Bro, Cenedl neu Iaith: dewiswch chi. Mae gwrthod cydweithredu'n gyfystyr â brad ac â dweud bod 'da chi ddim ots am ddiwedd Cymru – er enghraifft. (58)

Gan fod yr iaith Gymraeg a'i siaradwyr â'u cefnau yn erbyn wal, mae'n rhaid iddynt sgrechian yn erbyn difodiant a diddymdra. O gydgynllwynio cwymp yr iaith, trônt yn fradwyr sy'n haeddu'r gosb eithaf. Nid mater o resymu yw hyn. Pan ddaw'r dydd o brysur bwyso, nid yw rhesymeg yn tycio. Mewn sefyllfa eithafol, dulliau eithafol yn unig sy'n addas. Mae'r 'neges' yn ddiamwys, ac yn un a lyncwyd yn awchus gan fudiadau amrywiol ledled y byd. Beth a all anifail rheibus ei wneud wedi'i gornelu ond ymosod yn ffyrnig?

Ond mae mwy i amgyffrediad Dafydd o'r sefyllfa na hynny. Dengys y nofel sut y mae ef yn mireinio'r syniad o fod yn Gymro. Nid cysyniad athronyddol ydyw, ond yr hyn y byddai Waldo yn ei alw yn

> . . . Dawn
> Yn nwfn y galon.[19]

Gan mor annelwig o anniffiniadwy ydyw, ceir sawl ymdrech i'w gyfleu. Y brif ffordd o wneud hynny yw trwy ei alw'n 'grac Cymraeg'. Mae'n hwyl ac yn gyffur, ond y mae *hwyl* yn un o'r geiriau anghyfieithiadwy hynny, fel *hiraeth*, neu *litost* mewn Tsiec, neu *craic* y Gwyddelod. Ceir rhyw elfen o anghyfrifoldeb ynddo, o blymio i eigion y môr ac o esgyn uwchlaw'r cymylau. Ond mae'n hanfodol syml hefyd, ac yn fater o fod yn un o griw, yn yfed ei hochr hi, gan greu solidariaeth sy'n tynnu pobl o gyffelyb fryd at ei gilydd yn yr un rhwyd. Dyma Dafydd yn sôn wrth ei hen ffrind Jac am y peth:

> 'Ti yw'r arbenigwr. Ti oedd wastad yn mynd am y Crac. Ti'n cofio Iwerddon, y tripie rygbi?'
> 'A, *tripia!* Os ma' dyna 'di'r Crac 'ma, dwi o'i blaid o.'
> . . .
> 'Y *crawl* o'r *O'Donoghues* i'r *Jurys*, y parti 'da crach Dulyn ac wedyn 'da'r menywod 'na i'r *Revolution*, y clwb nos 'na, wyt ti'n cofio?'
> . . .
> 'Y parti IRA yn y llofft 'na.' (206–7)

Darnau mwyaf gafaelgar y nofel hon yw'r rheini lle mae Dafydd yn ymbalfalu am ystyr y Crac Cymraeg. Mae'r rheini'n trosgynnu unrhyw ideoleg genedlatholgar sy'n ceisio caethiwo Cymreictod o fewn rhyw grid caeth nad yw'n parchu gwahaniaeth a lluosogedd. Oherwydd nid trwy gydsyniad mecanyddol â rhyw set o reolau y profir y Crac, gan mai ffynnon iachusol yw sy'n tarddu o ryddhau rhyw reddfau cynhenid yng ngwreiddyn bod. Mae a wnelo rywbeth ag ufuddhau i natur yn hytrach na chonfensiynau cymdeithasol llwgr. Dyna pam y mae wastad yn cael ei gysylltu ag yfed, am fod hynny'n rhyddhau'r ego o hualau confensiwn. Rywsut, hefyd, mae'n gysylltiedig â dynion yn cydfwynhau, gan daflu uchelgeisiau arwynebol i'r gwynt. Fel hyn yr eglura Dafydd wrth Lleuwen: 'Criw rownd y bwrdd, dim ond dynion . . . Rhoi'r byd yn 'i le, crowd o fois, twll i bopeth: jobs, merched, popeth sy'n 'yn rhwystro ni rhag bod fel y'n ni i fod' (129–30). Yn hyn o beth mae'n rhyddhaol, yn anarchaidd bron, fel na ellir mo'i ddiffinio.

> 'Wel nawr, mae Crac fel Dyddiau Da ar y record 'na. Allwch chi gael Dydd Da ond ar ôl 'i gael e, allwch chi ddim dweud bod dim byd o gwbwl wedi digwydd . . . Profiad yw e, wyt ti'n ffili'i ddisgrifio.' (132)

Adeg Eisteddfod Caerdydd yn 1978 y profodd Dafydd ef ar ei anterth. Mae'n cofio criw yn cyfarfod mewn tafarn, a'r elwch a'r rhialtwch, 'a bwyta, a bolaheulo, a chanu emynau, a chwmpo mas 'da'r Sefydliad, a gwylio merched am oriau' (132). Ymlaen wedyn i'r *Post House* lle'r oedd pabell gwrw ar agor trwy'r dydd, a lle buon nhw'n gorweddian ar y lawntiau yn '"yfed, piso, ac aillenwi"' (134). Yno ar y lawnt y gwelsai Dafydd y Milwr gyntaf, ond ni fu cyfathrebu rhyngddynt. Yn ddiweddarach, bu mwy o yfed y tu mewn i'r gwesty, efo Eirwyn Pontshân, Goginan a'r lleill. Ymlaen wedyn i fistro Ffrengig yng Nghaerdydd, ac yna i Titos i weld rifiw dychanol Cymdeithas yr Iaith.

> Ond wrth eistedd a mwynhau'r sgetshys a'r caneuon . . . cododd ton o deimlad anferth o gryf dros ei gorff: o Gymreictod, o sicrwydd, o gasineb hefyd at y drefn estron sy'n ein dieithrio ni i gyd oddi wrthym ein hunain a'n natur naturiol. (139)

Yna gwelodd 'Hi', sef Dydd, y ferch o Ben Llŷn a wnaeth argraff annileadwy arno. Bu'n dawnsio â hi, a'i cholli wedyn. Wrth iddo freuddwydio amdani, flynyddoedd yn ddiweddarach, nid yw'r manylion yn glir o gwbl, ac aros yn bresenoldeb lledrithiol a wna Dydd trwy gydol y nofel, fel petai'n symbol yn hytrach na merch o gig a gwaed. Hi sy'n personoli Cymru – nid putain fudr y nos, ond purdeb dilychwin y dydd. Mae'r cof amdani yn llenwi Dafydd â rhyw deimlad o bendantrwydd sicr:

> Nid manylion y freuddwyd oedd yn bwysig ond pwer y peth i gyd: y profiad llwythol – os dyna oedd e – o ymgolli mewn Cymreictod

diamser ond hollol real gyda'i olwg eang ond unigryw ar y byd. Roedd Cymru'n rhydd y dydd hwnnw, os nad oedd Cymru'n rhydd erioed. Ond nid rhyddid na hwyl na gorfoledd oedd hanfod y profiad, ond llonyddwch a sicrwydd mawr, a gwybodaeth bendant glir. (140)

Serch hynny, annelwig yw argraff y darllenydd, ac os rhywbeth, gwag o wybodaeth yw'r breuddwyd. Crafangu am ystyr a wneir, ac er bod y teimlad yn un cryf, anodd gweld beth yn union yw ei gynnwys. Gobaith am Gymru rydd, ie, ond amwys iawn yw ystyr hynny. Gwyddom o'r gorau na fuasai Dafydd yn fodlon ar Gymru sofran, hunanlywodraethol yn unig, am ei fod mor ymwybodol o elynion mewnol. A beth yw 'Cymreictod diamser'? Ymgais yw hyn i roi i Gymreictod ryw sylwedd trosgynnol. Os yw'n bodoli ar wastad tragwyddol, y mae'n absoliwt, ac felly'n werth marw drosto. 'Dim ond cymdeithas a'i gynhesrwydd [sic] sy'n bwysig, ac yn aros . . . a dylem ei [sic] amddiffyn hyd at farw' (140). Er bod hyn 'yn glir fel haul' (140) i Dafydd, ac yn creu rhyw ewfforia ynddo, digon annelwig yw o'i ystyried mewn gwaed oer. Y gwir yw nad peth diamser yw Cymreictod, wedi'r cwbl. Nid yw'n unffurf a rhewedig chwaith. Mae'n gyfnewidiol, yn amryliw, lluosog ac amlochrog. Nid *un* Cymreictod pur, go-iawn sydd yna. Yr hyn a welwn yma yw ymdeimlad Dafydd fod Cymru'n llithro o'i afael, a phan fo tir yn cael ei dynnu fel carped o dan draed, mae yna demtasiwn i'w fawrygu a'i addoli a'i hanfodoli.

Nid yw crefydd yn chwarae odid ddim rhan yn y nofel hon, ac nid yw'n rhan fyw o hanfod Cymreictod, fel y buasai i lenorion megis Saunders Lewis, Gwenallt, Waldo neu Bobi Jones. Ac eto yn baradocsaidd mae yna ryw naws grefyddol i'r disgrifiadau o brofiadau cenedlatholgar Dafydd. Pan yw ar ei ffordd yn ôl o Gwm Elen caiff bwl o ryw fath o hiraeth wrth glywed sŵn canu emynau yn dod o Gapel Seilo:

> Roedd y sŵn yn mynd a dod yn ofnadwy o frau, ac fe gyffyrddodd â rhywbeth yn ei galon. Doedd Dafydd ddim yn grefyddol, ond cododd rhyw hiraeth anesboniadwy dan ei fron. Fe gymerodd y miwsig yna ganrifoedd i dyfu, ond mor uffernol o hawdd oedd ei ladd. Neu oedd ei hiraeth yn rhywbeth mwy personol? Cofiodd eto am *Post House*, a'r emynau'n dod o'r babell gwrw, a'r Milwr – a Dydd. (172)

Ac wrth hel atgofion am yr hen ddyddiau gyda'i gyfaill coleg,

Rhonwy, mae'n cofio iddo siarad gyda Dydd yn Eisteddfod Aber-
teifi cyn Eisteddfod Caerdydd, a Rhonwy sy'n disgrifio'r profiad
fel un ysbrydol:

'Nid bod dim byd sbeshial wedi digwydd, ond bod y profiad 'i hun
yn hollol eisteddfodol, ysbrydol hyd yn oed yn 'i ffordd.'
Neidiodd Dafydd at hynny. 'Dyna'r pwynt. Allen i ddim ei roi
e'n well. Mae 'na brofiade sy'n Gymreig, sy'n wahanol, sy ddim yn
gneud synnwyr yn nherme bob dydd.' (194)

Y mae'r cyfan, felly, yn anesboniadwy a chyfrin, bron fel tröedig-
aeth grefyddol. Mae hefyd yn hollgynhwysol, oherwydd pan fydd
Dafydd yn myfyrio yn ei gell yn y carchar, mae'n cael 'y sicrwydd
o Gymru Rydd sy'n rhoi ystyr i bopeth' (230). Tybed a all cenedlaeth-
oldeb ddal y fath lwyth o arwyddocâd?

Ond efallai nad ar y lefel lythrennol, resymegol y mae hyn yn
gweithio o gwbl. Rhaid cael pinsiad o abswrdiaeth Pontshân i'w
amgyffred yn iawn. Hwyrach fod cael y Crac yn gwneud i rywun
gerdded ar gymylau lle nad yw un ac un yn ddau. Yn yr hen
ddyddiau, pan oedd y Gymraeg yn teyrnasu, roedd Crac yn brofiad
normal i bawb, a neb yn sylwi: 'Oedd yr hen Gymry'n cael y Crac
trwy'r amser . . . telyn yn tincial, bardd yn sbowtio cynghanedd,
a phawb yn dawnsio' (206). Bellach mae'n brofiad ysbeidiol,
ac felly'n fwy meddwol ei effaith. Fe'i cysylltir â'r Eisteddfod
Genedlaethol am mai dyna'r unig wythnos yn y flwyddyn y gall y
Cymry Cymraeg fod yn hwy eu hunain, dod allan o'u cragen, fel
hoywon mewn gorymdaith *Gay Pride*.

Trwy'r flwyddyn – ymresymodd Dafydd – ry'n ni'n byw'n annaturiol
ac abnormal, pob un yn cario'i Langroes ar ei gefn. Dim rhyfedd 'mod
i'n mynd yn nyts. Does neb cyffredin mewn cymdeithas normal yn
gorfod cario'r fath faich o hunanymwybyddiaeth. Diwedd yr
ugeinfed ganrif yw'r eithriad gwallgo mewn hanes. Y rhan fwyaf o'r
amser, mae'r rhan fwyaf o bobl wedi byw mewn rhyw fath o steddfod
rownd y flwyddyn. Dyna pam rwy'n meddwl am steddfod o hyd:
dim ond hiraeth ydi o, heb yn wybod imi am bethau fel y buont
erioed. (286)

Sylweddola hefyd nad yw Dydd yn bod fel merch, ond mai sefyll
a wna hi am 'Un Dydd o brofiad Cymreig' (289). Er ei fod yn ei
gweld yn y clwb yn Abertawe, ceir yr argraff mai gweld drychiol-
aeth a wna, oherwydd ei weld yn dawnsio ar ei ben ei hun yn
feddw fawr a wnaeth Gayle y noson honno.

Mae *Crac Cymraeg* yn nofel strêt, heb rithyn o ysgafalwch ôl-fodernaidd ar ei chyfyl. Enbyd o ddifrifol yw ei thema hefyd. Eto hwyl yw'r Crac, sy'n llawn malu cachu, slotian, llygadu merched a lolian di-ben-draw. Ac mae'r anterth erotig yn y bennod olaf yn ddwys a doniol ar yr un pryd. Perthynas annhebygol braidd yw honno rhwng Dafydd a Gayle, y Gymraes ddi-Gymraeg, ac eto trwy ryw ryfedd wyrth mae'n arwain at uchafbwynt gogleisiol mewn mwy nag un ystyr. Wrth i'r ddau garu ar draeth Oxwich yng ngolau'r lleuad, rhydd Dafydd wers i Gayle ar y 'Steddfod. Wrth redeg ei fysedd dros ei chnawd mae'n mapio maes yr Eisteddfod iddi. Mae'r pafiliwn yn troi'n blas lle cynhelir gwledd Gymreig, 'ac mae'r holl Gymry yn y wledd, holl Gymry'r canrifoedd' (347). Crëir awyrgylch sy'n ein hatgoffa am 'Mewn Dau Gae' Waldo, ond nad y Brenin Alltud sy'n dod yma nes bod y brwyn yn hollti. Yn hytrach, orgasm sy'n digwydd, ac ar yr un pryd weledigaeth o 'ŵyl dragwyddol y Cymry – ac mae hi'n para am byth' (349). Gan nad yw Gayle ar y bilsen, mae yna obaith am etifedd, parhad, dyfodol.

Breuddwyd yn tarddu o rwystredigaeth yw'r Crac. Cyflewyd y rhwystredigaeth honno'n rymus iawn, gan ddangos sut y gall esgor ar ddelfryd o Gymru ddiamser ac anniffoddadwy. Enbyd o dynged sy'n wynebu Cymru yn ôl y nofel hon, oni wynebwn yr her o'i hachub o grafangau'r rheini a fyn ei dinistrio. Atseinir yr hen syniad mai trwy lewder ac aberth yr ychydig ffyddlon yr ailorseddir hi, yn wyneb difaterwch neu hyd yn oed elyniaeth a brad o du'r mwyafrif mawr. Er gwaetha'r difrifwch, fodd bynnag, mae yna hefyd hwyl a llawenydd ynghlwm wrth yr ymdrech.

Nid yw nofelwyr yr Achos Mawr fel arfer yn malio rhyw lawer am yr esthetig na'r arbrofol, yn arbennig mewn diwylliant lleiafrifol lle mae ennill clust a chalon y mwyafrif yn ystyriaeth o bwys. Mae yna eithriadau fel Saunders Lewis, mae'n wir, ac mae Robat Gruffudd y nofelydd 'poblogaidd', hyd yn oed, yn ymwybodol o'r tyndra rhwng gwyntyllu syniadau a chreu cymeriadau. Wrth sôn am *Y Llosgi* mae'n gorfod cydnabod iddo orfod aberthu rhywfaint ar y stori boblogaidd er mwyn cyfleu ei neges:

> Mae'n siwr . . . nad yw'r nofel mor 'boblogaidd' ag oeddwn i wedi bwriadu yn y dechrau, ond 'dwi'n ymddiheuro dim. Mae angen pob math o nofelau arnom fel Cymry, ac os darllenwch chi nofelau'r cyfandir, maen nhw'n cymysgu syniadau a chymeriadau yn hollol ddigwilydd![20]

Serch hynny nid oes wiw amau erbyn *Crac Cymraeg* fod stori'n gallu cario ystyr ddiamwys, ac amcan y nofel yw dodwy wyau'r ystyr honno yn y pen a'i heffaith yn y galon. Gan hynny mae'n herio'r beirniad i ddod allan o'i gragen ffurfiolaidd ac i ymateb yn rhesymolaidd i thesis y gwaith, naill ai trwy gytuno, neu trwy gyflwyno antithesis, gan groesi cleddyfau'n ddilechdidol. Nid yw'n ddigon dadansoddi'r gwaith ei hun heb ymateb i'w siars. Dyna pam y gellir dychmygu dosbarth nos yn trafod nofelau Robat Gruffudd gan symud oddi wrth y nofelau eu hunain at ddadl ynglŷn â dyfodol y Gymru Gymraeg.

Un o'r geiriau a fyddai'n rhwym o frigo i'r wyneb mewn trafodaeth o'r fath fyddai 'globaleiddio', oherwydd ymwneud ag effeithiau'r ffenomen honno y mae Robat Gruffudd mewn gwirionedd. Dyma bwnc y cymdeithasegydd bydenwog, Anthony Giddens, yn Narlithoedd Reith y BBC yn 1999. Cafodd ef hwyl ar foli rhawd anorfod globaleiddio o gylch y blaned fel rhywbeth llesol a hanfodol ddyngarol. Yn ôl ei ddehongliad ef, ymddangosai'n rym rhyddhaol, yn llacio hualau hen gonfensiynau caethiwus yn ogystal â dwyn bendithion y farchnad rydd i gorneli tywyllaf y ddaear. Yr oedd ganddo hyd yn oed gysur i ddatganolwyr gan y gwelai hynny fel ochr arall i geiniog globaleiddio.

Ond fel y dangosodd John Lovering mewn erthygl yn *Planet*, mae'r ffenomen hon, sydd mor hynod anodd ei diffinio, yn llawer mwy cymhleth na hyn.[21] Golyga fod corfforaethau rhyngwladol yn cipio grym yn y farchnad rydd, gan beri i'r cyfoethog fynd yn gyfoethocach a'r tlawd yn dlotach. Tybed nad gair arall am Americaneiddio yw globaleiddio? Arwynebol yw dweud ei bod yn deg i ddinasyddion Prâg yn ogystal â thrigolion Aberystwyth gael mwynhau bwyd Macdonald's. Cwestiwn dyfnach yw sut y llywiwyd economïau Dwyrain Ewrop yn y cyfnod ôl-Gomiwnyddol.

Dadl nofelau Robat Gruffudd yw fod Cymreictod yn cael ei lastwreiddio allan o fod gan gorfforaethau estron, asiantaethau llywodraethol a biwrocratiaeth. Mae democratiaeth ei hun wedi methdalu, ac nid yw cenedlaetholdeb y bocs pleidleisio, na datganoli cymedrol ond yn chwarae gyda'r broblem. Yr hyn y mae ei angen, fe ymddengys, yw tröedigaeth bersonol, rhyw fath o fedddod Cymreig a fydd yn arwain at ryddid 'ysbrydol', *de facto*. Diwygiad fel un 1904, ond wedi'i anelu at achub enaid y Cymry gan Gymru yn hytrach na chan Dduw.

A dyna agor y drafodaeth . . .

Nodiadau

1 D. Tecwyn Lloyd, 'Y Nofelydd a'r Achos Mawr', *Yr Arloeswr* 3 (Sulgwyn 1958), 31.
2 Ibid., 33.
3 Ibid., 27.
4 W. H. Reese ac Aneirin ap Talfan, *Y Ddau Lais* (Llundain, 1937).
5 Cyfeiria Miles at hyn yn ei erthygl 'Llenor y Gwrthryfel', *Y Faner* (31 Hydref 1980), 14.
6 Nerys Ann Jones, 'Holi Robat Gruffydd' [sic], *Llais Llyfrau* (Gaeaf 1987), 4.
7 Er enghraifft, yn *Y Traethodydd*, 1983–1985.
8 Mewn erthygl yn Dafydd Johnston (gol.), *Guide to Welsh Literature c.1900–1996* (Caerdydd, 1998), a mannau eraill.
9 Mewn erthygl yn y *festschrift* a gyflwynwyd i Per Denez, 1999.
10 Ei dad yw'r bardd, y beirniad a'r ysgolhaig, Yr Athro J. Gwyn Griffiths, ei frawd yw'r nofelydd a'r beirniad, Heini Gruffudd, a'i fam oedd y ddiweddar Kate Bosse Griffiths, y nofelydd a'r awdures straeon byrion.
11 'Mae'n beth trist i ddweud mai ni yw'r cyflogwyr mwyaf o ddigon yn y pentref erbyn hyn: mae'r sefyllfa waith yn drychinebus mewn pentref fel Tal-y-bont.' Nerys Ann Jones, 'Holi Robat Gruffydd', 4.
12 Robat Gruffudd, *Trên y Chwyldro* (Talybont, 1976).
13 Robat Gruffudd, *Y Llosgi* (Talybont, 1986).
14 Robat Gruffudd, 'Cnoi Cil: Datblygu'r Canolbarth – ond Pa Un?', *The Cambrian News* (26 Medi 1986), 22. Am ragor o syniadau'r awdur, gweler 'Gwrach Sofraniaeth,' *Y Faner* (13 Tachwedd 1978), a sawl erthygl newyddiadurol arall.
15 Gwyn Thomas, 'Tua'r Diwedd', *Symud y Lliwiau* (Dinbych, 1981), 32.
16 Dyfynnir yn Hywel Teifi Edwards, *Gŵyl Gwalia* (Llandysul, 1980), 377.
17 Robat Gruffudd, *Crac Cymraeg* (Talybont, 1996). Yn yr erthygl hon dyfynnir o'r ail argraffiad diwygiedig a gyhoeddwyd yn 1998.
18 R. Williams Parry, 'Drudwy Branwen', *Cerddi'r Gaeaf* (Dinbych, 1952), 29.
19 Waldo Williams, 'Pa Beth Yw Dyn?', *Dail Pren* (Aberystwyth, 1956), 67.
20 Nerys Ann Jones, 'Holi Robat Gruffydd', 5.
21 John Lovering, 'Globalisation is Good for You – Official', *Planet* 137 (October/November 1999), 8–12.

9

Robin Llywelyn:
Cyfarwydd ac Anghyfarwydd

ANGHARAD PRICE

'No amount of cynicism can deny the "National Winner's" hold on the imagination,' meddai Hywel Teifi Edwards wrth sôn am enillwyr prif wobrau'r Eisteddfod Genedlaethol erioed.[1] Achlysur cofiadwy, yn wir, oedd buddugoliaeth Robin Llywelyn yng nghystadleuaeth Medal Ryddiaith Eisteddfod 1992 gyda'i nofel gyntaf, *Seren Wen ar Gefndir Gwyn*. Y tri beirniad oedd Dafydd Rowlands, Alun Jones a Robert Rhys. Canmolwyd y nofel ganddynt yn neilltuol.

Haerodd Dafydd Rowlands nad oedd wedi darllen '[d]im byd tebyg yn y Gymraeg ers tro byd, os erioed'.[2] Yn ei farn ef, 'ni roddwyd y Fedal Ryddiaith erioed i awdur mwy gwefreiddiol ei ddawn'.[3] Roedd Alun Jones yn frwd ei glod hefyd. Galwodd awdur *Seren Wen* yn 'rhyddieithwr ysgubol',[4] gan wneud defnydd o ansoddeiriau megis 'hudolus', 'hyfryd' a 'syfrdanol',[5] wrth ddisgrifio'r gwaith dan sylw. A phwysleisiodd ar ddiwedd ei feirniadaeth fod *Seren Wen ar Gefndir Gwyn* yn 'llawer mwy na theilwng o'r wobr'.[6] Yn ôl Robert Rhys, roedd y gwaith buddugol yn tra rhagori ar y gweddill, wrth '[g]lodi ar aden athrylith' a 'hawlio'r dosbarth buddugol . . . iddo'i hun'.[7] Proffwydodd hefyd y byddai i'r nofel arwyddocâd chwyldroadol yn natblygiad rhyddiaith Gymraeg: y byddai, o bosib, 'yn gwyrdroi holl ddisgwyliadau darllenwyr Cymraeg ac yn agor pennod newydd arwyddocaol yn hanes ein rhyddiaith ffuglennol'.[8]

Fel y cadarnhaodd Bethan Mair Hughes yn ddiweddarach, clywed 'ei chlodfori uwchlaw pob nofel arall erioed i arllwys o feiro nofelydd Cymraeg oedd y cyflwyniad cyntaf a gafodd unrhyw un ohonom i [*Seren Wen ar Gefndir Gwyn*]'.[9] Ymateb brwd ddaeth i ormodiaith y beirniaid. Rhaid cofio fod y feirniadaeth – un Dafydd Rowlands yn yr achos hwn – yn cael ei thraddodi oddi ar lwyfan yr Eisteddfod gerbron cynulleidfa eang, ac yn cael ei darlledu ar y teledu a'r radio i filoedd yn ychwaneg. Rhaid cofio fod y gyfrol fuddugol ar gael ar faes yr Eisteddfod yn syth wedi'r seremoni. A rhaid cofio, yn anad dim, mai'r Eisteddfod yw prif sefydliad diwylliannol y Gymru Gymraeg. Fel yr esbonia Hywel Teifi Edwards, pan sonia fod enillwyr y Goron, y Gadair a'r Fedal Ryddiaith yn 'essentially reassuring figures',[10] weithiau mae pwys symbolaidd y buddugoliaethau hyn yn drymach na phwys llenyddol y cynnyrch arobryn.

Un peth sydd yn sicr yw fod y cyhoeddusrwydd sydd yn dod yn sgil ennill y Fedal heb ei debyg ym myd ysgrifennu rhyddiaith yn y Gymraeg. Ac yn sgil hyn ceir gwerthiant uchel i gyfrolau buddugol y Fedal Ryddiaith: mae'n debyg mai ymhlith yr holl lyfrau Cymraeg a gyhoeddir yn flynyddol, 'dim ond cyhoeddiadau'r Eisteddfod Genedlaethol . . . sy'n gwerthu digon i wneud elw heb nawdd'.[11]

Ategwyd barn glodforus y tri beirniad am *Seren Wen ar Gefndir Gwyn* gan lawer o ddarllenwyr Cymru: mae digonedd o opiniynau ar glawr i gadarnhau hynny – gweler, er enghraifft, Thomas,[12] Elis,[13] Gramich,[14] Rowlands,[15] Lewis,[16] Lloyd-Morgan,[17] Eames,[18] Miall.[19] Ar ben hyn, roedd y '[p]ryder am 'sgrifennu Cymraeg, yn arbennig rhyddiaith' y cyfeiriwyd ato yn *Golwg* ddiwedd y 1980au,[20] yn debyg o fod wedi rhoi'r tinc meseianaidd, bron, i'r cyfarch fu i nofel Robin Llywelyn yn 1992, gan roi pwysau annheg arno ac yntau ond ar ddechrau ei yrfa lenyddol. Fel y sylwodd Martin Davis yn ei adolygiad ar y nofel, 'cyd-ddigwyddiad diddorol' oedd i *Seren Wen ar Gefndir Gwyn* ddisgleirio 'ar adeg pan fo cwestiynau sylfaenol yn cael eu holi ynglŷn â'r cam nesaf i ryddiaith Gymraeg'.[21] Nid yw'n syndod chwaith, fel y soniodd Menna Baines yn ddiweddarach, mai cynyddu eto wnaeth y diléit o glywed fod awdur y nofel hon yn 'newydd-ddyfodiad' i'r sîn lenyddol.[22] Yn wir, aeth y nofel ymlaen i ennill dwy wobr arall y flwyddyn honno, sef gwobr 'Llyfr y Flwyddyn' Cyngor Celfyddydau Cymru, a gwobr goffa G. J. Williams am nofel gyntaf.

Ond fe ddaeth ymateb negyddol hefyd, a gormodedd hwnnw yn gymesur, o bosib, â gormodedd beirniadaeth Dafydd Rowlands, Alun Jones a Robert Rhys, nes gwneud nofel gyntaf Robin Llywelyn, yng ngeiriau Menna Baines, 'the most talked-about Welsh novel published in recent years, drawing an interesting mix of fierce criticism . . . and equally fierce praise'.[23]

Conglfaen yr ymateb negyddol, i bob golwg, oedd fod *Seren Wen ar Gefndir Gwyn* yn anodd ei deall, yn peri dryswch. Dyna oedd byrdwn Gwilym Owen, er enghraifft, wrth sôn fel hyn am y nofel: 'Y cyfan ddweda'i . . . ydi, ar ôl saith neu wyth ymdrech, alla'i ddim gwneud pen na chynffon o'r llyfr yma.'[24] Yn ei farn ef, roedd beirniaid 'academaidd' yr eisteddfod wedi 'camarwain y genedl'.[25] Mynnai Eirug Wyn, am yr un rheswm, y 'dylai'r academwyr sy'n rheoli'r Eisteddfod Genedlaethol *wahardd* yr eunychiaid llenyddol hyn rhag beirniadu o gwbl'.[26] Yr un oedd barn llu o rai eraill hefyd, yn eu plith Ioan Williams a deimlai na fyddai 'y rhan fwya' o ddarllenwyr cyffredin Cymru yn mwynhau'r nofel ffantasi hon cymaint â'r beirniad a roddodd y Fedal Ryddiaith iddi'.[27]

Ergyd lladmeryddion y 'darllenydd cyffredin', rhai megis Gwilym Owen, Eirug Wyn ac Ioan Williams, oedd mai gwrthun o beth oedd anghyfrifoldeb yr Eisteddfod Genedlaethol a'i beirniaid 'academaidd' yn rhoi'r fath glod i nofel mor anodd. (Dylid cofio, fodd bynnag, mai dim ond un o'r tri beirniad, sef Robert Rhys, sydd yn academydd o ran galwedigaeth.) Gwrthun o beth, o fynd â'r ddadl ymhellach, oedd anghyfrifoldeb Robin Llywelyn yn ysgrifennu nofel mor anodd yn y lle cyntaf.

Yn ddiweddarach, canmolwyd Ioan Williams gan Martin Davis am 'sigo' peth ar '*hype*' y feirniadaeth wreiddiol ar *Seren Wen ar Gefndir Gwyn*, er iddo bwysleisio na ddylid gwneud hynny 'ar draul rhinweddau digamsyniol y llyfr ei hun'.[28] Fodd bynnag, yn sgil sylwadau digon eithafol fel y rhai uchod, daeth yr hen ddadl bolemig rhwng y 'poblogaidd' a'r 'anodd' i'r fei eto yng nghyddestun llenyddiaeth Gymraeg. Yn ei chanol hi y tro hwn roedd gwaith Robin Llywelyn, yn union fel y buasai, mewn degawdau blaenorol, waith 'tywyll' beirdd megis Euros Bowen a Bobi Jones.

Sylfaen y ddadl yw'r argyhoeddiad cryf – rhy gryf, efallai – fod perthynas hanfodol rhwng ffyniant yr iaith Gymraeg, a ffyniant ei llenyddiaeth. Fel y mae M. Wynn Thomas wedi nodi: 'The crucial point to remember is that the fight for the Welsh language has been primarily conducted in terms of the survival of the literary culture.'[29] Yn 1951 roedd yr adroddiad cyntaf erioed gan y llywodraeth ar gyhoeddi yn y Gymraeg, dan lywyddiaeth A. W. Ready, wedi pwysleisio o'r dechrau fod cysylltiad creiddiol rhwng cyhoeddi llyfrau yn yr iaith a'i digonoldeb diwylliannol.[30] Cafwyd adroddiad arall ar 'Y Fasnach Lyfrau yng Nghymru' gan Gyngor Celfyddydau Cymru, Cyngor Llyfrau Cymru a Chyd-bwyllgor Addysg Cymru yn 1988, a argymhellai'n gryf ehangu'r gynulleidfa ar gyfer llenyddiaeth Gymraeg gyfoes er mwyn hyrwyddo'r iaith Gymraeg. Yn wir, y bwriad penodol wrth sefydlu'r Cyngor Llyfrau Cymraeg yn 1961 gan Alun R. Edwards oedd hyrwyddo a masnachu yn effeithiol – ac felly boblogeiddio – llenyddiaeth Gymraeg gyhoeddedig. Yn naturiol, wrth i'r niferoedd sy'n siarad Cymraeg leihau, dwysáu mae'r ymdrech i sicrhau ffyniant a pherthnasedd llenyddiaeth Gymraeg gyfoes. Ar ddechrau 1996, er enghraifft, cafwyd rhifyn arbennig o'r cylchgrawn *Llais Llyfrau*, o dan olygyddiaeth R. Gerallt Jones, wedi'i bennu'n unswydd i drafod 'poblogeiddio llenyddiaeth', a wahoddai nifer o gynrychiolwyr y diwydiant cyhoeddi yng Nghymru i gynnig awgrymiadau ar sut i wneud hynny.[31]

Bu anghytuno erioed, fodd bynnag, ynglŷn â'r dull gorau i sicrhau'r ffyniant hwnnw. Fel y gwelwyd, cred llawer iawn yw mai drwy boblogeiddio llenyddiaeth y mae ei sicrhau. Mae Islwyn Ffowc Elis, er enghraifft, yn un awdur sydd wedi ymroi i greu llenyddiaeth boblogaidd yn y Gymraeg (gweler y cyfweliad gydag ef yn *Golwg*[32]). Cred eraill – mae enw R. M. Jones yn dod i'r meddwl (gweler y cyfweliad gydag yntau yn *Golwg*[33]) - na ddylid puteinio llenyddiaeth yn y fath fodd; pwysicach yw sicrhau ei bod yn herio ac yn mynegi *o'r newydd* o hyd hunaniaeth Gymraeg gyfoes. Ynghlwm wrth y safbwyntiau hyn mae llu o argyhoeddiadau a rhagdybiaethau polemig eraill sydd yn aml yn creu deuoliaethau digon ansad, megis y rhai sy'n haeru fod llenyddiaeth 'arbrofol' yn 'anodd' neu'n 'elitaidd' neu'n 'heriol', a bod llenyddiaeth 'draddodiadol' yn 'hawdd' neu'n 'werinol' neu'n 'ystrydebol'. Afraid dweud fod deuoliaethau o'r fath yn creu penawdau cynyrfiadol heb-eu-hail ar gyfer trafodaethau'r wasg boblogaidd ar faterion llenyddol neu ddiwylliannol Cymreig a Chymraeg.

Ond yn y pen draw, yr hyn sydd yn rhoi min tyngedfennol ar y ddadl yw'r sylweddoliad diymwared na all awdur Cymraeg fforddio bod yn rhy anodd, yn rhy anghyfarwydd i gynulleidfa sydd eisoes yn gyfyngedig o ran nifer. Dichon mai dyna oedd wrth wraidd anesmwythyd Ioan Williams – anesmwythyd gormodol, ar yr olwg gyntaf – ynghylch cynulleidfa ragdybiedig *Seren Wen ar Gefndir Gwyn*. Mynegodd Wiliam Owen Roberts yn gofiadwy yr ymdeimlad sigledig hwn o fod yn awdur Cymraeg cyfoes, gan ddweud: 'Writing in Welsh is very much a classic twentieth-century experience. You are writing on the edge of catastrophe.'[34] Mewn termau apocalyptaidd, yng nghyd-destun llenyddiaeth Gymraeg gyfoes, gallai gelyniaethu gormod o ddarllenwyr olygu peidio â chael darllenwyr o gwbl.

Yn erbyn y cefndir hwn, felly, dyma geisio gosod gwaith Robin Llywelyn – yn ogystal â'r ymatebion a fu iddo – yn ei gyd-destun llenyddol a chymdeithasol priodol. Â hyn, yn ei dro, â'r drafodaeth at graidd y berthynas rhwng yr awdur a'r darllenydd; ac at graidd y berthynas – sydd yn y cyd-destun Cymraeg yn un ag iddi oblygiadau tyngedfennol – rhwng iaith, llenyddiaeth a chymdeithas.

Does dim dwywaith, fel y gwelwyd, fod yr ymateb rhyfeddol a gafwyd i *Seren Wen ar Gefndir Gwyn* i raddau helaeth wedi ei raggyflyru gan ffactorau allanol. O ran anian y nofel ei hun, a hithau'n rhamant garismataidd mewn priod-ddull tafodieithol arloesol, roedd hi'n rhwym o ennyn boddhad mawr ym mhob un a oedd yn chwannog i'r math hwnnw o beth. Ond roedd hynny, yn ei dro, yn rhwym o ennyn amheuaeth ym mhob un a oedd yn gweld yr angen, yng ngeiriau Bethan Mair Hughes, i '[g]adw'r cyfan mewn rhyw fath o berspectif',[35] ac yn y rheiny a ddrwgdybiai – ac Ioan Williams yn eu plith, efallai, wrth iddo gyfeirio at y nofel fel 'gêm' – wrth-realaeth chwareus y nofel fffantasïol hon.

Eto, y tu hwnt i hynny, gellid haeru fod cynhysgaeth gwaith Robin Llywelyn hefyd yn rhannol gyfrifol am yr ymatebion rhyfeddol a fu iddo. Yn sicr, fe gafwyd ymateb 'dryslyd' gan lawer o ddarllenwyr i *Seren Wen ar Gefndir Gwyn*, ac – i raddau llai, efallai – i'w gyhoeddiadau diweddarach, *O'r Harbwr Gwag i'r Cefnfor Gwyn*, y nofel a enillodd iddo'r Fedal Ryddiaith am yr eilwaith yn 1994, ac *Y Dŵr Mawr Llwyd*, ei gasgliad o straeon byrion a gyhoeddwyd gan Wasg Gomer yn 1995. Soniodd hyd yn oed Dafydd Rowlands fod ei ben yn troi 'cyn cyrraedd tudalen deg' wrth ddarllen *Seren Wen ar Gefndir Gwyn*.[36] Honnodd Alun Jones yntau ei fod wedi gorfod rhoi'r 'nofel i lawr ar ganol ei darllen i godi at y ffenest i gael fy ngwynt ataf, a hynny dro ar ôl tro'.[37] Ac yn sicr, mae sylw'r llyfrwerthwr Gwyn Siôn Ifan ynglŷn â *Seren Wen ar Gefndir Gwyn*, 'bod pobl yn cael anhawster mynd trwyddi, yn rhoi'r gorau i'w darllen ac yna'n mynd yn ôl ati',[38] yn cyfleu i'r dim y 'dryswch' a brofwyd gan lawer wrth fynd i'r afael â'r nofel gyntaf. Diddorol yw sylwi ar yr holl drosiadau a ddefnyddir gan ddarllenwyr ac adolygwyr yn eu hymgais i gyfleu'r profiad 'dryslyd' hwn sydd yn mynd a dod rhwng pleser a phoen. Sonnir ganddynt, er enghraifft, am deimlad o feddwi (gweler, er enghraifft, *Y Traeth-odydd* (Gwanwyn 1996, 17) a *Llais Llyfrau* (Gaeaf, 1992, 16), o freuddwydio (*Golwg*, 10 Awst 1995, 25), o gael eu hudo neu'u cyf-areddu (*Barn*, rhif 357, 41; *Taliesin*, cyf. 92, 132 a *Taliesin*, cyf. 87, 106), eu goglais (*Taliesin*, cyf. 89, 78), eu gwefreiddio (*Cyfansodd-iadau a Beirniadaethau Eisteddfod Genedlaethol Ceredigion, Aberystwyth 1992*, 134, a *Taliesin*, cyf. 92, 133), ac yn olaf, am gael eu trywanu gan 'gyllell hardd a disglair' (*Taliesin*, cyf. 92, 133).

Wrth drafod 'tywyllwch' mewn barddoniaeth, pwysleisiodd Alan Llwyd na ddylid bwrw'r bai yn ddiwahân ar y bardd, nac ar y darllenydd, ac y dylai ymdriniaeth deg allu gwahaniaethu 'rhwng y gerdd sy'n astrus oherwydd diffyg yn y bardd a'r gerdd sy'n anodd oherwydd diogi neu ddiffyg cymhwyster yn y gynulleidfa'.[39] Diau fod yr un peth yn wir am ddryswch mewn rhyddiaith hefyd. Y tueddiad yng Nghymru, mae'n bosib, yw tybio mai yr awdur sydd 'ar fai'; ac mae hyn, yn ei dro, yn cael ei ategu gan y tueddiad arall, yng ngeiriau Iwan Llwyd, 'i ystyried unrhyw gerdd [neu ddarn arall o lenyddiaeth] nad yw'r ystyr yn amlwg ar y darlleniad cyntaf yn "dywyll" '.[40]

Llurgunio trafodaeth, ar dro, y mae gorbwyslais ar 'ddryswch' neu 'dywyllwch' mewn llenyddiaeth. Y mae natur 'dryswch' llenyddol yn gymhleth. Nid peth absoliwt, disymud mohono, mwy na natur y gynulleidfa ei hun, ond yn hytrach rhywbeth a gynhyrchir pan fydd testun llenyddol yn dod i gysylltiad â chynulleidfa mewn lle ac mewn amser penodol. Yn wir, fel y gwelir islaw, gall fod amcan creadigol hollbwysig i elfennau 'anodd' neu anghyfarwydd mewn llenyddiaeth sy'n rhoi bod i ddryswch. Ac wedi'r cyfan, nid pawb sydd yn drysu'r un fath: teg fyddai honni fod swrrealaeth gartwnaidd, wyddonias *Seren Wen ar Gefndir Gwyn*, er enghraifft, yn fwy cyfarwydd i ran helaeth o'r gynulleidfa iau sydd wedi arfer â gemau cyfrifiadurol graffig chwim, nag yw 'realaeth' portreadau naturiolaidd hŷn o gymunedau Cym-raeg capelog.

Gan nodi fod y drafodaeth, felly, yn un gymhleth dros ben, bwriedir treulio gweddill yr erthygl hon yn bwrw golwg fwy adeiladol ar yr ymateb 'dryslyd' a gafwyd i waith Robin Llywelyn, yr ymateb a arweiniodd yn aml at y fath begynu barn. Bwriedir dangos fod a wnelo'r dryswch yn uniongyrchol â thechneg naratif yr awdur hwn, wrth i ddarllenwyr weld yn ei waith bethau cyfarwydd ac anghyfarwydd yr un pryd. A bwriedir, yn olaf, honni fod a wnelo'r arddull yn sylfaenol â rhai o'r ystyriaethau pwysig sy'n rhan o ymwybyddiaeth pob un sy'n ymwneud â llenyddiaeth Gymraeg gyfoes a drafodwyd uchod.

Yn aryneilio'r cyfarwydd a'r anghyfarwydd, gwelir yn glir fod techneg naratif Robin Llywelyn â'i bryd ar bontio'r agendor rhwng pwyslais un garfan ar apelio at y darllenydd Cymraeg cyfoes, a phwyslais y llall ar adnewyddu llenyddiaeth Gymraeg a chynnal ei golwg tua'r dyfodol. Dyma arddull, felly, sy'n cyfarwyddo ac anghyfarwyddo yr un pryd; sy'n mynnu dal sylw darllenwyr Cymraeg cyfoes ond yn eu gorfodi hefyd i ddal eu gafael ar y llyfr yn eu llaw ac ar yr iaith sydd rhwng ei gloriau. Yn anad dim, dyma arddull sy'n mynnu fod y darllenydd yn dal pen rheswm â gweledigaeth yr awdur o Gymru newydd.

Technegau anghyfarwyddo[41]

Fel yr haerodd R. M. Jones yn ei waith arloesol, *Seiliau Beirniadaeth*, astudio arddull yw 'sylwi ar y graddau o'r "anramadegol" neu'r anghyfarwydd sydd ynddo'.[42] Yn ei dro, mae syniad R. M. Jones o'r 'dieithriad' hwn yn seiliedig ar syniad Ffurfiolwyr Rwsia – Viktor Sklovskij yn anad neb – am '*ostranenie*': nodweddion anghyfarwyddedig iaith llenyddiaeth. Yn ôl Sklovskij, yr anghyfarwyddo hwn sy'n sicrhau fod llenyddiaeth (a chelfyddyd yn gyffredinol) yn cyflwyno inni *o'r newydd* yr hyn sydd wedi dod yn orgyfarwydd, gan adnewyddu ein golwg ar y byd: 'The technique of art is to make objects "unfamiliar", to make forms difficult, to increase the difficulty and length of perception,' meddai Sklovskij yn ei ysgrif chwyldroadol.[43] Mae'r anghyfarwyddo adnewyddol hwn i'w weld yn nhechneg naratif Robin Llywelyn drwodd a thro.

Fe'i gwelir ar waith, er enghraifft, pan newidir y cywair ieithyddol o fewn un naratif. Dyma nodwedd amlwg o'r stori fer gan Robin Llywelyn, 'Bant â'r Cawr',[44] ac mae i newid cywair rôl bwysig yn ail nofel Robin Llywelyn, *O'r Harbwr Gwag i'r Cefnfor Gwyn*. Egyr y nofel â disgrifiad (mewn print italig) o ystafell wag a ffôn yn canu'n 'ofer' (7). Dyma ran sydd y tu allan i fframwaith y prif naratif, ac a ailadroddir, gyda pheth altro arni, ar ddiwedd y nofel (190). Cywair ffurfiol, llenyddol sydd i'r rhan agoriadol hon, sy'n gwneud defnydd o ffurfiau berfol cryno, ffurfiol eu naws, megis 'syfl' a 'cyfyd' (7), a defnydd helaeth o ddyfeisiadau 'barddonol' megis cymariaethau, personoli a chyflythrennu, yn ogystal â chwestiynau rhethregol, sydd yn ychwanegu at y naws lenyddol.

Fodd bynnag, wrth i'r prif naratif gychwyn – hanes Gregor Marini'n ffoi i chwilio'i ffortiwn yn y Taleithiau Breision – mae newid amlwg yng nghywair yr ymadrodd. Fel yr awgryma'r ffurfiau llafar 'tydw' a 'cwbwl', y ffurf dafodieithol, 'gamstar', yn ogystal â'r cyfarchiad, 'chi' (7) at y darllenydd, cywair ieithyddol llawer mwy anffurfiol, sgyrsiol a geir yma, gydag ymdeimlad fod perthynas gyfarwydd rhwng yr adroddwr a'r darllenydd. Yn wir, mae'r cywair anffurfiol hyd yn oed yn fwy amlwg wrth inni ddod i adnabod Gregor yn well, ac wrth ei glywed yn siarad, ac yn gwneud defnydd o eiriau llafar, geiriau benthyg (sathredig) o'r Saesneg, a ffurfiau gramadegol ansafonol, megis y terfyniad lluosog Seisnig, 's', er enghraifft: ' "Damia," meddai wrtho'i hun. "Blydi tapiau a ballu oedd gan y twristiaid mwn, nid radios"' (126).

Yn ddiweddarach yn y nofel, cyflwynir cyferbyniad cyweiriol arall, a hynny yn y rhannau hynny o'r nofel sy'n ymdrin â dimensiwn chwedlonol y 'Gwynfyd', ac a bersonolir yn aml yn ffigwr y Du Traheus. Yn y rhannau hyn, mae'r cywair yn drawiadol o wahanol eto, gyda defnydd helaeth o eiriau llenyddol, ffurfiau berfol hynafol (yn ogystal â rhai yn y modd dibynnol), cystrawennau annormal, Mabinogaidd, a rhestrau swyn-ganiadol o enwau priod, er enghraifft: 'Eithinen, Ffawydden, Gwernen, Helyg . . . Edrychwch ar wyneb eich haul, feibion dynion a duwiau, ac edifarhewch o golli o blant Dôn y mellt a'r daran a'r golau a'r nos' (93); ac yn ddiweddarach: ' "Ie," ebe'r Du Traheus, "fy nhrechu a wnest a'r glain a geffych"' (137).

Er ein bod fel siaradwyr, darllenwyr a chynulleidfa radio a theledu yn dygymod bob dydd â gwahanol gyweiriau'r *heteroglossia* Cymraeg, mae'r cyfosod cyweiriau anghydnaws o fewn *un* naratif, a'r newid cyson sydd rhyngddynt yn y nofel, yn golygu fod Robin Llywelyn yn anghyfarwyddo holl naturioldeb ymddangosiadol iaith y darn hwn o lenyddiaeth. Mae'r cywair bob tro yn tynnu sylw ato'i hun, a chyfrwng dweud stori'r awdur felly'n tynnu sylw ato ei hun.

Techneg anghyfarwyddo arall sy'n hoff ganddo yw'r dechneg o ddefnyddio negyddion er mwyn diffinio cymeriadau neu sefyllfaoedd. Cyflwynir inni'r cymeriad ffantastig, Cartoffl Goch, o'r stori 'Cartoffl',[45] er enghraifft, drwy gyfrwng rhes o gymalau cyfochrog ar ddechrau'r stori sydd i gyd yn dechrau gyda'r gair, 'nid' (9). Yn yr un modd, ar ddechrau'r nofel *Seren Wen ar Gefndir Gwyn*, cynyddir yr ymdeimlad o ddirgelwch a bygythiad gyda defnydd helaeth yr adroddwr a'r arwr, Gwern Esgus, o negyddion sy'n nacáu heb eglurhad: 'Feddyliais i ddim byd ohono fo,' medd Gwern am ymddygiad sinistr ei gydnabod yng nghanol y dref (5). 'Nid asbri'r noson yn unig oedd yn sgleinio'n ei llgadau,' meddir am Wil Chwil (5), ond heb gynnig eglurhad amgen chwaith. 'Ddalltis i run gair ddeudodd o' (6) a 'dwn i'm oeddwn i'n disgwyl dim byd' (7), medd Gwern wedyn, yn tanseilio'n chwerthinllyd, bron, hollwybodusrwydd arferol adroddwr stori. Yn y defnydd cynnil hwn o negyddion – a ategir yn aml gan gwestiynau nas atebir – mae'r adroddwr yn cyflwyno inni gymeriad neu sefyllfa a pheidio â dweud dim amdanynt yr un pryd. Dyna anghyfarwyddo holl gynsail portreadu mewn naratif.

Gwelir arddull Robin Llywelyn hefyd yn aml yn chwarae gyda'r hyn y gellid ei alw'n 'drefn resymegol-amserol' pob brawddeg mewn naratif. Yn wahanol i gelfyddyd weledol, amgyffred mewn amser a wnawn wrth ddarllen: hynny yw, rydym yn disgwyl i ystyr y gwaith llenyddol raddol ddod i'r fei mewn trefn resymegol. Mynd yn groes i'r graen a wna Robin Llywelyn yn aml, a seithugo'r disgwyl hwnnw, gan wamalu â threfn resymegol-amserol naratif er mwyn chwitho'r darllenydd.

Mae hyn i'w weld gliriaf oll, efallai, yn y stori 'Cyfraniad at Gofiant yr Hybarch Frawd Stotig Isgis'.[46] Buchedd sant sydd yma i fod, ond fod trefn resymegol-amserol unedau'r naratif wedi eu cyboli i'r fath raddau nes anghyfarwyddo holl gynsail y naratif. Yn aml, defnyddir cymeriad amserol brawddeg er mwyn cael disgynneb, neu *bathos*. Dechreuir gyda'r aruchel fel hyn: 'Byw bywyd taeog cyffredin a wnâi [Stotig]. Codai gyda'r wawr . . .' (46). Disgwylir i'r portread rhamantaidd o'r taeog barhau. Ond dyma ddarllen ymlaen: 'mynd allan ymhob tywydd i ysbeilio'i gymdogion, meddwi'n ulw yn y dafarn gyda'r nosau ac adref mewn pryd i golbio'i fam' (46). Ceir dau wrthdroad tebyg eto pan sonia Stotig am ei dad fel hyn: 'Fy nhad druan, ni wyddai mo'r peth symlaf . . . Roedd yn ddyn hollol anwybodus, twyllodrus a budur. Dysgais ganddo'r cwbwl a wn' (54). Drwy danseilio trefn a datblygiad rhesymegol-amserol y naratif fel hyn, anghyfarwyddir hygrededd y storïwr, anghyfarwyddir y syniad traddodiadol am unrhyw sant, ac anghyfarwyddir *genre* honedig y naratif i gyd.

Yn sicr, ni ddylai ysgafnder rhai o'r enghreifftiau danseilio'r ffaith fod amcan adnewyddol pwysig i'r technegau anghyfarwyddo. Yn ôl Viktor Sklovskij, fel y gwelwyd, rôl *ostranenie* mewn celfyddyd yw dad-wneud gorgynefindra'r byd: hwyhau'r broses o amgyffred fel y gallwn weld pethau o'r newydd yn hytrach na dim ond eu hadnabod yn fras, fel y gellir cadw ein profiad o'r byd, a'r modd y mynegwn y profiad hwnnw, yn bethau byw. Tynnu'r iaith Saesneg, er enghraifft, o'i rhigolau cynefin a wnaeth James Joyce yn ei weithiau hynod anghyfarwyddedig ef, megis *Ulysses* a *Finnegans Wake*: anghyfarwyddo iaith y concwerwr ac felly anghyfarwyddo hanes hefyd o'i rigolau cynefin. Technegau anghyfarwyddo Joyce, medd Colin MacCabe, yw ei 'prolonged interrogation' o batrymau diffinio'r iaith Saesneg, wrth iddo gyflwyno 'subversion of those cultural and linguistic forms which offer identity only in the accents of the ruler'. [47]

Nid annhebyg, er yn llai radical, yw diben technegau anghyfarwyddo Robin Llywelyn: dangos, boed hynny drwy danseilio hierarchaeth cyweiriau ieithyddol, drwy ddefnyddio'r negyddol i ochel hen rigolau diffinio, a thrwy omedd i resymeg ac amser fynd law yn llaw, fod modd gwyrdroi prosesau y mae hanes wedi eu creu ac yn dal i'w cymell. Ac ar yr un pryd mae'n adnewyddu patrymau naratif yn y Gymraeg, ac yn rhoi ysgytwad i ddarllenwyr o rigolau eu hamgyffred.

Technegau cyfarwyddo

Fel y trafodwyd eisoes, peth mentrus yw anghyfarwyddo gormod, yn enwedig yng nghyd-destun llenyddiaeth 'leiafrifol' fel y Gymraeg. Nid pob darllenydd, chwaith, fel y gwelwyd, fyddai'n cyd-weld ynglŷn â gwerth bod yn 'anodd' o anghyfarwydd. Fodd bynnag, wedi'r holl bwyslais ar yr anghyfarwydd, mae'n bwysig sylweddoli fod yn rhyddiaith Robin Llywelyn hefyd dechnegau 'cyfarwyddo': technegau pragmataidd er denu sylw'r darllenwyr Cymraeg cyfoes a phwysleisio cyfarwydd-deb Cymraeg bydoedd ei nofelau a'i straeon i'r darllenwyr hynny. Y technegau hyn sydd i wneud iawn, fel petai, am effaith dramgwyddol y technegau anghyfarwyddo. Y rhain sydd i greu ymdeimlad o ymgynghreirio rhwng y darllenydd a'r testun. Yn wir, yn ôl y 'ffenomenolegydd darllen' Almaenig, Hans-Robert Jauss, y technegau cyfarwyddo hyn sydd wrth wraidd ein holl ymwneud â ffuglen. Ni all y weithred o ddarllen fynd rhagddi oni bai fod y darllenydd yn gyson yn dod ar draws elfennau diwylliannol cyfarwydd, amlwg neu o dan gêl, oherwydd y rhain yw 'symbyliadau cyfansoddol' neu 'glicied signalau' pob testun sy'n ffurfio 'gorwel disgwyliadau' y darllenydd:[48] hon, medd Jauss, sy'n cynnal diddordeb darllenwyr yn y testun dan sylw, ac yn eu helpu i ganfod ei ystyr. Soniodd cydymaith syniadol Jauss, Wolfgang Iser, un arall o ladmeryddion y theorïau 'derbyniad' Almaenig (*Rezeptionstheorie*), fod yng nghraidd pob testun llenyddol *repertoire* diwylliannol, sef ei 'diriogaeth gyfarwydd' o safbwynt y darllenydd.[49]

Un ffordd a ddefnyddir gan Robin Llywelyn i hwyluso'r berthynas rhwng y darllenydd a'r testun yw democrateiddio'r disgwrs mewnol yn y naratifau; hynny yw, rhoi'r argraff i'r darllenwyr fod ganddynt hwythau rôl bwysig i'w chwarae yn strwythur stori ac yn y broses o'i hadrodd. Gall wneud hyn, er enghraifft, drwy gyfeirio'n benodol at y darllenydd. Soniwyd eisoes am y cyfarchiad at y darllenydd ar ddechrau'r nofel *O'r Harbwr Gwag i'r Cefnfor Gwyn*, ac mae ei straeon byrion yn frith o gyfarchiadau tebyg. Ar ddechrau'r stori 'Cartoffl', er enghraifft, gwelir y rhybudd canlynol, lle mae'r dewis yn cael ei roi gerbron y darllenydd i barhau i ddarllen neu beidio: 'Hysbysed y darllenydd nad ar chwarae bach y dylech chwi wthio'ch pig i'r llith a ganlyn.'[50]

Democrateiddir y disgwrs mewnol hefyd drwy danseilio awdurdod traddodiadol yr adroddwr. 'Tydw i fawr o gamstar ar dynnu llun,' medd adroddwr *O'r Harbwr Gwag i'r Cefnfor Gwyn* ar ddechrau ei naratif ef (7). Di-glem ryfeddol, fel y gwelwyd, yw Gwern Esgus ynghylch cefndir ei anturiaethau ar ddechrau *Seren Wen ar Gefndir Gwyn*, fel y cyfaddefa ei hun: 'Toeddwn i heb dalu sylw i'r newid byd fuodd drwy'r wlad ar y newyddion yn ddiweddar . . ., doeddwn i ddim radag honno'n dallt pethau gystal ag o'n i fod' (8). Yn y stori fer 'Reptiles Welcome' yn *Y Dŵr Mawr Llwyd*, gwelir yr adroddwr, Belinda yr armadilo, yn colli trywydd ei stori ar ganol ei hadrodd, ac yn gofyn – yn ddemocrataidd – i'r darllenydd: 'Rŵan lle'r oeddwn i?' (67). Yn yr un modd, fe'i gwelwn yn ychwanegu manylion angenrheidiol yn hwyr at y stori: 'Sori, ddeudis i ddim, naddo, Walter Harris ydi'i enw o' (69).

Gellir portreadu sail ddiwylliannol 'gyfarwydd' y naratif hefyd drwy dynnu ar wybodaeth ieithyddol soffistigedig y darllenydd Cymraeg cyfoes (y darllenydd sydd hefyd yn ddwyieithog). Mae nofelau a straeon byrion Robin Llywelyn yn llawn amwysedd sydd yn ymwneud â dwyieithrwydd Cymraeg/Saesneg: mae'n achos hiwmor yn aml. Dyna'r benthyciadau Saesneg sydd wedi'u Cymreigio'n llafar: 'drorsys',[51] 'jobsys',[52] 'mwncwns',[53] 'barmones',[54] a '[b]wcio'.[55] Mae Cymraeg Seisnigedig y 'Cyrff heb Enaid' yn *Seren Wen ar Gefndir Gwyn* yn chwarae ar wybodaeth ieithyddol benodol Gymraeg/Saesneg, wrth iddynt lefaru fel hyn: 'Cofiwc mae'n da datblygi pethynas coffowol hefo pobowl pan ti'n mewn jeil ac mae ni'n lwcis iaen yn cawl dogyn o sylow' (34). Dim ond y darllenydd Cymraeg (dwyieithog) hefyd all werthfawrogi'r hiwmor yn enwau rhai o gymeriadau Robin Llywelyn, megis 'Melow Sud Nei' (123); hiwmor du ymadroddion fel '*true van hin*' ar ddiwedd *O'r Harbwr Gwag i'r Cefnfor Gwyn*, yn ogystal â'r ymadrodd mwys, yn y stori fer, 'Vatilan, Lleidr Llestri' sy'n disgrifio'r heddwas, PC Llong fel 'fawr o gop'.[56]

Yn ogystal â hyn, mae iaith cymeriadau ei nofelau a'i straeon byrion yn frith o acenion a thafodieithoedd gwahanol yn y Gymraeg, o dafodiaith Ardudwy hollbresennol Gwern Esgus a'i gymdeithion yn *Seren Wen ar Gefndir Gwyn*, ac acen sisiol (a chystrawen ffurfiol) Cymraeg Llydewig trigolion y Winllan Bridd yn yr un nofel (80 yml.), i acen ddeheuol Zwingli yn *O'r Harbwr Gwag i'r Cefnfor Gwyn* wrth iddo 'ddechrau datgelu'i wreiddiau' (169), a thafodiaith ogleddol 'anghywir' 'yr hen Bant' yn y stori, 'Bant â'r Cawr'.[57]

Mae'r holl chwarae ag iaith yn fodd i Robin Llywelyn apelio at agwedd ieithyddol yr hyn a alwodd Roland Barthes yn *S/Z* yn 'gôd diwylliannol' y darllenydd.[58] Does dim dwywaith nad yw Cymreictod ei briod-ddull a'i gyfeiriadaeth yn peri dryswch i'r sawl sydd am gyfieithu ei waith i iaith arall. Yn wir, daw yn amlwg gymaint ar ei cholled yw arddull Robin Llywelyn heb y Cymreictod hwnnw hyd yn oed pan fydd yn cyfieithu ei waith ei hun, megis yn *From Empty Harbour to White Ocean*, cyfieithiad o *O'r Harbwr Gwag i'r Cefnfor Gwyn*. Ceir yn y fersiwn Cymraeg gwreiddiol ddisgrifiadau rhywiog a bachog fel 'cloben o ddynes fawr a gwallt mawr ar dop ei phen yn llusgo ci-rhech ar ei hôl' (37), ond llai lliwgar o lawer yw'r cyfieithiad Saesneg ganddo: 'A grand-looking lady with a lap dog' (13).

Gwna ddefnydd helaeth hefyd o'r hyn a alwodd Roland Barthes, mewn lle arall, yn 'informants', neu 'hysbysyddion'.[59] Dyma gyfeiriadau uniongyrchol at lefydd, pobl a phethau sy'n rhan o ddiwylliant cyfarwydd y darllenydd Cymraeg cyfoes. Nid ydynt, fel arfer, yn cyfrannu dim at ddatblygiad y stori; yn hytrach, gweithio ar y lefel ddisgyrsaidd a wnânt. Maent yn fodd i Gymreigio a chyfarwyddo'r naratif ac i bennu *repertoire* diwylliannol y gwaith dan sylw.

Yn y nofel ffantasïol, *Seren Wen ar Gefndir Gwyn*, er enghraifft, ceir cyfeiriadau at fannau real yng Nghymru, megis yr 'Wyddfa' (47), ac at wrthrychau diwylliannol cyfarwydd, megis '[T]aith y Pererin' (54), neu'r darn cerddorol, 'Cyfaddawd y Seindorf' (64). Yr un swyddogaeth sydd hefyd i'r cyfeiriadau at winoedd go-iawn yn *O'r Harbwr Gwag i'r Cefnfor Gwyn* (er enghraifft 169), ac at enwau priod o chwedloniaeth Gymraeg, megis 'Lleu Llaw Gyffes' (137) yn y rhannau o'r naratif a gyflwynir yn fynych gan y Du Traheus.

Hyd yn oed pan leolir naratif Robin Llywelyn mewn gwlad go-iawn sydd ymhell o Gymru, megis Patagonia yn achos y stori 'Y Parch a'r Het',[60] defnyddir hysbysyddion o'r fath i gyfarwyddo'r darllenydd Cymraeg â'r gyn-drefedigaeth. Sylwer, er enghraifft, ar sut y cyflwynir inni yr Athro Llydewig, Devet E. Lostig, ar ddechrau'r stori:

> 'Esgusodwch fi,' meddai dyn bach wedi ei wisgo fel arloeswr tiroedd anghyfannedd, o fwrdd cyfagos. 'A glywais i chi'n sôn am Buenos Aires?' Roedd helmet wen am ei ben a gwallt mawr gwyn fel cnu dafad yn ymwthio ohoni. 'Lle diddorol iawn,' meddai'n fyfyrgar. 'Wyddech chi mai o'r Llydaweg *Buan hag Aes* y daw'r enw? Wel, a dweud y gwir, y fi enwodd y lle.' Siaradai'r dieithryn braidd heb agor ei geg, fel tafleisydd. (79)

Ymgorffori a wna Devet E. Lostig yr aildrefedigaethu sy'n digwydd wrth i ddefnydd Robin Llywelyn o hysbysyddion wneud Patagonia yn feicrocosm o'r Gymru gyfoes. Y mae, wedi'r cyfan, 'wedi ei wisgo fel arloeswr tiroedd anghyfannedd', a disgrifir ei wallt drwy gymhariaeth ag anifail nodweddiadol Gymreig, y ddafad (yn hytrach na'r lama, efallai).

Mae'r Cymro a'r Gymraes sydd yn rhoi teitl y stori, y Parchedig John F. Thomas a'r 'het', Gloria Wilderbeest Evans, yno ar eu gwyliau, gwobr 'am wylio S4C' (84). Bygythiad Gloria pan gaiff ei thrin yn llawdrwm gan y cnaf, Ffawd Higgins yw mai 'adroddiad anffafriol iawn gaiff y *W.I.* amdanoch pan af adref' (83). Dim ond ar ôl sicrhau nad yw'r Athro Llydewig yn aelod 'o'r hen gorff' y meiddia'r parchedig ei helpu ei hun i ychwaneg o *Pimms* (87). Â 'San Marcos de la Compostella' yn 'San Marcos de la Compostella Uchaf' (80). Mae Marguerita Mimosa, perchennog y caffi 'Casa Marguerita' ar y paith yn siarad gydag acen 'a orweddai rywle rhwng Gwauncaegurwen a Santiago' (81). Drwy gyfrwng cwlwm o hysbysyddion mae'r storïwr yn trefedigaethu Patagonia o'r newydd. Creu hiwmor drwy orgyfarwyddo'r darllenydd Cymraeg cyfoes â byd dychmygol y naratif a wna Robin Llywelyn yn y stori hon; parodïo dull pob naratif erioed – ers i Dduw *enwi*, ac felly *greu*, y byd, yn Llyfr Genesis – o wneud yr anghyfarwydd yn gyfarwydd.

Ar yr un pryd, mae'n amlwg fod 'technegau cyfarwyddo' Robin Llywelyn yn cael eu defnyddio'n benodol i dynnu'r darllenydd Cymraeg cyfoes i mewn i fydoedd ei naratifau, bydoedd afreal, ffantasïol, yn aml. Gweithio ar lefel ddisgyrsaidd y naratif y mae'r technegau hyn, bob tro, gan sefydlu perthynas agos rhwng epistemeg ddiwylliannol ei ffuglen a'r hyn a geir yn y Gymru Gymraeg sydd ohoni, a chan geisio gwrthbwyso effaith ddieithriol y 'technegau anghyfarwyddo' adnewyddol a nodwyd yn ei waith yn y drafodaeth uchod.

Ffantasi

Yn y pen draw, mae'n debyg mai ffantasi sydd yn crisialu fwyaf amlwg y dechneg o fynd a dod rhwng yr anghyfarwydd a'r cyfarwydd yng ngwaith Robin Llywelyn. Mae ffantasi yn rhan greiddiol o'i olwg lenyddol ar y byd: digon yw dweud fod yn *O'r Harbwr Gwag i'r Cefnfor Gwyn* fynd a dod rhwng bydoedd real a bydoedd chwedlonol, a'r mynd a dod hwnnw yn nacáu gofynion lle ac amser naratifau realaidd; fod yn y nofel ffuglen wyddonias, *Seren Wen ar Gefndir Gwyn*, lydnod hynod gyda llygaid trydan; a bod straeon byrion *Y Dŵr Mawr Llwyd* yn cynnwys armadilo, tylluan a mynydd yn siarad.

Ym mis Mawrth 1992, ychydig fisoedd cyn buddugoliaeth gyntaf Robin Llywelyn yng nghystadleuaeth Medal Ryddiaith yr

Eisteddfod Genedlaethol (a'r deipysgrif eisoes wedi ei hanfon i mewn), soniodd M. Wynn Thomas fel hyn am sefyllfa bresennol rhyddiaith Gymraeg:

> Mi fyddai'n dda gen i weithiau petai nofelwyr Cymru, dros dro beth bynnag, yn bwrw heibio ffurf realaeth. Rwy'n credu ei fod wedi mynd yn ffurf rhy ystrydebol, rhy gyfarwydd, rhy gyfforddus o lawer. Fe hoffen i eu gweld nhw yn sylweddoli taw yn y Gymraeg y sgrifennwyd y Mabinogi.[61]

Yn ei farn ef, roedd ffantasi yn un modd i adnewyddu rhyddiaith Gymraeg ar adeg pan fo'r dull realaidd o ysgrifennu wedi dod i ymddangos yn 'rhy gyfarwydd'. Cyfeiriwyd at y farn hon gan Robert Rhys yn ei feirniadaeth yntau ar *Seren Wen ar Gefndir Gwyn* yn yr Eisteddfod fis Awst y flwyddyn honno, wrth iddo awgrymu fod nofel ffantasïol Robin Llywelyn yn 'cyflawni . . . y gobeithion hynny':[62] hynny yw, ei bod yn cynnig cyfeiriad newydd i ryddiaith Gymraeg a oedd, o bosib, wedi blino ar ei thraddodiad realaidd hirhoedlog. Awgrymwyd eisoes fod ffactorau allanol wedi dylanwadu ar dderbyniad *Seren Wen ar Gefndir Gwyn* gan y gynulleidfa Gymraeg yn 1992, ac mae'n ddigon posib fod defnydd Robert Rhys o'r ferf, 'cyflawni', yn ei feirniadaeth ef arni, yn cadarnhau i'r nofel gydbylsadu â disgwyliadau – anymwybodol ar y pryd, o bosib – ar y sîn lenyddol Gymraeg ddechrau'r 1990au. Yr hyn sydd yn sicr yw y gwelwyd nifer cynyddol o awduron Cymraeg yn gwneud defnydd o ffantasi yn eu rhyddiaith drwy gydol gweddill y 1990au: ymhlith y mwyaf adnabyddus, mae'n siŵr, mae 'atgyfodiad' Ennyd Fach, adroddwr *Wele'n Gwawrio* Angharad Tomos (1998), sy'n parhau â'i naratif ar ôl ei marwolaeth, a nofelau a straeon byrion Mihangel Morgan, yn enwedig *Melog* (1997), nofel y gellid ei hystyried yn nacâd cwbl ddi-dderbyn-wyneb o draddodiad realaidd y nofel Gymraeg.

Heb os, nid yn ddiwrthwynebiad y digwyddodd y datblygiad hwn. Tybid gan lawer o ladmeryddion realaeth fod llên ffantastig yn gyfystyr â llên ddihangol: o osgoi'r cyfrifoldeb o ymdrin â'r Gymru gyfoes fel ag y mae yn ei hargyfwng ieithyddol a diwylliannol presennol. (Dyma gyhuddiad y gellid ei synhwyro, er enghraifft, yn adolygiad Ioan Williams ar *Seren Wen ar Gefndir Gwyn* y cyfeiriwyd ato uchod.)

Diau fod rhywfaint o wirionedd yn y syniad fod perthynas rhwng 'ffantasi' a 'dianc'. Ond gorsymleiddio dybryd yw honni fod y ddau fath o lenyddiaeth yn gyfystyr. Cywirach, a mwy adeiladol, yn sicr, fyddai ystyried ffantasi yn ei rôl gywirol, yn fodd i gywiro o fewn rhyddid dychmygol ffuglen, sefyllfaoedd fel ag y maent. Ac yn fodd i greu, yn lle hynny, sefyllfaoedd fel yr hoffai'r awdur iddynt fod. Nid dianc mo hynny, fel y tanlinella sawl arbenigwr ar lenyddiaeth ffantasïol. Mynnodd Gerhard Hoffmann, er enghraifft, fod yr hyn sy'n real yn rhan greiddiol o effaith ffantasi mewn llenyddiaeth: 'The function of the fantastic has to be seen in terms of the *tension* that exists between the real and the fantastic.'[63] Ac fe soniodd ymhellach am ffantasi fel 'correcting the schema'.[64] Pwysleisiodd Eric S. Rabkin hefyd fod swyddogaeth adeiladol i ffantasi; wedi'r cwbl, fe'i gelwir yn Saesneg yn '*make*-believe'.[65]

Yn sicr, mae sawl un wedi ystyried naratifau ffantasïol Robin Llywelyn yn alegorïau cenedlaethol (gweler, er enghraifft, John Rowlands yn *Y Traethodydd*[66]). Heb os, *mae* patrymau alegorïaidd yn, dyweder, *Seren Wen ar Gefndir Gwyn*: digon hawdd yw gweld elfennau cyfarwydd Gymreig yn y portread o Tir Bach, ac elfennau cyfarwydd archdeipaidd gwledydd eraill – Llydaw, Iwerddon, Ffrainc ac India – yng Ngwledydd y Gynghrair. Ond mae'r ffaith nad oes yr un o'r naratifau'n gweithio fel alegori lawn yn golygu mai'r dychmygol – ac nid yr hermenewtaidd – sydd bwysicaf i Robin Llywelyn. Wedi'r cyfan, Cymru ddeisyfedig yw Tir Bach y nofel; ystrydeb, mae'n siŵr, fyddai dweud hynny. Mae cymeriadau'r nofel hefyd yn siarad Cymraeg sy'n fwy rhywiog ac idiomatig na'r un Cymraeg a glywir yng Nghymru heddiw. Blysgoel, wrth gwrs, yw'r gynghrair yn erbyn y Wlad Alltud Eingl-Almaenig. Mae genedigaeth mab Gwern ac Anwes fel rhyw fab darogan ar ddiwedd y nofel yn obaith yn seici'r Cymry ers dyddiau Arthur, neu Owain Glyndŵr. Ac i ddychwelyd at yr armadilo, siawns, fel yr awgrymodd Menna Baines,[67] fod rhyw arwyddocâd cenedlatholgar i weithred Belinda'r armadilas Gymreigaidd, yn y stori '*Reptiles Welcome*'. Hon, wedi'r cyfan, sydd yn sbaddu'r perchennog gwesty gwrth-Gymraeg.

Mae'r elfen o ddeisyfu yn amlwg mewn ffantasi. Ond yr hyn y dylid, efallai, ei bwysleisio cyn sôn am ddianc rhag cyfrifoldebau diwylliannol, yw mai deisyfiadau yn ymwneud â Chymreictod yw mwyafrif y ffantasïau mewn llenyddiaeth Gymraeg ddiweddar. Ac ar yr un pryd, ymgorfforant sylwadau ar y Cymreictod sydd ohoni. Onid dyna, yn wir, yw hanfod yr hen ganu darogan Cymraeg?

Does dim dwywaith nad yw Robin Llywelyn ei hun yn argyhoedd-edig o'r lles a all ddod o ddefnyddio ffantasi mewn llenyddiaeth, pan ddywed yn ei ddarlith yng Ngŵyl Lenyddiaeth Flynyddol Caerdydd yn 1995: 'Bu chwedloniaeth a ffantasi yn ddylanwadau llesol iawn ar lenyddiaeth Gymraeg ar hyd yr oesoedd ac maen nhw'n dal i fod felly heddiw.'[68] Yn sicr, mae'n arwyddocaol ei fod, yn yr un ddarlith, yn clodfori ffantasïau derwyddol Iolo Morganwg am lwyddo i 'greu rhith o hanes' oherwydd 'gan nad gwladwr-iaeth wleidyddol mo Cymru'r cyfnod . . . roedd angen rhywbeth ar y Cymry i lenwi'r bwlch ym mywyd y genedl'.[69] Nid gormod yw dweud i'r ffantasïau hynny – dihangol neu beidio – fod yn sail i gyfran o lenyddiaeth a diwylliant Cymraeg am ddeg-awdau, hyd heddiw. Yn ôl pob golwg, dim ond i'r ffantasi fod yn rhannol gyfarwydd, oni fydd rhai yn siŵr o'i choelio? Ymhellach: yn y bôn, onid lled-ddeisyfedig – yn hanner cyfarwydd a hanner anghyfarwydd i'r unigolion oddi mewn iddi – yw pob hunaniaeth genedlaethol?

Yn wyneb yr holl sôn am gyfarwyddo ac anghyfarwyddo, diddorol iawn yw sylwi mai Robin Llywelyn, yn anad un awdur modern arall yn y Gymraeg, sy'n derbyn amlaf yr hen enw Cym-raeg traddodiadol am storïwr, sef 'cyfarwydd'. 'Mae ganddo grefft y cyfarwydd,' meddai Dafydd Elis Thomas.[70] 'Pwy yw'r cyfar-wydd medrus hwn?' holodd M. Wynn Thomas am awdur *Seren Wen ar Gefndir Gwyn*.[71] 'Dyma gyfarwydd wrth ei waith,' meddai Angharad Tomos wedyn, gan estyn ymhellach y gymhariaeth â'r storïwr Cymraeg traddodiadol drwy ychwanegu: 'Fyddwn i ddim yn synnu dim petawn i'n clywed fod Robin wedi bod ar y byd 'ma o'r blaen, a'i fod wedi eistedd wrth draed Gwydion cyn dyddiau Cred.'[72]

Pam fod yr epithet yn ymddangos i ddarllenwyr mor addas ar gyfer Robin Llywelyn, tybed? Yn gyntaf, bid siŵr fod yr elfen ffantasïol a chwedlonol yn ei waith yn galw i gof elfennau ffantasïol llawer o ryddiaith yr Oesoedd Canol; yn wir, mae cyfeir-iadau uniongyrchol at y Mabinogi yn dod i'r fei dro ar ôl tro wrth i ddarllenwyr drafod gwaith Robin Llywelyn. Yn ail, mae'r epithet ei hun – yn adnabyddus ac eto'n hynafol – yn adlewyrchu deuol-iaeth y cyfarwydd a'r anghyfarwydd sydd yn rhan greiddiol o'i waith.

Ond yn drydydd, ac yn bwysicaf oll, efallai, mae'r syniad traddod-iadol am y cyfarwydd, nid yn unig fel un sy'n diddanu, ond hefyd fel ceidwad y ddysg draddodiadol.[73] Mae'r ddysg hon, yn ei thro, yn fodd i ymgyfeirio'n ddiwylliannol o fewn y gymdeithas. Wedi'r cyfan, yn ôl *Geiriadur Prifysgol Cymru*, gall 'cyfarwyddo' olygu 'addysgu' a 'thywys'.[74] Felly, onid cwbl gymwys yw galw Robin Llywelyn yn 'gyfarwydd', ac yntau â Chymreictod cynhenid wrth wraidd ei waith ac â'i fryd ar dywys y darllenydd ymlaen – ac yn ôl yr un pryd – at adfer y Cymreictod traddodiadol hwnnw drwy gyfrwng y cyfarwydd a'r anghyfarwydd?

Mae tywys, wrth gwrs, yn golygu symud o un lle i'r llall. Cyflawnodd Robin Llywelyn, y cyfarwydd cyfoes, ei ran ef o'r fargen, sef gosod yn ei naratifau gyfarwyddiadau i ddarllenwyr tua Chymru a Chymreictod amgen. Nid pawb, fel y gwelsom, fydd am gyflawni'r rhan arall a'i ddilyn. Wedi'r cyfan, nid un endid mo'r darllenydd Cymraeg cyfoes, ond cynulleidfa gyfan gwbl luosog, a diolch byth am hynny. Ond i'r rhai sydd am ymgyfarwyddo â gwaith a gweledigaeth Robin Llywelyn, mae un peth yn siŵr: sef y cânt eu diddanu a'u haddysgu ar hyd y daith liwgar o glawr i glawr.

Nodiadau

[1] Hywel Teifi Edwards, *The Eisteddfod*, Writers of Wales (Caerdydd, 1990), 77.

[2] W. J. Jones (gol.), *Cyfansoddiadau a Beirniadaethau Eisteddfod Genedlaethol Ceredigion, Aberystwyth 1992* (Llys yr Eisteddfod, 1992), 138.

[3] Ibid., 139.

[4] Ibid., 128.

[5] Ibid., 129.

[6] Ibid.

[7] Ibid., 134.

[8] Ibid.

[9] Bethan Mair Hughes, 'Nid Gêm Nintendo yw Hyn, ond Bywyd!', *Tu Chwith* 1 (Ebrill/Mai 1993), 43.

[10] Hywel Teifi Edwards, *The Eisteddfod*, 77.

[11] 'Gwerthu Geiriau', *Golwg* (15 Medi 1994), 22.

[12] M. Wynn Thomas, 'Chwarae â chwedlau', *Barn* 357 (Hydref 1992), 41.

[13] Islwyn Ffowc Elis, 'Llenyddiaeth Gymraeg Gyfoes: Argraffiadau Personol', *Taliesin* 89 (Gwanwyn 1995), 78.

[14] Katie Gramich, 'Neidr Gantroed's Top Twenty: The Best New Prose Writers in Wales', *Books in Wales* (Winter 1993), 9–11.

[15] John Rowlands, 'Adolygiad o *Seren Wen ar Gefndir Gwyn*', *Llais Llyfrau* (Gaeaf 1992), 15–16.

[16] Emyr Lewis, 'Llyfrau '92', *Taliesin* 81 (Ebrill 1993), 19.

[17] Ibid., 23.

[18] Ibid.

[19] Ibid.

[20] Menna Baines, 'Briciau neu 'Sgrifenwyr: Dyfodol 'Sgwennu Yng Nghymru', *Golwg* (19 Ionawr 1989), 28.

[21] Martin Davis, 'Bwrw Golwg Gam ar Realiti', *Taliesin* 80 (Ionawr/Chwefror 1993), 100.

[22] Menna Baines, 'New Novels Seek to Break the Mould', *New Welsh Review* (Summer 1993), 90.

[23] Ibid.

[24] 'Llyfr (Mwya' Dadleuol) y Flwyddyn?', *Golwg* (6 Mai 1993), 19.

[25] Ibid.

[26] 'Plesio'r Sglyfs a'r Siwds', *Golwg* (1 Rhagfyr 1994), 20.

[27] Ioan Williams, 'I'r Beirniaid yn Unig?', *Golwg* (24 Medi 1992), 19.

[28] Martin Davis, 'Bwrw Golwg Gam ar Realiti', 99.

[29] M. Wynn Thomas, *Internal Difference: Literature in Twentieth-century Wales* (Caerdydd, 1992), 165.

[30] HMSO (1952), 3.

[31] 'Poblogeiddio Llenyddiaeth', *Llais Llyfrau* (Gwanwyn 1996), 3–8.

[32] 'Chwilio am Ed McBain: Y Nofel Boblogaidd Gymraeg', *Golwg* (1 Rhagfyr 1988), 21.

[33] 'Byd o Eithafion', *Golwg* (13 Mehefin 1991), 19–21.

[34] Ian A. Bell (gol.), *Peripheral Visions: Images of Nationhood in Contemporary British Fiction* (Caerdydd, 1995), 79.

[35] Bethan Mair Hughes, 'Nid Gêm Nintendo yw Hyn, ond Bywyd!', 43.

[36] *Cyfansoddiadau a Beirniadaethau Eisteddfod Genedlaethol Ceredigion* (Aberystwyth 1992), 138.

[37] Ibid., 129.

[38] 'Barn y Bobol', *Golwg* (10 Awst 1995), 25.

[39] Alan Llwyd, *Barddoniaeth y Chwedegau* (Caernarfon, 1986), 76.

[40] Iwan Llwyd, 'Adolygu Adolygu', *Barn* 374 (Mawrth 1994), 24.

[41] Â nofelau Robin Llywelyn y mae a wnelo'r erthygl hon, ond defnyddir enghreifftiau o'i arddull yn ei straeon byrion ar dro, am fod nodweddion arddull weithiau i'w gweld yn fwy clir o fewn ffurf fwy cywasgedig y stori fer.

[42] R. M. Jones, *Seiliau Beirniadaeth*, 1 (Aberystwyth, 1984), 4.

[43] Viktor Sklovskij, 'Art as Technique' (1917), yn Julie Rivkin a Michael Ryan (goln.), *Literary Theory: An Anthology* (Rhydychen, 1998), 18.

[44] Robin Llywelyn, *Y Dŵr Mawr Llwyd* (Llandysul, 1995), 92–102.

[45] Ibid., 9–21.

[46] Ibid., 46–64.

[47] Colin MacCabe (gol.), *Futures for English* (Manceinion, 1988), 11 yml.

[48] Hans-Robert Jauss, *Toward an Aesthetic of Reception*, cyf. Timothy Bahti (Brighton, 1982), 24.

[49] Wolfgang Iser, *The Act of Reading: A Theory of Aesthetic Response* (Baltimore, 1978), 69.

[50] Robin Llywelyn, *Y Dŵr Mawr Llwyd*, 9.

[51] Robin Llywelyn, *O'r Harbwr Gwag i'r Cefnfor Gwyn* (Llandysul, 1994), 69.

[52] Ibid., 124.

[53] Robin Llywelyn, *Y Dŵr Mawr Llwyd*, 68.

[54] Ibid., 96.

[55] Ibid.

[56] Ibid., 110.

[57] Ibid., 101.

[58] Roland Barthes, *S/Z*, cyf. Richard Miller (Rhydychen, 1990), 4.

[59] Roland Barthes, *Selected Writings*, gol. Susan Sontag (Llundain, 1983), 269.

[60] Robin Llywelyn, *Y Dŵr Mawr Llwyd*, 68.

[61] 'Llenyddiaeth: i ble?', *Golwg* (12 Mawrth 1992), 19.

[62] *Cyfansoddiadau a Beirniadaethau Eisteddfod Genedlaethol Ceredigion* (Aberystwyth, 1992), 19.

[63] Gerhard Hoffmann, 'The Fantastic in Fiction', *Yearbook of Research in English and American Literature*, 1 (1982), 268.

[64] Ibid., 276.

[65] Eric S. Rabkin, *The Fantastic in Literature* (Princeton, 1977), 45.

[66] John Rowlands, 'Chwarae â Chwedlau: Cip ar y Nofel Gymraeg Ôl-fodernaidd', *Y Traethodydd* (Ionawr 1996), 19.

[67] Menna Baines, *Pum Awdur Cyfoes* (Caerdydd, 1997), 87 yml.

[68] Robin Llywelyn, 'Ffantasi, Llên a Mi', *Golwg* (15 Hydref 1995), 16.

[69] Ibid., 17.

[70] 'Seren Wib?: Holi Robin Llywelyn', *Golwg* (20 Awst 1992), 23.

[71] M. Wynn Thomas, 'Chwarae â Chwedlau', 41.

[72] Angharad Tomos, 'Llwyd yn lle Gwyn', *Taliesin* 92 (Gaeaf 1995), 132.

[73] Sioned Davies, *Crefft y Cyfarwydd* (Caerdydd, 1996), 1 yml.

[74] *Geiriadur Prifysgol Cymru* I (Caerdydd, 1950), 685.

10

Mihangel Morgan: Rhwng Realaeth a Beirniadaeth

SIONED PUW ROWLANDS

I

Mewn mwy nag un ystyr, meddyliaf am Mihangel Morgan fel ffuglenwr *par excellence*. Defnyddio ffuglenwr fel gair arall am awdur ffuglen (nofelau, straeon byrion, dramâu ac ati) yr wyf fan hyn. Hynny yw, am rywun sydd yn creu llenyddiaeth, ac yn fwy penodol, rhyddiaith. Un o brif effeithiau llenyddiaeth werth-chweil, wrth gwrs, yw stwffio map newydd i ben y darllenydd, gan dorri dros wrychoedd ein harferion a'n ffyrdd bach arferol, gan ein perswadio i droi'r tudalennau, ac felly hel sgwarnogod ar hyd ein llwybrau dyddiol; i neidio dros ambell giât ffarm gaeedig neu lamu ar draws cae gwaharddedig, a thorri patrwm. Neu mewn dinas, fynd i mewn i *Marks & Spencer* drwy'r drws cefn am newid. Ffordd arall o ddweud hyn fuasai datgan fod llenyddiaeth go-iawn yn dechrau pan ydym yn colli ein synnwyr cyfeiriad. Ac felly, pan fyddaf yn gweld fod cysondeb a phatrwm digyfnewid fy mywyd bob dydd yn dechrau llygadu a chythru fy naliadau gwleidyddol, fy awydd i weld fy nghariad, neu fy ngwerthfawrogiad o afal braf o'r goeden yn yr ardd, hynny yw, yn tynnu'r pleser ohonynt, mi fyddaf yn tynnu un o gyfrolau Mihangel Morgan oddi ar y silff. Pam hynny?

Yn yr un modd ag y mae pob awdur yn dioddef o ymgiprys beirniaid am ddelweddau, am lestr bach handi i gyflwyno awdur i gynulleidfa ehangach, mae Mihangel Morgan bellach wedi'i serio ei hun ar y traddodiad llenyddol Cymraeg, yn eironig iawn, fel y drylliwr delweddau, y dychanwr, a'r un sydd wedi gwthio teithi a rhychwant ein llenyddiaeth i wythiennau dieithr, megis babi wedi ei ddwyn yn cael ei wthio mewn coets ar hyd tirluniau ôl-ddiwydiannol.

Mae'r disgrifiadau o'i waith yn frith o linellau megis: 'fandal o lenor sy'n gwneud popeth y mae'r metanaratif cenedlaethol a llenyddol yn ei wahardd. Ef yw'r un sy'n tynnu llun mwstash ar y Mona Lisa.'[1] Neu John Pikoulis yn nodi: 'Mr Morgan unpicks and puts together again a literary tradition.'[2]

Dyma awgrymu fod Mihangel Morgan yn awdur sydd nid yn unig, fel pob nofelydd, yn creu byd ffuglennol, a thrwy hynny, yn torri ar rediad ein hamgyffred o'r byd o'n cwmpas, ond yn fwy na hynny, yn cynhyrfu'r arferion naratif a'r disgwyliadau sydd gennym wrth fynd ati i ddarllen. Hynny yw, mae'n tynnu llun mwstash ar hyd gwep ein traddodiad llenyddol, *yn y broses o gyfrannu ato*, trwy gyfrwng ysgrifennu ffuglen. Felly, os yw llenyddiaeth yn dechrau wrth inni golli'n synnwyr cyfeiriad, mae disgrifiadau John Rowlands a John Pikoulis yn awgrymu mai cynnig inni ryw fath o *mise en abyme* a wna Mihangel Morgan, o'r profiad o greu a darllen llenyddiaeth, o'r effaith lenyddol o gael ein tywys ar hyd tirluniau dieithr, trwy gyfrwng golygfeydd sydd wedi eu pwytho ynghyd fel ffotograffau wedi eu tynnu o'r onglau mwyaf annisgwyl.

Sut, felly, mae Mihangel Morgan yn llwyddo i roi ysgytwad gwerth-chweil i'n harferion darllen? A beth yw goblygiadau hynny – yr hyn sydd yn gwneud ei waith yn amgenach na thrip ar drên ysbryd llenyddol, ac yn gosod ei waith ar wahân i nofelau sydd yn synfyfyrio uwchben cyflyrau *bizarre* megis William Borroughs a'i bryfaid yn *The Naked Lunch* (1959)?

II

Er mai traddodiad pur ifanc yw'r traddodiad realaidd mewn llenyddiaeth Gymraeg, ers magu gwreiddiau, oddeutu canrif neu ddwy yn ôl, mae wedi dygnu arni yn aml ymhell ar ôl i lenyddiaethau eraill fod wedi troi at arbrofi efo plot, cymeriadaeth a rhan y darllenydd. Cymerer, er enghraifft, y *nouveau roman* yn Ffrainc o ganol y 1950au ymlaen, gyda nofelau gwrth-ddilyniannol Alain Robbe-Grillet, neu *La Modification* Michel Butor (1957) a *Tropismes* Nathalie Sarraute (1938), a ddyfynnir yn aml fel y *nouveau roman* gyntaf un. Fel yr amlinellir yng nghyfrol o ysgrifau Robbe-Grillet, *Pour un nouveau roman* (1963), mae'r arbrofion llenyddol hyn yn ymgais i gofrestru gwrthrychau ac ymdeimladau mewn modd niwtral (i'r graddau y mae hynny'n bosibl), yn hytrach na deongliadau uniongyrchol o ddigwyddiadau neu astudiaeth o gymeriadaeth yn y dull seicolegol. Tua'r un adeg, yn yr Almaen, gwelwyd cychwyn realaeth hudol, a symudodd maes o law i America Ladin. Yno, cynhyrchwyd ffuglen a oedd yn ymgais i fwydo'r ffantastig i mewn i gyd-destun dull naratif gwrthrychol realaidd, ac yn y modd hwn, eu hasio.

Tipyn o gnoc i ddisgwyliadau'r darllenydd Cymraeg, felly, yw darllen *Dirgel Ddyn* (1993) neu *Melog* (1997), a hyd yn oed *Dan Gadarn Goncrit* (1999). Wrth gwrs, ers y 1980au a *Bingo!* Wiliam Owen Roberts, mae rhyddiaith Gymraeg fel petai wedi ymestyn rhychwant ei dychymyg, gan roi dwrn digon powld yn wyneb y realaeth naïf a oedd yn perthyn iddi tan hynny. Sylwer, er enghraifft, ar y technegau ôl-fodernaidd sy'n drysu'r darllenydd yn *Bingo!*, a'r defnydd o *trompe-l'oeil*. Gydag *Y Pla* wedyn, a dwy nofel Robin Llywelyn yn hanner cynta'r 1990au, mae'r nofel fel petai'n gosod ei stondin ochr yn ochr â dychymyg cryf y cyfarwydd, o'r *Mabinogi* i Ellis Wynne.

Pan gyhoeddwyd *Dirgel Ddyn*, sef nofel gyntaf Mihangel Morgan, yn 1993, un o'i nodweddion mwyaf trawiadol oedd y modd yr oedd yn cynnig nifer o brofiadau lled newydd i'r darllenydd Cymraeg. I gychwyn, dyma nofel sydd ar un llaw yn *ymddangosiadol* realaidd ond sydd yn ymdrin â nifer o gymeriadau na fuasai wedi bod ar gyfyl yr Eisteddfod Genedlaethol; cymeriadau na fuasai rhywun yn disgwyl iddynt fod yn medru siarad Cymraeg hyd yn oed. Unigolion ydynt sydd yn cael eu portreadu yn eu perthynas â Mr Cadwaladr, y prif gymeriad ac adroddwr y nofel, heb lawer o sôn am eu hymwneud â phobl eraill. Mae'r ychydig ddisgrifio sydd o Ffloyd, er enghraifft, y tu allan i'w berthynas â Mr Cadwaladr, am ei gariadon dirifedi, yn cael ei ddad-wneud yn nes ymlaen yn y naratif, wrth iddo gyfaddef na fu ganddo erioed gariad (68). Yn yr un modd, mae argyhoeddiad yr hen wraig fod slebogiaid o ferched dirifedi yn cysgu gyda'r dynion uwch ei phen yn y tŷ yn cael ei ddirmygu fel ffrwyth ei dychymyg ffwndrus:

Wel, does neb yma, mae'n amlwg. Mae'n ddrwg gen i'ch trafferthu fel hyn. Ond 'chi'n gwbod fel mae Mrs Evans. Dim byd i'w wneud drwy'r dydd ond gofidio am bobl eraill. Mae digfyddiadau bach yn bethau mawr yn ei byfyd hi. Rhyw swn drws nesa, rhywun yn dod i mewn yn hwyr, rhywun yn mynd allan yn hwyr. Mae hi'n dychmygu pob mathau o bethau. Mae'r cyfan yn chwyddo yn ei phen hi. Ond does dim byd yn digfydd mewn gfirionedd. (114–15)

Ychwanegu at eu hodrwydd y mae cynnwys eu sgyrsiau gyda Mr Cadwaladr, a disgrifiadau'r tenantiaid yn nhŷ Mr Schloss o'i gilydd. Er enghraifft, Ffloyd un-llygad yn disgrifio ei landlord: 'Mae e fel fampir. Dw i'n meddwl ei fod e'n bwydo'r hen gath 'na ar lond soseri o waed a chalonnau babanod bach' (19). Neu'r tenant arall, Mr Owen a'i eirth:

'Ble mae'ch eirth chi heddiw, Mr Owen?'
'Yn y cwpwrdd i gyd. Mae nhw wedi bod yn ddrwg.'
'Yn ddrwg, ym mha ffordd?'
'Yn gecrus, yn biwis. Yn gwgu arna' i. Fel 'na maen nhw weithiau.
Mae nhw'n cael pyliau bach stranclyd o bryd i'w gilydd. A does dim byd amdani wedyn ond eu cosbi nhw i gyd yn llym. Eu cau nhw yn y carchar nes iddyn nhw ddod at eu coed unwaith eto.' (115)

Ac yna mynychwyr dosbarth nos Mr Cadwaladr ar Lenyddiaeth Gymraeg yr Ugeinfed Ganrif. Dyma'r disgrifiad o Cyril List-Norbert, er enghraifft:

Gwaetha'r modd, doedd e ddim yn greadur deniadol iawn. Ni fyddai'n golchi'i wallt yn aml; hongiai'r cudynnau seimllyd ar ei war fel cynffonnau llygod mawr. Ni fyddai'n glanhau'i ddannedd yn aml chwaith. Roedd y rheini'n wyrdd. Yn wir, roedd ei ddillad, hyd yn oed, yn fwsoglyd eu gwedd. Cyril List-Norbert oedd ei enw go-iawn, ond yn fy meddwl fe'i galwn yn Cyril Llysnafedd. (28)

Wrth reswm, nid yw cymeriadau o'r math hwn, sydd yn rhygnu ar ymylon cymdeithas, ynddynt eu hunain yn gwbl newydd yn y nofel Gymraeg. Cofier, er enghraifft, am *Monica* Saunders Lewis (1930). Ac wrth gwrs, wrth gyfeirio uchod at *Dirgel Ddyn* fel nofel ymddangosiadol realaidd, rwyf yn defnyddio'r term mewn modd llac iawn.

I gychwyn, o ddefnyddio'r prif gymeriad fel adroddwr person cyntaf, yn hytrach na chreu adroddwr trydydd person hollwybodus, mae'r nofel ar unwaith yn ei gosod ei hun y tu hwnt i ddiffiniad pur o'r nofel realaidd, megis *Enoc Huws* Daniel Owen (1891), neu nofelau adnabyddus Thomas Mann a Balzac. Wrth gwrs, fe siglwyd cwch realaeth draddodiadol a'i phwyslais ar fanylion gwrthrychol, eisoes gan foderniaeth a'i harbrofi ag adroddwyr amheus, megis y plentyn yn *Un Nos Ola Leuad* (1961), neu stori'r tafarnwr, Humphrey Chimpden Earwicker a adroddir fel llif ei isymwybod yn *Finnegans Wake* Joyce (1939). Ar yr un pryd, mae adrodd stori trwy gyfrwng y person cyntaf yn gallu creu argraff o realaeth ar ei mwyaf grymus, wedi'r cwbl dyma stori sy'n cael ei chyflwyno nid yn ail-law, ond gan y cymeriad sydd yn profi'r stori ei hun. Ymhellach fyth, mae'r profiad o ddarllen wedyn yn pylu'r ffin rhwng 'Rwyf i' yr adroddwr a 'Rwyf i' y darllenydd, gan beri agosatrwydd rhwng y darllenydd a'r adroddwr/prif gymeriad. Yn ei dro, golyga hyn fod y darllenydd dan yr argraff ei fod yn profi'r digwyddiadau a'r emosiynau hyn ei hun, trwy gyfrwng cyfrwys modd y person cyntaf.

Fel petai Mihangel Morgan am ein dal yn arffed jôc Italo-Galfinaidd am fod mor ynfyd â chredu fod llenyddiaeth yn medru cydnabod realaeth, cyflwynir cymeriad Mr Cadwaladr fel un arwynebol ddeallus. Mae'n dysgu dosbarthiadau nos, wedi'r cyfan, ac yn dewis gwylio ffilmiau clasurol yn hytrach na *blockbusters* Hollywood. Pwysleisir ganddo ei ddiffyg dychymyg pan fo'n ceisio meddwl am enw ffug ar gyfer bodloni niferoedd angenrheidiol y dosbarth nos:

> Bu'n rhaid i mi ddyfeisio cymeriad. Ni allwn feddwl am enw – does gen i ddim dychymyg, dyna pam y byddwn i'n barddoni mewn cynghanedd yn hytrach nag ysgrifennu rhyddiaith – felly, penderfynais ar yr enw Ann Griffiths gan fy mod yn bwriadu cynnal dosbarth ar yr emynyddes y tymor hwnnw. (13)

Ond yna, ceir awgrymiadau yma ac acw sydd yn siglo ein ffydd yng ngallu, a dymuniad, Mr Cadwaladr i adrodd ei stori'n lled ddiystyrw. Eir ati i danseilio unrhyw agosatrwydd rhwng yr adroddwr a'r darllenydd, trwy ddisgrifiadau sy'n drysu'n synnwyr o'r hyn sy'n real, ac o wirionedd y digwyddiadau a adroddir ganddo, a hynny'n awgrymu mai cydnabod gwahanol lefelau o realaeth y mae llenyddiaeth, ac felly 'realiti' y lefelau.

Cymerer, er enghraifft, yr awgrymiadau niferus fod ymwneud Mr Cadwaladr ag Ann Griffiths yn digwydd mewn rhyw fath o

wagle, y tu hwnt i sylw'r cymeriadau eraill; y delfrydu ar ei nod-
weddion hi, ac ymdeimlad Mr Cadwaladr ohoni fel pŵer rhithiol,
fel petai'n bodoli yn ei ddychymyg yn unig:

> Roedd rhywbeth deniadol, trawiadol yn ei chylch. Edrychai fel Iarlles
> o Rwsia. Perthynai iddi ryw natur bendefigaidd, firain. (41)

> pan gamodd Ann Griffiths i'm bywyd fel rhith wedi dod yn fyw neu
> fel ymgnawdoliad o greadur a grewyd gan fy nychymyg. (42)

Ac unwaith eto, pan oedd Mr Cadwaladr yn y sinema, ar ei ben ei
hun: 'Teimlais bresenoldeb rhywun wrth f'ochr a dyna'r lle'r oedd
Ann Griffiths, yn edrych arnaf ac yn gwenu'n llawen' (86). Serch
hynny, nid oes dim byd amlwg sydd yn perthyn i fyd ffantasi yn
ei chylch. Nid yw'n meddu ar bwerau trosgynnol ac nid yw'n
medru hedfan. Hynny yw, mae'r pethau y mae hi'n eu gwneud a'u
hadrodd, er yn hynod ddramatig (er enghraifft ei hanes yn lladd
aelodau ei theulu), yn cymryd eu lle'n ddigon rhwydd o fewn
fframwaith technegau realaidd.

Ar yr un pryd, yn yr un modd ag y mae nifer o'r cymeriadau'n
creu straeon ar gyfer eu cydnabod, fel Ffloyd a'i straeon caru, ceir
nifer mawr o gyfeiriadau at atyniad a phŵer creu storïau, er
enghraifft ym myfyrdodau Mr Cadwaladr wedi iddo fod yn gweld
Kiss of the Spider Woman:

> ffilm am nerth rhith, y dychymyg yn trechu grym ac amgylchiadau
> . . . O! roedd hi'n ffilm arbennig, gwbl lwyddiannus. Un o'm hoff
> ffilmiau. Ffilm am ffilmiau ac am garwr ffilmiau, neu yn hytrach,
> ffilm am storïwr a charwr storïau, ac am hud storïau. (22)

Ac ymhellach, oddi mewn i foesau a defodau'r ffurf a ddewiswyd
gan Mihangel Morgan, sef ffuglen, cyflwynir llenyddiaeth fel
rhywbeth amheuthun sydd yn gyforiog o ddirgelion, a hynny gan
gymeriad canolog sydd yn llawn dirgelion ei hun, sef Ann
Griffiths:

> Er fy mod i'n licio gwastadrwydd Kate Roberts, hoffwn ddarllen
> rhywbeth yn y Gymraeg sydd yn fwy amlochrog, anystywallt, yn
> llawn o fanylion a dirgelion. Dw i'n licio llenorion twyllodrus na
> ellwch chi ddim dibynnu arnyn nhw bob amser. Wedi'r cyfan, twyll
> yw llenyddieth, on'd-e-fe? (50)

Ansefydlog ac aneglur yw'n hamgyffred ohoni hithau. Beth yw'r cysylltiad rhyngddi a dirgel ddynion y dosbarthiadau nos – gair a ddefnyddiwyd i gyfeirio at y cymeriadau hynny yr oedd yn arferiad gan diwtoriaid eu dyfeisio er mwyn chwyddo niferoedd dosbarth? Wedi'r cyfan, Ann Griffiths oedd yr enw a ddyfeisiodd Mr Cadwaladr ar gyfer ffugio'r ffurflen gofrestru. A'r peth nesaf, mae yna aelod newydd o'r enw Ann Griffiths yn cyrraedd y dosbarth.

Ceir awgrymiadau yn naratif Mr Cadwaladr o natur ansylweddol Ann Griffiths; er enghraifft, cyfeirir ati fel 'y fenyw rithiol,' a'r tro cyntaf iddi ymddangos yn y dosbarth nos, does neb arall o aelodau'r dosbarth fel petaent yn ymateb i'w bodolaeth: 'Cerddodd ar flaenau'i thraed fel petai'n ceisio peidio â thynnu sylw ati hi'i hun, ac yn wir, sylwodd neb arni' (40). Pan fo Mr Cadwaladr yn cyfarfod un o'i ddisgyblion yng Nghanolfan y Celfyddydau, maent yn trafod y dosbarthiadau nos, ond ymddengys eu bod yn anghytuno ynghylch y niferoedd:

> 'Gobeithio y bydd mwy na – pedwar yno y tro nesaf,' meddai Llysnafedd.
> 'Ro'dd 'na bump 'na yr wythnos dd'wetha.'
> 'Pump? O! ie, pump, wrth gwrs.' (96)

Fe'n hatgoffir yn gyson mai ystryw ydoedd i chwyddo niferoedd ei ddosbarth nos: 'roedd gen i'r deg enw hollbwysig ar y rhestr – diolch i "Ann Griffiths" a ddaeth o'm pen a'm pastwn a'm poced fy hun, fel petai' (31). Ac eto, adroddir ei stori yn uniongyrchol, heb awgrymu technegau realaeth hudol neu'r ffantastig fel ag yng ngwaith Robin Llywelyn. Yn yr un modd â gweddill y nofel, ceir digonedd o fanylion am ei gwisg, ac mae fel petai'n ymarweddu mewn modd lled resymol er gwaethaf dirgelwch ei chefndir a drama'r hanesion personol y mae hi'n eu datgelu wrth Mr Cadwaladr. Hynny yw, ar yr wyneb, nid yw ei hymwneud yn y nofel yn ymrithio y tu hwnt i'r fframwaith realaidd.

O gofio natur iconoclastaidd a lled wleidyddol *Dirgel Ddyn* yng nghyd-destun y nofel Gymraeg (boed yn ei dewis o gymeriadau neu yn y defnydd chwareus o ffigurau llenyddol), a hynny yng nghyd-destun *œuvre* digon sylweddol Mihangel Morgan erbyn cyhoeddi *Dan Gadarn Goncrit*, gyda'i ddefnydd o gymeriadau hoyw megis yn *Tair Ochr y Geiniog*, ei ddychan cryf megis o'r traddodiad llenyddol Cymraeg yn y straeon 'Stryd Amos' a 'Claddu Wncwl Jimi', y portreadau o gymeriadau ciami megis y dyn canol-oed a'i ddiddordeb mewn llofruddiaethau enwog yn 'Y Dyddiadur Ffug' yn y gyfrol *Te gyda'r Frenhines*, a'r sgit ar y llofruddwyr Fred a Rosemary West yn *Dan Gadarn Goncrit*, bron nad yw rhywun yn disgwyl taro ar elfennau o realaeth hudol.

Cysylltir technegau realaeth hudol yn aml â chymunedau dan bwysau, gyda'r ymgais i gwmpasu realiti gwleidyddol lled ffantasmagoraidd yr ugeinfed ganrif, megis *Zivot je jinde* ('Mae bywyd yn rhywle arall', 1979), gan y nofelydd Tsiec, Milan Kundera. Mae'r prif gymeriad, sef bardd ifanc haerllug sy'n sosialydd, yn medru hedfan ymysg pob math o bethau eraill ffantastig, cyn marw o niwmonia. Yn yr un modd, mae nifer o nofelau gan awduron o Ganol a De America, o waith Miguel Angel Asturias, Alejo Carpentier, hyd Gabriel García Márquez a'i *Cien anos de soledad* ('Can mlynedd o unigedd', 1967), yn nodweddiadol o'r ffrwd hon. Yng Nghymru, gwelir elfennau yn nofel Glyn Jones, *The Island of Apples* (1965).

Ar y llaw arall, techneg Mihangel Morgan yw cadw at nifer o gonfensiynau ffuglen realaidd, ac yna awgrymu dryswch a diffyg cysondeb sydd yn tanseilio ein ffydd yn y cyfrwng fel un dibynadwy, fel un y medrwn ei ddarllen yn ôl ein patrymau diwylliannol arferol. Bron nad yw'r tensiwn hwn rhwng y defnydd o fframwaith realaidd ar y naill law, a'r awgrym o'i ansadrwydd ar y llaw arall, yn cael effaith gryfach ar y darllenydd na phetai wedi dewis ysgrifennu gan ddefnyddio ystrywiau yn null realaeth hudol. Wedi'r cyfan, nid yw cymalau neu olygfeydd sydd yn defnyddio technegau realaeth hudol yn tanseilio fframwaith y naratif i'r un graddau â gwrthddywediadau a diffyg cysondeb y digwyddiadau, megis ag a geir yn *Dirgel Ddyn*.

III

Yn yr un modd ag y defnyddir dyfyniadau o'r *Gwyddoniadur* ym *Melog* a chaneuon poblogaidd o'r 1970au yn *Dan Gadarn Goncrit*, mae *Dirgel Ddyn* yn frith o gyfeiriadaeth at ffilmiau. Mae'r gweu yma rhwng y gyfeiriadaeth at lenyddiaeth, a'r trafod sydd arni yn y dosbarthiadau nos ar y naill law, a'r cyfeirio cyson at gelfyddyd sydd yn defnyddio technegau cwbl wahanol i drosglwyddo stori ar y llaw arall, yn arbennig o gynhyrchiol o safbwynt datblygu gwrthbwynt cyson y nofel, y gwrthbwynt rhwng ffuglen a ffaith, rhwng gwahanol fathau o gynrychioliad (*representation*) ac amrywiaeth deongliadau.

Un o nodweddion mwyaf amlwg y nofel draddodiadol yn null y *Bildungsroman* yw y modd y meithrinwyd technegau ganddi i oresgyn ymyrraeth hanes: hynny yw, ei hymgais i roi pwyslais ar berthynas digwyddiadau â'i gilydd, ar drawsenwad (*metonymy*), gan anwybyddu datblygiad amseryddol manwl er mwyn sicrhau consensws neu undod y darnau fel naratif cyflawn sydd yn glynu wrth ei gilydd yn ymwybyddiaeth y darllenydd.

Wrth gwrs, mae'r sinema fel celfyddyd â'r fantais o allu archwilio'r tensiwn a'r berthynas rhwng elfennau disgyrsaidd (fel sydd yn perthyn i naratif testunol) a ffigurol, rhwng sŵn a llun. Cynigia hyn fôr o bosibiliadau wrth gwestiynu cydlyniad arwyddion ac ystyr fel y'i diffiniwyd yn athroniaeth strwythuraeth. Yn wahanol i'r *Bildungsroman*, sydd yn creu gofod sydd wedi ei drefnu'n gysyniadol yn nhermau rhwydwaith o gysylltiadau cymdeithasol, mae'r sinema yn agored i archwilio'r gofod hwn, nid fel gofod cysyniadol yn unig, ond fel gofod tri-dimensiwn, ffigurol. O gofio hynny, mae'n gelfyddyd ddelfrydol ar gyfer archwilio'r ôl-fodern, ar gyfer astudio'r modd y mae 'cnawdoldeb' gweledol yn gallu ymwrthod â'r cymhelliad i'w drefnu yn nhermau naratif neu iaith. Hynny yw, mae'n cynnig arlliw o ormodiaith, o ddiffyg taclusrwydd efallai, ac felly gipolwg o'r modd y mae diwylliannau wedi *creu* trefn, a hynny mewn amrywiol ffyrdd, yn hytrach na'i darganfod wedi ei chynnig ar blât, fel yr arch-wirionedd.

Trwy blethu cyfeiriadaeth at ffilm i mewn i naratif *Dirgel Ddyn*, felly, ceir awgrym o destun sydd yn ymwrthod ag un o brif egwyddorion moderniaeth – y cymhelliad i drefnu profiadau mewn termau haniaethol (er gwaetha'r argraff arwynebol fod moderniaeth yn cynnig inni realiti synhwyrus, er enghraifft trwy'r defnydd o seicoleg person cyntaf).

Digon gwir, nid yw cynnyrch Hollywood yn rhoi arlliw o'r amwysedd hwn inni. I'r gwrthwyneb, mae'r cyfarwyddwyr yn gwneud eu gorau i greu ffilmiau sydd yn rhoi'r argraff o gynnal parhad realiti byd y gynulleidfa yn gwbl ddi-dor. Llwyddir i gynyddu'r argraff hon trwy roi blaenoriaeth i naratif ac achosiaeth (*causality*), gan anwybyddu'r posibiliadau a gynigir gan ofod, a synwyrusrwydd tri-dimensiwn.

Fel mae'n digwydd, mae'r ffilmiau y sonnir amdanynt gan Mr Cadwaladr yn dueddol o berthyn i glasuron sinema a hefyd y *film noir*, megis gwaith Billy Wilder. Un o nodweddion y *genre* hwn yw'r defnydd o olau, sydd yn tynnu ein sylw at ein hymwybydd-iaeth o'r gweledol. Bron nad yw hyn yn cael blaenoriaeth dros blethu arwyddion yn batrwm disgyrsaidd semiotig. Un arall o nodweddion *noir* yw'r troslais, sydd yn aml ar ffurf cyffes. Ond yn hytrach na gweithredu fel cadarnhad inni o'r stori a gyflwynir trwy gyfrwng y troslais, mae'r cysgodion sydd yn nodweddiadol o'r defnydd o olau mewn ffilmiau *noir* yn cymhlethu eglurdeb y naratif a gyflwynir gan y troslais. Trwy gyfrwng y technegau hyn, crëir ymwybyddiaeth gryfach o berthynas y cymeriadau â'r set, gyda chyfaint a gofod, o'u synwyrusrwydd fel ffigurau tri-dimensiwn, sydd yn arllwys tu hwnt i'w ffiniau corfforol i gynnwys y cysgodion o'u cwmpas. Gan hyn, awgrymir nifer o bethau sydd yn rhagddyddio ôl-foderniaeth – er enghraifft, y cysyniad o chwarae'r ffon ddwybig, o gymeriadaeth ddeublyg neu ddwbl. Yn y modd hwn, mae ffilmiau *noir* yn cynnig gwrthbwynt i gymhelliad y disgwrs homogenaidd a feithrinwyd er goleuedigaeth y ddeunaw-fed ganrif. Ymhellach, mae'n cynnig alternatif i ddehongli profiad yn nhermau disgwrs yn unig, gan roi sylw i'r penodol a'r neilltuol, heb drosi hyn i gyd-fynd â fframwaith theoretig cyffredinol.

Yn yr un modd, gan blethu'r naratif gyda'r gyfeiriadaeth arwydd-ocaol hon, mae *Dirgel Ddyn*, gyda'i chymeriadaeth ansefydlog, fel petai'n ymwrthod â bryd moderniaeth ar grebachu naratif mewn dull Cartesaidd i'r pwynt sefydlocaf, sef safbwynt yr adroddwr. I'r gwrthwyneb, er bod y nofel yn gwneud defnydd o naratif person cyntaf, nid yw'r llinell naratifol hon yn cael ei chyflwyno mewn modd amhroblematig a dweud y lleiaf, fel y tystia'r enghreifftiau o ddiffyg cysondeb a nodais uchod. Ac effaith y tyllau a'r gwrth-ddweud yw cynnig alternatif i'r cynllun strwythurol taclus mwy nodweddiadol, lle mae pob elfen yn ffitio'n dwt i'w gilydd, gan awgrymu agor y naratif allan mewn modd ôl-strwythurol, ôl-fodernaidd.

IV

Fel y soniais, dyfyniadau yw'r gwrthbwynt i'r prif destun a ddefnyddir yn ail nofel Mihangel Morgan, *Melog*. Yn wahanol i *Dirgel Ddyn* a *Dan Gadarn Goncrit* felly, testun arall, hynny yw, mwy o eiriau, a ddefnyddir, yn hytrach na ffilm neu ganeuon.

Nid techneg newydd mo hon, wrth gwrs. Mae'n siŵr mai'r enghraifft enwocaf o ddefnyddio dyfyniadau fel fframwaith i'r prif destun yw ysgrifau Montaigne yng nghyfnod y Dadeni yn Ffrainc.[3] Effaith hyn yw symbylu rhyw fath o sylwebaeth ar y prif destun, gan greu deialog rhyngddynt. Mewn sawl ystyr, mae yna linyn cyswllt cryf rhwng y cysyniadau sydd yn cael eu cyflwyno ym *Melog* – mewn modd anuniongyrchol, wrth reswm – ac ysgrifau Montaigne. Mae'r ddau destun yn trin a thylino'r ffin rhwng ffaith a ffuglen. Wrth gwrs, cyflwynir ysgrifau Montaigne fel myfyrdodau personol wedi eu plethu gyda digwyddiadau hunangofiannol. Ond yn yr un modd ag y ceir dyfyniadau o'r *Gwyddoniadur* ar ddechrau pob pennod ym *Melog*, mae Montaigne yn gosod dyfyniadau clasurol (er enghraifft, o waith Fyrsil ac ati) fel fframwaith i'w destunau, fel petaent yno i gyfreithloni mewn modd gwrthrychol y safbwyntiau a gyflwynir yn yr ysgrifau. Ym *Melog*, gan mai diffiniadau o eiriau penodol yw'r rhain, ac nid llinellau wedi eu tynnu o farddoniaeth, fel ag a geir yn y defnydd o lenyddiaeth Ladin yn ysgrifau Montaigne, bron nad yw'r berthynas rhwng y ddau destun yn cael ei gwyrdroi, a'r prif destun, sef llinell naratif y nofel, yn gweithredu fel rhyw fath o sylwebaeth ar y geiriau a ddiffinnir ar ddechrau'r penodau. Felly, crëir yr argraff fod y prif naratif neu destun yn ymhelaethu ar y dyfyniadau, yn hytrach na'r dyfyniadau yn cael eu defnyddio i gadarnhau y syniadaeth a'r safbwyntiau a gyflwynir trwy gyfrwng y testun craidd. Cymhlethir y ddeialog hon ymhellach gan nad iaith drosiadol a geir mewn geiriaduron neu gyfeirlyfrau. Eu pwrpas yw egluro gan chwynnu unrhyw amwysedd.

Ac eto, er gwaetha'r argraff a geir o ddiffinio ac egluro, mae'r effaith yn aml yn groes i hynny. Cymerer, er enghraifft, y dyfyniad ar ddechrau'r ail bennod:

> MEL: sydd sylwedd hylifol neu hanner hylifol; defnyddiau yr hwn a gesglir gan wahanol fathau o wenyn o flodeu, ond yn bennaf gan yr apis mellifica, neu wenynen y cwch, ac yn unig gan y dosbarth a elwir yn 'weithwyr'.

> OG: brenin Amoraidd Basan, yr hwn yr oedd ei lywodraeth yn ymestyn dros drigain o ddinasoedd . . . Condemniwyd llyfr ffugiol a ysgrifenwyd am y brenin Og.
>
> *Y Gwyddoniadur*

Dau ddarn enw Melog yw'r ddau air uchod. Ac eto, nid egluro ond cymhlethu ein dealltwriaeth ohono fel cymeriad y mae'r diffiniadau.

Yn fwy arwyddocaol, beth yw goblygiadau hyn o safbwynt unrhyw ddarlleniad neu feirniadaeth lenyddol o'r nofel? Bron nad yw'r patrwm dychanol o ddyfyniad a chwaer-bennod yn sgit ar feirniadaeth lenyddol. Ac eto, onid darlleniad neu feirniadaeth werth-chweil yw'r un sydd yn ymwybodol ohoni'i hun yn gymaint fel rhywbeth byw, fel gweithgarwch creadigol, ag fel gwaith archaeolegol, gwaith tyllu a ffeilio i greu tablau o ganlyniadau taclus? Ac os ydym yn ystyried beirniadaeth fel gweithgarwch, beth yw statws gwirionedd yn hyn o beth? A oes modd i weithgarwch fod yn wir? Onid y ffrithiant a gynhyrchir rhwng iaith y beirniad ac iaith yr awdur ar y naill law, a'r berthynas rhwng iaith yr awdur a'r byd o'i gwmpas ar y llaw arall, yw diddordeb beirniadaeth? Mae fel petai *Melog* yn benderfynol o rwystro unrhyw ddarlleniad sydd yn chwilota am 'arch-wirionedd' y nofel. Wedi'r cwbl, mae iaith un ai yn dal dŵr neu yn annilys, hynny yw, mae'n cyflwyno patrwm cydlynol o arwyddion inni neu nid yw'n gwneud hynny. Yn amlwg, nid yw hyn yn golygu nad oes modd iddi chwarae gyda diffyg cysonderau, gwrthddywediadau ac ati. Ond mae'n rhaid i'r cyfanwaith argyhoeddi.

Ai sgit ar hyn yw holl ddirgelwch *Dirgel Ddyn* efallai? Yn yr un modd ag y mae penodau *Melog* yn gweu gorchudd dros y dyfyniadau o'r *Gwyddoniadur*, ceir awgrym mai ymhelaethu ac ymateb trwy fwy o destun y dylai beirniadaeth ei wneud – bod yn greadigol, felly – yn hytrach na cheisio dadorchuddio rhyw ystyr neu wirionedd arwynebol, gan roi sylw yn gymaint i'r *broses* o ymateb ag i gasgliadau. Ac os hynny, dyna inni ddarlun o feirniadaeth nad yw'n dibynnu ar drefn alethig ond sydd yn sensitif i'r modd y mae llenyddiaeth yn trafod system o arwyddion ac arwyddocâd.

Eto, mae'n fwy dryslyd a chymhleth na hyn. Yn eironig iawn, mae naratif, y system honno o drefnu digwyddiadau a phennu swch a chynffon iddynt, yn cydnabod perthynas dynn realiti â'r ffuglennol, ac yn brawf o rôl anhepgor y ffuglennol a'r dychymyg ar gyfer y prosiect realaidd. Onid y gwir yw fod ein dealltwriaeth gonfensiynol o 'synnwyr' ac ystyr fel cysyniadau yn mynnu cydlyniad rhwng y darnau, gyda dilyniant a datblygiad neu drawsgyweiriad a symudiad ystyr, o un gofod cymdeithasol i'r llall? Ac er mwyn cyflawni'r cydlyniad synnwyr hwnnw, yn aml iawn, mae dychymyg yn anhepgor ar gyfer llenwi'r tyllau a boddhau'r cymhelliad i greu stori gyflawn, heb gynffonnau strae yn peryglu'r cydbwysedd.

Ar y llaw arall, onid *delwedd* yw hon, neu dechneg sy'n cael ei magu o ganlyniad i ymgiprys iaith am drefn a phatrwm, cydlyniad a chysondeb, a'r trawsnewidiadau sy'n digwydd rhwng gwybod ac 'adrodd', mynegi neu gyfathrebu; y dasg o gyfieithu profiad dynol fel ei fod yn ddealladwy i bob strwythur ystyr, nid yn unig i strwythur deall preifat neu un diwylliant arbennig? A hynny i'r fath raddau fel y buasai gwrthod naratif yn gyfystyr â gwrthod ystyr? Ac onid ffantasi yw'r syniad fod naratif – neu stori – sy'n cael ei greu wrth ymateb i ddigwyddiadau real yn cyfateb i, neu'n ddrych i realiti, o ran eu cyflawnder a'u cysondeb?

Dyma sydd gan *Melog* – trwy gyfrwng *Y Gwyddoniadur* – i'w ddweud ar y pwnc:

DARLLENYDDIAETH. Y mae dyn wedi ei gynnysgethu a dawn i drosglwyddo, nid yn unig ei feddwl i ereill, ond hefyd ei deimladau, ar yr un pryd; sef, naill ai trwy leferydd, ysgrif, neu argraff; ac y mae y gelfyddyd o ddarllen yn dda yn cynnwys y ddau beth hyn, sef gosod allan synwyr yr hyn a ddarllenir, yng nghyd a'r dymmer briodol iddo. Y mae bod yn ddarllenwr da yn nod teilwng i bob Cymro . . .

Y Gwyddoniadur (75)

Peth anodd yw cydnabod hyn o gofio fod adrodd neu adroddiad yn ail natur inni. Noda Roland Barthes yn ei gyflwyniad i rifyn o'r cyfnodolyn Ffrengig arloesol, *Communications* – rhifyn a ddaeth maes o law i gael ei gydnabod fel maniffesto'r Ysgol Strwythurol Ffrengig – fod naratif yn syml iawn yn bodoli, 'fel bywyd ei hun . . . yn rhyngwladol, yn drawshanesyddol, yn drawsddiwylliannol'.[4]

Esgorir ar baradocs yma. Sef, er mwyn i realiti gael ei gydnabod a'i dderbyn fel gwirionedd gennym, *ar y cyfan*, rydym yn mynnu ei fod yn cael ei gyflwyno ar siâp naratif neu stori. Enghreifftiau henffasiwn efallai, ond adnabyddus, serch hynny, yw Croce yn dadlau 'Does dim hanes heb naratif'. Mewn cyd-destun beirniadol o'r fath, mae blwyddnodion, gyda'u rhestrau o ddigwyddiadau wedi eu nodi'n gronolegol, a chroniclau hanesyddol, a'u hanallu i ddirwyn 'stori' i ben taclus, yn cael eu hystyried fel 'hanes anghyflawn'.

Y paradocs yw'r ffaith fod yr awydd i ddadorchuddio'r 'stori *goiawn*' yn y cyd-destun hwn, yn dibynnu ar yr elfen honno sydd, mewn egwyddor, yn wrthun i unrhyw gysyniad o'r 'go-iawn', o wirionedd neu'r gwrthrychol: sef y *ffantasi* nad yw digwyddiadau 'go-iawn' ond wedi cael eu cynrychioli'n gywir os ydynt yn arddangos siâp a strwythur ffurfiol stori. Felly, mae'r real yn gyfystyr â'r hyn y gellir ei gyflwyno ar ffurf naratif. Heb y drefn honno, maent yn anghyflawn. Felly, o fynnu'r telerau hyn ar gyfer dyfarnu beth sy'n gyflawn wir, ac yn adlewyrchiad cyflawn, 'go-iawn' o realiti, yn eironig iawn, mae'r gallu i *ddychmygu* llenwadau ar gyfer y tyllau yn y naratif, neu i groesi pontydd cyn eu bod wedi eu codi, yn gofyn am ddefnydd o'r ffuglennol, *o'r hyn nad yw'n bod*. Mewn geiriau eraill, mae'r diddordeb arbennig (a phengaled) hwn mewn realiti yn ddiymadferth heb gymorth ffantasi a dychymyg – yr hyn sydd yn aml iawn yn cael ei gyferbynnu'n ffyrnig â realiti a gwirionedd.

Nid yw perthynas *Melog* â naratif yn un uniongyrchol. Mae yna nifer o agweddau sydd yn gosod y nofel yn bellach oddi wrth y traddodiad realaidd na *Dirgel Ddyn*. I gychwyn, ceir y plethu cyson rhwng dau fyd a dau ddiwylliant: Cymru a Lacsaria. Nid yw Lacsaria'n bod y tu allan i'r nofel. A hyd yn oed o fewn system y nofel, nid oes ymgais i'n hargyhoeddi'n ddiwahân fod Lacsaria'n bodoli, doed a ddelo, oddi mewn i'r stori. Er enghraifft, ar ddiwedd y nofel, yn y papur newydd y mae Dr Jones yn ei ddarllen, ceir adroddiad am ddyn ifanc ger Frankfurt-an-der-Oder, a fu'n crwydro'r strydoedd yn noethlymun heb syniad sut y daethai yno. Bu farw mewn ysbyty yn ddiweddarach, a dywedodd ei fod yn dod o *Laxaria* yn *Sakria*. Noda'r gohebydd, nid nad yw erioed wedi clywed am y gwledydd hyn, fel y dywed Dr Jones ('Ar wahân i'r Saesneg dwi ddim yn credu 'mod i erioed wedi clywed am yr ieithoedd na,' 29) ond yn blwmp ac yn blaen 'nid yw'r llefydd hyn yn bod'. Dyna, fel mae'n digwydd, frawddeg ola'r nofel.

Yn yr un modd, nid yw Melog ei hun yn gymeriad cwbl ddiriaethol. Sylweddola Dr Jones nad yw'n gwybod nemor ddim amdano, oni bai fel estyniad o'i ymwybyddiaeth ei hun ('Sylweddolodd, unwaith yn rhagor, na wyddai'r nesaf peth i ddim am Melog ac na allai gredu ym mywyd y llanc fel uned ar wahân i'w fywyd ef,' 131). Ceir sawl disgrifiad ohono fel rhith:

[ni] allai gredu mai'r un Melog, ei ffrind, oedd hwn, ac nid rhith mohono wedi tarddu o'i feddwl – ond pwy arall fyddai'n gwybod am eu taith i'r ynys? (144)

Edrychodd Dr Jones ar ei ffrind (er na allai fod yn sicr taw Melog, yr un Melog, oedd hwn) a'i wylio'n siarad, yn yfed te, yn smygu. (186)

Roedd Melog (neu'r ffug-Felog, efallai) yn siarad am yr Imalic. (186)

Unwaith eto, pan fo Dr Jones yn mynd i chwilio amdano, neu angen gofyn rhywbeth iddo, mae wedi diflannu, wedi gadael y tŷ heb ddweud dim, neu wedi ei throi hi am Lundain pan fo'r Doctor yn meddwl holi am fabwysiadu cath fach. A'r peth nesaf, mae'n ôl o Lundain, cyn iddo sylweddoli'n iawn ei fod wedi mynd (128). Tra heneiddia'r Doctor, mae ei ddealltwriaeth o Melog yn aros yn ei unfan (141).

Yn fwy penodol o safbwynt strwythur y naratif, nid oes dilyniant a datblygiad sydd yn gwbl uniongyrchol. Mae'r penodau fwy na heb fel cyfres o straeon byrion, yn sefyll ar eu traed eu hunain, yn ogystal ag mewn perthynas â'i gilydd, fel undod. Digon gwir, mae yma stori sydd yn newid a datblygu, o'r olygfa agoriadol pan gyfarfu Dr Jones â Melog am y tro cyntaf, hyd y diweddglo pan ddaw o hyd i'w lythyr yn ei hysbysu o'i benderfyniad i adael a mynd i weithio a theithio gyda sioe ffrîcs Rintintin a Tintin Tirion. Yn yr un modd, nid yw buchedd Dr Jones yn aros yn ei hunfan. Ceir darlun ohono'n ymgiprys â'i deimladau cryfion, anghyfarwydd, tuag at Melog (gweler ei genfigen yn ei hamlygu ei hun pan sonia Melog am ei ffrind newydd (130)) a chyrhaeddiad y llythyr hirddisgwyliedig gan y swyddfa nawdd cymdeithasol yn nodi diddymiad ei fudd-dal yn y bennod olaf ond un (207). Ar y llaw arall, rhyw fath o ostyngiad yn y naratif yw darganfyddiad Melog o'r Imalic. Cofier mai ei benderfyniad i ddod o hyd i'r llawysgrif hon yw un o'r rhesymau y mae'n ei roi i egluro pam y daeth i Gymru, a pham y mae'n rhaid iddo aros yma. Dyna hefyd y llinyn sydd yn ein cadw ar bigau'r drain, ac yn ein cymell i ddarllen ymlaen. Ond yn fflat iawn y down i wybod am ei ddarganfyddiad, fel ôl-nodyn i lythyr Melog, pedair tudalen cyn diwedd y nofel:

Ô.N. Gyda llaw ar fy ffordd drwy'r dref i ymuno â phobl y sioe arhosais i bori yn y siop lyfrau ail-law, ac yno, dan bentwr o hen gylchgronau Cymreig, roedd llawysgrif yr Imalic, mewn cyflwr da hefyd, o gofio'i bod yn dyddio o'r ddegfed ganrif, a dyn a ŵyr lle mae wedi bod ers iddi gael ei chuddio. Fe'i cefais am ugain ceiniog. Doedd y llyfrwerthwr ddim yn ymwybodol o'i gwerth. Dim ond bentwr [sic] o bapurau â sgribladau annealladwy arnynt oedd ein hen chwedlau i'r anwybodusyn hwnnw. (208)

Nid yw'r darganfyddiad yn cael ei gyflwyno gan Melog fel rhyw-beth sydd wedi effeithio ar ei benderfyniad i adael a derbyn cynnig Rintintin a Tintin Tirion i ymuno â'u sioe ffrîcs. Rhyw ailfeddwl, sy'n cael ei gyfleu fel rhywbeth nad yw nac yma nac acw bron, sydd yn penderfynu ein bod yn cael yr wybodaeth hon o gwbl – yr wybodaeth sydd, wedi'r cyfan, yn brif gymhelliad i'r naratif.

Er gwaetha'r ffaith, felly, fod yna siâp naratif (os llugoer) gyda dechrau a diwedd i'r nofel, cymhlethir hynny gan ddigwyddiadau neu gyfeiriadaeth at realaeth a'r dychymyg yn y cynnwys. Un o'r enghreifftiau mwyaf amlwg, sydd yn amharu fwyaf ar gysur y darllenydd yn mwynhau ei ddiddanwch yn y stori, yw'r dyfyn-iadau cyson o'r *Gwyddoniadur* sydd yn cyfeirio at y dychymyg, y ffuglennol, dewiniaeth, y dirgel, celfyddyd a breuddwydion, ar ddechrau'r penodau. Maent yn frith drwy'r nofel. Ceir, er enghraifft, dros ddwsin o ddyfyniadau sydd yn ymdrin â'r dychymyg neu'r dychmygol. Cyferbynnir eto ddiffyg cyffro bywyd beunyddiol y Doctor â gweithredoedd mympwyol a thanbaid Melog. Er enghraifft, disgrifia Melog yr ynys artiffisial yng nghanol llyn y parc fel dyfais i demtio pobl. Mae'n ysu i fynd ati liw nos. Ymateb y Doctor yw meddwl am y rheolau a fuasai'n cael eu torri:

> Sôn wyt ti am ynys fechan artiffisial yng nghanol gerddi cyhoeddus parc y dre, Melog. Ti'n meddwl am y peth fel plentyn sy'n ei gweld hi fel gwlad bell.
>
> *O leiaf mae 'da fi dipyn o ddychymyg, Dr Jones.* A dwi'n siŵr bod lot o bobl yn dymuno neud yr un peth ond eu bod nhw'n rhy lwfr a diantur – a 'bourgeois'. (97)

Pan fo Dr Jones wedi cael digon ar anwadalwch Melog, mae'i feddwl yn troi at brofiadau diriaethol, ac mae'n mwynhau ei brofi ei hun yn cerdded o gwmpas *Woolworths* ac yn llithro ar hen fag sglodion seimllyd oherwydd eu bod yn teimlo fel profiadau go-iawn. Yn wir, mae'n cael ei feddiannu gan awydd sydyn i ddarllen awduron realaidd, naturiolaidd – awduron a allai ei argyhoeddi o realaeth neu realiti pethau 'drwy gyfrwng eu disgrifiadau a'u hiaith sgyrsiol'. Mae'n chwilota am lyfrau gan Flaubert, nofelau Graham Greene a Saul Bellow:

> Doedd e ddim eisiau unrhyw hiwmor, dim ond y gwir i gyd yn ei holl fanylder huawdl. Roedd e'n chwilio am destunau trwm a thrwchus dan goedwig o fanylion cyfoethog, popeth yn arwain at yr effaith realaidd. (133)

Ac eto, copi o *Hunllef Arthur* Bobi Jones yw'r gyfrol y mae'n ei chario allan o'r llyfrgell. Prin fod honno'n gyfrol naturiolaidd neu realaidd, er gwaetha'r ffaith ei bod yn wrth-epig. Mae'r dewis o Flaubert a Saul Bellow yn eironig hefyd yn y cyd-destun hwn. Nid yw Saul Bellow yr awdur mwyaf realaidd ar wyneb y ddaear. Yn fwy arwyddocaol, onid Flaubert oedd yr awdur a ddatguddiodd berthynas anorfod dyhead a realiti yn y nofel; y chwilota diddiwedd am *le mot juste* a amlyga abswrdiaeth y nofel fel sianel gyfathrebu a chynrychioliadol? Ac felly, y berthynas anorfod rhwng 'realaeth' neu atgynhyrchu copi trylwyr o 'fywyd', a'r afreal, yr abswrd, a'r ffantastig?

Mae Flaubert a'i Emma Bovary a Frederic Moreau, ei Bouvard a'i Pécuchet, yn adnabyddus am ei ymgais i wyrdroi'r nofel o'i chwrs sylfaenol fel gweithred er budd cyfathrebu, yn *wrthrych* esthetig. Mae ei lyfrau yn llawn o'i benderfyniad i danseilio'r cyfamod cyfathrebu: mae'n llwyddo i symud safbwynt yr adroddiad yn gyson er mwyn rhwystro unrhyw gynneddf i ddarganfod ffynhonnell 'neges' yr awdur, a cheir sôn parhaus yn ei lythyrau fel yr oedd yn benderfynol o 'dérouter le lecteur', o ddrysu'r darllenydd, ac am ei awydd i ysgrifennu llyfr a fuasai'n ymdebygu i gerflun – rhyw fath o gyfanwaith pwrpasol Kantaidd heb bwrpas, i'w edmygu yn hytrach nag i gael ei amsugno fel neges. Ac eto, yn eironig iawn, o wyrdroi'r nofel yn wrthrych esthetig ynddi ei hun, yn hytrach na naratif *am* wrthrychau esthetig, llwyddodd Flaubert i broblemateiddio'r *genre*. Wedi'r cwbl, onid yw nofel sydd yn bodoli er ei mwyn ei hun, yn sylfaenol ddigymell? Wedi'r cyfan, nid yw ysgrifennu nofelau yn rhywbeth cwbl naturiol a digymell. A dyna felly ddisodli prif fodd beirniadaeth lenyddol – y 'pwrpas olaf'. Oherwydd, onid porthiant beunyddiol beirniadeth yw'r dasg o ddadorchuddio'r pwrpas sydd yn trefnu'r rhannau ac yn eu plethu mewn perthynas â'i gilydd?

Canlyniad nofelau hunanymwybodol o'r fath yw ein gwneud yn boenus o ymwybodol o'n rhan ninnau fel darllenwyr: mewn un ystyr, y darllenydd yw pwnc y gwaith, gan fod y broses o ddarllen yn ein gorfodi i sylwi ar y ffordd y mae'r nofel yn rhwystro ein cymhelliad i wneud synnwyr ohoni fel undod sydd wedi ei drefnu gan bwrpas teleolegol. Ymhellach fyth, er mwyn cyrraedd y dehongliad hwn o nofel sydd yn ymweud â'r problemau wrth wraidd sianelu profiad trwy fodelau deongliadol, mae'n rhaid i'r darllenydd wneud defnydd o'r union brosesau neu fodelau deongliadol hyn y mae'r nofel yn eu datguddio fel modelau annigonol.

Er bod nofelau a straeon Flaubert yn dioddef oherwydd ei label fel realydd, fel bod tuedd i bopeth a ddisgrifir gan y testunau gael eu cyfiawnhau gan ei arch-brosiect cynrychioliadol, a'u potensial creadigol felly'n beryg o fynd yn hesb, maent yn creu un o'r profiadau darllen, ac felly, beirniadol, mwyaf cyffrous. Yn yr un modd, mae *Melog* yn ymwybodol o'i thras fel epil eironig, wedi ei hesgor o'r diffyg cydlyniad hwnnw rhwng ystyr a phrofiad. Ond nid yw'n golchi ei dwylo gyda hynny, a'n gadael i feddwi ar greadigrwydd di-ffrwyn, ar ormodedd o ddelweddau digyswllt, neu i sglefrio ar hyd arwynebedd llac ei moesau.

Mae dyfynnu Flaubert fel symbol o lenyddiaeth a mynegiant ar eu mwyaf realaidd a chynrychioliadol yn gosod fforch yn naratif y nofel – fforch sydd yn tynnu sylw at y ffaith nad yw realaeth yn drefn mor uniongyrchol ag a awgrymir gan y term, ac felly ymhell o fod yn ddrych trylwyr i fywyd. Adleisir hyn gan y defnydd o gymeriadau megis Mr Job, sydd wedi cysegru ei fywyd i gopïo â llaw glasuron llenyddiaeth Gymraeg, o'r *Pedair Cainc* hyd Daniel Owen (112). Neu'r Doctor yn ceisio rhoi trefn ar ei ddarlun o Melog, trwy restru ar un o'i gardiau mynegai a ddefnyddia ar gyfer ei nodiadau yr hyn y gwyddai amdano (127) – a hynny fel adlais o ddarllenydd *Melog*, wrthi'n trefnu ac yn pennu arwyddocâd i rôl cymeriadau, fel petai yna ddim yfory. Wrth gwrs, mae'r *Gwyddoniadur* ei hun yn symbol cryf o ymgais i amgylchynu profiad yn y modd mwyaf cynhwysfawr a chywir. Sylwer ar darddiad y gair: *gwyddon(iaeth)*. Ac eto, mae'r dyfyniadau di-ddiwedd o dermau megis 'dychymyg' yn arwyddo'r dasg amhosib o ddal pob diferyn. Ymhellach, mae gormodiaith yn rhan annatod o hanfod y gair 'dychymyg':

> Ymddengys fod gallu cyfansoddol y dychymyg yn cynnwys amryw elfenau:– Yn gyntaf, Gallu lleihaol: wedi gweled person dynol, gallaf ddychymygu am ddyn cyn lleied a Lilipytiaid y Deon Swift. Yn ail, Gallu mwyhaol:– wedi gweled dyn, gallaf ddychymygu am gawr, ac ymhyfrydu mewn darluniad o'i wrolgampau.
>
> Y Gwyddoniadur (198)

Bron nad yw'r hyn a gyflwyna Melog fel ei *raison d'être* – ei ymgyrch i ddod o hyd i lawysgrif yr Imalic – yn rhyw fath o sgit estynedig ar y darllenydd yn tyrchu am linyn cyswllt rhwng y geiriau a'r straeon a'r disgrifiadau, er mwyn creu ystyr sydd yn gwneud y dasg o ddarllen y llyfr yn un werth-chweil, gan ei adael gyda'i bocedi'n llawn, gyda 'gwobr' ddiriaethol am ei ymdrech, fel petai. Wedi'r cwbl, nid yw darllen, fel y dywedodd Jonathan Culler, byth yn digwydd y tu hwnt i gyrraedd diflastod; heb ddiflastod fel cefndir iddo, yn llechwra yn y cefndir, fel llwynog yn barod i dynnu sylw'r darllenydd i fan gwyn man draw.[5] Nid yw'r cymhelliad i 'ddarganfod' rhywbeth, o fod rywfaint yn 'ddoethach' wedi cyrraedd y tudalen olaf fyth ymhell o'r meddwl. Mae disgrifiad di-fflach Melog o'i ddarganfyddiad o lawysgrif yr Imalic gystal â dweud 'pwff, os 'dach chi'n meddwl y cewch chi sgram yma, wel chewch chi ddim', fel petai unrhyw ymgais i godi syniad a'i gario hyd y diwedd, yn llinyn naratif sydd yn datblygu a llenwi fel pelen eira, yn gyson, heb linynnau'n hongian yn flêr, yn sicr o fod yn chwerthinllyd: prin ei fod yn gymhelliad gwerth-chweil.

Diddordeb pennaf *Melog*, felly, yw fel nofel sydd nid yn unig yn cydnabod fod yna elfen greadigol i feirniadaeth (wele, fel y nodwyd eisoes, y penodau a ysbrydolwyd – o leiaf yn ffurfiol – gan y dyfyniadau), ond sydd hefyd yn mynnu dangos y modd y mae'r elfen greadigol yn anhepgor, *yn arbennig* i realaeth; y modd y mae'r wedd esthetig wedi ei phlethu'n dynn â'r agwedd foesol sydd yn naturiol ymhlyg mewn materion cynrychioliadol. Esgora hyn, wrth gwrs, ar gwestiynau frith, a phenodau beirniadol ar gyfer cyfrolau'r dyfodol, megis a oes modd i'n cysyniad o realiti cymdeithasol sefyll ar ei draed heb yr awdurdod moesol y mae ffurf stori a naratif yn llwyddo i'w ysbrydoli?

Yn gryno, felly, nid cyferbynnu a gosod realaeth a'r ffuglennol gefngefn â'i gilydd a wna Mihangel Morgan, ond defnyddio'r elfennau hynny a fachwyd gan ôl-foderniaeth – o greu chwedloniaeth, i *pastiche* a *bricolage* – i ddangos sut y maent yn perthyn yn agos (mewn dillad dydd Sul, efallai yn hytrach na sbloet o drawswisgo) i iechyd meddwl y prosiect realaidd.

V

Mae trydedd nofel Mihangel Morgan, *Dan Gadarn Goncrit*, er ei bod, o'i chorun i'w sawdl, yn amlwg Fihangel Morganaidd, yn taro nodyn gwahanol. Gwelwyd hynny'n amlwg iawn yn yr ymateb iddi. Tra ar yr un llaw, roedd rhai adolygwyr, megis Gwenllïan Dafydd yn *Barn*,[6] yn ei gweld fel cysgod mwy glastwredig o hynodrwydd *Dirgel Ddyn* a *Melog*, roedd eraill yn mwynhau'r ffaith ei bod, yn hytrach, yn hynod ddarllenadwy, ac o farnu'r ymateb ar lafar ac mewn sgwrs, yn llai 'deallusol'.[7] Strwythurwyd *Dan Gadarn Goncrit* ar ffurf nofel ias a chyffro. Yr hyn sy'n dal y cymeriadau niferus, a'r is-naratifau wrth ei gilydd yw 'Twenti ffeif Welinton Strit' lle triga'r pâr cyfoglyd o sentimental, Mama Losin a Pwdin Mawr – pwll diwaelod lle diflanna'r cymeriadau fel pys. Nid yw persbectif y nofel hon mor neilltuol a chrynodedig â *Dirgel Ddyn* neu *Melog*. Ceir trawsdoriad eang o gymdeithas ynddi, gydag amrywiaeth o gymeriadau, yn wahanol i *Melog*, er enghraifft, sydd heb ferch ar gyfyl y nofel (oni bai am y cathod sydd yn llenwi llety Melog â chathod bach), neu *Dirgel Ddyn*, sydd wedi ei chanol-bwyntio o gwmpas y dosbarth nos.

Ceir, wrth gwrs, yr ôl-traed cyfarwydd, o'r dychan ar y byd academaidd, y cymeriadau y mae cymdeithas yn eu diystyru, i'r *cameo* chwareus o'r awdur. Hefyd, nid syndod yw gweld Mihangel Morgan yn troi at *genre* y nofel ias a chyffro. Wedi'r cwbl, nid yw digwyddiadau sinistr fyth ymhell oddi wrth ei waith, boed yn ei straeon byrion, megis 'Y Dyddiadur Ffug' a 'Te gyda'r Frenhines', neu yn ei ddwy nofel gyntaf. Mae'r diddordeb yn, a'r ymdriniaeth â'r cymhelliad i greu system ddosbarthu realaidd ar gyfer ein profiadau a'n diffiniadau yma hefyd. Ac fel ym *Melog* a *Dirgel Ddyn*, mae iaith (a diwylliant i raddau llai), yn rhan annatod o'r diddordeb. Mae pennaeth Adran y Gymraeg, yr Athro Dedwydd Roberts, yn methu â thrafod ei phwnc na chyfathrebu â'i chyd-weithwyr heb siarad mewn llediaith (50), gan danseilio realiti Adran y Gymraeg. A phan gyrhaedda'r Americanwr ei lety yn 'Twenti ffeif Welinton Strit', mae'n ebychu:

> 'What a lurvely place you have here, is it real?' meddai gan godi trugareddau bach tsieina Mama Losin i'w hedmygu a mwytho'r ci a'r cathod a dysgu'u henwau a dotio at y ffaith eu bod nhw'n siarad Cymraeg: 'Is it a real language? Do you speak it all the time, even when you don't have visitors? It's just like King Arthur and Lady Guinevere – I almost expect a dragon to come out of one of your closets.' (204)

Gan ildio'n daclus (a chywilyddus) unwaith eto i'r gynneddf i ddehongli'r darnau ac *œuvre* Mihangel Morgan (cyn belled) fel cynnyrch un deinamig teleolegol, y prif linyn cyswllt rhwng *Dan Gadarn Goncrit* a'i ddwy nofel gyntaf yw'r dychan. Nid yw darllen

Dan Gadarn Goncrit fel nofel ias a chyffro uniongyrchol yn gwneud cyfiawnder â hi. Yn sicr, nid dyna'r darlleniad mwyaf cyffrous. Oni bai fod rhywun yn adnabod techneg a champau'r awdur eisoes, mewn sawl ffordd, mae'n ddigon posib na fuasai'r bennod gyntaf yn magu a phwnio cywreinrwydd rhywun i ddarllen ymlaen. Mae rhai o'r digwyddiadau a'u disgrifiadau, ar adegau, yn ymylu ar fynd dros ben llestri, yn ferfaidd neu ragweladwy – y defnydd o'r car coch, er enghraifft, a'i gyflymder fel *alter ego* Maldwyn Taflun Lewis, y darlithydd prifysgol sydd yn ganolbwynt i'r nofel. Heb brofiad – y profiad hwnnw a ddisgrifiais ar ddechrau'r bennod hon o deimlo map amgen yn ymrithio yn y meddwl – o Mihangel Morgan fel ffuglenwr cyfrwys a hynod greadigol, hawdd fuasai rhoi'r ffidil yn y to. Yn wir, fel y dywed John Rowlands yn ei adolygiad yn *Y Traethodydd*, petai'r nofel wedi ei chyhoeddi o dan y ffugenw Ceri Williams, fel ag a fwriadwyd yn wreiddiol ar ei chyfer, nid yw'n annhebygol y buasai nifer o ddarllenwyr yn disgwyl mwy o abwyd i'w temtio i groesi'r bont gyntaf hon at y portreadu gwych sydd yn datblygu'n hwyrach ymlaen yn y gwaith.[8]

Ond wrth droi'r tudalennau, cawn ein cosi'n raddol bach gan ymwybyddiaeth gynyddol ein bod yn darllen dwy nofel ar yr un pryd. Ar y naill law, rydym yn darllen nofel ddoniol, llawn cymeriadau byw – rhai realaidd fwy neu lai – sydd yn llwyddo i'n dal fel cymeriadau; ar y llaw arall, rydym yn darllen ail nofel – sef nofel sydd yn sgit ar dechnegau'r *genre* ias a chyffro. Hynny yw, mae'r dychan yn digwydd oherwydd ein bod yn cael cip arnom ein hunain wedi ein llyncu a'n dal gan ac oddi mewn i fframwaith techneg naratif cyfarwydd nofel ddirgelwch. Y goleuadau coch yn y testun sydd yn codi'r ias hunanymwybodol hon yw'r cyffyrddiadau sydd yn eu tro yn sigo ein ffydd yn realaeth y nofel – y digwyddiadau hynny sydd fel petaent wedi eu chwyddo'n wirion – megis yr olygfa lle mae dau o fyfyrwyr Maldwyn Taflun Lewis yn bygwth blacmel arno. O fod yn ymwybodol o hyn, mae'r ambell ddisgrifiad cyffelyb sydd yn ymylu ar fod yn rhy abswŕd ar gyfer paramedrau'r nofel yn medru cael eu derbyn fel technegau i rybuddio'r darllenydd o'i ran gwbl hanfodol yn y nofel, fel yr un sydd, o gael ei demtio i ddarllen *Dan Gadarn Goncrit* yn nhermau nofel 'dditectif,' yn cynhyrfu'r elfennau dychan. A'r darllenydd yn llyncu abswrdiaeth y nofel yn ddi-feind er mwyn cyrraedd pen y stori, a chael gwybod cyn gynted â phosib beth ddigwyddodd go-iawn, caiff ei wawdio gan y golygfeydd hyn. Anodd yw dychmygu llythyr bygwth fel yr un a anfonir at Maldwyn Taflun Lewis yn cael ei ysgrifennu. A phrin fod y naratif yn gwneud dim i'n hargyhoeddi fel arall. I'r gwrthwyneb, mae'n tynnu sylw rhywun at hurtrwydd darllen y nofel fel naratif dirgelwch pur (162). Yn y modd hwn, mae'r profiad o ddarllen *Dan Gadarn Goncrit* yn un sydd yn tynnu patrwm dwy nofel gyntaf Mihangel Morgan, *Dirgel Ddyn* a *Melog*, tu chwith allan. Yn hytrach na chynyddu ein hymwybyddiaeth o'r rhan anhepgor y mae ffantasi a'r dychymyg yn eu chwarae ar gyfer cynrychioliad (*representation*), mae darllenwyr *Dan Gadarn Goncrit* yn cael eu cadw ar dennyn realaeth.

VI

Mae sôn fod chwaer-gyfrol i *Dirgel Ddyn* – *Y Ddynes Ddirgel* – ar ei ffordd o'r wasg. Yn y cyfamser, dyna finnau wedi tynnu'r llinynnau a dofi'r cyrls anystywallt – yr elfennau sydd yn herio'r ymgais i greu thesis – yn blethen naratif feirniadol am Mihangel Morgan, y nofelydd, y dychanwr hwnnw sy'n dwyn a gwthio babis llên Gymraeg mewn coetsys mawr Fictoraidd, ar hyd tirluniau ôl-ddiwydiannol. Rwyf yn cyfiawnhau'r plethu taclus hwn gyda'r gobaith eich bod chithau, *hypocrite lecteur*, fel darllenydd fy narlleniad innau, yn gyfan gwbl ymwybodol o gynneddf greadigol beirniadaeth.[9]

Nodiadau

[1] John Rowlands, 'Chwarae â Chwedlau: Cip ar y Nofel Gymraeg Ôl-fodernaidd,' *Y Traethodydd* (Ionawr 1996), 20.

[2] John Pikoulis, 'Carcassians, Clancyisms and Fans of Elizabeth Taylor (Woof! Woof!),' *New Welsh Review* 32 (Gwanwyn 1996), 21.

[3] Michel de Montaigne, *Œuvres complètes* (Paris, 1967). Am gyfieithiad Saesneg, gw., *Michel de Montaigne: The Complete Essays*, cyf. M. A. Screech (Llundain, 1987).

[4] Roland Barthes, 'Introduction à l'analyse structurale du récit', *Communications* 8 (1966), 1–27.

[5] Jonathan Culler, *Flaubert: The Uses of Uncertainty* (Ithaca, NY, 1974), 19.

[6] Gwenllïan Dafydd, 'Y Dychanwr Realaidd,' *Barn* (Gorffennaf/Awst 1999), 72–3.

[7] Gw., adolygiadau hefyd gan Fflur Dafydd, *Golwg* (8 Gorffennaf 1999), 18–19; Angharad Closs Stephens, *Llais Llyfrau'r Lolfa* 1 (Haf 1999), 5.

[8] John Rowlands, adolygiad ar *Dan Gadarn Goncrit*, *Y Traethodydd* (Ionawr 2000), 60–3.

[9] Charles Baudelaire, 'Au lecteur,' *Les Fleurs du Mal* (1861).

11

Yn y Cysgodion: Llais a Lle'r Fenyw yng Ngwaith Manon Rhys

FFION JONES

HI a fi a'r awen gyda'n gilydd . . . O'r diwedd ar ôl misoedd hir o led adnabod, G. J. a fi'n cwrdd â'n gilydd.[1]

Dyma sut y mae Lois Daniel, prif gymeriad *Cysgodion* (1993), sef nofel fwyaf uchelgeisiol Manon Rhys hyd yma, yn cofnodi'r foment lle mae'n 'cyfarfod' â Gwen John am y tro cyntaf. Daeth Lois i Baris er mwyn gwneud ymchwil ar gyfer y nofel y mae'n ei hysgrifennu am Gwen John (1876–1939) a'i pherthynas â'r cerflunydd Ffrengig Auguste Rodin (1840–1917). Mae'n ymweld â'r Musée Rodin ym Meudon ar gyrion Paris lle y gwêl gerflun Rodin, 'Yr Awen', cerflun y modelodd Gwen John ar ei gyfer. Comisiynwyd y cerflun gan 'The International Society of Sculptors, Painters and Gravers' yn gofeb i James McNeill Whistler, a ddysgai yn ysgol y Slade yn Llundain yn ystod cyfnod Gwen John fel myfyrwraig yno.[2] Ni chwblhawyd y cerflun erioed ac fe'i gadawyd hyd yn ddiweddar mewn sied yn angof.[3]

Mae disgrifiad Lois o'i ganfod yn nodi cyflwr anorffenedig y cerflun a'r diffyg pwys a roddwyd arno. Wedi treulio peth amser y tu mewn i adeilad yr amgueddfa, mae'n crwydro allan i'r ardd, lle mae'n canfod 'Yr Awen' 'y tu hwnt i'r Burghers de Calais a'r Porte d'Enfer', cerfluniau mwy adnabyddus a chydnabyddedig o waith Rodin. Saif yno yn ei 'holl ogoniant pathetig benisel difreichiau', ei safle a'i ymddangosiad yn adlewyrchiad o gymeriad a hanes Gwen John ei hunan: ei diflaniad i 'gysgodion' bodolaeth, ymhell o olwg hyd yn oed ei ffrindiau agosaf a'i theulu, a hanes ei pherthynas garwriaethol â Rodin – yn anorffenedig ac yn obsesiwn parhaol ganddi hyd ei marwolaeth.

Y berthynas rhwng Lois a Gwen John yw conglfaen *Cysgodion*. Cyflwynir Gwen John drwy gyfrwng golygfeydd byr o'r nofel-o-fewn-y-nofel, sef nofel yr awdures ffuglennol, Lois Daniel, ynglŷn â'r artist. Ceir hefyd, megis yn yr olygfa a ddisgrifiwyd uchod, naratif uniongyrchol o ysgrifbin Lois ynglŷn â'i theimladau a'i phrofiadau hi ei hun wrth iddi olrhain hanes Gwen John. Mae gweddill *Cysgodion* – tua dwy ran o dair o'r gwaith – ar ffurf deialog rhwng cymeriadau ym mywyd Lois (Lois ei hun, ei merch Nia, ei chyfaill Gwen, Mary – y wraig sy'n glanhau'r tŷ iddi, a chyfres o ddynion sy'n dod yn rhan o'i bywyd – Elwyn Êl, Tim Bateman ac Alun Pride). Defnyddir hanes Gwen John fel ysbryd-oliaeth i'r nofel, ac fel modd o siapio'i chynnwys, gan gynnig nifer o gyfatebiaethau rhwng bywydau'r artist a Lois ei hun.

Dwy fenyw yn byw er mwyn eu gwaith creadigol – boed yn arlunio neu'n ysgrifennu – ydynt. Ymwrthoda'r ddwy â pherth-ynas or-agos â sefydliadau ac â phobl sy'n ymwneud â byd celfyddyd, gan lochesu yn hytrach y tu mewn i'w crwyn eu hunain i raddau helaeth. Gwelir Lois yn ffieiddio at gwmni grŵp o siwds artistig mewn parti, tra bo hanes bywyd Gwen John yn dangos fel yr ymwrthodai'n raddol â'i chysylltiadau â phobl o'i gorffennol. (Fe'i magwyd yn Ninbych-y-pysgod, cafodd ei haddysgu fel artist yn Ysgol y Slade, ond i Baris yr aeth yn y diwedd, ac aros yno, yn cadw'i phellter oddi wrth aelodau o'i theulu a llawer o ffrindiau'r Slade.) Mae Lois, fel Gwen John, yn profi cariad dwfn ac obsesiynol, nad yw'n cael ei ddychwelyd yn llwyr. O ganlyniad, disgynna'r ddwy i stad o anhapusrwydd mawr: Gwen John yn dioddef o anorecsia, mae'n bur debyg, tra bo Lois yn boddi ei gofidiau mewn alcohol (megis un o gymeriadau benywaidd nofelau Jean Rhys). Effaith cariad ar y ddwy yw eu gorfodi i fyw bywydau mwyfwy feudwyaidd, a hwythau wrth natur eisoes yn dewis cilio o gwmni eraill: 'Daniel, wyt ti'n mynd yn debycach bob dydd i hen robot bach. Naci, yn debycach i Gwen John yn 'i henaint, myn cythral i, yn hen wraig fach biwis, meudwy sy'n licio'i chwmni 'i hun,' medd Gwen, ei ffrind, wrth Lois (1). Mae'r cariad yn marw cyn i'r naill ferch na'r llall ddod i delerau â'i theimladau tuag ato. Nid yw Lois yn siŵr – a does dim ffordd y gall wybod byth i sicrwydd – a oedd Alun Pride mewn cariad â hi ar ddiwedd y nofel. Mae'r un amwysedd yn rhan o'r ymdriniaeth â Rodin. Yn y chwarae cyson ar ei enw ('Rodin-rôdeur'), awgrymir deuoliaeth yn y ddelwedd ohono: ar y naill law, Meistr ydyw, sy'n wrthrych haeddiannol addoliad byd celfyddyd ac addoliad Gwen John; ar y llaw arall, mae'n 'hen gi' o ddyn, a wnaeth ddefnydd o Gwen John, fel o lawer merch arall, er mwyn hwyluso'i waith a diwallu ei chwantau rhywiol ei hun ar yr un pryd.

Ar yr wyneb, mae un ffactor amlwg yn gwahaniaethu Gwen John oddi wrth Lois. Mae llwyddiant awdures ffuglennol Manon Rhys wedi ei sicrhau, mewn cyfnod lle mae merched yn cael eu cydnabod a'u doniau creadigol yn cael eu cefnogi a'u hyrwyddo i raddau mwy nag erioed o'r blaen. Nid yw Lois yn dioddef amgylchiadau economaidd anodd na diffyg cydnabyddiaeth. Dengys cofiant Chitty i Gwen John, ar y llaw arall, fyw mewn tlodi ym Mharis, yn gorfod dibynnu ar weithio fel model er mwyn goroesi; tynnodd hynny oddi ar ei hamser a'i hysbrydoliaeth i wneud gwaith creadigol ei hun. Awgrymir yn wahanol, serch hynny, gan Ceridwen Lloyd-Morgan, sy'n cyflwyno tystiolaeth i gadarnhau nad oedd amgylchiadau Gwen John mor druenus â hynny, yn enwedig erbyn diwedd ei hoes.[4] Derbyniai'r artist gefnogaeth sylweddol gan ei noddwr Americanaidd, John Quinn, o tua 1909–10 hyd marwolaeth Quinn ym 1923;[5] roedd y ffaith ei bod yn ddigon cefnog i roi cymorth ariannol i'w brawd Thornton a'i chwaer Winifred yn brawf ei bod yn gyfforddus yn faterol.[6]

Er bod cefnogaeth a modd i fyw yn gyfforddus ar gael iddi, dewisodd Gwen John ymwrthod i raddau helaeth â'r hyn a ystyriai yn ymyrraeth gan bobl eraill yn ei bywyd. Cefnogaeth un person yn unig a ddymunai o waelod ei chalon, fe ymddengys. Rodin oedd ei Duw, ac mae'n dangos mewn cyfres hir o lythyrau ato (nas atebid y rhan amlaf), fel yr oedd yn dibynnu'n emosiynol (ac i raddau llai yn faterol) ar ei 'nawdd' ef. Rhoddodd y fath bwyslais ar eu perthynas bersonol nes i'w diddordeb yn ei thalent ei hun edwino a bron iawn ddiflannu am gyfnod sylweddol o'i bywyd.

Mae Manon Rhys yn siapio cymeriad Lois ar seiliau tebyg yn yr ystyr fod y ddwy ferch yn perthyn i gymdeithas gefnogol o anog-wyr a dymunwyr-da, ond yn dewis, neu'n cael eu sugno i mewn i berthynas gydag un dyn yn hytrach, nes colli eu gwrthrychedd a'u gallu i weithredu'n greadigol yn eu hiawn eu hunain. Felly, er bod

Gwen John a Lois yn cael eu disgrifio dro ar ôl tro fel 'llygod' yn y nofel, mae'r ffaith fod y ddwy wedi eu hamgylchynu gan amgylchiadau boddhaol – eu 'room of my own', fel y byddai Virginia Woolf wedi dweud, ar gael i Lois ac i raddau llai i Gwen John – yn awgrymu mai eu dewis hwy eu hunain oedd ymddwyn fel personau bregus yn eu perthynas â phobl eraill.

*   *   *

Ti neu fi sy'n sgwennu'r llyfr 'ma . . .

Mae bywyd a gwaith Lois yn llawn deialog a dadl ynglŷn â chymeriad a phersonoliaeth Gwen John a'i chymhellion a'i rhesymau dros ei gweithredoedd a'i ffordd o fyw. Daw'n amlwg nad cymeriad unffurf, hawdd ei ddiffinio yw Gwen John, ond un sydd megis canfas gwag neu ddarn o lenyddiaeth yn barod i gael ei ddarllen a'i ddehongli. Fel yr awgrymir gan gwestiwn Gwen y ffrind yn y dyfyniad uchod o un o'i sgyrsiau efo Lois am yr artist, mae'r sawl sy'n ei gweld ac yn ysgrifennu amdani yn 'creu' Gwen John o'r newydd, o dan ddylanwad ei gymeriad, ei dueddiadau a'i ragfarnau ei hun. Cynigir deongliadau'r sefydliad gwrywaidd gan un o siwds y parti y mae Lois a Gwen yn ei fynychu:

> Well, where does one begin? It's a known fact that she suffered from a massive inferiority complex, being the sister of one flamboyant and celebrated genius, and the lover of another, and having to live and work in the shadows of both. This complex is obvious in her work. (37)

Yn ei bwyslais ar '[the] known fact[s]', awgrymir cyfyngiadau gweledigaeth yr academydd arbennig hwn: pethau annelwig ac anodd iawn eu dehongli yw 'ffeithiau' a'r 'hyn sy'n wybyddus' yn narlleniad y nofel. Mae 'cysgodion' yn ddelwedd amwys, a chyflwr meddwl Gwen John yn rhywbeth llawnach nag 'inferiority complex', yn rhan, yn wir, o'i chwilio bwriadol hi am gyfrwng mynegiant personol ac unigryw.

Dengys y nofel Gwen John fel un sydd â'r pŵer i ddod yn fyw, i effeithio ar Lois fel un o'i 'darllenwyr'. Rhybuddir yr awdures yn gellweirus gan Gwen ei ffrind ar ddechrau'r nofel, a hithau wedi ei lledrithio gan gerflun Rodin, 'Y Gusan', ac yn ymweld â'r Amgueddfa Genedlaethol yn ddyddiol i gael golwg arno: 'Gwylia di, mi glywi di sŵn sws glec fawr un o'r dyddia nesa 'ma, a mi fydd y ddau gariad bach 'na'n dŵad yn fyw o flaen dy lygaid di!' (1). Yn ei monolog ysgrifenedig olaf, mae Lois yn troi a throsi ar ei phapur eiriau cymeriadau hanes Gwen John, geiriau sydd yr un mor berthnasol i'w sefyllfa hi ei hun, bellach:

> Gwen John?   na   na
> people are like shadows to me and i am like a bloody shadow je suis comme beacoup [sic] des femmes une esclave de l'homme que j'aime je vous aime et je vous dèsire [sic] heureuse what's love got to do with it what's love but a second hand emotion
> twll dy din di gwen john. (227)

Ei sylw olaf yw'r felltith sy'n awgrymu fod Lois yn beio Gwen John am ei harwain hyd lwybr hunanddinistriol, gyda'i phersona diasgwrn-cefn ('like a bloody shadow') a'i haddoliad gwasaidd o'i Meistr. Ynghlwm wrth addefiadau Gwen John ei hun o'i theimlad, daw geiriau Rodin: 'je vous aime et je vous dèsire [sic] heureuse' – eironi creulon y dymuniad tadol a rhesymegol am hapusrwydd i un sydd yn gaeth i anhapusrwydd oherwydd angerdd ei theimladau. Yn olaf, daw sylwebaeth sinigaidd cân ysgafn fodern ar y sefyllfa, yn holi beth yw lle cariad mewn perthynas ddiymrwymiad rhwng dau. Ar ddiwedd y nofel, felly, mae Lois yn edrych ar ei pherthynas â Gwen John ac yn ymwrthod â'r esiampl a roddwyd iddi gan ei chyn-fam fel artist creadigol. Lleisiau'n mynegi safbwyntiau sy'n amhosib eu tynnu at ei gilydd yn un weledigaeth gryno, ddealladwy, yw rhai Gwen John a Rodin yn y dyfyniadau, ac mae geiriau cân Tina Turner yn atgof pwrpasol o atgynhyrchiad y gwrthdaro mewn cyswllt cyfoes. Yn lle, felly, mae canfod llais sy'n gallu mynegi profiad merch o gariad o'r fath?

Gellir dychwelyd at 'Yr Awen' fel trosiad am berthynas dyn â chelfyddyd. Yn nhraddodiad celfyddyd y gorllewin, benywaidd yw awen yr artist gwrywaidd. Mewn ysgrif ddylanwadol a gyhoeddwyd yn 1979, mae Sandra Gilbert a Susan Gubar yn trafod yr ysgrifenwraig fenywaidd a'i hofnau ynglŷn ag awduraeth.[7] Mae'r ddwy'n crynhoi darlleniad Harold Bloom o gymeriad Satan yn *Paradise Lost* Milton: '[Bloom] metaphorically defines the poetic process as a sexual encounter between a male poet and his female muse.'[8] Mae'r pwyslais gwrywaidd a phatriarchaidd ar 'greu' yn cael ei ddiffinio yn nhermau seicdreiddiol Freud, lle mae'r dyn yn goresgyn ei 'anxiety of influence' drwy 'ladd' ei dad neu'i ragflaenydd:

Applying Freudian structures to literary genealogies, Bloom has postulated that the dynamics of literary history arise from the artist's 'anxiety of influence', his fear that he is not his own creator and that the works of his predecessors, existing before and beyond him, assume essential priority over his own writings . . . Bloom explains that a 'strong poet' must engage in heroic warfare with his 'precursor', for, involved as he is in a literary Oedipal struggle, a man can only become a poet by somehow invalidating his poetic father.[9]

Os dyma fodel y dyn sy'n creu, mae'r ferch sydd yn dymuno arfer ei galluoedd creadigol mewn sefyllfa anodd ac unig dros ben:

The woman writer . . . searches for a female model not because she wants dutifully to comply with male definitions of her 'femininity' but because she must legitimize her own rebellious endeavours . . . Thus the loneliness of the female artist, her feelings of alienation from male predecessors coupled with her need for sisterly precursors and successors, her urgent need for a female audience.[10]

Gwacter yn hytrach nag 'anxiety of influence' sy'n ei hwynebu, gan mai prin iawn yw'r lleisiau benywaidd a'i rhagflaenodd. Yn wahanol i'r awdur gwrywaidd, cyfiawnhau'r ffaith ei bod yn ymhél o gwbl â chelfyddyd greadigol yw ei phroblem hi: 'anxiety of authorship', fel yr awgryma teitl ysgrif Gilbert a Gubar, yn hytrach na phryder yn seiliedig ar hualau dylanwad. Gweithred yn perthyn i'r dyn yw ysgrifennu a chreu – wele'r Creawdwr Mawr, hyd yn oed, sydd wedi creu dyn ar ei ffurf ei hun, neu wedi cael ei greu gan ddyn ar ffurf hwnnw, fel yr awgrymir yn sardonaidd gan eiriau un o gymeriadau gwrywaidd Jean Rhys: '"God's a pal of mine . . . He probably looks rather like me, with cold eyes and fattish hands. I'm in His image or He's in mine. It's all one"'.[11]

'Awen' yw Gwen John i Rodin mewn termau celfyddydol. Ni all y trosiad, fodd bynnag, weithio'r ddwy ffordd, a chaniatáu i Rodin fod yn ysbrydoliaeth i weithredoedd creadigol Gwen John. Dengys nofel Manon Rhys i berthynas Gwen John â Rodin esgor ar gyfnod hesb iddi hi fel artist:

Mae hi'n amhosib gweithio. Mae'r brwshys yn sych ac yn lân yn eu jygiau, y pallettes yn sych ac yn lân wrth eu hymyl, a chanfas ar ben canfas gwag yn bentwr yn y cornel. Mae pob llun anorffenedig wedi ei droi at y wal neu ben i waered at y llawr. (165)

Profir gan dystiolaeth am ei bywyd fod ei rôl fel artist – yr un sy'n llygadu, yn gwylio ac yn gweld – wedi ei chyfnewid yn llwyr yn ystod blynyddoedd cynnar ei chyfnod ym Mharis. Drwy droi'n fodel i Rodin (ar awgrym Augustus, a'i hystyriai'n ffordd dda i'w chwaer wneud digon o arian i oroesi) trodd ei hun yn wrthrych llygadu dyn. Mae un o'r *vignettes* o nofel Lois Daniel yn disgrifio'r dröedigaeth hon: agosrwydd Rodin at Gwen John wrth iddo ei pharatoi ar gyfer modelu; ei theimlad hi o fod fel clai yn ei ddwylo, fel doli glwt; yn troi, felly, yn wrthrych i'w siapio, gan golli ei gafael arferol ar ei hawen greadigol ei hun. Pan ddaeth y garwriaeth i ben, ac yn ddiweddarach, hefyd, wedi marwolaeth Rodin, trodd Gwen John yn ôl at ei gwaith ei hun, gan arfer celfyddyd gynyddol finimalaidd (a defnyddio'r gair mewn ystyr ddisgrifiadol). Tystiolaetha ei dewis o destunau i'w swildod o edrych ar bobl. Ymysg gwrthrychau ei pheintiadau, mae Tiger ei chath, merched neu blant o'i chydnabod yn bennaf (nifer bach yn unig o fodelau proffesiynol a ddefnyddiodd gydol ei gyrfa), a 'bywyd llonydd' – tu mewn ei hystafell ym Mharis neu gasgliadau o flodau.[12] Fel yr oerai Rodin yn ei berthynas â hi, trodd at yr Eglwys Gatholig, a bu'n ymwneud cryn dipyn â phreswylwyr lleiandy ym Meudon. Arweiniodd y cysylltiadau hyn at ddarluniau megis yr un o Mère Poussepin, sefydlydd urdd y lleianod ym Meudon (a dynnwyd o ddarlun mewn llyfr), ac at yr arfer a fagodd o fynd i eistedd yn yr eglwys ar y Sul, a phortreadu aelodau o'r gynulleidfa o'r tu cefn gan osgoi eu hwynebau.[13] Drwy gydol ei gyrfa, datblygodd dechneg o gynildeb a symlrwydd, i'r fath raddau nes bod rhai o'i lluniau yn bitw bach o ran maint – tua dwy fodfedd sgwâr yn unig.[14] Adlewyrchid y cynildeb hwn sydd i'w weld yn ei darluniau hwyr gan ei harferion personol – ei ffordd o ymwrthod â chwmpeini, o lwgu ei chorff, o ofalu am ei chathod hoff o'i blaen hi ei hun.

Yn wir, roedd cau presenoldeb eraill o'i bywyd yn hanfodol yn amgyffred Gwen John o'i hanghenion fel artist, fel y dengys Chitty, yn ysgrifennu am y flwyddyn 1910:

> Gwen John insisted more than ever on the necessity of solitude for her work. She complained of the intolerably strong impression that people made on her which she could not shake off and declared that she wanted to see *nobody*. She longed to imitate a girl painter who had gone to Mexico to find peace of mind. 'I think I shall do something good soon,' she confided to Ursula Tyrwhitt, 'if I'm left to myself and not absolutely destroyed.'[15]

Mae fel pe bai Gwen John yn argyhoeddedig o wirionedd a gallu sylfaenol sydd yn rhan o'i chyfansoddiad ei hun; pobl eraill sydd yn ddinistriol yn ei golwg – rhagddynt hwy y mae'n treulio'i hoes yn ceisio dianc. Eto, mae clywed Gwen John yn trafod y syniad o 'ddinistriad' fel rhywbeth sy'n digwydd o ganlyniad i ymosodiadau eraill ar ei phreifatrwydd a'i hunaniaeth hi ei hun braidd yn eironig. O safbwynt unrhyw un o'r bobl a'i hadwaenai, Gwen John oedd achos ei dinistr ei hun, gyda'i harferion llym a'i hesgeulustod o'i chyflwr ei hun. Ymddengys mai chwilio am ddihangfa drwy gyfrwng ei chelfyddyd yr oedd, ond fod cyflwr o hunanddinistriad, heb fod yn ddinistriad llwyr ('not absolutely destroyed') yn cynnig y llwybr agosaf at berffeithrwydd mynegiant yn ei thyb.

Ar ddechrau un o nofelau olaf Jean Rhys, cyn diflaniad llwyr yr awdures o olwg y cyhoedd ddiwedd y 1930au, mae Sasha Jensen, adroddwraig y stori, yn disgrifio un o'i breuddwydion: 'Everywhere there are placards printed in red letters: This Way to the Exhibition, This Way to the Exhibition. But I don't want the way to the exhibition – I want the way out.'[16] Mae'r ddelwedd o grwydro mewn byd tanddaearol (llwybrau gorsafoedd y trên tanddaearol yn Llundain), yn awgrymu Uffern amhersonol bodolaeth ddinesig; o'r Uffern honno, dewis y dorf yw cael ei gyrru'n llif i weld Arddangosfa – adlewyrchiad celfyddydol o realiti. Mae'r penderfyniad y tu ôl i 'I want the way out' Sasha'n cynrychioli ei hymchwil am ddihangfa, nid drwy gelfyddyd, ond mewn termau absoliwt. Iddi hi, mae'r 'ffordd allan' yn golygu negyddu pob 'Arddangosfa', pob celfyddyd a phob llais dynol, a dod o hyd i'w chanolbwynt personol ei hun: 'the dead centre, where everything is stagnant, everything is calm.'[17] Dymuna gyfnewid ei bodolaeth a'i hymwybyddiaeth ohoni ei hun am y llonyddwch hwn. Dyma yw ei chyrhaeddiad ar ddiwedd y nofel, yn narlleniad Coral Ann Howells:

> lying 'as still as if I were dead', Sasha has at last attained the blankness to which she has for so long aspired. This is her private space emptied of sexual desire as it is of romantic fantasy, where nothingness has been carefully constructed through her explicit recall and rejection of all the traditional discourses about love . . . Sasha approaches the state of self-annihilation.[18]

Mae'r rolau y gosodwyd merched ynddynt gan gyfansoddiadau llenyddol dynion amdanynt – rolau'n ymwneud â chariad rhamantaidd ac â ffantasïau rhywiol merched – yn cael eu hatgyfodi a'u taflu o'r neilltu. Fel y dyn ar batrwm Oedipus (yn namcaniaeth

Bloom), mae Jean Rhys fel awdures yn galw ar leisiau llenyddol (llais Molly Bloom Joyce, a'r deipyddes a'r 'hyacinth girl' yn *The Waste Land* Eliot, medd Howells),[19] ac yn ymdrechu i'w cau allan o'i hymwybyddiaeth yn llwyr. Gall osod y caead ar leisiau sydd, fel 'pobl eraill' i Gwen John, yn ymgiprys â hi ei hun am fynegiant. Ys dywed Howells, eto, mae'r argyfwng hwn yn yr arwres yn cael ei adlewyrchu yn argyfwng awdurol Jean Rhys, nad ysgrifennodd nofel arall am dros ugain mlynedd ar ôl *Good Morning, Midnight*.[20] Cyn ymddangosiad *Wide Sargasso Sea* yn 1966, nofel yn ymwneud â llais a grëwyd ac yna a ddiystyrwyd gan y traddodiad llenyddol (llais gwraig wallgof Rochester yn *Jane Eyre*), roedd Jean Rhys fel petai wedi diflannu oddi ar dir y byw. Mae delweddau o gysgodion, o fodolaeth sy'n ymdebygu i fodolaeth ysbryd (yn *Quartet* ac *After Leaving Mr Mackenzie*) yn datblygu'n drosiad am berthynas artist o ferch â'i chrefft erbyn cyfansoddi *Good Morning, Midnight*. 'Ghost writ[ing]' yw'r unig gelfyddyd sy'n agored i Sasha fel merch, fe awgryma'r nofel, ac mae ennyd o ysbrydoliaeth a ddaw iddi ynglŷn â theitl addas i waith llenyddol y gallai ei ysgrifennu yn cael ei ddinistrio gan yr ystyriaeth chwerw: 'Only, of course, to be accepted as authentic, to carry any conviction, it would have to be written by a man.'[21] Mae diflaniad Jean Rhys yn y cyfnod rhwng ymddangosiad *Good Morning, Midnight* a chyfnod cyfansoddi *Wide Sargasso Sea* yn cael ei gamgymryd am ei marwolaeth ('it seems they [y BBC] thought I was dead'),[22] a hithau – yr awdures fenywaidd – felly, yn cwblhau datblygiad ei delwedd ei hun o fyd llawn cysgodion (yn hytrach na byd cysgodol) yr artist o ferch.

Yng nghelfyddyd fodernaidd Jean Rhys mae chwerwder llym yn y sylwadau ar sefyllfa'r gwrthrych a'r awdures fenywaidd. Yng nghelfyddyd Gwen John, caiff 'realiti' ei ganfod mewn pethau bach (mewn darluniau pitw eu graddfa), mewn osgoi'r edrychiad (yn y lluniau o gefnau addolwyr yn yr Eglwys ar y Sul) a, bron â bod, mewn edrych i ffwrdd – sy'n gwbl groes i gelfyddyd wrywaidd Rodin a'r pwyslais a rydd ar yr 'edrychiad', ys dangosir yn nofel Manon Rhys. Gellir gwneud cymhariaeth rhwng Jean Rhys a Gwen John yn yr ystyr eu bod ill dwy yn rhwym wrth gwestiynau'n ymwneud ag ymchwilio'r fenyw am ei 'lle' creadigol. Tebyg eto yw diddordeb Manon Rhys yn rhai o'r straeon byrion a gyhoeddodd yn y gyfrol *Cwtsho* (1988). Mae 'Y Labrinth', stori gyntaf y gyfrol, yn disgrifio priodas hesb cymeriad o'r enw Phyllis Jones, 'gwraig briod barchus ganol-oed a chymar ffyddlon y Parchedig Cadfan

Jones'.[23] Cefndir cyson i'r stori yw cerdd W. J. Gruffydd, 'Gwladys Rhys', sy'n dangos merch wedi ei dinistrio gan sychder digariad ei byd fel aelod o deulu gweinidog. Edrydd Gwladys Rhys y gerdd ei stori ei hun yn y person cyntaf, ond mae'n defnyddio'i henw ei hun, nid 'fi' gweithredol yn unig, ar ddau achlysur. Daw'r achos cyntaf yn y llinellau pan yw'n edrych yn ôl ar ei sefyllfa ddigalon o fewn ei theulu:

> Pa beth oedd im i'w wneuthur, Gwladys Rhys,
> Merch hynaf y Parchedig Thomas Rhys
> Gweinidog Horeb ar y Rhos?[24]

Mae'r defnydd o'i henw'n clymu Gwladys Rhys gyda theitl hir sy'n ei diffinio mewn perthynas â'i thad a'i swyddogaeth ef. Drwy wneud hynny, mae'n awgrymu ei hunaniaeth doredig fel un sy'n cael ei gweld a'i chymryd yn ganiataol gan y byd a'r bywyd cyhoeddus ar y naill law, ac fel unigolyn ac iddi brofiad mewnol ar y llall. Cyfleir teimlad Gwladys Rhys o agendor rhyngddi hi ei hun a'i phersona cyhoeddus, nad yw, mewn gwirionedd, yn caniatáu 'hunan' unigryw iddi. Ar ddiwedd y gerdd, defnyddia'r siarad-wraig ei henw ei hun drachefn:

> Am hynny, deithiwr, yma 'rwyf yn gorwedd
> Wrth dalcen Capel Horeb, – Gwladys Rhys,
> Yn ddeg ar hugain oed.[25]

Y tro hwn, mae seinio'r enw fel pe bai'n cynrychioli person arall yn darllen ei beddargraff (sy'n nodi ei henw a'i hoedran pan fu farw), ei hunaniaeth yng ngolwg pobl eraill wedi ei groniclo a'i ddiffinio'n derfynol gan farwolaeth.

Mae stori Manon Rhys yn gwneud defnydd o'r darlun yn y gerdd o ryddhad nad yw mewn gwirionedd yn ddim ond magl – y Rhywun neu Rywbeth sy'n denu Gwladys Rhys o ddiflastod ei bywyd. Mae'r adroddwraig yn y stori, Phyllis Jones, yn adlewyrchu mewn dull gwawdlyd ac eironig ddiffiniad eraill ohoni, fel y gwna Gwladys Rhys W. J. Gruffydd: 'A hithe Phyllis Jones, yn wraig weinidog dda.'[26] Yn y lle cyntaf, mae'n methu mynegi ei phrofiad mewn ieithwedd bersonol; yn methu cael hyd i lais unigryw i ddarlunio'r hyn y mae'n ei deimlo. Mae'r ffaith na all ragori ar ymdrech boli-parot i ddynwared llais Gwladys Rhys yn creu dwy lefel o eironi: mae Phyllis Jones y stori ynghlwm wrth gerdd a chymeriad a oedd ei hun ynghlwm wrth fynegiant a'i llethai. Gosodwyd un foment obeithiol y gerdd uwchlaw'r stori – 'Rhyw ddiwrnod fe ddaeth Rhywun tua'r tŷ,/A theimlais Rywbeth rhyfedd yn fy nghalon' – ond wrth ddewis Gwladys Rhys fel llais i gynrychioli ei phrofiad, mae Phyllis yn addef o'r dechrau fethiant ei chynllun. Mae'r cwympo'n ôl at batrwm llenyddol yn cyfleu'r ffaith nad yw naill ai'r iaith na'r gallu, ychwaith, ganddi i dorri'n rhydd mewn bywyd pob dydd; mae'n amhosib iddi ymgyrraedd at yr hyn a allai ei boddhau hi ei hun. Ni all mo'i fynegi na'i deimlo.

Mae'r ysgrifenwraig, wedi adran yn steil Gwladys Rhys, yn ceisio ysgrifennu yn ei 'llais' ei hun. Mae'n gollwng y 'Phyllis Jones' sy'n gweithredu fel teitl gwraig gweinidog, a defnyddio 'Phyllis' plaen ar ei ben ei hun mewn hunananogaeth: 'Dere nawr, Phyllis.' (Gwelir Lois yn gwneud yr un peth yn *Cysgodion*, yn gynyddol wrth i'r nofel fynd yn ei blaen – er enghraifft tt. 130, 142, 149.) Rhydd Phyllis gam yn nes ati hi ei hunan mewn deialog megis rhyngddi a chyfaill mynwesol. Ond mae'r llais llenyddol, adleisiau o hunangyfeirio Gwladys Rhys – a'r oll oedd yn gwneud hynny ynddi hi yn symbol o gaethiwed ac yn ddull o gaethiwo – yn torri ar draws llif ei mynegiant.

Drwy glytwaith o fynegiant sy'n gosod dynwarediad o rethreg y capel (yn null cerdd W. J. Gruffydd) am yn ail â steil ddyddiadurol, ysgogol, sy'n troi'n delynegol a barddonol ar adegau, disgrifir sefyllfa Phyllis. O gaethiwed ei bywyd gyda'i gŵr – y gweinidog, 'Cadfan Sant', fel y mae'n ei alw, sydd 'ar gael bob awr o'r dydd a'r nos – a gwraig i gymryd negeseuon'[27] – mae'n ceisio torri'n rhydd drwy gyfrwng perthynas odinebus efo gŵr priod. Mae'n ymgyrraedd at y berthynas hon megis at addewid o ryddid, boddhad a chyflawnder personol, ond yna'n disgyn yn ôl:

> Mynd hanner ffordd . . .
>   Ond ddim pellach.
>   A hithe Phyllis Jones, yn unig wraig gweinidog dda a drodd'i chamre'n ôl i'r llwybr cul mewn pryd.[28]

Clyw ymateb gwraig neu gariad ei chyd-odinebwr i'w methiant i wireddu ei haddewid a'i dymuniad ei hun:

> Pa un o'r ddwy, ai un o'r ddwy, a chwarddodd am yr hanes trist am fenyw briod ganol-oed, gwraig barchus i weinidog yr Hen Gorff, a'i taflodd 'i hunan, gorff ac enaid wrth'i draed, a cheisio'i lusgo i ddirgelion crin'i chnawd! A ffaelu.[29]

Mae'r syniad o 'ffaelu' yn ffocws ar gyfer deall personoliaeth a hunaniaeth doredig, ddarniedig a chymhleth yr adroddwraig: mae Phyllis yn 'ffaelu' yn ei hymdrech i 'lusgo' y godinebwr 'i ddirgelion crin'i chnawd' ar y naill law, ac yn 'ffaelu' cadw at ei haddewid ei hun i fod yn ffyddlon i'w gŵr ar y llall: 'Phyllis Jones . . . wnaeth addunede fil i gadw'r llwybr cul . . . Ond ffaelu roedd.'[30] Fel Sasha Jensen yng ngwaith Jean Rhys, nid oes unrhyw un o lwybrau arferol profiad y ferch (fel y'i cynrychiolwyd mewn llenyddiaeth) yn agored iddi.

Mae 'ffaelu' gwireddu addewid o gyffro mewn perthynas garwriaethol yn thema sy'n ymddangos droeon yng ngweithiau Manon Rhys. Disgrifiad hwyliog (a hunangofiannol) yw *Tridiau, ac Angladd Cocrotshen* (1996) o anturiaethau gwyliau haf Eleri, merch i weinidog o'r de a symudodd i fyw i 'Sunny Rhyl' y 1960au. A hithau'n dynesu at uchafbwynt noson yng nghwmni ei chariad newydd, deniadol – Gwyddel o'r enw Donal – mae'n tynnu'n ôl, yn dewis diogelwch yn hytrach na mentro. Eglura ei rhesymau yn ei datganiad i'r darllenydd, heb allu eu hegluro i Donal ei hun, ysywaeth:

> Sut oedd dechrau egluro 'pam' wrth lanc o ddieithryn deniadol a ffansïwn fel y diawl? Fyddai ganddo ddim diddordeb yn neddf anysgrifenedig y Plimsoll Line a'r Panty Girdle, nac yn y safonau moesol a drosglwyddwyd mor ddefodol i mi gan Mama a Dada a'u cyndeidiau hwythau.
>
> A doedd gen i ddim bwriad yn y byd egluro am broblem fawr y Lillette.[31]

Mae hiwmor yn cael ei gyfleu gan y ffaith mai Eleri hŷn sy'n adrodd yr hanes; mae'n edrych yn ôl gydag anwyldeb ar fersiwn ifanc ohoni hi ei hun ac ar ei phrofiad o embaras merch yn ei harddegau. Mae'r hanesyn hefyd yn fersiwn ysgafn ar yr un broblem ag un Phyllis Jones 'Y Labrinth', a'r disgrifiad o'r hyn y mae Eleri'n ei ddychmygu fydd ymateb ei chariad i'w diffyg parodrwydd i fynd 'yr holl ffordd' yn cyfateb bron yn berffaith i un Phyllis o'i disgwyliadau hi: 'Câi [Donal] gyfle i sôn amdanaf, ac i chwerthin am ben y groten fach ddiniwed, yr wyryf a gafodd bwl o ofn a chydwybod euog ar y funud olaf.'[32] Ceir awgrymiadau cynnil o ddwyster (yn ychwanegol at yr hiwmor) ym mherthynas yr Eleri aeddfetach sy'n adrodd cynnwys y nofel â phrofiadau'r ferch ifanc. 'Ychydig a wyddwn y cawn fy mrifo eto ac eto, dro ar ôl tro, yn waeth ac yn waeth weddill fy mywyd,' meddai, wrth edrych yn ôl arni hi ei hun yn ei dagrau wrth golli Donal.[33] Y clwyf mwyaf a bortreedir yw'r un a ddioddefa ei mam, wrth i'w gŵr – y gweinidog a fagodd ei ferch i ymlynu wrth 'safonau moesol' – ei gadael am wraig iau.[34]

Ym mhrofiad Eleri, ac yn yr awgrym o barhad ac o ailadrodd y profiad hwnnw dro ar ôl tro yn ei bywyd ei hun, a'r darlun dwys o'r boen wirioneddol y mae profiad cyffelyb yn ei achosi i wraig mewn oed yn sefyllfa ei mam, cyfleir chwilio diddiwedd y ferch am hapusrwydd na all byth ei wireddu. Mae'r Eleri hŷn yn dis-grifio'r hyn a wnaeth â llythyrau Donal, ar ôl iddi benderfynu fod y garwriaeth drosodd:

> Penderfynais beidio â'i ateb . . .
> Fe'i cedwais yn ofalus gyda'r lleill yn fy mlwch glas cloëdig. Mae nhw gen i byth, yn rhan o'm casgliad cynhwysfawr o lythyron gan hen gariadon. Caf flas rhyfedd yn eu darllen i gyd bob hyn a hyn. Mae sesiwn o ddarllen datganiadau angerddol o gariad yn llesol iawn ym mlynyddoedd crablyd canol oed.[35]

Er bod y chwerwedd yn eisiau, mae'r hiraeth am 'angerdd' yn cydsynio'n deg, drachefn, â phrofiad Phyllis Jones. O bob cyfeiriad, ofer yw'r ymdrech i wireddu'r dyhead.

Os yw 'Y Labrinth' ac, i raddau, *Tridiau, ac Angladd Cocrotshen* yn disgrifio'n hiraethus yr hyn na ddigwyddodd, mae 'Cwtsho', stori olaf y gyfrol o'r enw hwnnw, yn ymwneud â phrofiad sydd mor ddychrynllyd o real nes bod ei fynegi'n amhosib. Canolbwynt y stori yw'r 'methu dweud': gadewir heb ei ynganu yr union beth y mae dirfawr angen ei ddweud. Caiff y ferch fach sy'n adrodd y stori gyfle i ddweud wrth ei hathrawes ysgol – y mae'n hoff iawn ohoni – am y modd y mae'n cael ei cham-drin yn rhywiol gan ei thad (neu ei llystad):

> Fe gymeres i ana'l mowr a chau'n llyged. O'r diwedd, o'n i'n mynd i ga'l dweud wrth rywun. Ond pan ddachreues i dreial siarad, do'dd dim yn dod. O'n i'n ffaelu'n lân â gweud dim . . .
> Fe wenodd hi a gwasgu'n llaw, a gweud 'tho i am beidio becso, 'i bod hi'n gwbod beth o'dd ar 'yn meddwl i, a'i bod hi'n mynd i dreial 'yn helpu i.
> Edryches i'n syn arni. O'dd 'y nghalon i'n pwmpo achos o'n i'n gwbod yn iawn nag o'dd dim syniad 'da hi. *Alle* hi ddim gwbod – ac eto, falle . . . Gobeithio.[36]

Mae'r ferch yn methu â dweud yn y lle cyntaf. Yna, mae'n cydio yn y posibilrwydd nad oes *angen* dweud; gobeithia fod yr athrawes yn gwybod, fod yr wybodaeth wedi ei throsglwyddo rywsut iddi'n barod, heb i neb orfod ei lleisio. Yn y diwedd, mae'n gadael i'r athrawes ddweud drosti – 'Dy fam sy'n dost ontefe'; a chyda chaniad y ffôn ac ymholiad ei rhieni amdani mae'n derbyn yn oddefol gael ei thynnu'n ôl i'w hunllef heb i'r gamddealltwriaeth gael ei chywiro.

Archwilir drachefn sefyllfa menyw sy'n dioddef yn 'ddi-rym oddefol/fel [ei] rhyw di-lais' yn y stori fer 'Noson y Gêm'. Mae'r dyfyniad o gerdd gan Menna Elfyn ar ddechrau'r stori'n disgrifio sefyllfa'r ferch sy'n adrodd – ei diffyg gallu i fynegi ei theimladau o rwystredigaeth ac unigrwydd yn ystod parti y mae'n ei fynychu gyda'i gŵr ar noson gêm (gêm rygbi ryngwladol yng Nghaerdydd, gellid dychmygu). Cyfleir yr unigrwydd hwn o'r dechrau yn y modd y mae Manon Rhys yn ymatal rhag defnyddio dyfynodau i ddynodi geiriau'r ferch, er bod rhai pob siaradwr arall yn y stori'n cael eu cydnabod yn y ffordd yma. Hyd yn oed pan fydd yn amlwg yn rhan o sgwrs gydag eraill, nid yw atebion y ferch i gwestiynau a sylwadau'r bobl o'i chwmpas yn cael eu 'seinio':

> "Dan ni ddim 'di cwrdd, naddo . . .'
> Do . . .
> 'Do?'
> Ond so chi'n cofio.
> 'Sgin i ddim cof.'[37]

Caiff ei theimlad ei bod yn bresenoldeb dibwys hollol yn y cwmni hwn ei gyfleu yn y ffordd y mae ei llais mewnol yn mynd gam o flaen ymateb ara' deg y siaradwr yn y 'ddeialog' hon. Datblyga ei llais, felly, yn sylwebaeth sardonaidd ar y byd o'i chwmpas – ar yr hyn a wêl fel diddordeb arwynebol pobl yn ei gilydd – ac ar ei sefyllfa ei hun. Sylwebaeth fewnol sy'n mynegi poen a chwerwder ydyw ac mae'n cyferbynnu'n llwyr â lleisiau hunanhyderus ei gŵr a'r bobl eraill yn y parti. Cyfleir yr agendor rhyngddi hi a'r siaradwyr eraill gan ddefnydd Manon Rhys o dafodiaith. Deheuwraig yw'r ferch, ac mae ei hacen ddeheuol yn ei gosod ar wahân i'r gogleddwyr sydd o'i chwmpas, ac yn datblygu i fod yn iaith fewnol, bersonol sy'n cynrychioli popeth nad yw'n gyhoeddus: ' "Iawn 'ta . . . Ty'd . . ." Iawn 'te . . . Dim problem . . . Cymryd ana'l hir, a gwenu.'[38] (Gwelir yr un sefyllfa droeon yng ngweithiau'r awdures: deheuwraig yw Lois yn *Cysgodion*, tra bo'r gŵr y mae'n ei garu – Alun Pride – yn ogleddwr Arfonaidd ei dafodiaith; merch o'r de wedi gorfod ymfudo yn sgil ei gweinidog o dad i arfordir gogledd Cymru yw Eleri yn *Tridiau, ac Angladd Cocrotshen*.)

Wrth wrando ac ymateb yn fewnol i anogaeth ei gŵr ar ddechrau'r stori ar iddi 'neud yr ymdrach', mae'r ferch yn sylwi wrthi hi ei hun mai ' "Hi a ymdrechodd ymdrech deg" yw beddargraff pob gwraig rinweddol.'[39] Megis yn achos y Gwladys Rhys a gladdwyd, mae profiad menyw yn cael ei 'leisio' neu ei osod mewn dyfynodau gan ddisgwyliadau cymdeithas ohoni. Enghraifft eithafol yw Gwladys Rhys, na all ond 'siarad' mewn llais sy'n dderbyniol pan fydd hi wedi marw. (Cofier geiriau eironig Jean Rhys, wrth iddi ddod yn ôl i sylw'r BBC wedi blynyddoedd o ddistawrwydd – 'it seems they thought I was dead – which of course would make a great difference'.)[40] Yn 'Noson y Gêm', o dan bwysau chwerw'r ymwybyddiaeth o ddisgwyliadau'r rhai o'i chwmpas, mae hunaniaeth y ferch – sy'n dal mor fyw ag erioed – yn troi'n frwydr fewnol ym mynwes cymeriad rhanedig nad oes iddi ganolbwynt clir a diffiniedig, bellach. Yn ei hymdrech i ddianc oddi wrth y cwmni, mae'n 'Mynd at y bar, ac ishte ar stôl uchel. Troi 'nghefen ar bawb, ac esgus nad oes neb 'ma. Esgus nad ŷn *nhw* 'ma. Esgus nad w inne 'ma.'[41] Mae'r ymgais hon i gyrraedd diddymiad – i roi taw ar ei llais mewnol ei hun ar y naill law, ac ar rai swnllyd pobl eraill ar y llall, yn fethiant. Nid yn unig mae'n gallu gweld popeth sy'n mynd ymlaen y tu cefn iddi yn y drych y tu ôl i'r bar, ond mae'n cael ei hwynebu gan adlewyrchiad ohoni hi ei hun ynddo: 'Ond pwy yw'r fenyw fach sy'n pipo mor pathetig arna i o'r drych bob tro y coda i'n llyged? Pwy yw hi, druan fach, sy'n ishte fan'na fel hen gwdihŵ ar frigyn, yn magu'i whisgi a'i gofid?'[42] Mae gweld ei hadlewyrchiad yn y drych yn ysgogiad i'r ferch gydio mewn llygedyn o fywyd ynddi hi ei hun, drachefn. Megis rhai o gymeriadau benywaidd Jean Rhys, mae'n creu, yn niffyg popeth arall, bersona hoedennaidd iddi hi ei hun, ac yn fflyrtio gydag un o'r cwmni:

> Ddramodydd o Fri, gwedwch rywbeth wrthi . . . Unrhyw beth . . . Plîs . . .
> 'Chi'n joio 'te?'
> O Ddramodydd o Fri, oes isie i'r fenyw ddweud 'to? Ma'r peth yn amlwg! Ma hi'n joio mas draw, wrth nofio mewn cwmnïeth ddiddan a sgyrsie diddorol. A whisgi.[43]

Mae ymollwng i'r persona hwn yn amhosibl i'r ferch, serch hynny: 'Dammo'r drych . . . A finne'n go'ffod edrych i fyw llyged yr hen gwdihŵ . . . A sylwi beth sy'n digwydd y tu ôl i' chefen hi.'[44] Yn ei 'sgwrs' â'r Dramodydd o Fri (lle na seinir ei geiriau hi, fyth), mae ei sylwadau ef yn cynyddu yn eu beiddgarwch, ond yn gweith-redu iddi hi fel disgrifiad o weithredoedd ei gŵr (y mae'n ei enwi'n 'Action Man') a merch arall ('Sindi'), sy'n cael eu hadlewyrchu yn y drych. Uchafbwynt y stori yw ffrwydrad yr adroddwraig, lle mae'n canfod llais i fynegi ei hatgasedd at fflyrtio cywilyddus Action Man a Sindi. Mae'n gweiddi'n uchel, nes bod 'pawb yn ddistaw [ac] yn llonydd fel delwe marmor . . . "Y BITSH DINBOETH! YR HWREN".'[45] Yn eironig, yn llif ei sgwrs flaenorol â'r Dramodydd o Fri, fodd bynnag, mae'r hyn a yngenir gan y ferch yn hunanddisgrifiadol a hunangondemniol. Dilyniant ydyw o'i eiriau ef: 'Arwen dyn mla'n . . . 'I neud e'n gocwyllt . . . Cynnig dim yn 'diwedd . . . Ma 'na enw ar fenwod fel chi, chi'n gwbod . . .'[46] Caiff yr adroddwraig yr hawl i'w henwi ei hun yn 'bitsh' ac yn 'hwren', felly. Mae'n amlwg o'i hamgyffred hi o sibrydion y cwmni: ' "Gwraig Ieu, wyddoch chi". "O'n i'n ama bod rhywbeth yn od ynddi gynna . . .", "Piti garw . . . Mae o'n cael traffarth ers misoedd, meddan nhw"',[47] mai fel adlewyrchiad arni hi – ac nid fel disgrifiad o Sindi – y gwelir ei geiriau gan bawb arall.

Medd Howells am Sasha yn *Good Morning, Midnight*:

> She is forced to undergo the further torments of self-division, where she becomes both participant and voyeuse engaged in a dialogue against herself, listening to a voice which is 'not me speaking'. It is the most painful form of doubled discourse when the feeling subject is silenced and transformed into an object of ironic criticims by another self who speaks out, taunting, suspicious and entirely destructive.[48]

Bod yn 'both participant and voyeuse' yw ffawd y ferch yn 'Noson y Gêm', wrth iddi syllu ar y byd y tu cefn iddi ('yr hyn sy'n mynd ymlaen y tu ôl i'w chefn') a bod yn wrthrych sylw'r Dramodydd o Fri. Nid oes un llais a all gynrychioli hunaniaeth a safbwynt personol; mae ei gallu hi ei hun i ynganu, hyd yn oed, wedi ei dynnu oddi arni. Gorffenna'r stori gyda darlun o Action Man yn dod i'r adwy: 'Dal d'afael yn sownd, yr hen gwdihŵ fach, ma d'arwr wedi cyrraedd. Fe ddaeth Action Man i d'achub di unwaith 'to. Fydd dim gofid 'da ti nawr. Hwrê i Action Man a'i ffrindie!'[49] Pery'r llais mewnol â'i ddeialog ddinistriol ac eironig hyd y diwedd, felly, y dymuniad i 'esgus nad ŷn *nhw* . . . nad w inne 'ma', yn profi y tu hwnt i gyrhaeddiad y ferch.

*   *   *

Mae diddordeb Manon Rhys mewn deialog a'i hymdriniaeth â llais a chyfrwng mynegiant menywod yn parhau'n ganolog yn *Cysgodion*. Fel y dywedwyd eisoes, mae'r rhan helaethaf o'r nofel wedi ei hysgrifennu ar ffurf deialog rhwng y cymeriadau, lle na roddir unrhyw arweiniad i'r darllenydd ynglŷn â'r sawl sy'n siarad yn ychwanegol at y ffordd y siaradant a'r hyn y maent yn ei ddweud. Dull yw hwn sy'n cyflwyno'i hun yn naturiol i un sy'n gyfarwydd ag ysgrifennu ar gyfer y sgrin, efallai, ond mae craffter y defnydd o ddeialog a'r damcaniaethu ynglŷn â deialog yn *Cysgodion* yn adeiladu ar yr hyn a welir yn y tair nofel a seiliwyd ar sgriptiau'r gyfres deledu boblogaidd, *Y Palmant Aur* (1998–9). Byddai'n werth, felly, ceisio dadansoddi'r ffordd y'i defnyddir er mwyn cyfleu amwysedd, awgrymu pethau, gofyn cwestiynau, ac yn aml, osgoi eu hateb.

Tynnwyd peth sylw eisoes at yr amrywiaeth o dafodieithoedd a lleisiau sy'n ymddangos yn *Cysgodion*; yn ychwanegol at amrywiaeth ymysg y cymeriadau sy'n Gymry Cymraeg, ceir Cymraeg dysgwyr (Tim Bateman) a Chymry a gollodd eu hiaith (Mary). Mae'r berthynas rhwng Lois a phobl eraill yn aml yn cael ei datblygu drwy dermau 'cyfieithu' yn ôl ac ymlaen rhwng Cymraeg a Saesneg. Fel awdures Gymraeg nad yw ysgrifennu yn Saesneg yn atyniadol ganddi (34), mae Lois i raddau'n cynrychioli'r Gymraeg wrth lunio perthynas â phobl o'i chwmpas. Hi sy'n adfer ychydig o Gymraeg i fywyd Mary, y wraig sy'n glanhau'r tŷ iddi. Ar gais Mary, mae'n ysgrifennu neges yn Gymraeg ar ei cherdyn pen-blwydd i'w hŵyr ifanc, sydd yn medru'r iaith. Mae Mary'n adnabod un o'r geiriau yn y neges: 'Nice . . . I do know what "cariad" means. My gran used to call me "cariad". She was from west Wales, Pembrokeshire somewhere, and she spoke Welsh to us sometimes . . . It do make me want to cry, it do' (16). Yn ei sgyrsiau â'i mam, mae Nia'n gosod Lois yn rôl y 'plismon iaith', gan ruthro i gywiro ei bratiaith ei hun cyn y gall ei mam wneud ('ecseiting . . . sori, cyffrous'). Mae pwyslais y ferch ar 'gyffro' drwy gyfrwng y Gymraeg yn cael ei droi'n ystyriaeth real ym mherthynas Lois ag Alun Pride yn ddiweddarach. Yn un o'u cyfarfyddiadau llawn angerdd, mae Lois yn cyfieithu i'r Gymraeg linell o ddrama gan

Arthur Miller a ddyfynnir gan Pride, 'Cerddaf yn nyffryn dy forddwydydd' (120). Ymddengys ei bod yn ymgyrraedd at fyw profiad 'cignoeth' drwy gyfrwng y Gymraeg; at fod yn fersiwn deilwng yn ei mamiaith ei hun o Erica Jong (4). Mae'n gallu rhoi taw ar ei hofnau ei hun na all, '*sgrifennu* am gyffro' (11), heb fod wedi ei brofi'n gyntaf, ac yn gallu gwrth-ddweud haeriad ei merch nad yw 'pobol ddim yn neud pethe fel 'na [Sex and violence! Soft porn!] 'n Gymraeg!' Yn hyn oll, mae iaith yn troi profiad yn beth cadarn, real i Lois; mae'n ddull o ymgyrraedd tuag at brofiad a chael mwynhad o brofiad.

Y berthynas fwyaf diddorol y mae Lois yn ei 'phlismona' yn ieithyddol yw'r un â'r dysgwr, Tim Bateman. Mae atsain cyson Tim o eiriau Lois – ei gwestiynau fel dysgwr, ei hatebion hi, ei ailadrodd ef – yn bresenoldeb cyson drwy'r nofel. Maent yn adlewyrchu perthynas sy'n cael ei siapio gan Lois, yr un sy'n rhoi'r cyflenwad o eiriau i mewn i'r sgwrs. Mae Tim yn dibynnu ar ei geirfa hi; yn dilyn ei harweiniad hi fel disgybl yn dilyn athrawes. Manipiwleiddio geiriol sydd yn mynd ymlaen yn y fan yma; 'handi' yw disgrifiad Lois o Tim (52), ac mae'n amlwg ei bod yn ei ddefnyddio'n gyson fel 'cam-ow-flaj', chwedl athrawes Gymraeg ei merch (10), i guddio'r gwirionedd amdani ei hun a'i pherthynas ag Alun Pride. Fel yr un sy'n rhoi geiriau iddo, mae hi'n siapio ei berthynas ef â realiti. Yn raddol, mae gallu Lois i reoli'i chynigion o eiriau yn dirywio. Yn hytrach na rhoi'r hyn sydd ar Tim ei angen iddo yn gryno a syml, mae'n gadael iddi hi ei hun gael ei suo gan eiriau arbennig, nes colli gafael ar y sefyllfa y mae'n rhan ohoni. Ar ddiwedd y nofel, wedi marwolaeth ddisymwth Alun Pride, mae'n sgwrsio â Tim (nad oes ganddo unrhyw syniad, eto, iddi ei dwyllo):

Rwy'n poeni'n ofnadwy am ein perthynas ni. Mae pethau'n mynd 'all to cock'.
Ar chwâl i gyd . . . Yn rhacs jibidêrs.
Na, nid mor ddrwg â hynny, gobeithio. Wyt ti'n meddwl bod pethau mor ddrwg â hynny? (213)

Yn y modd y mae Tim (y siaradwr cyntaf yn y dyfyniad) yn deall ac yn ymateb y tro hwn i'w chynnig o eiriau, awgrymir dechrau dadfeiliad y berthynas 'bwydo-â-llwy' ieithyddol sydd wedi bodoli hyd yma rhwng y ddau. Mae Lois yn deall fel y methodd ei gafael ieithyddol dros Tim yn ei monolog ysgrifenedig olaf, lle mae'n nodi, ymhlith nifer o eiriau a brawddegau digyswllt, dibatrwm eraill:

ar gwefus
gwefus? camdreiglad fi, o bawb. (226)

Mae ei pherffeithrwydd ieithyddol yn chwalfa, fel y mae delwedd
Tim ohoni fel eilun bellach yn deilchion. Wrth i'w pherffeithrwydd
personol a rhywiol fethu, mae 'iaith' yn methu ganddi; ei gallu i
ddefnyddio iaith er mwyn manipiwleiddio yn mynd yn ddim. Ar
yr un pryd, dangosir Tim yn 'cyrraedd' fel siaradwr Cymraeg. Mae
ei gloffni arferol yn ei adael, wrth i'w gyhuddiad terfynol yn erbyn
Lois gael ei leisio: 'Rwy'n meddwl dy fod ti'n blydi "whore".
Hwren! Ie, dyna'r gair Cymraeg yntê' (225). Mae Tim wedi bodoli
mewn cyflwr 'islaw' iaith drwy gydol y nofel. Mae'n codi i'r
wyneb, fel petai, ar y foment hon o uchafbwynt, i osod Lois yn ei
phriod le, i'w ffitio i mewn i god, i mewn i gyswllt symbolaidd.
Atgoffir ni o ddadleuon y byd seicdreiddiol ynglŷn ag iaith a'i
pherthynas â rhyw (gender):

> [I]n Revolution in Poetic Language[, Kristeva (sef Julia Kristeva, y
> ddamcaniaethwraig ffeminyddol Ffrengig) proposed] that avant-
> garde writing in late nineteenth-century France . . . articulated what
> Kristeva described as the 'semiotic'. By this, she meant that the litera-
> ture of the period was pre-symbolic – again, a reference to psycho-
> analytic (and particularly Lacanian) theories of language in which a
> distinction is made between the language of children before and after
> they enter the language mode of patriarchy. This form of language,
> based on strict and encoded rules of grammar and syntax is an
> essentially ordered world in which experience has to be organized
> within a formal structure of language. The 'semiotic' form of language,
> however, allows shifts, discrepancies and ambiguities in language
> that are not allowed in formal symbolic language.[50]

Tuedd Tim drwy gydol y nofel, oedd bodoli y tu allan i system o
iaith 'symbolaidd', fel y'i disgrifir uchod. Mae ei ddealltwriaeth
gyfyngedig o'r Gymraeg yn ei wneud yn araf i ddeall terminoleg
symbolaidd sy'n hollol glir i eraill sy'n rhan o'r cod hwnnw, fel yn
y sgwrs hon â Gwen, y ffrind, sydd mor awyddus drwy'r nofel i'w
osod mewn bocs (gyda bron pob dyn arall, fe ymddengys) fel un
sy'n gwneud prae o ferch megis Lois:

> Ti wedi'i chornelu hi'n hen ddigon hir.
> Cornelu? (32)

Nid yw Tim (yn ei gyflwr 'semiotig') yn deall 'cornelu' fymryn mwy nag y dealla sut i 'frifo' a sut i 'dwyllo' (196 a 156). Wrth iddo gael hyd i'r gair 'hwren' heb gymorth Lois – sef y sawl a ddisgrifir gan y gair – mae'n newid ei stad, ac yn dod yn rhan o fyd ieithyddol patriarchaidd, trefnus a di-ildio. Ar yr un pryd, mae'n gallu 'gosod' Lois yn ei lle, yn gorfforol, drwy estyn clatsien iddi ar draws ei hwyneb.

Yn ei harchwiliad o hunaniaeth y ferch, mae'r nofel yn ystyried yn fanwl 'symbolau' ac iaith symbolaidd a'r modd y maent yn llywio realiti. Un ffocws i'r archwiliaeth hon yw Nia, merch Lois. Ofnir yn aml ei bod yn cael ei denu gan beryglon megis rhyw a chyffuriau, yn colli ei diniweidrwydd ac yn tyfu'n fenyw (cyflwr sy'n aml yn cael ei bortreadu fel un lle mae merch yn ysglyfaeth i chwantau dynion). I ddisgrifio'r ofnau sydd ganddynt yn ei chylch, mae'r oedolion yn y nofel yn defnyddio iaith y 'Cwymp' yn yr ardd, megis, er enghraifft, yn y sgwrs hon rhwng Alun Pride a Lois:

> Be mae hi'n neud?
> Popeth na ddyle hi.
> Popeth? Temtasiynau cnawd a byd?
> Popeth ond rhyw – am wn i.
> Tydi hi ddim 'di blasu'r hen afal eto . . .
> Fel gwedes i – am wn i. Ond ma'n siŵr bo'r sarff sy'n cwato'n y goeden yn aros amdani'n amyneddgar. Fydd hi ddim yn hir cyn 'i themtio hi.
> Mae'r sarff sy'n cuddio'n y goeden yn barod i'n temtio ni i gyd – gan gynnwys ni'n dau. Yn *enwedig* ni'n dau. (82)

Chwarae oedolaidd efo tân yw'r sgwrs hon yn gymaint, mae'n debyg, â thrafodaeth ynghylch Nia. Mae'r ddau sy'n ei chynnal, yn wahanol i Nia – ac i Tim Bateman hyd at ddiweddglo'r nofel, fel y gwelwyd – yn aelodau llawn o'r byd 'symbolaidd', y byd ffaeledig, sy'n deall ieithwedd fel hyn, ac yn cael blas ar arbrofi gyda hi. Yn ystod trip y ddwy i Baris, mae Lois yn syllu ar ei merch yn syllu ar gerflun o'r Forwyn Fair yn y Sacré Coeur, ac yn sylwi ar y cymundeb rhwng y ddwy gyda rhyfeddod sydd bron â bod yn eiddigedd:

> Nia'n syllu ar y Forwyn Fair . . .
> Fy merch yn llygadu'r Fam . . .
> A finnau'r fam yn llygadu fy merch . . .
> Ac yn teimlo'n unig.
> . . .
> A finnau'n unig. Ar 'y mhen 'yn hun fach ym mherfedd y galon

fawr. Nabod neb – a Nia ymhell mas o 'nghyrraedd i, mewn cymundeb â'r Forwyn Fair. (131)

'Yr ail Efa' yw'r Forwyn yng nghod symbolaidd yr Eglwys Gatholig, y fersiwn berffaith o amherffeithrwydd benywaidd. Merch ydyw sydd, yn wahanol i'w rhagflaenwraig yn y traddodiad Ysgrythurol (Efa), yn gallu sefyll yn gyfforddus ar bedestal, fel esiampl o berffeithrwydd benywaidd. Fel mam sydd hefyd yn wyryf, mae'n ymgorffori purdeb sydd allan o gyrraedd merched cyffredin. Mae Nia, pan yw'n 'llygadu'r Fam' yn y Sacré Coeur mewn cyfnod o drawsnewidiad yn ei bywyd, hanner ffordd rhwng plentyndod a chyflwr gwraig aeddfed. Mae'r syllu hwn gan Lois ar ei merch yn ysbaid o feddwl am famolaeth fel rhywbeth a all ateb diniweidrwydd plentyndod. Rhywsut, mae'r Wyryf o fam a Nia'r wyryf o ferch yn rhannu rhyw gyfrinach gyfrin yn eu purdeb; rhywbeth y caeir Lois fel mam wirioneddol allan ohono (yn fwy fyth felly, yn ei golwg ei hun, mae'n debyg, gan ei bod yn ymdrybaeddu mewn perthynas odinebus, gyfrinachol).

Pan yw Lois ei hun yn cael rhywbeth y gellid ei ddarllen fel math o gymundeb â'r Forwyn Fair, cymundeb bod ffaeledig mewn byd ffaeledig ydyw. Ar ddiwedd y nofel, mae ei rôl hi fel mam ond y dim wedi ei thynnu oddi arni. Cipiwyd ei merch, i bob pwrpas, gan ei chyfeilles, Gwen. Mae deialog rhwng Lois a Nia yn graddol ddirywio. Bu iaith eu cyfathrebu – eu tafodiaith ddeheuol – yn fodd i'w huno â'i gilydd yn erbyn y byd, gydol y nofel, hyd at ei diwedd, lle dechreuant ymbellhau gan gyfathrebu trwy gyfrwng trydydd person, gogleddwraig ei thafodiaith:

> Gyda llaw, mae Nia'n gofyn i mi ofyn i ti – pam dwi'n cytuno i neud yr holl blwmin ffafra 'ma â chi'ch dwy dwi ddim yn gwbod – ond mae Nia'n gofyn geith hi fynd allan heno.
> . . .
> Nia, mae'r bòs yn deud y cei di fynd . . . Lois, mae hi'n deud diolch. (207)

Erbyn diwedd y nofel, nid oes hyd yn oed gyfathrebu anuniongyrchol o'r math yma rhwng y ddwy: mae Nia'n cilio o olwg ac o glyw ei mam, yn fudan sydd wedi ei chlwyfo i'r fath raddau, fe ymddengys o'r hyn a edrydd Gwen, gan berthynas gyfrinachol ei mam ag Alun Pride, fel na all hyd yn oed siarad â Lois.

Mae Lois ei hun yn disgyn ar gefnogaeth yr unig berson sy'n

weddill iddi, sef Mary, y lanhawraig, ac yn disgrifio'i sefyllfa iddi (yn llythrennol, yn emosiynol ac yn nhermau iaith 'symbolaidd'), megis pechadur yn cyfaddef ei bai i'r Forwyn:

> Mornin', luvi . . . Good grief, nasty bruise that . . . What happened to you, bach?
> Mary, I fell. (228)

Mae Nia'n osgoi disgyn i drap peryglon byd oedolaidd, ac yn cadw'i 'gwên' llawn dirgelwch, megis y Mona Lisa ei hun ('mae'i gwên enigmatig gystal bob tamed ag un Mona Lisa', sylwa ei mam yn ystod y trip i Baris (148)). Ymddengys fod Lois, ar y llaw arall, yn cael ei gosod (gan ddeffroad ieithyddol Tim Bateman a chan effeithiau'r glatsien a roddodd iddi'n gorfforol ac yn emosiynol) mewn perthynas â byd diffiniedig, poenus a chwerw oedolion sy'n gadael i'w calonnau a'u heneidiau gael eu meddiannu gan deimladau cryfion tuag at eraill.

Yn un o'i sgyrsiau â Lois, mae Tim Bateman yn cynnig trosiad am berthynas y sawl sy'n siarad â'r geiriau y mae'n eu mynegi. Fel dysgwr, '[m]ae rhai geiriau'n cuddio yn rhywle o hyd' ganddo (114). Os yw'r nofel yn dangos effaith 'cofio' ieithyddol neu eiriau sy'n dod i'r wyneb yn achos Tim (y gallu i ddiffinio Lois fel 'hwren') mae hefyd yn cynnig enghraifft arall – hyd yn oed yn fwy priodol, os rhywbeth – o ganlyniad 'cof' ieithyddol. Dyfynnwyd eisoes yr olygfa lle mae Lois yn rhoi cymorth i Mary ysgrifennu cerdyn i'w hŵyr ifanc. 'Cariad' yw'r gair sy'n 'cuddio' yn isymwybod Mary. Yn ei defnydd o'r anwyleb 'bach' i gyfeirio at Lois wrth iddi weld y clais ar ei hwyneb ar ddiwedd y nofel, mae Mary'n cyfeirio drachefn at ddiddordeb y nofel mewn lefelau ieithyddol 'cudd'. Tyst o 'gynnydd', o symudiad ymlaen, yw 'hwren' Tim, a hynny'n eironig, gan y dangosir yn syth fod Tim yn mabwysiadu camargraff ynghylch y merched y mae'n eu diffinio gyda'i eirfa newydd. Mae'n cysylltu Lois yr 'hwren' efo darlun gwreig-gasaol o ferched yn gyffredinol, ac yn gwneud cyhuddiad dwbl:

> Roedd dy ffrind annwyl, Gwen, yn gwybod. Mae hi'n gwybod popeth. Rydych chi'n dweud popeth wrth eich gilydd . . . Roedd hi'n meddwl bod y peth yn ddoniol . . . Dyn bach dwl arall yn cael ei 'just deserts'. (225)

Yn hyn o beth, gwyddom fod Tim yn anghywir. Er gwaethaf oerni Gwen tuag ato fel cariad ei ffrind, twyllwyd hithau'n gymaint ag ef ynglŷn â pherthynas Lois ag Alun Pride. Mae camddarlleniad Tim yn cael ei ddatgelu fel gorsymleiddiad ar y sefyllfa, felly; nid yw gosod merched oddi mewn i iaith o symbolau yn angenrheidiol yn fodd o adlewyrchu realiti ynglŷn â'u bodolaeth. Yn achos Mary, ar y llaw arall, symudiad yn ôl i'r gorffennol ac ymhellach i ddyfnderoedd yr isymwybod yw 'cofio' geiriau cuddiedig. Nid yw'r llwyddiant i 'gofio' yn sicrhau 'dealltwriaeth'; 'It do make me want to cry, it do' (16), medd Mary, wrth sylweddoli fod un gair, 'cariad', yn cynrychioli ffordd o fyw sy'n estron ac yn golledig iddi hi ei hun. Siarad am ei nain, a fagwyd, fel Gwen John, yn Sir Benfro, y mae Mary. Awgrymir cyswllt, o'r herwydd, rhwng byd o ieithwedd anghyraeddadwy a 'dirgelwch' yn y nofel: dirgelwch Nia, dirgelwch Lois, dirgelwch Gwen John, a'r dirgelwch mwyaf ohonynt i gyd, sy'n berthnasol i holl gymeriadau'r nofel, boed yn ffuglennol neu hanesyddol – dirgelwch cariad.

Yng ngherflun Rodin, 'Yr Awen', y mae Lois yn ei 'gwrdd' yn y Musée Rodin, dangosir Gwen John yn gegagored.[51] Try Lois y manylyn hwn – yn ymhlygiadol – yn symbol pryfoclyd o ddiffyg gallu neu ddiffyg parodrwydd Gwen John i'w mynegi ei hun yn llawn. Yn y nofel-o-fewn-y-nofel, ceir darlun o Gwen John yn ei pharatoi ei hun ar gyfer un o ymweliadau Rodin â'i hystafell. Wedi ei boddhau ei hun ynglŷn â'i hymddangosiad, mae'n cymryd cipolwg ar ei hadlewyrchiad yn y drych:

> Try am y drws a'i agor gan ddal cipolwg arall o'r wyneb gwelw yn y drych. Gwêl geg fach dynn yn agor fel petai am ddatgan rhyw-beth pwysig. Ond dihanga drwy'r drws cyn i ddim byd gael ei ddweud. (17–18)

Gydag ymdeimlad o ddirgelwch y geg agored a gaeir drachefn heb ynganu gair y mae gwaith Manon Rhys yn ein gadael: mewn byd lle mae diffinio'n ofer, ac amwysedd gyda'i gymysgedd o obaith a phoen yn aros.

Nodiadau

1 Manon Rhys, *Cysgodion* (Llandysul, 1993, ail arg., 1995), 142.
2 Susan Chitty, *Gwen John 1876–1939* (Llundain, 1981), 68.
3 Ibid., 75 a 91.
4 Ceridwen Lloyd-Morgan, *Gwen John Papers at the National Library of Wales* (Aberystwyth, 1995), 26–30.
5 Susan Chitty, *Gwen John*, 127–9.
6 Ceridwen Lloyd-Morgan, *Gwen John Papers*, 10.
7 Sandra M. Gilbert a Susan Gubar, 'Infection in the Sentence: The Woman Writer and the Anxiety of Authorship', cyhoeddwyd yn *Feminisms: An Anthology of Literary Theory and Criticism*, goln. Robyn R. Warhol a Diane Price Herndl (Basingstoke, 1997), 21–32.
8 Ibid., 22.
9 Ibid.
10 Ibid., 24.
11 Jean Rhys, *Quartet* (Harmondsworth, 1973), 125.
12 Susan Chitty, *Gwen John*, 71–2, 112, 117.
13 Ibid., 132 a 171–2.
14 Ibid., 193.
15 Ibid., 121.
16 Jean Rhys, *Good Morning, Midnight* (Harmondsworth, 1969), 12.
17 Ibid., 44.
18 Coral Ann Howells, *Jean Rhys* (Hemel Hempstead, 1991), 98.
19 Ibid., 92.
20 Ibid.
21 Ibid., 91–2 a 102.
22 Ibid., 10.
23 Manon Rhys, *Cwtsho* (Llandysul, 1988), 9.
24 *The Oxford Book of Welsh Verse*, gol. Thomas Parry (Rhydychen, 1962; adargraffiad 1998), 436–7.
25 Ibid., 437.
26 Manon Rhys, *Cwtsho*, 10.
27 Ibid., 10.
28 Ibid., 11.
29 Ibid., 11–12.
30 Ibid., 10.
31 Manon Rhys, *Tridiau, ac Angladd Cocrotshen* (Llandysul, 1996), 98.
32 Ibid., 99.
33 Ibid., 115.
34 Ibid., 121–2 a 124.
35 Ibid., 122.
36 Manon Rhys, *Cwtsho*, 56.
37 Ibid., 22.
38 Ibid., 21.
39 Ibid.
40 Coral Ann Howells, *Jean Rhys*, 10.

[41] Manon Rhys, *Cwtsho*, 28.
[42] Ibid., 28–9.
[43] Ibid., 29.
[44] Ibid.
[45] Ibid., 30.
[46] Ibid.
[47] Ibid., 31.
[48] Coral Ann Howells, *Jean Rhys*, 96.
[49] Manon Rhys, *Cwtsho*, 31.
[50] Mary Evans, *Introducing Contemporary Feminist Thought* (Caergrawnt, 1997), 77–8.
[51] Susan Chitty, *Gwen John*, 68.

Mynegai